哈尔滨工业大学名师丛书

主编 王福平

育壮士

(第三卷·二代师表卷)

陈光熙
洪 晶
徐邦裕

哈尔滨工业大学出版社

图书在版编目(CIP)数据

八百壮士(第三卷·一代师表卷) 陈光熙 洪晶 徐邦裕/王福平主编.
—哈尔滨:哈尔滨工业大学出版社,2011.7
(哈尔滨工业大学名师丛书)
ISBN 978-7-5603-3011-2

Ⅰ.①八… Ⅱ.①王… Ⅲ.①哈尔滨工业大学-优秀教师-生平事迹 Ⅳ.①K825.46

中国版本图书馆 CIP 数据核字(2010)第 073634 号

哈尔滨工业大学名师丛书《八百壮士》编委会

名誉主任 王树权 王树国
主　　任 王福平
副 主 任 姜 波 吴建琪
委　　员 才巨金 彭远奎 李 旦 甄 良 付 强 李新美

哈尔滨工业大学名师丛书《八百壮士(第三卷·一代师表卷)》陈光熙 洪晶 徐邦裕
编 委 会

主　编 王福平
副主编 姜 波 吴建琪 李新美 吴松全 韩纪庆 袁一星
参　编 刘培香 刘忠奎 商艳凯 贾 岩 宋 玲 陈志来 闫明星 张 妍 吉 星
摄　影 李贵才 冯 健等

责任编辑	田新华
封面设计	王 绘
出版发行	哈尔滨工业大学出版社
社　　址	哈尔滨市南岗区复华四道街 10 号 邮编 150006
传　　真	0451-86414749
网　　址	http://hitpress.hit.edu.cn
印　　刷	哈尔滨工业大学印刷厂
开　　本	787 mm×1092 mm 1/16 印张 19.5 插页 6 字数 550 千字
版　　次	2011 年 7 月第 1 版 2011 年 7 月第 1 次印刷
书　　号	ISBN 978-7-5603-3011-2
定　　价	68.00元

(如因印装质量问题影响阅读,我社负责调换)

序

当翻开历史,重新寻找往昔的痕迹时,不知不觉中,我们时常会被一些人所感动。在无痕的岁月中,他们的赤胆忠诚、他们的坚韧执著、他们的傲然风骨、他们的人格魅力,令人崇敬。毛泽东主席曾经说过:人活着是要有点精神的。这种精神就是生命消逝后留给世人的不倒的脊梁。

哈工大走过了90年的历程。在这本厚重的历史书中,记载了许许多多令人敬仰的人和事,一个个耳熟能详的名字、一段段不平凡的经历,汇聚成了哈工大的发展史。我国计算机科学与工程学科的奠基人之一、我校计算机专业创始人陈光熙,著名物理学家、教育家,国务院首批批准的光学学科博士生导师、我校光学学科的创始人洪晶,我国首位进入国际制冷学会的著名空调制冷专家徐邦裕,他们便是其中的典型代表。尽管他们的家庭背景和生活轨迹各不相同,但所共同表现出的忠诚的爱国情怀、执著的科学态度和高尚的人格魅力,为后辈留下了宝贵的精神财富。哈工大的历史上将永远镌刻着他们的名字。

"向之所欣,俯仰之间,已为陈迹",但他们的人生坐标始终定位于国家的需要。抱着"技术救国"的理想,他们远赴重洋;祖国的召唤,他们放弃身外的一切,在各自的领域,作出了开拓性的贡献。整整10年勤工俭学的清苦换来5种专业特长和3个工程师学位的陈光熙、两次赴美求学辗转回国的洪晶、抱定爬也要爬回祖国的徐邦裕,他们将自己的命运毫无保留地融入国家、民族的前途命运之中,不贪图安逸富贵,不计较个人得失,一切以国家利益为重。经历了人生的起起落落,在白发苍苍的时候,出于对党的事业的坚定信念,他们分别申请加入了中国共产党,实现了人生的一大夙愿。爱国情怀是中华民族历经磨难而不衰、饱尝艰辛而不屈、千锤百炼而愈加坚强的精神支柱。无论过去、现在和将来,凡是捍卫了祖国利益的爱国志士,都会受到后世的颂扬和永恒的怀念。爱国更是具体的,具体到每一次的选择。在民族危亡之时,舍生取义是爱国;在和平建设年代,脚踏实地也是爱国。学校90年的发展历程,始终把自己的责任与国家的发展紧密结合,哈工大人始终把祖国的需要视为事业追求的目标。爱国是我们共同的理想信念和价值追求。

陈光熙、洪晶、徐邦裕在毕生的科学研究工作中体现出了严谨务实的科学态度。他们创建专业、创办实验室、开辟新的研究领域、填补国内一项项研究空白。华罗庚曾经说过:科学的灵感,决不是坐等可以等来的。如果说,科学领域的发现有什么偶然的机遇的话,那么这种"偶然的机遇"只能给那些有准备的人,给那些善于独立思考的人,给那些具有锲而不舍的精神的人。花甲之年的陈光熙教授,带领着团队在不到一年的时间研制成功中国第一台"能说话、会下棋"的"计算机",填补了国家在电子计算机这方面的空白;他提出的国内首创的"磨削成芯"技术成就了超小型记忆磁芯,使我国的电子计算机研究登上一个新的台阶。古稀之年的洪晶教授创建了应用物理系,并使光学博士点成为被确认的全国首批重点学科;执教60载,在耄耋之年才依依不舍地离开三尺讲台,却并没有离开她指导的学生。年过古稀的徐邦裕教授,还在不遗余力地研究热泵技术。他是我国热泵事业的先行者之一,部分原始创新成果载入"中国制冷史",开设了我国高校暖通专业第一门制冷专业课、开展了我国首次人工冰场的试验研究、完成了我国第一例以热泵机组实现的恒温恒湿工程。仰之弥高,钻之弥坚。3位师者,用毕生孜孜不倦、勤恳探索的足迹让人体验到了奉献的意义和求真的伟大,诠释了科学家和科学精神。

纯净而崇高的心灵,真挚而深沉的大爱,他们无限忠诚于党的事业,对祖国无私奉献、淡泊名利甘当人梯、为人师表的高尚品格,值得我们坚守,值得我们追求。就着蒸溜水吃自带午饭的陈光熙,因一个实验数据而高兴得跳了起来;培养出我国第一个光学博士的洪晶,"即使不操作,在旁边观察观察也好";自家的书柜是学生免费图书馆的徐邦裕,因工作而没能见心爱女儿的最后一面。他们把自己最宝贵的的年华奉献给了培育人才的崇高事业。教师被称做"人类灵魂的工程师",这不仅是一个光荣的称号,更是一份沉甸甸的责任。塑造人的心灵是一项伟大的工程,完成这样的塑造,需要我们全身心的投入,需要我们用真爱和无私奉献去实现。走上讲台,就意味着要托举起明天的希望;俯下身去,就要成为他人进步的阶梯。

出版此书,是让我们用心去领悟大师的精神,继续大力秉承弘扬哈工大精神,大力实施人才强校战略和优秀人才培养战略。广大教职员工要更加自觉地奉行职业操守,更加坚定地履行培养合格的社会主义事业建设者和接班人的神圣职责,将青年学生的思想道德建设与传承哈工大精神和实践社会主义核心价值体系紧密结合起来,认清历史使命,勇担时代重任。全校师生员工将用更加坚定的信念、顽强的意志、持续的奋斗,在创建世界一流大学的道路上继续抒写新的壮丽篇章。

王树国
2010年5月10日

目　录

陈光熙　篇

闪光的人生

一个世纪的"爱国情"与"报国梦"
　　——记哈工大计算机专业创始人陈光熙教授……………刘培香　马洪舒　(3)

缅怀与纪念

"光熙精神"推动哈工大计算机专业不断发展……………………………童志祥　(27)
陈光熙先生给我印象最深的两件事 ………………………………………李　生　(33)
回忆陈光熙先生 ……………………………………………………………胡铭曾　(36)
忆陈光熙先生 ………………………………………………………………杨孝宗　(39)
学术导师　学习的楷模
　　——悼念陈光熙先生 …………………………………………………陈景春　(42)
回忆导师陈光熙先生 ………………………………………………………吴智博　(43)
我所尊敬的陈光熙先生 ……………………………………………………孔祥武　(45)
回忆大姥爷陈光熙 …………………………………………………………林志耘　(46)
陈光熙教授百岁诞辰纪念会侧记 …………………………………………张凤淼　(49)

学术论文选

容错计算技术与容错机可靠率的数学模型 ………………………………………(57)
关系数据库计算机方案探讨 ………………………………………………………(63)
总体结构取决于信息流程的分布处理系统 ………………………………………(70)
后端数据库机的批查询优化处理 …………………………………………………(76)
OPS5 并行选择全状态处理模型 RETE-Plus 及其算法 …………………………(84)
计算机的可靠率与容错计算技术的应用 …………………………………………(91)
　　附　陈光熙教授大事年表 ……………………………………………………(107)

洪晶 篇

闪光的人生

物穷其理毕生尽　一代师表丹心鉴
　　——记物理学家、教育家洪晶教授 …………………………… 刘忠奎（111）

缅怀与纪念

亲切的回忆　难忘的片段
　　——记洪晶先生二三事 ……………………………………… 李家宝（137）
深切怀念洪晶老师 ……………………………………………… 皮名嘉（139）
怀念洪晶先生 …………………………………………………… 吴存亚（140）
怀念恩师洪晶先生 ……………………………………………… 张至善（142）
洪晶老师：您永远是我们的老师！ …………………………… 卢国琦（145）
永远怀念我敬爱的老师——洪晶教授 ………………………… 李淳飞（147）
洪先生，您永远活在我们心中 ……………… 耿完桢　叶以正　邹立勋（149）
永远的缅怀
　　——缅怀洪晶教授逝世一周年 ……………………………… 姜铃珍（151）
深切怀念洪老师 ………………………………………………… 戴永江（152）
鞠躬尽瘁，忠诚于祖国的教育事业
　　——缅怀敬爱的导师洪晶教授 ……………………………… 陈历学（155）
留在心中的记忆 ………………………………………………… 姚秀琛（158）
怀念洪先生 ……………………………………………………… 关孟齐（160）
纪念洪老师 ……………………………………………………… 李一凡（163）
永远怀念洪晶先生 ……………………………………………… 陈西园（164）
深切怀念我亲爱的妈妈洪晶 …………………………………… 刘思久（165）
怀念妈妈 ………………………………………………………… 刘晓松（168）
怀念我亲爱的婆婆 ……………………………………………… 李　麟（170）
怀念大姨 ………………………………………………………… 周　宜（171）
怀念我的大姨洪晶 ……………………………………………… 周　密（172）
悼念洪晶先生 …………………………………………………… 孙和义（174）
洪晶先生千古 …………………………………………………… 刘亦铭（174）

学术论文选

哈尔滨工业大学物理教学经验	(177)
集中力作用下硅中位错结构	(184)
硅中位错运动速度	(194)
光学双稳性的 Ikeda 不稳定性与静态稳定度	(200)
体全息光学元件布拉格偏移特性的研究及其应用	(206)
具有复杂背景的全息干涉图的自动处理	(210)
PECVD SiON 薄膜的工艺控制、性质及其潜在应用	(213)
附　洪晶教授大事年表	(217)

徐邦裕　篇

闪光的人生

一代名师　人之楷模
　　——记我国著名暖通空调专家徐邦裕教授　　商艳凯　(221)

缅怀与纪念

深切怀念徐邦裕教授	廉乐明	(241)
忆恩师徐邦裕教授	孙德兴	(243)
缅怀导师徐邦裕先生	吴元炜	(245)
缅怀导师徐邦裕先生		
——一位推动我国热泵事业发展的先行者	马最良	(247)
从师三载　受益终生		
——缅怀恩师徐邦裕教授	陈旸	(249)
怀念我的父亲	徐钦净	(251)
师恩难忘	张永铨	(252)

学术论文选

Hilfskondensator als Nachwärmer zur Regelung der Temperatur und Feuchtigkeit in einem Klimagerät
　　　(255)

热卡计试验台——房间空调器性能测试装置 …………………………………………(263)
空气-空气热泵室外测换热器结构和性能的研究 …………………………………(275)
低位热能与热泵 ……………………………………………………………………(280)
结构参数对板式空气-空气热交换器性能影响的分析 ……………………………(290)
在北方地区应用板式空气-空气热交换器解决冬季潮湿车间去雾除湿问题的分析……(296)
附　徐邦裕教授大事年表 …………………………………………………………(302)
后记 …………………………………………………………………………………(304)

陈光熙 篇

陈光熙教授（1903-1992）

1961年8月哈工大电子计算机专业应届毕业生留念（前排左五为陈光熙）

陈光熙伏案工作

陈光熙及夫人和3个儿子合影

首届全国硬件容错专业组学术研讨会（中为陈光熙）

陈光熙与李明树

陈光熙与夫人

陈光熙赴京开人代会归途中

陈光熙在书房

博士学位论文答辩会(前排左四为陈光熙)

1986年7月8243班毕业合影(第一排左五为陈光熙)

陈光熙晚年生活

教师节学生献给陈光熙先生的字幅

计算机学院学生党员在陈光熙塑像前宣誓

闪光的人生

一个世纪的"爱国情"与"报国梦"

——记哈工大计算机专业创始人陈光熙教授

刘培香　马洪舒

从清朝政府到辛亥革命,从军阀混战到抗日战争,从国民党统治到新中国成立……89年风雨人生路,他用执著的求索实现了"科学救国"的理想,他用坚定的脚步谱写了计算机领域的奇迹,他用一颗赤子之心在耄耋之年敲开党的大门,他用"垫脚石"精神塑造了一批批杰出的计算机人才……他的一生,走得那样曲折坎坷,却留给世间最坚定、最从容的背影,留给人们一段回味无穷的传奇……

陈光熙,一个应该让所有哈工大人记住的名字,一个应该让所有计算机人记住的名字。让我们沿着时间的轨迹慢慢回溯,去寻找、去解读这个名字背后的故事——

远涉重洋　心怀"科学报国梦"

> 出国去,
> 走东海、南海、红海、地中海
> 一处处的浪卷涛涌,
> 奔腾浩瀚,
> 送你到那自由故乡的
> 法兰西海岸
> ……
>
> ——周恩来1920年6月《别李愚如并示述弟》

20世纪初,那是一个风雨飘摇的年代,那是一个苦难动荡的年代。旧的权威已被打破,新的权威尚未建立,中国陷入一种极其混乱的无序状态。

理想、信仰、追求……让不甘随波逐流的年轻人纷纷把目光投向远方,投向大洋的彼岸,面临严重民族危机的中国大地兴起了一场青年知识分子到法国勤工俭学的留学运动。以蔡和森、赵世炎、周恩来、邓小平等为代表的一大批有志青年怀着满腔热血,到欧洲寻求救国救民的真理。先后有数以千计的知识青年来到欧洲文明的中心——法国,一面做工,一面求学,通过勤工俭学掌握欧洲先进的科学技术和文化知识,立志归国后用"实业救国"、"教育救国"、"科学救国"的办法,使中国富强起来。

1920年,当16岁的邓小平、22岁的周恩来等老一辈革命家怀着"革命救国"的理想赴欧洲寻找马克思主义的时候，17岁的陈光熙，则怀着"科学救国"的理想，远涉重洋，出国深造。

1903年5月21日，陈光熙出生于安徽省桐城县，父亲是前清末代举人。辛亥革命后，他与全家回归故里——浙江省上虞县。1916年，陈光熙就读于浙江绍兴县省立五中，父亲希望他将来学医。可是到了第四个年头，北京大学校长蔡元培先生来到省立五中，向广大青年学生宣传出国勤工俭学。蔡元培先生以"苦学生的好机会"为题进行的演讲，字字句句深深打动了陈光熙那颗年轻的心。

1919年，16岁的陈光熙中学毕业。由于在校期间深受马列主义进步思潮的影响，又看到从满清末年到"中华民国"的腐败，再加上蔡元培先生的演讲，陈光熙不愿死守家门，荒废青春，虚度人生，决意离家外出求学，实现自己心中的理想和抱负。然而，对于一个只有依靠36亩田地的收成赖以生存的家庭来说，要支持他出国求学谈何容易？学费从哪里来？父母心有余而力不足。面对不可预知的未来和渺茫的前途，陈光熙极度失落，茶饭不思，苦闷彷徨。母亲心疼儿子，既怕这样下去会出现意外，又面对困境束手无策。这时，陈光熙的姐姐拿出平时勤劳所得积攒下来准备日后出嫁时置办嫁妆的50块银元，又连日赶制了衣服和5双布鞋，一并交给弟弟，送他踏上求学的路。

年轻时代的陈光熙

陈光熙依依不舍地挥别家人，独自离家而去。他先来到上海，在上海边打工边求学，等待出国留学的机会。不久，教育家蔡元培先生在晚报上刊登了一则招收留法学生的广告，他去应试被录取后，在蔡元培先生办的中华职业学校留法预备班学习。

1920年5月，一艘法国邮轮载着127名中国青年，离开上海港——陈光熙和他的伙伴们一起开始了赴法国勤工俭学的航程。

陈光熙离开上海的那一天，天气炎热得没有一丝儿风。拿着姐姐攒的嫁妆钱，想象着将来离家万里、举目无亲、异国求学的征程，他的心里有一种说不出的滋味，泪水不由自主地滴在衣襟上。

邮轮在新加坡停泊3小时。按规定，有护照的人签个字就可以上岸游玩。但是，中国人要想上岸却受到阻拦。

有生以来，他第一次感受到中国人是多么受歧视。从上小学开始，他就知道自己的祖国历史悠久，人口众多，物产丰富，地大物博。可是——

为什么外国人那么神气，中国人这么受气？

为什么炎黄子孙被人瞧不起？

为什么中国的国际地位这么低？

一连串的"为什么"在年轻的陈光熙心灵深处凝聚成一个又一个疑团，使他百思不得其解。

"一个科学技术落后的国家，怎么能够强大起来呢？"陈光熙似乎找到了答案，并产生了强大的动力。他心里憋着一股劲："在国外一定要学到真本事，为中国人争气！"

印度洋的海鸥和地中海的风浪伴送陈光熙到了马赛港。到了西方，他发现好多人是基督教徒，他们大讲世界大同。他当时也想，世界大同后，中华民族也能过上幸福生活。可是后来他发现这个理想根本实现不了，靠信奉基督教去实现人人平等、人人都有好日子过的想法太幼稚太天真了。有一段时间，他的思想很困惑，很苦闷。这时他开始朦朦胧胧地相信马克思主义，相信共产党，并坚定了"科学救国"的思想，开始争分夺秒地学习先进的科学技术。顽强的毅力、不息的追求以及对于理想的憧憬，不断激励着这位身在异国他乡的年轻人。

陈光熙在法国、比利时度过了整整10年勤工俭学的清苦生活。他一边当钳工，一边在大学钻研地质科学，并获得了5种专业特长和农业机械师，工艺制造、土木及采矿工程师及地质工程师等3个工程师学位。1922年，他用一年的时间以优异的成绩毕业于法国都鲁士大学农业机械专科，并获得农业机械师学位。1929年，他毕业于比利时鲁文大学工学院，获工艺制造、土木及采矿工程师学位。1930年他毕业于该学院地质研究生班并获得地质学工程师学位。

"一般人用四五年至多6年能完成的学习任务，我用了长长的10年，因为我学得非常庞杂。"陈光熙先生后来回忆道。他的大学毕业文凭上所记录的"专业"是制造、土木、采矿，那大体上就是哈工大原六系、八系、九系加土木系，再加一个矿冶学院的内容。在学年考试时，一般学生要通过6至8门考试，而陈光熙却要通过十三四门。"为什么那么贪多呢？为的是要搞实业救国嘛！17岁出去时那么天真，28岁回来时也还那么天真！总以为带着满肚子学问回去，还可以大干一场。哪知道回到国内，别说什么救国兴邦的事业，连我吃碗饭也很费劲。"在执教50年的座谈会上，陈光熙回忆当年，很是感慨。

在法国求学期间，陈光熙勤奋的学习精神和优秀的成绩得到老师和学友的称赞。有人劝他留在法国当工程师，但被他拒绝了。他日夜都在怀念遥远的祖国，要把自己学到的知识贡献给祖国的科学技术事业。然而1930年10月，当他回到可爱的祖国时，迎接他的却是一个遍地硝烟、满目疮痍的河山。黑暗的旧中国就像宇宙里"黑洞"一样，它无情地吞噬着一切光明和美好的东西。陈光熙的"科学救国"热情，像一棵还未出土的幼芽，就被深深埋在冰雪底下。

陈光熙厌恶憎恨军阀买办、洋奴汉奸，不肯随波逐流混入官场，一直不肯放弃对学术的钻研和提高。费了一年多的周折之后，他总算找到个教书的地方，开始在一所中学当初中数学教师。虽然学非所用，十分苦恼，但为了生存，为了养家糊口，陈光熙也只能无奈地接受了现实，安心教书。后来他又相继在上海劳动大学任讲师，在青岛东北海军讲习所做课程翻译，在河南开封第一师范担任理化教师，在北京辅仁大学附中任数学教师。1933年9月，他被北京辅仁大学聘为数理系讲师。1938年9月，他被辅仁大学提升为教授。

20世纪三四十年代正是社会急剧动荡的时代，战争、运动也同时袭击着辅仁大学。各种社会思潮、西方知识也在这个时候不断涌进学校，洗礼着年轻的学子。1937年7月7日卢沟桥事变，全国性的抗日战争开始。7月底北平沦陷，国立大学纷纷迁往内地，各校的一部分师生也辗转南下。原来在北平的各大学从此落入日伪之手，但辅仁大学在这世界风云变化、错综复杂的情况中，却能做到继续开办，并且一直维持到抗战胜利。在抗日战争期间，辅仁大学是北方沦陷区唯一一所不挂日本旗、不用日本课本、不以日本语为必修课，文理科仍使用原有教材的学校，也是唯一一所为国民党政府所承认的高等学府。因此，不少由于各种原因未能转移到西南大后方的知名学者、教授纷纷到辅仁任职。在白色恐怖岁月中,陈光熙和辅仁大学的所有师生一样,坚持操守,傲骨铮铮。

那一段特殊的岁月,如同黎明前的黑暗,煎熬着陈光熙的心。日本帝国主义的铁蹄无情地践踏着中华大地。"偌大的中国,放不下一张平静的书桌"是当时中国的真实写照。满腹学问却报国无门的陈光熙渴望着人民的解放和自己的解放。据他的亲友回忆,无论是漂泊异国他乡,还是身处水深火热,陈光熙从未放弃过对祖国的爱,像儿子对母亲一样的深厚的爱。他痛恨日本侵略者,他在北京家中有一台从国外带回的车床,十分喜爱。他担心让日本人知道家中有车床,而强迫他为之制造修理武器、弹药来屠杀我中国同胞,所以在日本鬼子进入北平之前他就忍痛把它销毁处理了。

1945年,第二次世界大战结束,中国人民的抗日战争获得了伟大胜利。被日本侵略者蹂躏8年之久的中国,百废待兴。当时教育部驻平津区特派员沈兼士教授等一批有识之士,深知欲国家强盛,必奠定重工业之基础,而要发展工业,必须培养大批技术人才。于是经过筹划,教育部增设国立北平高级工业职业学校,并任命陈光熙为校长。陈光熙于1946年4月2日遵令就职。

1949年10月1日,新中国的成立,让中国历史翻开了新的一页,展现在陈光熙面前的是一条闪光的路。多年的苦苦期盼,多年的上下求索,终于有了一个新的起点。党和人民向陈光熙倾注的是信任,陈光熙向党和人民回报的则是奉献。陈光熙爱国、报国的愿望终于实现了。党把他放到重要的工作岗位上,让他到机械工业部一个设计院担任总工程师。已近50岁的陈光熙,仍然像一个充满活力的青年一样,他注视世界科学技术的发展。当20世纪50年代初一批电子计算机刚刚在外国问世的时候,陈光熙就以他对科学的敏感,发现这是一个具有无限生命力的新生事物。

1955年,以毛主席为首的党中央向全国人民发出"向科学进军"的伟大号召,周总理的《关于知识分子的报告》,对陈光熙产生了强大的感召力。1957年,李昌校长派人到北京招聘一批教授,创办新专业。

陈光熙早年从事土木、采矿、地质工程的研究,有雄厚的基础理论和广博的专业知识,特别是在数学领域有较高造诣,这是研究计算机的有利条件。哈工大创办计算机专业的消息传来,陈光熙欣喜若狂,跃跃欲试。

"哈尔滨有什么意思,天又冷,生活又困难,不要去了吧!"

"你去哈尔滨,咱家在北京的13间房子怎么办?"

"就是不考虑别的,至少也得为孩子着想啊!"

……

陈光熙在案前加工零件

不是陈光熙的家属和亲友迷恋北京的生活,只不过因为陈光熙已年过半百,一个人到了这把年纪,还要去一个边远而陌生的城市,去研究新的领域,开拓新的事业,怕他力不从心了。因此他们千方百计劝他不要离开北京。然而作为一位教授,科学事业就是他的生命价值。于是,为了中国的科学事业,年过半百的陈光熙不顾亲友的极力反对,义无反顾地放弃了北京优越的工作条件和舒适的生活环境,离开对他来说已经很高的技术领导职位,带着妻子和三子自告奋勇地远赴塞外,来到北国冰城——黑龙江哈尔滨,在这千里冰封、万里雪飘的北疆扎下根来,在哈尔滨工业大学披荆斩棘,创建了新中国第一个电子计算机专业。

扎根冰城　开创"科研新世界"

老当益壮,宁移白首之心;
穷且益坚,不坠青云之志。
酌贪泉而觉爽,处涸辙以犹欢。
北海虽赊,扶摇可接;
东隅已逝,桑榆非晚。
……

——王勃《滕王阁序》

1958年秋天,在北京举行的教育革命展览会大厅里,一批批参观者被一台能说话、会下棋的"计算机"深深吸引了。敬爱的周总理以及朱德、陈毅等党和国家领导人兴致勃勃地观看了这台机器的表演,非常高兴,特别赞赏。

这台在科技教育界引起很大震动的计算机,是陈光熙在哈工大电子计算机专业的第一个科研实践。在哈工大这座科学殿堂里,陈光熙带领青年教师创建了计算机专业,成为我国计算机科学与工程的奠基人之一。

世界上第一台计算机是1946年在美国问世的。计算机的发展日新月异,从电子管、晶体管、集成电路、大规模集成电路到人工智能,现在正向微型化、网络化、智能化方向发展。计算机科学技术水平、生产规模和应用程度,已经成为衡量一个国家现代化水平的标志。它将促使科学技术发生深刻的变化,对社会生产和社会生活产生深远的影响。

陈光熙深刻地认识到这一点,并以渊博的知识始终把握着研究的方向。他选定的课题一直是计算机科学前沿。正因为是前沿,是别人没有尝试过的新领域,因此在陈光熙的面前,也横亘着重重困难。对电子计算机这个新生的科学领域,他也是刚刚踏入,两个1955年刚刚毕业的年青教师吴忠明、李仲荣就是专业的骨干力量。没有外国专家,一切要靠自己从头学起、干起。陈光熙认为:电子计算机科学也像其他新兴学科一样,理论还不成熟,必须一面学习,一面实践。

1958年在全国开展教育大革命中,受到科研传统教育的哈工大计算机专业学生,在中央提出的"全国十二年科学发展规划"和"向科学进军"号召的鼓舞下,凭着年轻人敢想敢干的精神,贴出大字报"将老师的军"。他们提出:"我们专业向国庆节献什么礼?我们也要做计算机!"这一"胆大包天"的建议着实难坏了刚刚成立不久的计算机教研室的教师们,这对他们来说无疑是一个严峻的挑战。

当时德高望重的教研室主任陈光熙已年近六旬,吴忠明是专业主任兼教研室副主任。针对57级学生们的挑战,教研室开会商量怎么办。根据当时的现实条件,想在短时间内研制一台通用数字计算机是不可能的。在这种情况下,吴忠明提出了"三维数字下棋计算机"的设计方案。这是著名数学家华罗庚先生1957年访问哈工大时建议设计的。陈光熙和教研室的教师们充分论证之后,认为设计方案完全可行。之后,这一方案很快得到了校、系领导的批准,并得到了时任副校长高铁的大力支持。

哈工大研制的我国第一台能说话、会下棋的数字计算机

凭着一股"敢闯敢拼、说干就干"的工作作风,他们立即组织实施,开始了分工协作。陈光熙自告奋勇负责机柜的机械工艺设计,并亲手为这台机器提出了数学模型和逻辑设计方案。他带领吴忠明、李仲荣、朱志莹、胡铭曾、李性存、梁惠荃、肖哨牧等年青教师、研究生及部分本科生一起投入了研制下棋计算机的战斗。

教师和研究生们还各有教学任务,所以大多是在晚上加班工作。参加工作的学生白天有课,所以也都是晚上加班。晚上在电机楼地下室,二三年级的同学热火朝天地在老虎钳前敲敲打打做板金活。在实验室内则另是一番景象,做线路定型的、搞机盒焊线的,都是静悄悄的。如果第二天无课,许多人都是通宵达旦,实在困得睁不开眼了,就趴在实验桌上打个盹儿,醒来后再接着干。到了最艰难的调机阶段,教师和研究生们夜以继日三班倒。几十年后的今天,曾参加过这一研究工作的师生再次回忆起当年的这段往事,依然心潮澎湃,如数家珍。这段难忘的经历已经成为他们人生中一段最美好的回忆。

研制期间,1958年9月15日,中共中央总书记、国务院副总理邓小平,中共中央政治局委员、国务院副总理李富春,中共中央书记处书记李雪峰、刘澜涛、杨尚昆等同志视察哈工大。邓小平等中央领导同志兴致勃勃地到实验室观看了这台正在研制的计算机的表演。

经过齐心协力的艰苦奋战,从哈工大电机楼几间身影幢幢、灯火闪耀的实验室里终于传出了鼓舞人心的捷报。中国第一台"能说话、会下棋"的数字计算机诞生了。它填补了国家在电子计算机这方面的空白,从此,陈光熙这位电子计算机专家,带领着中青年教师步步深入,不断提高,在电子计算机研究领域里奋勇挺进。

这台智能下棋计算机每秒钟能运算40 000次,具有逻辑推理能力,可以完成特定的判断和思考的任务。借助于录音装置,在适当时机,机器可以说"请您走!""您犯规了!""您输了!"这3句话。在这台计算机上,棋子就用指示灯表示。下棋者下完一着后,一按"机器走"的按钮,机器就下棋。但机器下棋不是胡乱走的,它是根据数学分析所得必胜结论进行逻辑选择的。当机器走完之后,它就会说:"请您走!"当下棋的人不遵守规则,机器会说:"您犯规啦!"最后一颗棋子不可避免地落在与机器下棋的人的手中时,机器就会说:"您输了!"

不久,这台能说话、会下棋的智能下棋计算机在北京全国教育与生产劳动结合展览会上展出,受到热烈欢迎。这台计算机的研制成功证明了计算机专业的研究工作又向前迈进了一步,因为它具有几个显著的优点:性能稳定,经过几昼夜的连续操作和实验,性能始终不变,能够又快又准确地击败棋手;结构紧凑,又采用了小部件,所以体积缩小了一半左右;采用的真空管均是国产的、普通的小型管,容易购买,调换方便;采用了很合理的逻辑线路,使计算机所用的元件数减少,而完成的任务增多。

智能下棋计算机在我国尚属首创,在我国人工智能技术发展史上也可以写下一笔,在全国科技界影响很大。尤其是计算机界同行们,对哈工大计算机学科更感兴趣。受中国科学院计算机研究所委托,哈工大计算机专业于1958年秋天开办了全国第二届计算机训练班,培养急需人才。来自河南、山西、甘肃、辽宁、吉林和黑龙江有关高校和研究所的30多人参加了训练班。陈光熙、吴忠明、李仲荣等计算机专业和有关教研室教师为训练班开出了全部课程,深受欢迎。哈工大计算机专业二、三年级的同学也一起听了专业课,收获很大。训练班从1958学年开始,1959年春季结业。这些同学以后都成了有关高校、研究所的骨干。

胜利的鼓舞,陈光熙的辛勤指导,理论高峰的攀登,实践过程的深入,一支年轻的电子计算机科学队伍在哈工大迅速成长起来。

从1958年开始,哈工大一方面进行教育大革命,一方面建立国防专业。1960年,受到三年自然灾害的冲击,我国计算机技术与产业也陷入困境。中苏关系破裂,使得苏联有很大保留的援助也中断了。就在此时,哈工大划分成了面向民用的一部和面向军事的二部。原计算机专业包括陈光熙等在内的2/3以上的老师因家庭出身不是工农兵而被留在了一部,并被调入数理系,与计算数学专业合并为计算数学与计算机专业。

在三年天灾和苏联逼债的艰苦日子里,陈光熙始终以顽强的毅力和充沛的热情从事教学和科研活动。在当时的科技攻关会战中,身为教授、专家的陈光熙,还有一个别名——"会开车床的教授",因为他经常亲自操作车床加工所需零件。这缘于陈光熙非常重视动手实践能力。据他的亲属们回忆,他从国外归来时,除了带回一台车床和一批有用的书籍外,还带回虎头钳、锉、手摇钻、锯等一套常用工具。这些工具跟了他一生。

1961年,哈尔滨的冬天格外寒冷,经历了三年饥饿、缺乏营养的煎熬,哈工大的教师普遍消瘦乏力,学校也不再要求教师坐班,允许教师在宿舍里备课。虽然此时学校的科研活动有些沉闷,但计算机教研室的科研气氛却异常活跃。在陈光熙的带领下,每天早晨,计算机教研室的教师们都按时上班,纷纷讨论和宣讲他们对突破我国计算机技术困难和教研室开展科研工作的意见和方案。

20世纪60年代,对国内计算机专业的发展方向曾有很多争议,很多高校的方向都非常杂乱。当时,哈工大学习苏联经验,采取了一系列措施:每一个新专业的建立都要聘请一位苏联专家,并带来一套有关的教学资料;同时调配一批青年教师和研究生参加新专业的筹建工作。成立计算机专业时,由于未聘到苏联的计算机专家,陈光熙深入调研,并与党支部书记黄铁梅组织教师讨论艰苦攻关,最终确定了"以数字机为主,模拟机为辅;以电子为主,机械为辅;以通用为主,专用为辅"的方针,为哈工大计算机专业的发展起到了指导作用。"现在看来,老先生那种不服输的干劲,以及高瞻远瞩的洞察力是非常令人钦佩的。"胡铭曾教授说。

1960年电子计算机专业第一届毕业生合影(前排右三为陈光熙教授)

　　始终关注计算机科学前沿、精通多门外语的陈光熙，在博览国外文献资料后，了解到国外在多孔磁芯逻辑、超小型存储磁芯、管装磁存储器和变参数元等方面的研究状况，认为不能"守株待兔"，在当时领不到晶体管、没有条件走"大路"的情况下，应该先走"小胡同"。他认为，计算机速度的瓶颈是存储器，存贮速度的关键是磁芯大小。当时，我国计算机缺乏快速存贮元件，也不具备生产 $1.5 \times 1.0 \times 0.5$ 毫米的小磁芯的能力。为了提高计算机的存贮速度，缩小机器体积，陈光熙大胆提出一种超小型磁芯的研制方案。他建议从研制磁元件入手，开展全磁逻辑和新型存储器的研究，将磁芯存储器技术作为主要科研方向。在当时的校党委书记兼校长李昌的大力支持下，又一场不平凡的攻坚战打响了。

　　过去，磁芯生产工艺采用粉末冲压法，国内外一般都是用常规的冲压工艺制造磁芯。但由于超小型磁芯的尺寸过小，多孔磁芯的开关复杂，磁棒的长度远远超过直径，用常规的冲压工艺生产是极其困难的。这一工艺难题限制了磁芯的广泛应用。

　　1961年末，哈工大一部、二部计算机专业合并，专业和学校领导采纳了陈光熙的意见，决定在二部(现在的风华机械厂位置)二号楼建立磁器件研究室。研究室初建时仅有4间连配电盘都没有的空房间。陈光熙率孔祥武、赵振西等人开展超小型磁芯的研制工作。

　　陈光熙的办公室在二部东北角的一个小红楼上。人们经常看见一个个头不高、满头银发的老先生每天早晨不到8点就来到小红楼，下班却很晚。他在工作中艰苦奋斗，有一股使不完的劲。他的口头禅是"自古成功在尝试"，不怕失败，不达目的决不罢休。在国家人民困难时期，经费、设备、材料非常贫乏。孔祥武回忆，为了不浪费国家一分钱，领材料时，年近花甲的陈光熙从校本部物资科亲自拉手推车走大约有十华里的路程到二部，也不舍得雇人力车。对所需要的科研设备,他能不买就不买,用简陋设备代替。在二部时期工作休息条件很差,有时连能喝的开水都没有,陈光熙就自己带午饭,吃完后喝口蒸馏水……就在这样艰苦的条件下,陈光熙始终坚持站在教学科研第一线,从未退缩过。

小磁芯的研制工作一开始就历经挫折和失败。虽更换多次配方,可就是挤压不出磁管来。研制人员面临严峻的考验。为了掌握国外小磁芯研制的最新技术,陈光熙不知翻阅过多少资料,熬过多少个不眠之夜。他穿上工作服,和年轻教师、实验员、工人们一起安装机器,修改方案,进行试验,日夜守候在示波器前、工作台上、加热炉旁,还亲手搞配方、和料,甚至亲自上车床制作磨具器件。面对困难和挑战,陈光熙只有一句话:"坚持就能成功。"

一天傍晚下班后,不甘失败的孔祥武、赵振西、吴家彦决定减少环氧树脂用量,再试一次。结果功夫不负有心人,终于成功挤压出了磁管毛坯。第二天清早,当陈光熙、李仲荣和黄铁梅来教研室看到毛坯时,欣喜若狂,陈光熙竟然高兴得跳了起来。

进一步的工作是如何用磁管生产出磁芯来。由于当时没有精密可控的切割设备,于是陈光熙再一次开始了"前无古人"的苦苦探索。

那是一个寒风刺骨的冬夜,纷纷扬扬的雪花漫天飞舞,冰雪覆盖着的大街上已经寥无几人。陈光熙迈着稳健的步伐,脚下发出"咯吱、咯吱"的声音。他似乎没有感觉到那零下30多度的严寒。此时此刻,他浑身充满了胜利的喜悦。因为他找到了一种磁性元件的研制方法,并迫不及待地跑去找助手李仲荣研究。

陈光熙大胆地提出用"磨削成芯"的方法取代国外的"切割成芯"法,于是形成了一种引进加创新的"挤压成管、磨削成芯"的小磁芯成型技术。有了这种超小型记忆磁芯,我国的电子计算机研究将登上一个新的台阶。

"挤压成管"是借鉴美国的技术,而"磨削成芯"则是陈光熙的发明,是国内首创。就这样,经过一次又一次的失败、总结、提高,陈光熙调动自己所有的知识储备,终于在自制的简易设备上,用一种全新的工艺,制造出我国第一批多孔磁芯及超小型磁芯,为我国的磁芯制造开辟了一条新路。

这一研究成果的特点是,"挤压成管、磨削成芯"的生产效率高于常规的冲压法,且易于制造;不仅适用于一般的环状磁芯,而且适用于各种各样的多孔磁芯、超小型磁芯及磁棒的制造;对模具要求低,模具的寿命长;可以通过切断前预测方法提高成品的合格率。

1963年,陈光熙等人将用这种成型技术研制出的一批外径为0.5、0.6、0.8毫米的存储磁芯和多孔磁芯,呈送给当时的国防科委。陈光熙研制的"磁芯制造新工艺"受到党和政府的高度重视。该成果于1964年在国家计委、经委合办的展览会上荣获新产品二等奖,并获国家新工艺二等奖。产品和样品在全国第三届计算机技术会议上展览,总结文章在全国第三届、第四届计算机技术会议上发表。利用这种方法研制的超小型多孔磁芯在成型上达到了国际水平。小磁芯存储器的研制成功,为百万次计算机的研制奠定了基础。

1964年初,世界上已经出现的最小的磁芯外径是0.8毫米,而陈光熙研制出来的磁芯外径只有0.5毫米。磁芯的微小带来了动作的高速度,采用它就有可能构成访问周期为1微秒的内存储器,从而为高速度计算机提供了一个诱人的前景。陈光熙经常说:"百闻不如一见,而百见不如一干。只有'一干'才能找到问题所在,继而加快解决它的步伐。"胡铭曾教授回忆说:"陈先生的这些科研理念都给青年教师很大的启发,后来我们整个团队都很注重实践,也是源自老先生的言传身教。因此后续我们也争取到了更多的机会,做了更多的实事。"

就在1964年底，陈光熙光荣地出席了第三届全国人民代表大会。他坐在人民大会堂里聆听周总理的报告。周总理那慈祥庄重的声音，就像春潮一样翻卷着他的心胸……理想的憧憬、庄严的责任、历史的回顾，千头万绪一起涌上心头……

陈光熙没有把成绩当做个人的资本，而是成为继续前进的动力。小磁芯研制成功后，研究室还开展了"超小型记忆磁芯高速存储器"的研制，集中力量研发小磁芯存储器。考虑到小磁芯穿线的困难，他们放弃了生产单个磁芯的方案，而采用直接在磨削合格的环氧树脂磁芯上穿线（不再二次烧结）的磁芯体生产方案。

1965年夏，存储器容量为512字＊40位的存储器研制成功，读写周期比国内已有存储器的存取速度提高了4～5倍。1965年10月，该存储器在"全国仪器与新工艺展览会"上展出，引起了很大反响。有些参观者兴奋地说："有了这样的存储器，我们就可以研制每秒几十万次计算速度的计算机了！"

后来，在陈光熙的指导下，教研室又开展了"碾压成带，胶冲成芯"的磁芯成型工艺实验，并取得了成功。这种工艺生产出来的磁芯毛坯尺寸、形状规范，表面细腻完整，质量高，而且没有毛刺，模具寿命长。

这种"碾压成带，胶冲成芯"的磁芯成型技术是具有原始创新性的先进技术，很快在国内推广，并在1967～1980年10多年的时间里，支持了我国高速度大容量存储器的研制以及晶体管计算机和早期小规模集成电路计算机的生产。这是计算机专业为我国计算机技术的发展做出的重大贡献。

1964年计算机教研室全体教师合影（前排左四为陈光熙教授）

回顾陈光熙领导教研室开展磁芯器件研究工作的历程，既是一条跟踪、引进、创新的道路，更是一条奋斗、失败、再奋斗直至成功的道路，其中的酸甜苦辣，只有经历者记得最清。

吾生而有涯，知也无涯。科学研究是无止境的。科学家自有科学家的胸怀。中国的计算机研究和使用，应该走在世界的前列，陈光熙瞄准这个目标，沿着成功的道路，组织身边的年轻教师，向着新的令人鼓舞的研究领域突进。经过和专业同志们的反复讨论和酝酿，1965年，陈光熙又提出了研制百万次电子计算机的雄心勃勃的计划，并提出了超长字(200位)概念，这个计划很快得到学校和上级部门的支持。1965年3月，哈工大承担了国防科委下达的研制百万次计算机的科研任务。陈光熙带领李仲荣、苏东庄、胡铭曾等中青年教师，克服重重困难，

陈光熙教授(前左二)与到哈工大参加学术会议的代表们合影

夜以继日地研制百万次计算机。不论是白天还是深夜，在主楼五、六楼和地下室磁性材料厂，人人都热火朝天地埋头奋战，向电子计算机的现代化水平进军……经过大家齐心协力的奋斗，1966年11月，项目组完成了零部件设计，生产出依靠磁芯制成的存储器，只剩下整机调试了。

然而，曙光乍现之时，却响起晴天霹雳，"文化大革命"的到来，使科学研究受到严重冲击，尚未正式投产的百万次计算机就此夭折！

壮志未酬身先死，长使英雄泪满襟！直到今天，回忆起这个项目的功亏一篑，当年曾参与研究工作的师生仍欷歔不已。

矢志不渝　坚定"风雨人生路"

> 古之立大事者，
> 不惟有超世之才，
> 亦必有坚忍不拔之志……
> 事至不惧而徐为之图，
> 是以得至于成功。
> ——苏轼《晁错论》

正当陈光熙在计算机科学事业中大展宏图时，一场摧毁文化的"文化大革命"开始了。林彪和"四人帮"提出了"怀疑一切、打倒一切"的反动口号。在这个口号的煽动下，有人全盘否定专业的发展和成就，连党支部主持下陈光熙参加讨论专业重大问题的集体领导形式，也

被说成是什么"巨头会议"而横遭"批判"。学校乱套了,一切都被颠倒,重大科研项目被迫停止,专业的研究机构解散。像千百万知识分子一样,陈光熙在"文化大革命"中遭受到严重迫害。

1968年,一个更沉重的打击落到了陈光熙身上。他被打成"反动学术权威",还被安上了"蒋帮特务"的罪名。连他亲自指导的"研究生"也宣布和他划清界限,要他交代所谓"罪行"。随后他被投入监狱看押起来,入狱一年多,在精神上和肉体上都受到严重摧残。

与此同时,陈光熙的爱人也被投入地下室私设的"牛棚",受到残酷的折磨。那是多么令人心悸的情景呵!

然而,对于打击、诬陷、迫害,陈光熙不屑一顾,最使他痛心的是中止了他的科学研究。世界上,计算机科学正以惊人的速度向前发展,中国又要被远远地抛在后面。他焦急,他不安,因为他不是站在看台上的普通观众,而是参加竞赛的"运动员"。"中国计算机落后,就是我们这些人的耻辱!"这比对他个人的人身折磨更难以忍受!

看守所的铁栏限制了陈光熙的行动,却不能够囚禁他那颗向往真理的心。凭着新旧社会的切身经历,凭着他对中国共产党的热爱和信赖,陈光熙一直不动摇地坚信:残酷的打击对他只能当做又一次严峻考验,逆流终究不能扭转历史前进的方向,他是无罪的!他盼望着重返战斗岗位。在失去了一切从事专业活动的条件下,他在狱中还琢磨着出去以后怎样搞好专业的教学和科研。

陈光熙与夫人在家中

时任的省委主要负责人和林彪一伙相继垮台,陈光熙又回到专业教研室。那时,学校的老领导虽然已经复职,但天空的乌云还未消散,"四人帮"炮制的"两个估计"还像紧箍咒一样箍在广大教师头上。陈光熙虽然已被释放,但冤案并未彻底昭雪。打击、诬陷、迫害、困难,这一切都没有使陈光熙消沉下去,而是磨炼了他的斗争意志。从回到专业的那一天起,他甚至没有顾得上好好安慰一下身心交瘁的爱人,就又投入了电子计算机的研究工作。

在学校领导的支持和鼓励下,1973年,陈光熙又高瞻远瞩地提出一个解决计算机稳定可靠工作问题的重大研究项目、一个创新性的研究方向——计算机容错技术。所谓"容错机"是指计算机出了错,它本身有检错与纠错的能力,照常正确运行,得到正确结果,这样就显著提高了可靠性。容错计算机技术主要包括双模协同处理、字节奇偶编码、微程序控制、自动查错、自动检错、故障检测、指令复执、不停机自诊断等。

那时,"四人帮"煽起的反动妖风还在中国大地上横扫着,帽子、棍子像冰雹般在空中飞舞。可是,陈光熙就在这条充满着风险的道路上,毅然开始了向电子计算机现代化水平前进的艰苦长征。从1973年开始进行理论探讨、方案论证,一直到粉碎"四人帮",这项研究工作始终没有间断。他带领教研室研制的容错计算机在中国首开先河。

由于这个项目研究意义重大,很快被批准为"国家立项"。当时的国防科委高度重视,拨款100万科研经费,相当于现在的一个亿。尽管当时的容错计算技术还没有用武之地,但陈光熙说:"现在看不出有用,但将来一定会有用的。"从此之后,他就一心钻研于容错事业中。

在陈光熙的带领下,经过研制组全体同志的充分讨论与论证,最后确定总体方案为"具有自检错与自纠错的双模容错系统"。他和研制组的全体同志日夜奋战,于1979年研制成功了我国第一台容错计算机"RCJ-1",被誉为我国容错计算机研究的先导者。这台容错计算机可靠性增加了4倍多。航天部某单位按照哈工大计算机专业的容错技术原理制造的机载计算机,运行非常可靠。

容错机的样机吸引了世界各国的代表团和知名人士前来参观,如物理学家任知恭先生等。在现哈工大主楼的五楼,陈光熙骄傲地向全世界展示他们的研究成果。陈光熙还和重庆大学陈廷槐教授合作出版了我国第一本容错计算专著《数字系统的诊断与容错》,1981年由国防工业出版社出版,成为全国统编教材。

陈光熙接待慕名而来的外国客人

在陈光熙的引领之下,哈工大的计算机容错研究取得了很多骄人的成绩,在我国的航天领域、银行和高可靠计算方面都树立了很高的威信。神舟号系列飞船返回舱的容错技术也都是由哈工大提供的。到目前为止,哈工大的容错技术在全国依然处于领先水平。

此后,陈光熙又指导了"算法硬化"与"数据库机"等研究项目,都取得了重大的科技成果,获得国家科技进步一、二等奖多项,得到兄弟院校同行专家们的一致好评。该学科被国家第一批批准为博士点、重点学科、重点实验室、博士后流动站等,获得国内相同学科的先进地位。他指导了一批博士研究生,在国内外科技与教育战线上发挥着重要作用,可以说是桃李满天下。

杨孝宗教授说:"我这一辈子搞容错计算机并取得了一定成果,这完全是陈先生指导的结果。我们搞容错计算机是1973年立项的。陈先生出生于1903年,那一年陈先生已经是70高龄,但他的学术思想非常活跃。当时,全国无人知道'容错机'是什么,而陈先生让我搞'容错'。这样,我们哈工大就成为全国第一个搞'容错'的。现在证明了陈先生是很有预见性的。"

车尔尼雪夫斯基说:"历史的道路不是涅瓦大街上的人行道,它完全是在田野中前进的,有时穿过尘埃,有时穿过泥泞,有时横渡沼泽,有时行经丛林。"即使在那个动荡的年代里,陈光熙和他的同事们依然没有停止前进的脚步。他们披荆斩棘,克服重重困难,为计算机专业后来的发展与腾飞奠定了坚实的基础。

时任副校长的陈光熙教授在60周年校庆大会上讲话

粉碎"四人帮"的伟大斗争胜利了,套在陈光熙身上的精神枷锁被砸碎,陈光熙又可以甩开臂膀大干一场了。他的心头充满了激动和欢乐。从此,陈光熙一生中新的一段征途上又洒满了阳光。

"计算机发展太快,要不断学习。"陈光熙常常告诫他的学生们。而他自己也是活到老学到老,即使是80岁高龄,他仍然孜孜不倦地学习先进技术,所以才能掌握好专业的方向。到了20世纪80年代,已进入耄耋之年的他,仍然指导研究生向新的更先进的领域进军。他涉足计算机系统结构及计算机网络(包括容错技术)、高级语言计算机及数据库计算机、人工智能等三大分支,都是当时计算机科学的前沿课题。

陈光熙在哈工大的工作历程紧密地伴随着计算机专业的成长,伴随着哈工大的壮大和发展。他把自己的全部心血都倾注给人民的科学技术事业。他的后半生是党的知识分子政策的生动见证。他在新长征路上的每一个前进步伐,都是那样的坚定,那样的有力。

1978年5月,陈光熙被任命担任哈工大副校长。然而,他从来不把自己当成前辈或领导,他仍然把自己当成一块"垫脚石"。他说他是计算机专业老师的"垫脚石",是学生的"垫脚石"。他常说:"我就是为你们服务的。"他还亲自在《哈工大报》上撰文,与新同学畅谈"大学生首先要学好基础课",希望广大学子在哈工大努力学习,把自己培养成德、智、体全面发展的优秀工程技术人才,为社会主义建设、为实现四个现代化献出宝贵的青春。字里行间,流露出他的殷殷厚望与关切之情。

在20世纪七八十年代,每当阳光透过教化街旁的绿树倾泻在石头路面上,在一群群向电机楼大门方向涌去的学生、教工中间,人们可以发现有一位70多岁、满头银发的老人,手里拿着一个黑色提包,就像战士手中紧握着冲锋枪一样,迈着坚定、踏实、有力的步伐,奔向教学科研第一线。他时而和身旁人讨论着什么问题,时而发出会心的笑声,真是"满目青山夕照明"!那就是可敬的陈光熙教授,经霜历雪身愈健,带领师生在百花争艳、百鸟争鸣的科学春天里学习、登攀,向着更高的目标挺进。

良师益友　甘当"学生垫脚石"

一年之计,莫如树谷
十年之计,莫如树木
百年之计,莫如树人
……

——《管子·权修》

陈光熙教授常说："我愿做一块'垫脚石'，让年轻人踩着我的肩膀去攀登科学高峰。"

所谓"垫脚石"，用陈光熙的话来说就是："这好比上树摘桃子，我是想把自己当成一块'垫脚石'，为年轻人打一个基础，让他们把桃子摘下来。'垫脚石'有高有低，低了够不着桃子；'垫脚石'要牢固，否则登上去就要踩垮。为了让更多年轻人多摘桃子，我要做一块又高又牢的'垫脚石'。"

陈光熙是一位性格质朴、待人善良的老学者。他早在法国就是一名操作熟练的钳工，和工人阶级有着深厚的感情。当年与陈光熙一起参与小磁芯项目的工人孔祥武回忆说，在科研工作中，当他已经是60岁高龄的老人时，还和身旁的工人同志一起安装机器，亲手操作。

陈光熙对党的教育事业赤胆忠心，一言一行实实在在。他是一位专家、名人，对工作对科研是那样的执著，在生活上却是那样的俭朴、节约，从不讲究自己的吃穿。他严于律己，却乐于助人。他经常谈论的是学术问题，是教研室的教学和科研工作。他关心教研室所有同志的疾苦，遇到有的同志生活上有困难，总是把俭省下来的工资"雪中送炭"。当年回国后，陈光熙在北京定居，曾自购四合院一座，共有13间房屋。这是他的私有财产，"文化大革命"中被房管所分给了几户没有住房的人家居住。"四人帮"倒台后，落实政策，理应归还，可他却考虑他人之困难，不让住户搬迁，无代价把价值数十万元的房产捐献给了国家。1964年，党和国家颁发给他5 000元奖金（国家新工艺二等奖），他谦逊地把成绩归于党支部领导，归于教研室全体成员。他把钱一分不留全部交到系里，一部分作为科研奖金分发给他人，一部分留作科研基金。他常用雷锋的两句话"生活向低标准看齐，工作向高标准看齐"作为自己的座右铭。

陈光熙学识渊博、技术精湛，但从不自满。他抓紧一切时间不倦地学习钻研。对身边的同志们热情指导，总想把自己长期积累的知识变为教研室全体的财富。只要你有问题去向他请教，总是会得到许多启发和指点，而且他总是把你的问题范围加以扩大，使你可以由此及彼，举一反三。但是，当你在学术上走偏了方向，或者重复了别人的工作，他又会及时提醒你注意。平常，陈光熙总是虚心地听取其他同志的研究收获，询问自己还不大清楚的问题，不耻下问。这也是他积累学识的一个重要方面。

计算机专业张田文教授是从精密仪器系毕业并留校任教的，当时他在计算机研究室做磁芯方面的研究工作。据他回忆，20世纪70年代前期，正值计算机由模拟到电子的大变革，这对原来从事模拟计算机工作的人来说是一个挑战，而对原来搞数学或其他专业的工作者来说是个绝好的机会。他正是在这个时候一边挖防空洞一边做实验，一边学习数学，一边学习软件的。那么他是如何转向计算机方向的呢？"说到进入角色，我还得感谢陈光熙教授。他曾拿出几本英文书给教研室的几个年轻人看，其中一本译过来就是《数字计算机设计自动化》，里面写的是关于数学和计算机应用方面的知识。我就在别人还不知做什么的时候，开始钻研这本书，并在1979年、1980年的时候开始讲授这门课。一个人一辈子也就有那么两三个台阶，而这是我的一个起步。从此我就一直进行研究性工作。"

计算机专业校友李光汉教授说，他永远忘不了"一次影响一辈子的指导"。20世纪60年代初，美国斯坦福大学建立了世界上第一个计算机科学系。也就是在60年代初的一天，李光汉正在电机楼一楼103计算机机房值班。上午快下班时，年过花甲的陈光熙教授特地从主楼一楼的办公室走到机房来找他，给他送来一本刚出版的英文版《电子计算机上ALGOL

陈光熙教授在书房

语言编译系统》,并对他说:"请你好好研究一下这本书!""几十年后回头看,这的确是一本计算机科学领域中的奠基之作。我遵照陈先生的指导,研究起这方面的科学知识。70年代初我与我们教研室的同志们还积极参加了科工委组织的计算机软件会战,研制出了'DJS－8 FORTRAN编译系统',并于1978年获国家科学大会奖。正是由于陈教授对世界科技前沿的洞察,并用以指导我们年轻教师,才使得我校这一科研领域在兄弟院校中居先进地位。我这一辈子也一直沿着这个专业方向前进,所以取得了一点进展,这全得益于陈先生领我入门。"许多年后,李光汉教授在一篇回忆文章中这样写道。

曾任哈工大党委书记的李生教授是陈光熙的弟子之一。1965年,李生毕业后留校,作为教研室主任的陈光熙找他谈了一次话,其中有一句李生至今不忘:"他语重心长地对我说:你们是哈工大的希望,也是计算机专业的希望,一定要努力呀!"陈光熙甘为人梯,培育高才,是中青年教师和博士生的良师益友。他以自己的心血,让年轻人一批又一批破土而出,甚至让他们踩着自己的肩膀,向新的高峰挺进。在他的带领下,一支实力雄厚的计算机科学队伍,在哈工大发展、壮大、前进着。他培养的一批又一批计算机高级人才,已经成为我国工业、国防、科技、教育等各条战线的中坚力量。

陈光熙对中青年教师和博士生总是非常热情地指导。他愿意把自己掌握的全部知识传授给年轻人,把自己长期积累的丰富经验变成计算机专业全体同志的财富。作为一个老教授,他时刻关心中青年教师的提高问题,经常向他们了解:希望怎样提高?自己有什么打算和要求?并主动给他们出主意,当参谋。

陈光熙经常告诫中青年教师要重视外语学习。他说："掌握好外语就好比打开科技大门的钥匙拿到自己手里，特别是计算机学科汉语资料太少，多掌握一门外语就好像多长了一只眼睛。"陈光熙自己是非常重视外语学习的。他早年留学法国、比利时，精通法语、英语。为了紧跟世界最新的科研成果，在当时国内条件不好，图书馆的外文书籍、期刊非常陈旧的情况下，他自己出钱订阅了《IEEE Transaction on Computer》，深入挖掘，将更好的思想应用到实践中。吴智博教授说："1978 年研究生入学复试面试时，陈光熙教授用英语向我提问，标准的发音比我遇到过的所有英语老师都好。当时我下定了决心读陈先生研究生，这次考不上，明年我一定再考。"52 岁时，陈光熙还开始学习俄语。尽管俄语非常难学，而他却掌握得很好。

"老老实实做人，认认真真做事"，是陈光熙对自己、对学生的要求。"想把事情做好，必须要先把人做好。我教你做事，要先教你做人，做好事，必须以做好人为前提。"陈光熙认为做好人最根本的必须要"诚实守信"，要言必信、行必果；要"宽人严己"，己所不欲，勿施于人；要做到"大事清楚小事糊涂"，不要总考虑自己的私事。他自己坚持做好人，也要求他的学生们都要做好人。他说："做好人非常不容易。我不是主张人一点私没有，但私必须对公服务。"他还强调，做事做学问不能讲究半分虚假，有一是一，有二是二；做学问一定要严肃认真，一丝不苟。

陈光熙对中青年教师和博士生认真负责，精心培养。虽然已经 80 多岁高龄，博士生的立题报告、研究论文，他总是一个一个审查，一篇一篇阅读，一个字一个字地帮助修改。原校党委书记李生曾是他指导的博士生。有一次，李生准备撰写一篇在国际学术会议上发表的《数据库计算机方案探讨》论文时，陈光熙和他讨论了两周，从中文到英文，从头到尾帮助修改。李生在学报上发表的一篇文章，是按陈光熙的思想写成并经他一字一句加以推敲修改的。陈光熙却不允许将自己的名字放在前面，并为此动了肝火。这些年来，谁也数不清陈光熙究竟为博士生和中青年教师审查、修改、润色加工了多少篇文章。他以自己的心血，让年轻人一批又一批破土而出，向新的高峰挺进。

杨孝宗教授含着热泪追忆陈光熙对自己的精心培养。他说："有一句话说'扶上马，送一程'，而陈先生是'送全程'。当得知我有希望被批准出国时，陈先生像父亲告诉儿子一样告诉我这个好消息。我出国前，陈先生帮助我填写所有的表格，并且告诉我出国后怎样和外国人打交道。陈先生对我是全程扶上马，我一辈子忘不了陈先生对我的关怀。"杨孝宗教授说，陈先生是一个只求奉献，不知索取的人。在他病危住院时，在他生命的最后几天，基本上是家人陪护。当我去医院护理他时，他怕影响我工作，再三劝我说："你去做你的事，我没问题。"

陈光熙关心中青年教师在业务上的提高，对他们的生活也是关怀备至。20 世纪 60 年代初，物资供应紧张的时候，他经常邀请年轻的教师们在自己的家里开茶话会，彼此谈心。一次，他买到了鱼虾，做好了亲自跑到教师宿舍，给那些家不在本地的教师送去。一天夜晚，有位年轻教师突然患病住进了医院，急需一套行李。陈光熙得到消息后，立刻从自己家里抱起一床被子和一个枕头，送到医院去。有一位女教师怀孕反应非常强烈，陈光熙就请她到家里吃饭，让自己的爱人照顾这位女教师，直到反应期结束。每年的大年初二，整个教研室的教师都去陈光熙家会餐，夫妇俩非常热心，一忙活就是一天。

陈光熙教授(中)、胡铭曾教授(左二)与3位博士弟子
秦彤(左一)、宋向军(右二)、方滨兴(右一)合影

胡铭曾教授说："生活方面的陈先生,非常的平易近人,而且非常关心我们这些青年教师。当时正处于生活困难时期,陈教授经常定期邀请我们去他家里聚餐,改善生活。有时候还会嘱咐她爱人做一些饭菜送到青年教师的集体宿舍里,我们当时都是非常的感激。"

年轻的教师们十分爱戴、尊敬陈光熙,愿意到他家里做客,有的还常在他家里自修。而每当同志们到他家里去的时候,他总是在读书或写讲义,哪怕是星期日也是如此。陈光熙的助手张祜经常在他家里自修。他说："我早上6点钟去时他在看书,晚上10点回来时他还在看书。每当我从陈教授窗前经过,望着那深夜的灯火,望着那熟悉身影的时候,感情的洪流就在我的心中翻滚。他给了我很大的鼓舞和力量。"

"撒下一粒种子,大地会给你一朵花。"而今,陈光熙和当年计算机专业的开拓者们在北国冰城的黑土地上撒下的种子,都已开花结果。陶醉于花的美丽芬芳里,谁能不感佩于这些辛苦的耕耘者呢?

暮年言志　捧出"执著赤子心"

天将降大任于斯人也,
必先苦其心志,劳其筋骨,
饿其体肤,空乏其身,
行拂乱其所为,
所以动心忍性,
增益其所不能……

——《孟子·告子下》

有人说:"一星陨落,黯淡不了星空灿烂;一花凋零,荒芜不了整个春天。人生要尽全力度过每一道关,不管遇到什么都不可轻言放弃。"陈光熙以这种"不轻言放弃"的决心,度过了人生的一道道难关,迎来了一个崭新的时代。

历史的车轮驶向20世纪90年代,国际风云变幻。近90高龄的陈光熙日夜思绪翻腾。1991年暑假刚过,陈光熙给时任校党委副书记的李生同志写了一封信,希望他到家里来谈一谈。李生曾是陈光熙指导的博士生。他突然收到来信,以为老先生关心国内外形势,便带了几份有关材料前来看望陈光熙。

师生之间,促膝谈心,无拘无束,格外亲热。他们每次交谈都是这样,话匣子一打开就唠起来没完没了。这一次唠了将近两个小时,李生怕老教授过于劳累,起身告辞,陈光熙随之站了起来。

陈光熙教授在工作中

"陈先生,您别送了。"

老教授站在那里,欲言又止。

"陈先生,您有什么事就跟我说,别客气!"

"你看,像我这个年纪还能不能入党?"

听了这话,李生立刻意识到,这是自己敬佩的老教授再次郑重地提出入党要求。他转身回来,坐下,又和陈光熙唠了一阵子。

陈光熙显得异常激动,他把自己经过深思熟虑的一些想法推心置腹地向党倾诉。

后来,李生又去陈光熙家和他谈心。陈光熙非常坦诚地表示:"我以垂暮之年申请入党,年轻同志会问:你以前哪里去了?其实,我以前也做过申请,当时的党组织对我的申请表示欢迎,同时也指出像我这样从旧社会过来的知识分子,世界观的改造是长期的,艰苦的。随后,'文化大革命'开始了,我的入党愿望也就没有能够实现。"

陈光熙早年对中华民族有深厚的感情,逐渐发展到对中国共产党有深厚的感情。他是一位从旧社会过来的老知识分子,亲身经历过清朝政府、辛亥革命、军阀混战、国民党统治时期和新中国的成立。新旧社会的对比,使他深信只有中国共产党才能救中国。"当年在社会上提出了'科学救国'、'教育救国'的口号,多少有志青年为之奋斗。可是在旧中国,没有科学、教育的地位,何谈救国? 现在看来,光靠科学教育是不能救国的,只有革命加上科学教育才能救中国,只有社会主义才能救中国!"回首往事,陈光熙曾感慨万千。

在国际共产主义运动受到暂时挫折的时候,我们伟大的中国共产党 5 000 万党员的宏大队伍里,不断增加新鲜血液,陈光熙更加坚定了共产主义信念。他坚信:在我们中国,除了共产党,谁也解决不了中国的问题;只有搞社会主义才是中国的唯一出路。他决心将毕生的追求和自己的余生全部融入壮丽的共产主义事业中。

他一生中虽然先后两次进过共产党的监狱,但他对党依然十分向往。他在 20 世纪 50 年代"三反"时进过监狱,"文化大革命"期间又被打成特务进了监狱。但是,他没有一点怨气。当有人问他:"你怎么看这个问题?"他说:"共产党对我就像母亲对孩子一样。母亲疼爱孩子,有时也打骂孩子,有时有理,有时也没理。母亲打错了孩子,孩子能记仇吗?"

一番话,道出了陈光熙对党无限的热爱和深情,也道出了一位老知识分子"心底无私天地宽"的高尚情怀。他用一颗无私无畏、无拘无束、无尘无染的赤子之心,以一种比海洋和天空更博大的胸怀,终于扣开了党的大门。

1991 年 12 月 6 日,在哈工大计算中心会议室里,88 岁高龄的陈光熙怀着无比激动的心情宣读了入党申请书,表达了他对共产主义的坚定信心。党支部大会经过认真、充分讨论,一致同意接收他为中共预备党员。那天晚上,陈光熙一宿没睡着觉,他高兴"党理解他这个孩子,党接受了他这个孩子。"

在讨论陈光熙入党的庄严的支部大会上,这位 88 岁的老教授,在 40 余位 20 多岁、30 多岁、40 多岁、50 多岁、60 多岁党内外同志面前,在自己的学生及学生的学生面前,激动得两次流出了热泪。

参加过陈光熙入党仪式的张田文教授和崔刚教授以及刘宏伟老师,至今仍深深铭记着陈光熙用微微颤抖的双手从怀里拿出入党申请书。宣读申请书的那一幕感人的场景。

"沉舟侧畔千帆过,病树前头万木春。"纵观陈光熙的一生,可谓一波三折,命运多舛。但他无论面对什么样的挫折,都能坚强乐观,而且愈挫愈勇,终于战胜重重困难,写下了一段不平凡的传奇。

陈光熙一生中曾几次得过十分严重的疾病:20 世纪 40 年代中期,他得了椎间盘脱出症,严重时有半年的时间不能站立;50 年代在一次北京到天津出差的返途中突犯急性阑尾炎,由于火车上耽误了时间,使得病区部分感染差点影响生命;60 年代,有一次因流感吃磺胺消炎而饮水不足,导致肾小球堵塞,情况十分危险,不得已被送到北京解放军总医院抢救才得以脱险;70 年代他得过一次胃大出血;80 年代脉管炎导致左脚两个指头发黑、坏死、腐烂,西医建议作截肢手术,他本人不同意,后改用中医治疗痊愈,勇敢地挺了过来;90 年代时他又得了心衰病,年近 90 高龄的他却视死如归,对疾病并不重视,仍带病坚持工作。他总说:"我还有两年寿命,不想突然去世。"

然而，就是这样一个对科研事业十分执著的人，这样一个热爱生命从不停止跋涉、从不停止奋斗的人，在 1992 年的 6 月 20 日，一步一个脚印地走完了 89 个春秋，为自己的人生之旅画上了句号。他的身上覆盖着党旗，安详地躺在花丛中。他的弟子、后任中科院软件研究所所长的李明树当时作《采桑子》一首，痛悼恩师："西风抛洒乾坤泪，痛悼恩师。痛悼恩师，无奈今朝生死离。后生承继千秋业，您请安息。您请安息，他日功成再报知。"

2003 年，在陈光熙诞辰 100 周年座谈会上，计算机学院院长徐晓飞教授深情回忆恩师陈光熙教授："陈先生在哈工大计算机专业工作了 35 年，长期担任计算机教研室主任，对学科发展做出了巨大贡献；在每个历史时期，他都能高瞻远瞩地提出引导学科发展的研究方向，影响着我们的学科发展。陈先生学风严谨，认真做学问，知识更新快，是一位真正的大师；他学识广博，高瞻远瞩，给人启迪，发人深省，每个学生都受益匪浅……"

88 岁的陈光熙教授在入党宣誓仪式上

"桃李不言，下自成蹊。"而今，陈光熙教授的学生们如桃李般遍开天涯，留下芬芳无数。"当年的愚顽子弟自己已为人师，在工作中也算有小成，却愈发感觉学海无涯和先生的虚怀若谷与博大精深！"这样一番领悟，也许是对陈光熙"甘当垫脚石"精神的最好回报吧。

为缅怀陈光熙的光辉一生，2005 年 6 月 5 日，值哈工大建校 85 周年之际，由李生教授提议、老校长李昌题词的陈光熙先生铜像在计算机学院综合楼揭幕。计算机专业校友和计算机学院领导、教师、学生以及陈光熙先生的家人出席了揭幕仪式。大家一起深情地回顾了陈光熙为我国计算机事业和哈工大计算机专业的发展及人才培养做出的卓越贡献。计算机学院提出了"光熙"精神，倡导师生学习陈光熙先生正直坦诚、宽以待人、不懈探索的崇高品质，为创建计算机一流学科而奋斗。每年的清明节，计算机学院的学生代表都会怀着崇高的敬意，瞻仰陈光熙教授的铜像并献上鲜花，表达对先生的敬仰和怀念之情。

"美丽的蔷薇，就和多刺的荆棘差不多；如果把多刺的荆棘当做尚未开花的蔷薇，希望就会给生命以无穷的力量。"用这句话来形容陈光熙，也许再恰当不过了。即使他一生多次历经坎坷与挫折，他从未放弃对科学的执著追求、对党的坚定信念。就是凭着这种乐观向上的精神，披荆斩棘的豪迈，陈光熙在原本没有路的地方开辟了一条光明的路，为后人书写了一本百读不厌的教科书。

如今,由陈光熙开拓和创建的哈工大计算机专业正在发展、壮大、前进,哈工大计算机专业已发展成为在国内外享有很高声誉的哈工大计算机科学与技术学院,人们怎能不怀念敬爱的陈光熙教授呢?无论是他的学术之路,还是做人之本,都堪称楷模,是哈工大每一位教师从事教学和科研工作的榜样。他以高尚的品格承载了近一个世纪的岁月,也为后人留下了宝贵的精神财富。先生之风,山高水长。

陈光熙弟子高文教授(右三)等在陈光熙教授铜像前

缅怀与纪念

"光熙精神"推动哈工大计算机专业不断发展

童志祥

1956年在未聘到苏联计算机专家的情况下,哈工大依靠自己的力量,由两位青年教师吴忠明和李仲荣老师挑起大梁开始筹建中国最早的计算机专业,哈工大计算机专业也便踏上了不平凡的发展历程。在50年的发展过程中,哈工大计算机专业培育了模拟计算机、会下棋能说话数字计算机、小磁芯存储器、容错计算机、国家信息安全系统、人脸识别系统、并行数据库、CIMS示范工程等一个个重大的科研成果;培养了王天然、怀进鹏、黄永勤、李晓明、李明树、张大鹏、周明等一批批杰出的校友;造就了陈光熙、吴忠明、李仲荣、胡铭曾、洪家荣、方滨兴、高文、徐晓飞、李建中、杨孝宗等一代代著名的计算机专家;沉淀和凝练出了学科建设方圆观、师资队伍建设方略、产业发展舰队模式、创新教育金字塔体系、"三三"育人模式学生工作体系等一整套先进、系统的学院建设方略……

是什么样的一种力量让哈工大计算机专业如此生生不息,推动着哈工大计算机专业走向一个又一个辉煌呢?总结哈工大计算机专业发展的历史,我们深深地感受到在以陈光熙教授为代表的一代代哈工大计算机人的身上,都表现出了一种"规格严格,功夫到家"的优良作风,"求实创新,探索进取"的拼搏精神,"诲人不倦,甘为人梯"的高尚情操和"追求真理,坦诚待人"的崇高人格,我们称之为"光熙精神",也称之为"学院文化"。哈工大计算机专业在发展过程中不断地沉淀、传承和丰富着"光熙精神",也在这种精神文化的影响和推动下不断缔造着辉煌与荣耀。

一、"规格严格,功夫到家"的哈工大作风锻造科研精品

哈工大在长期的办学过程中,形成了"规格严格,功夫到家"的校训,在办学过程中强调要有"规格",要"严格"遵守"规格",强调要肯下"功夫",下到点子上,下到位。陈光熙先生作为哈工大计算机专业的创始人,以其严谨细致、一丝不苟的治学态度,影响了一代代哈工大计算机人,使每个人身上都有一种"规格严格,功夫到家"的严谨作风。正是这种一丝不苟的作风使哈工大计算机人在50多年的发展历程中,出色完成了国家交给的一项又一项的任务,实现了科研难关一次又一次的突破。

1962年,陈光熙教授提出"挤压"新工艺,生产出了各种规格的超小型磁芯和各种形状的多孔磁芯,超小型磁芯尺寸只有0.5毫米×0.3毫米。要实现这如头发丝直径般精细的工艺,在当时计算机专业建立初期设备简陋、生产工艺落后的情况下,没有一种一丝不苟的工作作风是不可能达到的。年近花甲的陈光熙教授不知翻阅过多少资料,熬过多少个不眠之夜,刻苦攻关,经过一次又一次的失败、总结、提高,终于用一种全新的工艺,制造出第一批超小型记忆磁芯,为研制高速大容量存储器打下初步基础。

1994年，哈工大接受了神舟号飞船系列返回舱主机的研制任务。虽然哈工大在容错计算机研究方面首开国内先河，有着非常雄厚的技术积累，但是完成这项研制任务时间只有短短的9个月，同时整个技术的可靠性和安全性的要求又非常高。这个项目研制时间短，不允许走回头路，遇到了诸多关键性难题，如软硬件系统联调问题（它涉及飞船飞行过程中的时间管理）、返回舱返回时的数据管理、关键操作的管理和控制等等。课题组的全体师生踏踏实实、一丝不苟地逐个攻关，以确保万无一失，从调研、设计、组装、调试到最后的联调和验收，克服了难以想象的重重困难。有些难题他们一直憋到年三十晚上才完全解决。杨孝宗教授在回顾整个研究攻关过程时介绍：整个项目从总体方案设计、具体软件设计到最后组装设计、焊接、调试等过程十分复杂，而且整个容错系统有几千个焊点，任何一个小环节的失误都会造成毁灭性的灾难，正是课题组每一个成员都很好地秉承了"规格严格，功夫到家"的良好学术作风，才能使得该项目得以超常规出色地完成。

ABC-95阵列计算机是国家级的重点攻关项目，ABC-95阵列计算机是由彼此相同的16个处理单元(PE)组成的阵列，所有PE在统一的控制部件(CU)操纵下，以锁定时钟同时执行相同的操作。项目的开展与实施，经历了千辛万苦。课题组的每一个成员从60多岁高龄的老顾问胡铭曾教授、课题负责人方滨兴教授到青年教师、博士生、硕士生，每天废寝忘食地工作着，研究需求、方案设计、做实验、代码实现、程序调试、现场安装，每一个环节都要仔细推敲好几遍，任何一个细小的环节都不放过。经过了10个多月的攻关，该项目于2000年9月9日通过了国家的验收与鉴定，达到了用户提出的技术要求，受到与会的专家学者高度赞扬。ABC-95阵列计算机成为我国最早的控制单元和处理单元具有自主知识产权的阵列计算机。

"规格严格，功夫到家"的哈工大作风锻造了哈工大计算机发展史上一个个科研精品，而这些科研精品又有力地诠释了哈工大计算机人身上"规格严格，功夫到家"的优良作风。

二、"求实创新，探索进取"的学院精神引领学科方向

陈光熙先生作为哈工大最早的计算机学科带头人，以其深厚的理论基础和敏锐的洞察力，在不同历史时期，不断地探索和引领学科的发展方向，其"求实创新，探索进取"的精神已经融入并影响了整个学科发展的整个历程。从20世纪50年代首台模拟机，到90年代在计算机系统结构、计算机应用技术、计算机软件与理论等方面得到全面发展……"求实创新，探索进取"的拼搏精神使得哈工大计算机专业能够在每一个时期准确把握计算机研究的热点与难点，始终站在计算机技术的前沿。

20世纪50年代，为了满足工程设计和科学研究中求解各种线性、非线性常系数及变系数微分方程的需求，结构简单、价格低廉、操作方便的电子模拟计算机便成了计算机专业成立之初一个重要的课题。1955年10月至1956年5月，青年教师李仲荣和吴忠明在专业筹建过程中经过一段时间摸索研制出了高增值直流放大器，初步掌握了结构式模拟计算机的设计、制造方法；1956年6月至1956年9月，他们深入研究模拟计算机主要部分的各种线路。在研究中，他们碰到了很多的难题，但是他们没有被困难所吓倒，而是通过阅读苏联相关研究的文章，同时在实验室中对各种线路进行反复实验。研究人员开创性地把温度记录仪改装为可以直接把计算机结果记录在纸张上，同时还设计了利用暂停过程的方法成功并

灵活地利用电压表记录计算结果。1957年1月,经过深入研究,解决了制造模拟计算机的理论及实际问题,制成我国第一台比较完整的结构模拟计算机。

人机交互技术方向是计算机应用技术的重要领域,也是未来计算机发展的重要趋势之一,而多功能感知技术是新一代人机交互的核心技术与综合性前沿课题。哈工大计算机系从1992年起率先在国内开始进行多功能感知方面的研究,智能接口与人机交互技术研究中心师生在高文教授的带领下,以进取的科学态度和创新的精神解决了课题研究中一个又一个难题,也使该课题组始终站在人机交互技术领域的前沿。首先通过计算机从综合集成的角度研究包括手势、体势、唇动、面部表情、语音语调等不同通道的人类语言构成特点,成功解决了(连续)手势的识别、大集合人脸图像的识别、面部表情的识别等问题。为了提高机器的识别率和鲁棒性,课题组开创性地提出了利用人类语音、动作、姿态、面部等信息进行人机交互、噪声环境下的语音识别、多通道的融合以及多模式下的系统抗噪能力的提高,推动了智能人机接口的应用和人类语言认知的研究。该课题组目前已完成了支持多功能感知、多模式集成研究的平台,并在识别及实时扩充、手语识别、人脸识别等方面取得多项重要创新,所取得的成果被认为总体上达到国际先进水平,在部分关键技术上处于国际领先水平。

哈工大计算机学科发展的50年就是哈工大计算机人奋力拼搏、不断创新的50年。正是这种精神使哈工大计算机人能够牢牢站在国际视角,洞察前沿学术方向,掌握国际学术资源,并站在学科的基础上凝练和提升学科内涵,确立前沿的学术方向,使哈工大的计算机学科始终走在全国的前列。"求实创新,探索进取"的拼搏精神已经成为了哈工大计算机学科发展历程中的一个显著特征。

三、"诲人不倦,甘为人梯"的教师情操成就品牌人才

王天然、方滨兴、怀进鹏、李晓明、黄永勤、李明树、周明、王丽薇……是哈工大计算机专业50年发展史上一颗颗闪亮的星;陈光熙、李仲荣、洪家荣、胡铭曾、王义和、唐朔飞、张大鹏、李建中……是哈工大计算机专业50年发展史上牢固的阶梯;陈光熙与李生、李仲荣与李晓明、洪家荣与王丽薇……他们之间一个个动人的故事深刻地诠释着哈工大计算机人诲人不倦、甘为人梯的高尚情操。

陈光熙教授是哈工大计算机专业的创始人,对中青年教师和博士生认真负责,精心培养。原校党委书记李生曾是他指导的博士生。有一次,李生准备撰写一篇在国际学术会议上发表的《数据库计算机方案探讨》论文,陈教授和他讨论了两周,从中文到英文,从头到尾帮助修改。李生在学报上发表的一篇文章,是按陈教授的思想写成并经陈教授一字一句加以推敲修改,陈教授却不允许将自己的名字放在前面,并为此动了肝火。杨孝宗教授含着热泪追忆陈先生对自己的精心培养。他说:"有一句话说'扶上马,送一程',而陈先生是'送全程'。当得知我有希望被批准出国时,陈先生像父亲告诉儿子一样告诉我这个好消息。我出国前,陈先生帮助我填写所有的表格,并且告诉我出国后怎样和外国人打交道。陈先生对我是全程扶上马,我一辈子忘不了陈先生对我的关怀。"

李仲荣教授是我国著名的计算机专家,为培养高质量人才无私奉献自己的智慧和才华。他在工作中发现李晓明是个好苗苗,就给他压重担,推荐他参加"863"高技术专家组工作并担任国际青年计算机学术会议主席,鼓励他在教学科研实践中锻炼成长,对他既大胆相信、

放手使用，又注意培养。评定职称时，李仲荣教授用两整天时间，找李晓明谈话，帮助他总结学术成果，分析整理材料，并主动找学校领导介绍情况，积极推荐李晓明破格晋升教授。李仲荣教授不仅承担着极其繁重的科研任务，还坚持在教学第一线，为本科生和研究生讲授模式识别、数字图像处理、计算机视觉、计算机原理、脉冲数字电路、程序设计语言以及操作系统等多门课程。学校进行教学工作量检查时，发现他是全校超学时最多的教师之一。在癌症晚期，李仲荣教授身卧病床，还时刻关心着博士生培养工作。忍着剧烈的疼痛，他坐在椅子上，询问博士生论文写得怎样？课题完成得如何？他甚至还趴在病床上为出国进修的一些青年教师及研究生写推荐信，积极支持和帮助他们进一步提高业务水平。李仲荣教授的一生是甘当人梯的一生，直到生命的最后一刻亦不例外。

洪家荣教授是世界上两大典范机器学习系统之一的AQ15的主要创立人。他指导学生选择难题进行了攻关，鼓励学生超越自己。即使在他访美的3个月中，他每次电话联系也不忘了解学生研究的进展情况，适时地给予指导。恰当的选题、高水平的指导，使他在中国最年轻的博士王丽薇的成长中起到了关键的作用。在对学生进行业务指导的同时，他还注意进行科研道德、作风、品质等教育。他带领整个研究室团结协作，互相关心，互相帮助，使他的学生们能在良好的科学研究氛围中工作、学习。

胡铭曾教授为了不耽误学生投稿，经常利用午休时间帮助学生修改论文；李建中老师生病期间，躺在病床上一字一句认真地为学生批改文章；张大鹏教授远在香港，要求每个博士生必须两个星期用Email向他汇报一次工作，不厌其烦地反复修改、甚至几十次地修改学生投往国际刊物的每一篇文章；王义和教授坚持脱稿讲课；唐朔飞、王宇颖教授几十年如一日引导学生、关心学生、支持学生……

育人是哈工大计算机专业发展50年中一个永恒的主题，一代代哈工大计算机人总是在成就别人中默默地奉献着。陈光熙教授常说："我愿做一块'垫脚石'，让年轻人踩着我的肩膀去攀登科学高峰。""海人不倦，甘为人梯"的高尚情操已经成为哈工大计算机专业人才辈出的最好诠释。

四、"追求真理，坦诚待人"的光熙人格凝聚创新团队

每一个重大成果背后都有一个坚强的创新团队，这是哈工大计算机专业成立50年来每一个辉煌的共同规律。在50年的发展过程中，计算机专业涌现了一大批卓越的创新团队，缔造了一系列优秀的创新成果。那么是一种什么样的力量把各类优秀的计算机人才凝聚在一起，在和谐的氛围中去攻克计算机技术上一个又一个难题呢？在总结和分析计算机专业发展的历史过程中，我们发现每一个计算机学科带头人，无论他的学术专长是什么，都是追求真理、坦诚待人的典范。从计算机专业的创始人陈光熙、吴忠明先生，到胡铭曾、杨孝宗教授，再到方滨兴、徐晓飞、李建中、张大鹏教授……哈工大计算机人身上这种崇高的人格成为每个创新团队凝聚的最好黏合剂，也成为计算机专业50年来不断传承的一个优良作风。

陈光熙教授的一生就是追求真理、坦诚待人的一生。在20世纪60年代初，物资供应紧张的时候，他经常邀请年轻的教师们在自己的家里开茶话会，彼此谈心。有一次，他买到了鱼虾，做得喷喷香的，亲自跑到教师宿舍，给那些家不在本地的教师送去。一天夜晚，有位年轻教师突然患病住进了医院，急需一套行李，陈教授得到消息后，立刻从自己家里抱起一床

被子和一个枕头,送到医院去。年轻的教师们十分爱戴、尊敬陈教授,愿意到他家里做客,有的还常在他家里自修。而每当同志们到他家里去的时候,他总是在读书或写讲义,哪怕是星期日也是如此。一位青年教师经常在他家里自修,他说:"我早上6点钟去时他在看书,晚上10点回来时他还在看书。每当我从陈教授窗前经过,望着那深夜灯火,望着那熟悉的身影的时候,感情的洪流在我的心中翻滚,他给了我很大的鼓舞和力量。"

计算机专业成立之初未聘到苏联专家,来哈工大的其他专业专家曾建议仿照苏联鲍曼工学院的路子,发展以指挥仪为主的机械式计算机。青年教师吴忠明等根据学科发展的主流方向,认为应以电子数字计算机为主。因此,他们与苏联专家存在认识上的分歧,而当时不同意苏联专家的意见是会有风险的。但是,吴忠明等不惧权威,坚持己见,并带领全体师生艰苦攻关,终于研制成功中国第一台数字计算机,为哈工大后来完成国家重点项目——程序控制机床的科研工作中广泛使用逻辑元件打下了基础。中国第一台数字计算机成为哈工大计算机人坚持真理的最好明证。

胡铭曾教授是一位德高望重的老教师,深受中青年教师和学生的尊敬与爱戴。在信息安全课题组承担大型国家科研项目期间,他无论身体如何始终与师生们一起工作,每天早上7点便来到工作的地方,每天晚上7点回到住处,风雨无阻。在工程中需要由多个科研单位密切协作,共同完成任务。由于怕承担责任,一些单位和研究人员在工作进展不顺利或遇到问题时,首先想到为自己辩解,常常造成协作困难。在这种情况下,胡铭曾教授总能够以大局为重,带头查找我方可能存在的问题和缺陷,同时,客观地分析协作单位可能存在的问题和缺陷,在协调工作时,尊敬对方,为对方着想,因而赢得了各方的理解和尊重,保证了工程的顺利完成。一位青年教师说:"胡老师对待我们像父亲对待子女一样,他心中总是想着大家,时时刻刻关心我们的成长和进步,并千方百计地帮助我们提高业务水平,跟胡老师在一起工作心情特别舒畅。"不仅青年教师这么认为,与胡老师合作过的所有单位都这么认为。崇高的人格凝聚了卓越的团队,他所带领的学术梯队规模达40多人,完成了30项国家及部级科研任务,总经费过亿元,其成果有1项获国家科技进步一等奖,5项获部级科技进步二等奖,4项获部级科技进步三等奖。

1994年5月,徐晓飞教授和姚万生教授任项目总师,带领20多名教授、副教授和研究生组成的科研项目队伍,成为三峡工程的第一批参与者,投入到长江三峡开发总公司领导综合信息系统开发中。为节省科研费用,师生们在宜昌租用民房住宿,自己开伙。作为总师的徐晓飞教授和姚万生教授亲自跑商场购物。大家吃在一起、住在一起,工作在一起。技术上有问题互相讨论,和谐相处,同甘共苦。徐晓飞教授令人敬佩的坦诚凝聚了一支实力很强的学术梯队,在国家自然科学基金、国家"863"计划重大项目、部委基金项目、国际合作项目、黑龙江省杰出青年科学基金等项目上屡有斩获。

"追求真理,坦诚待人"的崇高人格熏陶了一代代的哈工大计算机人,凝集了哈工大计算机学科一个个卓越的创新团队。这些优秀的创新团队在哈工大计算机专业50年的发展中不断谱写着辉煌的篇章。

"精英南北树品牌,光熙精神代代传"——哈工大计算机人迎着新世纪的朝阳,一遍遍传唱着哈工大计算之歌。如果说哈工大计算机的50年,是一曲雄浑的乐章,那么"光熙精神"便是乐章中荡气回肠的旋律;如果说哈工大计算机的50年,是一部壮丽的史诗,那么"光熙精神"便是史诗中那动人心弦的灵魂。一代代的哈工大计算机人在 50 年的风雨历程中,用奉献、责任乃至生命传承和演绎着"光熙精神",而"光熙精神"也在这样的传承中,推动着哈工大计算机专业诞生一个又一个的辉煌。

2009 年 12 月于哈尔滨
(童志祥 哈工大计算机学院办公室主任)

陈光熙先生给我印象最深的两件事

李 生

陈光熙教授与李生教授在一起

我是1960年考入哈工大计算机专业的,一入学便听说计算机专业有一位全国知名的老教授(当时哈工大有教授的专业不多)。上个世纪60年代计算机专业在学校二部(现在的风华机械厂位置),陈光熙教授的办公室在二部东北角的一个小红楼上。开学后不久,我就经常看见一位个头不高、满头银发的老先生每天早晨不到8点就来到小红楼,我想这一定就是陈光熙教授了。

1965年我毕业后留校,作为教研室主任的陈光熙教授找我谈了一次话。时间太久,谈话内容多数都记不清了,但其中有一句我至今不忘,他语重心长地对我说:"你们是哈工大的希望,也是计算机专业的希望,一定要努力呀!"1982年恢复博士生考试制度,一天他打电话找我,动员我报考他的博士研究生。我当时有些犹豫,一是觉得自己近40岁了,年龄偏大;二是考试的课程我有的没有学过。陈教授又一次鼓励我,他说:"'文化大革命'耽误了我们好长时间,现在要把耽误的时间抢回来。你们是专业未来的希望,目前的基础不够,还得努力呀!"就这样我考取了他的博士研究生,和他的接触也逐渐多了起来。在以后几年的接触中,有两件事情给我的印象最深,令我终生难忘。

第一件事是他教我做人做事。"老老实实做人,认认真真做事"这句话最早我是从陈先生那里听到的。他说:"你现在是博士研究生,做学问也是做事,学会做事的前提是要首先学会做人"。他所说的做人,做好人,先后跟我说过3层意思。一是做人要"诚实守信",一就是一,二就是二,要言必信行必果;二是要"严己宽人",对自己要多看问题多挑毛病,对他人要多看长处多发现人家的优点;三是要做到"大事清楚小事糊涂",不要总考虑自己的私事,总与别人斤斤计较,该清楚的时候要清楚,该糊涂的时候一定要糊涂,郑板桥还能做到"难得糊涂",何况我们。他自己坚持做好人,也要求我和他的学生们都要做好人,而且认为做好人是做好事的前提和保证。

我读学位一年左右,打算撰写一篇文章。他听了很高兴,帮我草拟了论文的框架,理清了思路之后让我先起草。草稿写完之后,我拿给他审阅。他提了不少意见,我改了3稿他还不满意。他要求我反复推敲,告诉我下次在我自己还不完全满意之前不要给他看了。这下我可轻易不敢再给他了。又经过了两周,我自己反复改了好几稿,自认为再找不出什么大的问题时才敢又拿给他。这次他总算露出了微笑。他一句一句地看,一字一字地改,连标点符号也不放过。后来他觉得这篇文章不错,又帮我改成英文投了出去。投稿之前,我觉得这篇文章从总体思路到成文都一直是他在把关,特别是在形成英文时,因为我原来是学俄语的,英文写作能力较差,几乎全是他成文的,署名时我将他放在了第一位。他看后勾掉了,我改成了第二位又给他看,看后他很不高兴地说:"你写的文章为什么非要让我坐车?"无奈我只有从署名中将他的名字去掉。他经常说:"我就是你们的垫脚石,我自己什么都不需要,你们有成就我就高兴。"

第二件事是他对党的深厚感情。陈光熙先生早年留学法国和比利时,与邓小平、陈毅等为同一时代的人。他常说:"人家(指邓小平、陈毅等人)是想马克思主义救国,我是企图科学救国。"他在国外先后学过机械、土木、水利和数学,勤工俭学还当过车工和钳工,回国后到北京辅仁大学任教。当时是20世纪30年代,外强入侵、政府腐败,他设想的科学救国的路是走不通的。他说他在国外留学时曾信奉过基督教,追求过所谓的"世界大同"。回国后他发现,先生(外国人)总是欺负学生(中国人),当官的和有钱人总是欺负老百姓和穷人,哪来的"世界大同"。他说自己靠信奉基督教去实现人人平等、人人都有好日子过的想法太幼稚太天真了。这时他开始朦朦胧胧地看好马克思主义,看好共产党。

新中国成立后,他任职北京国立高等工科学校。20世纪50年代他正式提出了加入中国共产党的要求,可是不久发生的一件事使他的希望破灭了。据他说,有一天他的自行车链子坏了,由于急于回家,换上了学校食堂的自行车链子,在"三反五反"时有人揭发他贪污公家财产,而因此入了监狱,后来虽然事情查清楚了,但也给他留下了一个"污点"。

1957年陈先生来到哈工大,担任计算机专业的教研室主任。20世纪60年代初,他又一次提出入党申请。他说当时的领导同志和他讲,组织上欢迎他有入党的愿望,但也指出像他这样从旧社会过来的知识分子,世界观的改造是要有一个长期的艰苦的过程。不久,"文化大革命"开始了,他入党的希望就又一次破灭了。

"文化大革命"中陈先生受到了造反派的冲击,被安上了一个"西方特务"的罪名,又一次被投进了监狱。平反后,他每天拼命工作,要把耽误了的时间抢回来,也就是在这期间我考取了他的博士研究生。我的博士学位因故于1985年中断,后调入机关工作,先后做过校科研处处长、计算机系主任、校党委副书记和书记等职。1991年促使苏联解体的"8·19事件"之后,暑假刚过的那年9月初,我接到陈先生写来的一个条子,希望我抽空去他家里一趟(我做行政工作后,每隔一两个月都要去他家一次)。我这年暑假刚去过他家,猜想这次他找我可能是想了解一下苏联解体后的国际局势。去后我就以这件事为主要内容与他谈了起来,他也确实问了许多这方面的情况。谈了近两个小时,我了解了一下他的身体状况之后起身要走,他送我到门口,一脚门里一脚门外的时候,他突然说了一句:"李生,你看我还能入党吗?"听了这句话我又回去坐了下来。我问他对入党的事情是怎么考虑的。他告诉我说:"这件事我已经考虑好长时间了,苏联垮了,中国不能垮,中国共产党不能垮,苏联共产党倒下的旗帜中国共产党要扛起来。有人退党,我要入党,但不知道像我这样的人还能不能入党?"我听后连说:"能、能、能,党一定会欢迎你的。"他兴奋得脸上露出了红光,说:"我怕像我这样的人不够入党资格,但又不甘心,你是我最知心的学生,只有问问你,行就行,不行也就死了这份心了。"我告诉他:"党的大门永远向所有热爱她的人敞开着,对于像你这样多年为党工作的老知识分子尤其欢迎。"他说:"我是快90岁的人了,最近身体又觉得不是太好,不说怕没有机会了。"对于面前这样的一位老人,作为既是他的学生,又是当时负责学校党建工作的校党委副书记,还能讲什么呢。这时,我突然想起一件事,问他:"陈先生,你多年来一直热爱党,追求党,但却两次被错误地送进了共产党的监狱,对于这件事,你个人怎么看?"他听后没有直接回答我,反问:"你小时候挨过妈妈的打吗?打得都对吗?你都服气吗?"我告诉他有过两次并不十分服气。他又问:"那你怪妈妈吗?"我笑着告诉他:"自己的妈妈吗,还记什么仇呀。"他听了马上说:"对呀,再好的妈妈也有错打自己孩子的时候。"我一下眼圈红了,我眼前的这位老人心胸是多么开阔,品德是多么高尚,对党的感情是多么深远,他完完全全是一个合格的共产党人、一个模范的共产党人。

我把这些情况及时地向学校党委作了汇报,并建议应尽快发展陈光熙教授入党。考虑到他的年龄和身体状况,考虑到他对党多少年来孜孜不倦的追求,考虑到他目前的思想状况和表现,是否可以不要一年的预备期或缩短预备期。

学校党委完全同意了我的意见,要组织部门马上起草报告,上报省委组织部和省委统战部(在这之前,陈光熙教授作为无党派知识分子一直属于统战对象,但他自己从未承认)。黑龙江省委高度重视陈光熙教授的入党问题,及时研究,及时与中组部沟通,很快通知我校"陈光熙老先生的入党问题可以不需要预备期。"

1991年12月6日,党支部讨论通过了陈光熙同志的入党问题。后来陈先生和我说,那天晚上他一宿没睡好觉。他高兴"党理解他这个孩子,党接受了他这个孩子。"让人遗憾的是陈先生入党刚过半年就离开了我们,我们永远忘不了这样一位为党奋斗一生的老人,为党的教育事业奉献终身的老人。

我经常向党员、向干部、向教师、向同学们讲述陈光熙教授的事迹。他的事迹影响了我的人生,让我懂得怎样做人,怎样做事,怎样做学问;当个好学生,当个好老师,当个好党员,当个好干部。

2009年于哈尔滨

(李生 哈工大原党委书记 计算机学院教授 博导)

回忆陈光熙先生

胡铭曾

我与陈光熙老先生相识于20世纪50年代，哈工大计算机专业创始初期。由于当时哈工大刚刚成立研究生班，我有幸成为陈老先生的一名弟子。回忆起这近30年与陈老先生共事的点点滴滴，我的心中充满了感激。在老先生的指导下，我从一个稚嫩的大学生逐渐成长起来，成为学科带头人，取得了一些科研成果，这其中处处凝聚了先生对我的支持和帮助。先生淡泊名利、甘为垫脚石的人格魅力也非常值得我们尊重和学习。

陈光熙先生1957年由李昌校长聘请来我校工作，并参与创建了哈工大计算机专业。当时哈工大"八百壮士"绝大部分是本校研究生或本科生毕业后留校工作的。而陈光熙先生却放弃了在北京优越的生活条件来到生活艰苦的哈尔滨，一直工作到去世。哈工大也曾聘请过若干知名的教授来校工作，但很多却没有坚持下来。可以说，陈老先生对哈工大的爱是不需回报的，他把毕生的精力都献给了他深爱的科学、深爱的学校。老先生作为哈工大计算机专业最早的学科带头人，以其深厚的理论基础和敏锐的洞察力，在专业发展50年的不同历史时期，高瞻远瞩地引领学科的发展方向，并从计算机专业成立之初起，悉心为专业培养第一代青年教师，使他们为专业以后的发展做出了不可磨灭的贡献，为我国计算机事业的发展做出了重要的贡献。

20世纪60年代以后，对国内计算机专业的发展方向曾有很多争议，很多高校的方向都非常的杂乱。当时，哈工大学习苏联经验，采取了一系列措施，每一个新专业的建立都要聘请一位苏联专家，并带来一套有关的教学资料，同时调配一批青年教师和研究生参加新专业的筹建工作。成立计算机专业时，由于未聘到苏联的计算机专家，陈光熙先生深入调研，并与党支部书记黄铁梅组织教师讨论艰苦攻关，最终确定了"以数字机为主，模拟机为辅；以电子为主，机械为辅；以通用为主，专用为辅"的方针，为哈工大计算机专业的发展起到了指导作用。现在看来，老先生那种不服输的干劲，以及高瞻远瞩的洞察力是非常令人钦佩的。

在为学校和计算机专业培养高水平青年教师方面，陈先生甘为人梯。20世纪60年代，李昌校长提出制定师资提高规划，找出学科的大师、专家、宝塔尖。陈先生是我们学科的带头人，理应成为宝塔尖，而他却提出"愿做垫脚石，让青年教师上去摘桃子"。在师资提高规划中，他把我们这些青年教师推上去，而自己却躲在幕后。其实在实际工作中，有很多以陈光熙先生为主的成就，如：二号机、三号机都是陈先生亲自参与设计的，但他却把最终的成果让给了年轻教师。我们当时发表的文章很多都是陈先生思想的体现，甚至有的外文文章是先生逐句地修改，但是他从不署名。当时哈工大也参与了很多专业书籍的编写，陈先生把自己的讲义无私地奉献给青年教师，指导他们完成书籍的编写，而在署名的时候，他却躲到幕后。这些年来，陈先生不知为多少学生和青年教师修改文章、修改书稿，而我们现在能找到的署有陈先生名字的论文和书籍却很少。他以自己的心血,让年轻人一批又一批破土而出,向新的高峰攀登。他培养的一批批计算机高级人才,已经成为我国工业、国防、科技、教育等各条战线的中坚力量。后来他培养出"八大金刚",在祖国的各地散发着"光和热",为计算机专业的发展做出了不可磨灭的贡献。可以说,他甘为人梯,总是把最好的机会留给青年教师,自己则在幕后默默奉献。他淡泊名利,醉心于学术。

陈光熙教授(左一)与胡铭曾(左二)、李仲荣在一起

陈先生在科研方面可谓是首屈一指,实践与理论并重。20世纪60年代初期,影响计算机速度的主要部件是存储器。而要改进存储器,磁芯的翻转速度是关键。当时国内还不具备生产 $1.5 \times 1.0 \times 0.5$ 毫米的小磁芯的能力,陈光熙先生艰苦攻关,创造了一种挤压法代替常用的冲压法。当时他已经是60高龄了,还亲自搞配方、和料,甚至亲自上车床制作磨具器件。最终功夫不负有心人,他创造出了小磁芯制造的新工艺,获得国家新工艺二等奖。这是哈工大计算机专业的骄傲。陈先生经常说:百闻不如一见,而百见不如一干。只有"一干"才能找到问题所在,继而加快解决它的步伐。这些给我们这些青年教师很大的启发,后来我们整个团队都很注重实践,也是源自老先生的言传身教。因此后来我们也争取到了更多的机会,做了更多的实事。

在学术方面,陈先生勤于学习,紧跟世界最新的科研成果,活到老、学到老。当时,国内的条件不好,图书馆的外文书籍、期刊非常的陈旧。为了更快地了解最新的科研成果,他自己出钱订阅了《IEEE Transaction on Computer》,深入挖掘,将更好的思想应用到实践中。他曾在20世纪60年代提出了超长指令字等想法(后因"文化大革命"而没有继续下去),国际上在20世纪90年代才有相关方面的报道。后期陈先生年纪大了,腿脚不好,基本上在家里办公。但他要求每个教师和学生定期去他家里汇报工作,讨论学科的最新进展。每次我去陈先生家里的时候,都看到他在埋头读书,很令人钦佩。后来,由陈先生提出的科研项目"容错计算机数据库机"、"高级语言 LISP 机"等都是当时国际计算机系统结构研究的热门课程,同时也奠定了我校计算机系统结构博士点成为全国第一批3个系统结构博士点之一的基础。

生活方面的陈先生,非常平易近人,而且非常关心我们这些青年教师、学生的生活。当时,正处于生活困难时期,陈先生经常邀请我们去他家里聚餐,改善生活。有时候还会嘱咐她爱人做一些饭菜送到青年教师的集体宿舍里,我们当时都是非常的感激。

陈先生热爱党,对党有深厚的感情。虽然在"文化大革命"时期,陈先生受到了很多不公正的对待,学术被停滞,人格受侮辱。但是他有一颗宽容的心。"文化大革命"后,他仍然把全部的精力投入到学术中,不记恨不公平的历史时期的不公正待遇,这是多么高的人生修养!在他88岁高龄时,他要求加入中国共产党。陈先生对党的不懈追求感动了一代代哈工大人。

陈先生一生对科学严谨、实事求是的精神值得我们钦佩,他淡泊名利、坦诚待人的优秀品质和人格魅力也成为我们宝贵的精神财富。现在我们已经接过他学术的接力棒,顺利地传给了下一代的中青年老师;陈先生的精神也已凝练为"光熙精神",为越来越多的哈工大计算机学子所推崇。我相信这是对陈先生最好的纪念和缅怀。

2009年于北京

(胡铭曾　原哈工大计算机系系主任　教授　博导)

忆陈光熙先生

杨孝宗

陈光熙先生的去世,使我非常悲痛。我1964年留校任教之后,就和陈光熙先生在一起搞研究,回忆当年和陈先生相处的点点滴滴,他的音容笑貌仍然时时浮现在我的脑海里。

敏锐的学术洞察力　超前的学术意识

陈光熙先生高瞻远瞩,于1973年提出一个创新性的研究方向——容错计算技术,当时受到了国防科委的高度重视,拨款100万科研经费,这在当时是一笔巨大的科研投入,可见国家对该方向的重视程度。尽管当时的容错计算技术还没有用武之地,但陈光熙先生说:"现在看不出有用,但将来一定会有用的"。从此之后,陈先生就一心钻研于容错事业中,并于1979年完成了我国第一台容错计算机RCJ的研制,吸引了世界各国的代表团和知名人士前来参观,如任知恭、赵浩生等,陈光熙先生在现哈工大主楼的五楼教研室骄傲地向全世界展示他们的研究成果。此后,在他的引领之下,哈工大容错计算机研究取得了很多骄人的成绩,在我国的航天领域、控制领域等高可靠计算的应用方面都发挥了很大的作用,树立了很高的威信,神舟飞船一号到七号返回舱的容错计算机样机系院的研制都是由哈工大完成的。经过了35年的发展,到现在国家的各个部委、同行院校只要一提到容错,马上会想到哈工大。据了解仅一般的国有银行一家每年要支付给国外的设备维护费用就高达几十亿乃至百亿元,更为严重的是国外借此可以清楚了解我国的经济状况。为了彻底解决银行、通讯、航空事业等依赖于进口的现状,国家启动高端容错机项目,而哈工大毫无疑问地成为这个大项目中的一员。这些成绩都要感谢和归功于陈光熙先生35年磨一剑的成果。到目前为止,哈工大的容错技术仍属全国一流。所有这一切,都用事实验证了35年前陈先生的预言。

治学严谨　甘为人梯

陈光熙先生与哈尔滨电信总局王总工程师,友谊非常深厚,经常进行学术和技术交流。有一次,两个人为了一个词:hardware,讨论多次,也互访了多次。当时hardware这个词刚刚出现。为了确切地翻译这个词,两个人到处找资料查阅。王总工程师认为在通讯领域叫做"硬体",但是陈先生觉得翻译得不是十分准确。后来,出现了软件这个词,两个人恍然大悟,意见一致认为hardware翻译为"硬件"。可见陈先生为人处世的严谨态度。另外一件事,有人劝陈先生写关于容错计算方面的书。陈先生谦虚地说:"不行,写书需要深厚的底蕴和丰富的知识!"但是当别人劝道:"你在容错计算方面干了这么久,不写书可惜了,同行们都希望看到这样的资料啊"陈老师一听马上同意了。就在这时,重庆大学的陈廷槐先生邀请与他合作编写一本关于测试的书,陈老师欣然答应。陈先生认为如果把容错和测试放在一起的话,书的内容才更充实,对读者才更有帮助。为了合作写书,陈廷槐先生多次从重庆坐飞机或火车赶到哈尔滨,陈光熙先生盛情邀请陈廷槐先生到家中做客。尽管陈光熙先生要比陈廷槐先生大很多,但两人一见如故。后来,陈廷槐先生又飞过来几次,陈光熙先生觉得非常不好意思,总认为应该回访。我们就劝陈老师:您岁数大,陈廷槐先生年轻,应该他来的。这样陈光熙先生心里才安心一些。后来陈廷槐先生过来竟然是为了书里的几个字的斟酌,可见二人对工作的认真态度。在二人的不断努力下,书终于定稿。可是问题又来了,书的名字怎么命名呢?是叫《计算机容错与评测技术》呢,还是叫《计算机评测与容错技术》呢?陈廷槐先生说:"我是来跟您合作写书,同时也是向您学习,书名应该叫《计算机容错与评测技术》才对"。而陈先生连忙摇手说:"那不行,你搞测试的时间要比我搞容错的时间要长,你的应该放在前边,你还年轻将来你还可以继续领着年轻人奋斗啊!"两人又为此争执不休。后来,陈光熙先生说:"如果你尊重我,你就按照我说的定。"陈廷槐先生实在没有办法,最后书名敲定为:《计算机评测与容错技术》,作者:陈廷槐,陈光熙。两人的交情远不止此,陈光熙先生非常欣赏陈廷槐先生的文学才华,对他的词牌大为赞赏,陈廷槐先生的每次来信,陈先生都珍藏着,因为里面必定有一篇非常好的诗词,常常高兴地拿来向我展示。每次陈廷槐先生来到哈尔滨,陈先生都把最好的茅台酒留给他。

学识渊博　孜孜不倦

我在1984年回国以后,陈光熙先生的眼界和思维仍然十分开阔和敏感,非常愿意看书。读书几乎成了他唯一的业余爱好。陈先生阅读了大量的资料。当时,陈先生就已经认识到容错机做到现在的程度,马上就应该开展人工智能的研究了,并率先在全国开创了人工智能研究方向。我对陈先生的眼界和洞察力十分的佩服。他无意间看到了一个人工智能处理的软件包,正好是我当时留学的学校研制的。他就问我这个软件包能不能拿来,并给我下达了命令:我等你的好消息。在我再次回国的时候,我终于拿到了那个软件包。回国的当天晚上,已经晚上10点多了,我给陈先生打电话告诉他软件工具我已经拿回来了,陈先生兴奋地说:"赶紧拿过来啊,我要先睹为快"。但是当时已经太晚了,我坚持明天再给他看他才罢休。至今想起来仍记忆犹新。

重视青年　提携后人

陈先生对学生、教师一视同仁,并且非常重视青年教师的意见,将年轻人当做自己的孩子来看。就算你做错了,他也是温和地训导:"这不行啊,这错了,这得改啊"。有一次讨论会上,我提了一点不成熟的意见,是关于容错方案有关流动备份方面的,没想到陈先生非常重视,并在第二天的大会议上讲到"杨老师提出的流动备份可以考虑"。后来,由于软件方面的技术问题,没有通过。但是通过这件事可以看出,陈先生对年轻教师的重视程度。陈先生曾经还讲过一句话:"我的工资拿得太高了,应该你们多拿才对嘛。因为事业是你们干的,将来也是你们干的。"从这一点就可以看出他对青年的重视。每年的大年初二，我们整个教研室的老师都去陈先生家会餐，夫妇俩非常热心，一忙活就是一天，这是教研室的惯例。我出国的时候，英语不太好，都是陈老师替我把表填好的，并告诫我出去也一定要搞容错，而且要师从国际上最权威的人士。后来得知 IEEE 学会容错委员会主席愿意接受我之后，陈先生非常高兴。再后来，陈先生病重住院，我们轮流护理陈先生，但是他坚决不同意。他说："不行，你们都有事要干，怎么能在我这浪费时间呢，这样不行，我难受啊！"轮到我的时候我就不走，我看着他，可他却说："我不吃饭，我不睡觉，我不舒服。"我问他为什么，他是这样说的："你们正干事的时候，回去把事干好了，回来告诉我，我就高兴了。"

心胸宽广　宽宏大量

记得在"文化大革命"期间，两派武斗得非常厉害。当时，陈先生正在搞小磁芯的研究，可是实验室都被封起来了。陈先生穿着工作服，在腰间捆上导线，一点点地从窗户爬进实验室，继续干活。当时小磁芯的工艺是 1.2mm，而陈光熙做到 1mm，0.8mm，0.4mm 的小磁芯，达到了世界领先水平，并在当时获得了国家新工艺二等奖。陈先生作为学科的权威，在"文化大革命"中被"整"得非常厉害，可是陈先生非常正确理解"文化大革命"。在"文化大革命结束"之后，陈先生马上投入到工作中去，该干什么干什么，全力以赴，让人根本感觉不到他有任何的精神负担，处处考虑到国家、学校的利益，全心全意地干事。他对人诚心实意，对事认真严谨。"文化大革命"对他巨大的冲击、残害、折磨，好像都在他的工作中抹平了，并不记仇，记谁的仇呢？老百姓的？不是。共产党的？不是。政府的？也不对。自己想想就算了。1979 年，他接待外宾，带博士，并在最后还提出了入党的要求。可见他心胸宽广，宽宏大量，气量非凡。

陈光熙先生给我的启示：第一，对待研究要执著。第二，不管什么事要认真地去做。第三，不管对谁，要满腔热血，特别是对年轻人、对学生。第四，对待困难要乐观，要坚信困难总会过去的，心态要摆正，放宽。第五，陈先生教会了我做人，他是一个诚实的人，一个透明的人，在他的嘴里听不到任何的谎言，听不到一句不着边际的话。

2009 年于哈尔滨

（杨孝宗　哈工大计算机学院移动计算研究中心主任　教授　博导）

学术导师　学习的楷模

——悼念陈光熙先生

陈景春

我与陈光熙先生相识于1960年,计算机专业建立初期,那时陈光熙先生已进入花甲之年,我们一直相处到他不幸病逝前。在这30多年中,由于值得追忆的事迹太多,现仅就他带领大家在科研创新中的一件事谈一下我的感受。

他是一位追求科技创新、勤勉奋斗一生的学术带头人。记得在专业建设初期,他就提出振奋人心的奋斗目标——要建立一个有特色的计算机专业,为国防工业服务。当时计算机没有软件,硬件结构也十分庞大、功耗大、可靠性低,无法满足国防上的需要。于是他就提出"研制微型的记忆元件——微型磁芯"的研究项目。得到大家的热烈响应后,他立刻组成了攻关小组,已进入花甲之年的陈先生亲自挂帅,亲自动手。他的言传身教,使大家深受鼓舞。在研制组全体同志的共同努力下,经过短短的3年时间,我们新研制出直径为0.5毫米的微型磁芯,接近国际的先进水平,为计算机小型化做出了重大贡献,荣获国家工艺二等奖。

国防上需要的计算机除小型化外,还要求可靠性高。因此,陈光熙先生提出研制容错计算机的设想。所谓"容错机"是指计算机出了错,它本身有检错与纠错的能力,照常正确运行,得到正确结果,这样就显著地提高了可靠性。由于研究意义重大,很快被批准为"国家立项"。在他的带领下,经过研制组全体同志的充分讨论与论证,最后确定总体方案为"具有自检错与自纠错的双模容错系统"。在他的言传身教感召下,全体同志干劲倍增,日夜奋战,仅用3年左右的时间,就研制出样机,其可靠性增加4倍多。以后他又指导了"算法硬化"与"数据库机"等研究项目,都取得了重大的科技成果,获得国家科技进步一、二等奖多项,得到兄弟院校同行专家们的一致好评。该学科被国家第一批批准为博士点、重点学科、重点实验室、博士后流动站等,获得国内相同学科的先进地位。他指导了一批博士研究生,现在国内外科技与教育战线上发挥重要作用,可以说是桃李满天下。

虽然陈光熙先生因病不幸离开我们,但他那种科研创新、为事业呕心沥血奋斗一生的伟大精神,永远是我们学习的楷模,将会激励我们这个战斗群体,为计算机事业的发展,为国防工业的需要,做出更大的成绩,以此来告慰陈光熙先生的在天之灵。

安息吧！陈光熙先生！

2009 年于哈尔滨

（陈景春　原哈工大计算机应用教研室主任　教授　博导）

回忆导师陈光熙先生

吴智博

陈先生是哈工大计算机专业的学科带头人,为哈工大创建了计算机体系结构的博士点(当时全国高校中只有清华大学、国防科大和哈工大具有计算机体系结构博士点)。陈先生以其深厚的理论基础和敏锐的洞察力为专业引领方向,为哈工大计算机专业的建设和我国计算机事业的发展做出了重要的贡献。

我很荣幸成为陈先生"文化大革命"后第一届硕士研究生和博士研究生,毕业后留校任教,直接得到陈先生亲自教诲。陈先生言传身教,教书育人,作为陈先生的学生受益终生。本文中我主要介绍硕士研究生阶段接受导师陈先生指导的一段经历。

第一次见到陈先生是1978年研究生入学复试的面试考场。朴素的着装和慈祥的微笑是我对先生的第一印象,这也使得我应试的紧张得到一定的缓解。通过陈先生的提问,使我深深地感受到先生知识渊博,特别是当陈先生用英语提问时,我非常惊讶。陈先生标准的发音比我遇到过的所有英语老师都好。当时我下定了读陈先生研究生的决心,这次考不上,明年我一定再考。

作为"文化大革命"后第一届研究生,我们有幸听过哈工大数学、物理、公共课程和专业课程当时最好老师的授课,最幸运的是我们的"容错计算"课程由陈先生亲自讲授。陈先生备课非常认真,课程的讲义是陈先生亲自编写的(后来以此讲义为基础,陈先生和重庆大学陈廷槐教授合作出版了我国第一本容错计算专著)。陈先生讲课概念清晰、知识广博。容错计算当时是一个较新的领域。陈先生在课程中介绍了当时世界各国最新的研究成果和应用范例,其中包含许多先生的独到见解。陈先生讲课深入浅出,通过合适的实例解释概念的含义和方法的应用。总之,大家都带着极大的兴趣听陈先生的课,深感听课的收获非常大。

最让我们感动的是陈先生走路有些不便,每次上课陈先生都要从专家院步行到机械楼,提前到达教室。后来我们为了减少先生的疲劳,在讲台上放了一把椅子,先生可以坐下授课。我当时自告奋勇,为先生在黑板上抄写必要的公式和逻辑电路图,先生不必每次都站起来做板书。每当我抄写的英文单词有拼写错误时,陈先生都能立刻指出。这件事促使我在英语学习方面更加认真。

陈先生在容错计算的第一节课中讲到,任何计算机都是会坏的,容错计算永远是一个重要的研究领域。陈先生的这段话,使我选择了容错计算这个研究方向。1980年校领导到美国访问得到美方学校赠送的10块(KIM)单板机,当时国内其他学校还没有。陈先生认为从硬件的角度考虑,双模冗余容错计算机系统性能价格比最高。我们学校已经研制了我国第一台采用部件级双模冗余的容错计算机系统。微计算机的出现将为多模混合冗余容错系统提供了新的机遇,我校应该研究三模冗余容错微机系统。在陈先生和胡铭曾教授的指导下,我和3位同学(两人一组)在硕士论文研究期间利用KIM单板机实现了两套不同方案的微计算机容错系统。陈先生非常重视理论联系实际,在他的亲自指导下,我们努力学习,克服了许多困难,结合我国的国情,进行硬件和软件的设计,研制了功能完备的模型系统,在全国第一届微计算机学术会议发表了两篇论文(其中一篇论文被评为优秀论文并在大会报告)。我的收获不仅仅是圆满地完成了硕士毕业论文,这项研究为我后来参加神舟飞船数据管理容错计算机预研工作打下坚实的基础。我的一位同学也一直参与国产飞机的容错计算机研制工作。

陈先生的教诲伴随我走过30年,哈工大在容错计算方面的研究一直没有中断。我们正在承担国家"863"重大项目——容错计算机系统关键技术及系统研制。陈先生的精神将激励我们前进:容错计算永远是一个重要的研究领域。

2009年于哈尔滨

(吴智博　哈工大计算机学院　教授　博导)

我所尊敬的陈光熙先生

孔祥武

我是1963年初调到原43专业与陈光熙先生一起工作的，从此，我成为一名陈先生科研战线上的技术工人。陈光熙先生给我的印象是：

一、陈先生为人谦和朴实，没有居高临下的架子。他对工人很尊重，对周边合作的师生也非常谦让。他很能联系人、团结人。在他的影响下，全教研室40余人的党群关系、师生关系都很融洽、和谐。全教研室教工劲往一处使，力往一处用，将科研工作搞得热火朝天。这使计算机学院当时的科研成果在全国高等院系中都很有名气，曾被各计算机研究单位请去当顾问，如北京15所等。

二、陈先生有像马祖光教授一样热爱祖国、热爱学校和事业的高尚品德。他在工作中艰苦奋斗，有一股使不完的劲，有韧性、有毅力。陈先生的口头禅是"自古成功在尝试"，从不怕失败，不达目的绝不罢休。1963年是国家人民困难时期，经费设备、材料非常贫乏。为了不浪费国家一分钱，领材料时，陈先生从二部到校部亲自拉手推车走大约有10华里的路程也不舍得雇人力车。当时他年纪已六旬左右。他对所需的科研设备能不买就不买，用简陋设备代替。在生活上更不搞特殊化。在二部时期工作休息条件很差，连人能喝的开水都没有，他就自己带午饭。吃完后，没水喝，有时喝口蒸馏水……可陈先生毫无怨言。

三、陈先生的业务能力、动手能力、外文能力都很强。当时信息通讯条件很差，他全靠外文书了解点新东西。这在教导学生方面带来很好的效果。许多科研难题也因此迎刃而解。

四、我非常佩服陈先生的动手能力，这是他当年在法国"勤工俭学"时打下的基础。他曾是一名很优秀的钳工，深得法国工头的赏识，也被法国部分工人嫉妒。他做的制规和游标卡尺我都使用过。陈先生对车、钳、铣、刨等机械加工工艺都很在行。所以他在1964年搞出的超小型磁芯当时超过美国。这全凭陈先生的独特工艺"挤压成型"搞成的，为此得到国家新工艺二等奖。在现有的基础上，他又搞出了多种异型多孔磁芯。后来他又搞出了如双机协同的容错机等项目，为后来杨孝宗教授研制容错机打下了良好的基础。

五、在教学育人方面，他以雄厚的科学知识、踏实的工作作风，培养了大批优秀人才，如胡铭曾、朱志莹、陆鑫达、赵振西、杨孝宗、唐朔飞等老师，都是踏踏实实干事业的优秀业务尖子。

"君子不念旧恶"。陈先生在"文化大革命"时期受到很大的打击，身心受了很大的刺激，但在指导工农兵学员方面仍尽心尽力。他冒着再次被批斗的风险，指导出一批业务尖子，如加拿大籍华人李德磊，曾任北京方舟电子公司董事长，在国内很有名气，曾受胡锦涛主席接见。李德磊跟我说，受陈先生的教诲使他受益匪浅……还有崔铁男（美籍华人）、崔国兰、崔刚、唐利旭（中国航天城的技术工程师、少将）……

在陈先生的身教言教下，我也学到了很多知识，业务能力增强了很多。

2009年于哈尔滨

（孔祥武　原43专业工人）

回忆大姥爷陈光熙

林志耘

　　大姥爷陈光熙,陈家长子,1903年出生于其父任官地安徽省桐城县。辛亥革命成功后,清皇朝崩溃,太祖父决定弃官,举家南迁,回归浙江故里定居。因为太祖父为官时清正廉明,从不贪赃枉法,只靠朝廷所给的俸禄养活一家8口,日子过得很拮据,更无什么积蓄。

　　1916年,大姥爷就读于浙江绍兴省立五中。1919年16岁的他中学毕业,由于在校期间受马列主义进步思潮的影响,胸怀抱负,不愿死守家门,决意离家外出求学。但当时家中没有闲钱,只有36亩田地以收成赖以生存,父母心有余力不足,有意阻挡。他思想低落,茶饭不思,闷闷不乐地静坐一室,真急煞老母。这时其姐拿出平时勤劳所得积攒下来准备日后出嫁时置办嫁妆的50块银元,又连日赶制衣服和5双布鞋一并交给他,送他上路。他挥泪告别家人,依依不舍地独自离家而去。当日在丰惠城里钱字号酱园新和阿大家宿了一夜,次日起程来到上海,边打工边求学。不久教育家蔡元培先生在晚报上登了一则招收留法学生的广告,他去应试被录取,1920年5月,他与127名中国热血青年一起乘坐一艘法国邮轮离开上海,踏上了赴法国勤工俭学的航程。

　　1922年,他用一年的时间以优异的成绩毕业于法国都鲁士大学农业机械专科,并获得农业机械师学位。他又辗转到比利时,1929年毕业于比利时鲁文大学工学院,获工艺制造、土木及采矿工程师学位。1930年他毕业于该学院地质研究生班并获得地质学工程师学位。这时他结识了一位迟他两年出国的中国女留学生——张玉贞。同年10月,他们一起回国,后结为夫妻,在北京定居。

　　1945年太祖爷突然去世,大姥爷为父送殓尽孝才又一次回到家乡,此后,直到去世,就再也没有回过故乡,可他对故乡还是十分眷念的。听妈妈说,1991年夏天她专程去哈尔滨看望他老人家,伯侄叙旧提起往事,他老人家对故乡的一草一木还是记忆犹新,说话时的心情是那样激动、神采飞扬之中又略带惆怅。

　　大姥爷在海外留学达10年之久,学有5种专业特长,3种工程师学位。他厌恶憎恨军阀买办,洋奴汉奸,不愿随波逐流混入官场。回国后,他先后在上海劳动大学、开封第一师范、北京辅仁大学任过数学教师。1938年9月,他被辅仁大学提升为教授。他热爱祖国,痛恨日本侵略者,他在北京家中有一台从国外带回的车床,他十分喜爱,他担心让日本人知道家中有车床,而强迫他为之制造修理武器、弹药来屠杀我中国同胞,在日本鬼子进入北平之前就忍痛把它销毁处理了。

　　大姥爷自己动手实践能力很强,抗战胜利后,他在北京家中独立做出研磨天文望远镜镜片的磨床,准备制造天文望远镜,只是时间不长,没有成功。因为在旧中国,身为高级知识分子的他,为了生存,为了养家糊口,除了在辅仁大学教授数学课外,还兼任了原北平国立高等工业学校校长之职,再也没有时间做这做那了。

大姥爷从国外归来时,除了带回一台车床和一批有用的书籍外,还带回虎头钳、锉、手摇钻、锯等一套常用工具。这些工具跟了他一生。家中的自行车、水、电、门窗坏了,他都抽空亲自动手修理,从不找修理工。他还自搭一座漂亮的圆木葡萄架,他说这是脑力劳动的最好休息方式。在他的言传身教下,身边的三舅学会了这一套技能,继承了他的优良传统,在家修理家庭用品,在单位维修缝纫机、打字机、手摇钻、电动速印机、数码一体速印机成了他的业余爱好和专利,他还成为第二课堂的科技劳动课的辅导老师。在20世纪50年代后期至60年代初期的科技攻关会战中,身为教授、专家的大姥爷,还亲自动操作车床加工所需零件,所以在哈尔滨工业大学的师生中,他有一个别名,那就是"会开车床的教授"。

1957年,为了中国的科学事业,年过半百的大姥爷不顾亲友的极力反对,毅然放弃了北京优越的工作条件和舒适的家庭环境,带着妻子和三子自告奋勇地来到北国冰城——哈尔滨,在那千里冰封、万里雪飘的塞外北疆扎下了根。凭着雄厚的知识基础,他开始了新的科研项目——计算机研制工作。经过了几百个日日夜夜,1958年秋天,在他的亲自组织带领下,中国第一台"能说话,会下棋"的机器终于研制成功,填补了国家在电子计算机这方面的空白,受到周总理等党和国家领导人的赞赏。从此,他成为电子计算机专家,带领着中青年教师步步深入,不断提高,在电子计算机研究领域里奋勇挺进。

大姥爷一生中,曾几次得过十分严重的疾病:20世纪40年代中期他得了椎间盘脱出症,严重时有半年的时间不能站立;50年代中在一次北京到天津出差的返途中,他突犯急性阑尾炎,由于在火车上耽误了时间,使得病区部分感染差点影响生命;60年代中,有一次因流感吃磺胺消炎而饮水不足,导致肾小球堵塞,由于是"文化大革命"运动中医院工作涣散没有得到及时治疗导致连续6天小便不通,情况十分危险,不得已从哈尔滨乘飞机送到北京解放军总医院抢救才得以脱险;还有70年代的一次胃大出血,80年代的脉管炎导致左脚二个指头发黑、坏死、腐烂,西医建议作截肢手术,他本人不同意,后改用中医治疗痊愈,勇敢地挺了过来。90年代他又得了心衰病,年近90高龄的他却视死如归,对疾病并不重视,仍带病坚持工作,在病床上会见来访者,在医院办公室召开研究生工作会议等。他总说:"我还有二年寿命,不想突然去世。"他就是这样一个对科研事业十分执著的人。

大姥爷一生中曾两次被挂上莫须有的罪名而投进监狱。第一次是20世纪50年代初的"三反、五反"运动期间,当时他任北京市重工业学校校长,该校姓鲍的总务主任因自身有问题,为蒙混过关,便诬告他有重大贪污行为,大姥爷被当时北京市军管会在学校师生面前当众逮捕,关在北京市西城区草岚子监狱内,后经查证核实,无丝毫贪污行为,平反释放后被调到当时中央重工业部第一设计院工作。第二次是60年代"文化大革命"期间,由于早年留学国外,被扣上特嫌帽子,关在黑龙江省军管会(原省公安厅内),加上当时他是第三届全国人民代表大会的代表,故称之为"在黑龙江埋藏最深的最高的特务分子",在精神上和肉体上都受到难以想象的折磨。他凭着一颗对党信任、对科学向往的赤诚之心和百折不挠的坚强毅力,顽强地挺过难关,迎来了又一个科学的春天。此后,他曾任过哈尔滨工业大学的副校长,第五、六届全国人大代表。他桃李满天下。在他年逾古稀的88岁高龄之际,还加入了中国共产党。

他是一个专家、名人,对工作、对科研是那样的执著,生活上却是那样的俭朴、节约,从不讲究自己的吃穿。他严于律己，却乐于助人。我的妈妈有过两次不幸的婚姻，却都没有结果，留下我和弟妹3人靠她一手拉扯长大，培养成人。大姥爷知道后，伸出援助之手，一次次寄钱寄物帮助妈妈度过一个个生活难关。生活在浙江老家的四外婆无儿无女，晚年双目失明，无依无靠，没有生活来源，又因是地主成分而不能享受"五保"待遇。大姥爷每年定期寄去生活费，由她娘家侄子代为照料，才得以安度晚年，直到老死。当年回国后，大姥爷在北京定居曾自购四合院一座，共有13间房屋。这是他的私有财产，"文化大革命"中被房管所分给了几户没有住房的人家居住。"四人帮"倒台后，落实政策，理应归还，可他老人家却考虑他人之困难，不让住户搬迁，无代价把价值数十万元的房产捐献给了国家，有利了他人。1964年他获得科技奖金3 000元(后经学院求证为5 000元，编者注)，他一分不留全部交到系里，一部分作为科研奖金分发给他人，一部分留作科研基金。

大姥爷和大姥姥张玉贞，在国外求学路上相识到相爱，结为生死不渝、患难与共的亲密伴侣。60多年携手共艰危、以沫相濡一生，为中国的科学事业做出不朽的贡献。1992年，奋斗一生的老人泰然仙逝，享年89岁。大姥姥比他小几岁，晚年身患顽疾，幸有三舅在身边悉心照顾，比大姥爷多活几年，于1997年年底逝世，享年90岁。

2009年于安徽省淮南市
(林志耘　陈光熙弟弟陈光照之女陈寿菊的女儿)

陈光熙教授百岁诞辰纪念会侧记

张凤淼

2003年5月21日,哈工大计算机专业创始人陈光熙先生诞辰100周年座谈会在邵馆隆重举行。众多弟子追忆恩师,深切缅怀先生的治学严谨、品德高尚,不图名利、无私奉献,广博学识、高瞻远瞩,平易近人、和蔼可亲,心系祖国热爱党,88岁高龄加入中国共产党及其甘当"垫脚石"的可贵精神和对学科发展的巨大贡献,更加坚定了创建一流计算机学科的信心。

座谈会由计算机科学与技术学院党委书记张凤淼同志主持。校党委书记李生教授和计算机科学与技术学院院长徐晓飞教授出席座谈会并作了重要讲话。

李生是陈先生指导的82级博士生,他怀着十分崇敬的心情回顾了陈先生对他的亲切教诲和对计算机学科的贡献。李生同志说:

陈先生离开我们11年了。今天请来一些老同志,回忆过去,回忆计算机学院、系和专业的过去,是很有意义的事情。回忆更重要的是为了着眼未来。

"文化大革命"后我跟陈先生做博士生,听陈先生给我讲他早年的很多故事。我感到陈先生的一生是对中华民族有深厚感情的一代知识分子的一生。他的一生很坎坷。他早年去欧洲勤工俭学。当时,邓小平、陈毅等老一辈革命家怀着"革命救国"的理想去欧洲;而陈先生是看到从满清末年到"中华民国"的腐败,怀着"科学救国"的理想去欧洲。

李生同志接着谈到:1957年,李昌校长聘请陈先生来哈工大创建计算机专业。陈先生对计算机专业的创建与发展呕心沥血,哈工大计算机学科有今天,和以陈先生为代表的老一辈专家是分不开的。

现在提出素质教育,这一点陈先生早就提出来了。我跟陈先生做博士生时,他说"我教你做事首先要做人。如果做事不老实,做人肯定有问题。"关于做人和做事的关系,在陈先生头脑中有很深刻的哲理。

陈先生做事相当认真,做学问一丝不苟。我跟陈先生做博士时,有一篇文章从中文到英文,陈先生逐字逐句帮助修改。我查了很多外文资料,做了一些实验。有一个资料,他问我做过实验吗?我告诉他那个没做过,他坚持让我做实验。文章发表时我把他的名字放在前面,他坚决不同意,陈先生对自己要求相当严格。

陈先生在计算机学科,在哈工大发展中发挥着巨大作用。我们今天回忆起来,有些事情虽然很小,但却体现出陈先生的人格魅力和严谨的治学精神。我们今天认真总结和回顾,这是计算机学科的宝贵财富,也是哈工大的宝贵财富。中国有句俗话说,吃水不忘挖井人。我们计算机学科和哈工大能够有今天,都是跟陈先生及其他老先生所做的贡献分不开的。

今后,我们学校和计算机学科的发展都面临着十分艰巨的任务。我们今后办学,要自主办学、依法办学、民主办学。我们学校办学,要以人为本、以教师为本、以教授为本。怎样更好地发挥骨干老师的作用,是一个很重要的问题。我们要像陈先生那样老老实实做人,认认真真做事。我们要把学问做好,把书教好,把科研搞好。我们要把计算机学科办成一流学科,把哈工大办成世界知名的高水平大学!

计算机科学与技术学院院长徐晓飞教授是陈先生指导的84级博士生。他在讲话中首先追忆恩师陈光熙教授。他说:

我是在1978年到哈工大计算机专业上大学时开始见到陈光熙教授的。那时陈先生是哈工大副校长。我们对他知之甚少,只了解他是专业创始人之一和学科带头人,多有敬畏之情。直到1984年,我考上了陈先生的博士生,有了更多的机会亲聆陈先生的教诲,对陈先生的了解比较具体深入起来:

对于数据库机与智能计算机的理解:陈先生对于计算机智能、计算机能力非常重视,他要求我从五代机角度研究数据库机,重视非冯—诺依曼机的机理研究;

学术研讨会:陈先生在每次学术研讨会上总能抓住问题的实质,排出规律,给人启迪;

对于英文辞典的看法:新华字典中生字太多,要找认识的字;英文词典常用词多,要找不认识的词;

英文文献的阅读与理解速度:神速!我们必须先看完文献后,再把资料送给他,免得被问住。

徐晓飞接着谈到陈先生严谨的治学学风和高尚的人品情操:

严谨学风,认真做学问,知识更新快,是一位真正的大师;

广博学识,高瞻远瞩,给人启迪,发人深省,每个学生都受益匪浅;

高尚的情操,不图名利,甘为人梯,放手让学生发挥,光荣传统,代代相传;

平易近人,不摆架子,和蔼可亲,师生关系甚好;

在谈到陈先生对于哈工大计算机专业发展的主要贡献时,徐晓飞说:陈先生在哈工大计算机专业工作了35年,长期担任计算机教研室主任,对学科发展做出了巨大贡献;在每个历史时期,都能高瞻远瞩地提出引导学科发展的研究方向,影响着我们的学科发展:

50年代末,负责了计算机专业的初期建立工作;

60年代,主持了小磁芯的研制,获国家新工艺二等奖;

60年代,向百万次机发出了冲击;

70年代,率先在国内开始了容错计算机的研究;

80年代初,创立了全国首批博士点——哈工大计算机系统与结构博士点;

80年代,领导了第五代计算机的研究——高级语言机(FORTRAN机、LISP机)、数据库机、知识库机、PROLOG机等等;

90年代初,指导了智能计算机方向博士生的研究工作。

陈先生指导的博士生,多有成就,其代表人物如下:

王　伦(81级):现在美国;

吴智博(81级):计算机学院教授,现在日本;

李　生(82级):哈工大党委书记、教授、博士生导师;

张大鹏(82级):香港理工大学计算机系副主任、教授;

孟力明(83级):现在美国;

缅怀与纪念

高　文(84级):中科院研究生院常务副院长、哈工大计算机学院教授、博士生导师、国务院学科评议组成员;

徐晓飞(84级):哈工大计算机学院院长、教授、博士生导师、"863计划"CIMS主题专家;

常会友(85级):中山大学软件学院副院长、教授;

王　跃(86级):商业部信息中心高工、研究员;

方滨兴(86级):国家信息安全管理技术中心主任、哈工大计算机学院教授、博士生导师、"863计划"信息安全技术主题专家;

秦　彤(86级):现在加拿大;

宋向军(86级):现在加拿大;

李明树(87级):中科院软件所所长、研究员、博士生导师、"863计划"计算机软硬件主题专家。

院长徐晓飞教授在座谈会上介绍了哈工大计算机学科的发展历程,计算机学院的现状及发展思路与未来方向。他最后提出:将陈先生未竟事业发扬光大,再创哈工大计算机学科新的辉煌。他说:我们的目标是"四个一流":办一流学科、建一流基地、出一流成果、育一流人才。

参加座谈会的原副校长强文义、原校党委副书记顾寅生在发言中特别谈到陈先生非常重视计算机的学科建设与发展。怎样使学科保持领先,怎样把人才培养好,是陈先生十分关心的问题。陈先生求真务实、甘为人梯的精神是特别值得称道的。

部分博士生导师及退休老师与校友在发言中深切缅怀陈光熙先生早年怀着"科学救国"的理想赴法留学,1957年来校后,成为哈工大计算机专业的创始人与学科带头人,对计算机学科的发展做出了巨大贡献。

杨孝宗教授含着热泪追忆陈先生对自己的精心培养。他说:有一句话说"扶上马,送一程",而陈先生是"送全程"。我这一辈子搞容错计算机并取得了一定成果,这完全是陈先生指导的结果。我们搞容错计算机是1973年立项的。陈先生出生于1903年,那一年陈先生已经是70高龄,但他的学术思想非常活跃。当时,全国无人知道"容错机"是什么,而陈先生让我搞"容错"。这样,我们哈工大就成为全国第一个搞"容错"的。现在证明了陈先生是很有预见性的。

杨孝宗教授接着谈了陈先生支持他出国的事:当得知我有希望被批准出国时,陈先生像父亲告诉儿子一样告诉我这个好消息。我出国前,陈先生帮助我填写所有的表格,并且告诉我出国后怎样和外国人打交道。陈先生对我是全程扶上马,我一辈子忘不了陈先生对我的关怀。

杨孝宗教授说:"陈先生是一个只求奉献、不知索取的人。在他病危住院时,在他生命的最后几天,基本上是家人陪护。当我去医院护理他时,他怕影响我工作,再三劝我说:"你去做你的事,我没问题。""

洪炳镕教授在发言中特别谈到:"我在陈先生身上学到很多做人的道理。特别是陈先生的爱国精神使我深受感动和教育。我在80年代初去日本留学前,陈先生告诉我,和日本人接触一定要硬气一些。这充分显示出陈先生那种硬骨头精神。我原来是搞硬件的,陈先生告诉我搞硬件的也要向软件转化。所以我出国前集中学习了软件。我能够取得日本早稻田大学第一个中国博士学位,这是和陈先生的指导、帮助分不开的。"

在座谈会上,俞瑞芝、顾秋心、崔刚、王晓龙教授以及校友范理风先后发言。大家深切缅怀陈先生从60年代初主持研制小磁芯片到80年代建立全国首批博士点,对计算机学科的巨大贡献。陈先生老老实实做人,认认真真做事的许多动人故事,鼓舞和激励着计算机专业一代又一代师生。

座谈会上宣读了计算机系统结构教研室胡铭曾教授等人从外地发来的贺电。

胡铭曾教授在贺电中说:

陈先生是我的好老师,在他诞辰100周年之际,我们很怀念他。

陈光熙教授作为学术带头人对计算机系统结构发展起了极大的作用。60年代他分析了计算机速度的瓶颈是存储器,存贮速度的关键是磁芯大小,带领全专业从事小磁芯的研究,获得国家新工艺二等奖。在此基础上研究百万次机器,提出了超长字(200位)概念,是国内领先地位。70年代在国内第一家开始研究容错技术。80年代开始研究高级语言机、数据库等都是国际前沿的研究课题。

陈先生常常告诫我们:"计算机发展太快,要不断学习。"他自己也是活到老学到老,即使是80岁高龄,仍然孜孜不倦地学习先进技术,所以才能掌握好专业的方向。

陈先生学习知识非常注意实践。他常说"百闻不如一见,百见不如一干。"在研究小磁芯的时候,他和孔师傅一起动手,在研制容错机时他亲自编写微程序等等。

陈先生对工作勤勤恳恳、兢兢业业但对名利非常淡泊。他常说宁原当"垫脚石",让年轻人去摘桃子,把培养年轻干部作为首任。

陈先生忠于党的事业。他说自己是从旧社会过来的人,在共产党的领导下才有中国的今天。在当人大代表时他积极参政,在"文化大革命"期间虽然遭受不白之冤,仍然对党的方针政策深信不疑,积极要求入党,最终加入了中国共产党。

中科院研究生院常务副院长高文教授在贺电中说:

我第一次和陈先生正式有关联是在1984年夏天,当时我在胡铭曾教授指导下做硕士论文。为了能够继续学习,我报考了陈先生的博士生,并通过了博士入学考试。因此从1984年10月开始,我就成为陈先生的博士生,但仍由胡铭曾教授具体指导。

1985年11月,我被胡铭曾教授派往日本进修。临行前,我们去看望了陈先生。陈先生当时正在组织数据库计算机方面的课题,他让我留心一下日本第五代计算机和数据库计算机的发展情况。去了日本以后,我先进修,后转为联合培养,再后来又在日本完成了博士学位的攻读。从1986年开始,我平均每年回国一次,每次都能见到陈先生。他每次问我最多的就是课题的事,我印象最深的是他和我讨论C语言的一些细节。当时国内C语言还不普及,资料也不多。因为我在日本使用的是C语言,而且很熟练,所以回答陈先生的问题还应付得了。当然,他问我和数据库相关的一些问题,我就只能凭自己的理解回答了。当时我对陈先生的感觉就是敬畏。

1991年夏天,我从日本回到哈工大任教,开始自己带学生。10多年下来,我对指导学生有了较多的体会。现在想起和陈先生的讨论,我更多感受是亲切。从陈先生身上,我悟出了不少应该如何培养学生的道理。在北京的计算机同行经常问我为什么哈工大这几年出了如此多的年轻计算机界名人,我的回答是因为那里是人才的摇篮。我的确是这样想的,是陈先生本人以及胡铭曾教授等成功培养教育,才有了今天哈工大计算机桃李满天下的局面。

国家计算机网络与信息安全管理中心主任方滨兴教授在贺电中说:

作为老一辈计算机科学技术的先驱者,陈先生始终追求着不断创新的崇高境界。在中国计算机发展历程的初期,陈先生所领导发明的0.5mm磁芯存储器获得了国家新工艺二等奖,所组织研制的自动下棋机在全国展览会中引起了国家领导人的浓厚兴趣。在"文化大革命"后期,陈先生所组织研制的容错计算机一枝独秀,堪称中国计算机界的一枝奇葩。在陈先生的晚年,他也是始终对计算机的发展十分关注,特别将注意力放在了推理机上。陈先生多次提到 computing 一词并不是计算机的意思,是我们的简单翻译。Computing 正确地说是推算的含义。因此计算机只有赋予了智能推理的功能,才对得起"推算机"的称谓。陈先生在80多岁高龄时期还密切关注计算机事业的发展,确实让我们晚辈感到汗颜。我们只有努力推进计算机事业的发展,才能让陈先生的在天之灵,为我们的成就而骄傲和自豪。

北京大学计算机系主任李晓明教授在贺电中说:

我和先生的个人接触不多,最早是在4年级办出国手续时请他写推荐信,想起来已经是20多年前的事了。那是一个冬天的下午,我到专家院他的居所。他对愣头愣脑闯上门来的小伙子和蔼可亲,以及对推荐信内容严肃认真的态度,至今历历在目。现在,全国的高等教育处于一个十分令人兴奋的发展时期,信息学科更是各个学校的重中之重。哈工大计算机专业深厚的学术积淀和民主的工作氛围曾经为国家培养了一批人才,也必将造就更多、更优秀的人才。

中科院软件研究所所长李明树研究员在贺电中说：

1992年6月20日先生远行的时候，弟子曾作过一首《采桑子》："西风抛洒乾坤泪，痛悼恩师。痛悼恩师，无奈今朝生死离。后生承继千秋业，您请安息。您请安息，他日功成再报知。"现在10多年时间过去了，与李晓明师兄、方滨兴师兄、程旭师弟及系里的老师、同学最后送别先生的场景似在眼前……当年的愚顽子弟自己已为人师，在工作中也算有小成，却愈发感觉学海无涯和先生的虚怀若谷与博大精深！

应邀出席座谈会并在会上发言的还有陈光熙教授的孙子、哈尔滨市通信分公司动力分局副经理、校友陈晓煦。他代表陈先生的家人表示：

先祖父生前身后，承蒙校领导及在座各位前辈的敬重与关心，尤其是在祖父最后的日子里得到学校及各位悉心照顾与关怀。在11年后的今天仍然聚首一堂缅怀先人。作为后辈家人，请接受我们最殷切的感谢。

受爷爷的熏陶，我也是在哈工大上的大学，念的也是计算机专业。我从小成长在哈工大校园里，与哈工大有着不解之缘。我为自己生长在这样一个家庭感到无比自豪。

光荣的传统可以世代相传，但是辉煌的成就要靠我们自己去创造。我们一定会在各自的领域创造出新的奇迹，回报母校，回报社会，回报前人的切切期待。

2003年于哈尔滨

（张凤淼　哈工大计算机学院原党委书记）

学术论文选

容错计算技术与容错机可靠率的数学模型*

陈光熙

引 言

随着实时计算与实时控制系统的迅速发展,对计算机的可靠性提出越来越高的要求。提高计算机的可靠性,有两条主要途径。一条是提高元件的可靠性,改进计算机的制造工艺,这是一条主要的途径。每逢在元件的可靠率或在制造工艺方面有所突破,随之而来的,必然在机器的平均稳定时间方面亦有大幅度提高。计算机分为第一、二、三代,主要是由于新的更可靠的元件取代了老一代的元件。提高可靠性的另一途径,则是发展容错技术。应用容错技术以提高可靠率的意义在于:尽管组成机器的元件不是绝对可靠的(无论怎样改进其质量,还是可能出错的),如果在计算机的整体设计中采用充分的容错技术,则机器仍然能够完成其所执行的任务。这就是说:容错计算机必须自己检测错误,自动进行恢复,排除故障、纠正错误,以得正确的结果。

容错技术所采取的手段主要是所谓"宽裕"技术。它包括元件、功能部件和整个主机各层次的宽裕,也包括编码和软件上的宽裕。

容错技术,早在 50 年代即已被提出,但对容错技术的广泛研究和容错计算机的试制,则还是近几年的事。这主要是由于集成电路的发展,导致元件价格的猛跌。据估计,在 70 年代的前半期,硬设备的造价占计算机系统的总投资额约 40%;到了 70 年代的后半期,则将仅占 25%。这样就使得宽裕技术在技术上的现实意义与在经济上的合理性得到不断的提高。当前,我国的集成电路技术亦在突飞猛进之中。在这个时候致力于容错技术的发展,应当认为是相宜的。在这里我们应当提倡自力更生,奋发图强的精神,不能踩着帝国主义与社会帝国主义技术发展的脚印迈步子,要充分发挥社会主义计划经济的优越性,使技术的发展不受价格法则的桎梏,以取得后来居上的成绩。

下面对容错计算技术就以下五方面予以简述:(1) 信息编码;(2) 程序卷回;(3) 宽裕因数与可靠率的数学模型;(4) 微程序控制;(5) 容错计算机设计方案的选择。

检查差错的手段:信息编码

检查或纠正信息传送中的差错 已被广泛采用的奇偶检查码能够检出信息传送中一个二进位上的差错,添加更多的奇偶检查位,可以检出同时出现的多重差错或对差错进行更精确的定位,从而提供自动纠正差错的条件。这就是所谓自纠错编码。自纠错编码(更广义地说,自纠错技术),亦称为故障掩盖技术。它对瞬间故障的排除能起积极作用,但对永久性故障的检测,却起消极作用,在设计高度可靠计算机系统时,检出并排除永久性故障,也是必须达到的首要目标。所以,采用故障掩盖技术,如自纠错编码,未必合适;相反,提高信息编码的检误能力,把检误与纠误分开来处理,则容易得到更高的可靠率。

检查运算中的差错:剩余类编码 设 $C(X)$ 表数 X 的模 a 剩余码。例如,要检查操作 $A+B$ 是否正确,一方面将 $C(A),C(B)$ 送入检查码运算器,得 $C(A)+C(B)$ 的模 a 剩余码;另一方面将 $A+B$ 送入模 a 编码器,得 $C(A+B)$,当二者不符时,即当

$$C(A)+C(B) \neq C(A+B), \text{Mod } a$$

时,操作必然有错,由比较器发出差错信号。

---

* 本论文发表在《无线电技术》1974 年第 11 期上。

剩余码既适用于运算的检查,也适用于传送的检查,其差错漏检率为模数 a 分之一。当模数较小,如模 3(漏检率为 1/3),检查线路基本上只是一个带循环进位的二位加法器,较简单。但传送过程接近于串行方式,速度较低;若采用较大的模数,则速度可以增加,漏检率可降低,但检查线路也相应复杂化,当选用模 $a = 2^n - 1$(n 为正整数)时,检错逻辑可以简化。

模 15 检查码。设 R(a/15) 为数 a/15 的剩余,R(a/15) 可以用作检查码。若在 R(a/15) 上,再加以 15 - R(a/15),即 R(a/15) 的反码,其结果为 15,即 1111。应用这样的检查码,有利于简化检查线路。在这种情况下,一个二进制十六位数,即十六进制四位数的码子将具有下列形式:C(a),a_3,a_2,a_1,a_0,式中 C(a) = 15 - R(a/15) 为数 a 的模 15 剩余反码,这已经不是模 15 剩余码,而是模 15 剩余反码,但是仍属于剩余类码,它具有剩余码的检查性能。它的特点为

$$a_0 + a_1 + a_2 + a_3 + C(a) = 1111 (\text{Mod } 15)$$

一个四位并行带循环进位的加法器,即模 15 加法器,构成这种码子的检查器。如四位一加,连加的结果是 1111,就表明码子是合格的;若连加的结果不是 1111,就说明码子是不合格的,其中必有错误。

检查码上的宽裕单独地不能提高可靠率,必须和纠误手段相结合,才能起这种作用。纠误手段有多种,如程序卷回,多机协同操作,等等。

程序卷回与现场保护问题

程序卷回可以看做是消除差错的头等重要手段。这种看法的基础,是认为计算机的故障大部分是瞬间性的,片刻性的,通过程序卷回可以自动地消除这一类故障。经过若干次卷回而故障消除不掉时,再采取其他措施,如故障部件的切换等。

程序卷回的实现,主要地要由软件来负责。它同程序中断相似,有个保护现场的问题。所不同之处是:中断一般不是由故障引起的,因此可以从容不迫地在完成现指令之后,处理中断,它所需保护的现场,只限于程序步进计数器及累加寄存器;而程序卷回则是为了应付故障,当故障被发现时,机器已出了错,不但这时累加寄存器的内容已不能认为是正确的,而且最近曾被访问的一些存储单元,亦可能已受"污染"。所以,为了实现程序卷回,保护现场的问题比较复杂。一般采取如下的办法:首先要把程序分成一小段一小段,使各段所牵涉的内存,只限于指定范围之内。其次,在程序的每一小段之末,比方说在第 n 小段之末,要把程序中断下来,将程序步进计数器及内存中曾为本段寄存中间结果的部分在内存(有时还可能要动用外存)中辟一专区,保存起来。这一步可以简括地称之为存档。第三步是将存档材料向机器的有关部分回装。第四步是继续执行程序的第 n + 1 段。如果第 n + 1 段也像第 n 段那样平安无事,第 n + 1 段也就像第 n 段那样分四步进行。如果在第 n + 1 段中出现故障,处理故障分下列两步:(1) 将第 n 段的存档材料,重新向机器回装;(2) 把控制转移到第 n + 1 段的起点。这就叫做程序卷回。

如果卷回后,故障因而得以消除,则在该小段之末,重新进行存档,向前推进。如果经过一次卷回而故障仍在,则进行二次卷回、三次卷回,直到故障消除。然后存档前进。若连续卷回次数超过一定的门限值(此值有待从实践中取得)而故障仍在,则应认为是永久性故障,不能靠程序卷回来消除,而必须动用机器所拥有的其他机能如故障部件的切换等来使机器复原。如果机器没有这样的机能,那就只好停机修理。

由此不难看出,对于固定程序的机器,例如宇宙飞船中的机器,其运算与控制程序都是不变的,程序的分段,可以预先一劳永逸地安排妥当,实行程序卷回应无问题。但对具有通用性的机器,算题程序可能是各式各样的,所要的存储容量也是各式各样的,如果分成小段,以便存档,不好统一考虑,给程序设计者带来一个颇为复杂的问题。尽管如此,程序卷回,对地面容错机来说,仍应当做一种有力的纠错手段,分段的困难,须加以克服。

宽裕因数与可靠率的数学模型

具有宽裕的计算机系统比无宽裕系统包含更多的元器件,需要更高的造价,元件数量比在一定程度上,就是造价比,我们把它叫做宽裕因数,这个因数越小,投资额越低。

不同类型的宽裕系统的可靠率,比之无宽裕系统各有所提高,但如何衡量所提高的数量呢?这需要用可靠率的数学模型来进研比较估算,宽裕因数既小,而可靠率提高幅度又大的宽裕系统,才是宽裕技术使用得当的设计。

可靠率的数学模型 设 T 为要求一个计算机系统(或次系统)执行任务的时间(小时数),R 为其完成任务的概率,$P = 1 - R$ 为失败的概率。通常把 R 叫做可靠率,这个名称不如叫"完成任务的概率"更为确切,但已成为通用的术语,下文中仍将沿用它。R 显然是 T 的函数。

R 对 T 的导数是个负数,意即任务时间越长,完成任务的概率越低,这是必然的,这里还有一种假定,认为 R 的时降率与 R 成正比:

$$-\frac{dR}{dT} = \lambda R \quad (1)$$

也就是假定:当 T 增长时,R 越大,它下降得也越快,这是一种合情合理的假定,可以用来作为可靠率的数学模型(微分形式),式中 λ 对于 T 来说是个常数,但对其他因素,诸如系统的复杂性,制造工艺的水平等来说,则是变数。式(1)也可以写成

$$-\frac{dR}{R} = -\lambda dT$$

取积分得

$$\frac{l_n R}{R_0} = -\lambda T \quad (2)$$

式中积分常数 R_o 为任务时间接近于零时完成任务的概率。所以

$$R_o = 100\% = 1$$

于是式(2)可以写成

$$R = e^{-\lambda T} \quad (3)$$

式中 λT 可以称之为规格化时间,即考虑到系统复杂性、工艺质量等因素的任务时间。这就是一个一般计算机系统或次系统在规格化时间 λT 内完成任务的概率或可靠率的数学模型,它的图像如图1中的曲线1。

在式(3)所代表的模型中,λ 与 T 实际上处于同等地位,都代表着不利于稳定的因素。前面的分析中突出了时间因素 T, 而 λ 代表着很多其他因素如系统的复杂性、逻辑设计上的弱点、结构

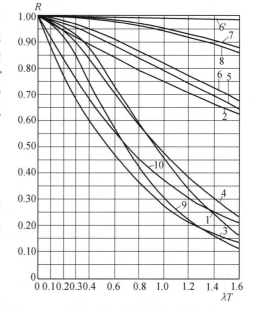

图 1 可靠率数学模型图

1. $R = e^{-\lambda T}$; 2. $R_{0.3} = e^{-0.3\lambda T} P_{0.3} = 1 - R_{0.3}$;
3. $R_{1.3} = e^{-1.3\lambda T} P_{1.3} = 1 - R_{1.3}$; 4. $R_{1.3} = 1 - P_{1.3}^2$;
5. $R_{RB} = R_{1.3} + 0.95 P_{1.3} R_{0.3} P_{RB} = 1 - R_{RB}$;
6. $R_{RB} + S_{0.3} = 1 - P_{1.3} P_{0.3}$;
6'. $R_{RB} + S_{0.1} = 1 - P_{1.3} P_{0.1}$; 7. $R_{1.3,RB} = 1 - P_{RB}^2$;
8. $R(2)_{RB} = 1 - 0.05 P_{1.3}^2 - 0.95 P_{1.3}^2 P_{0.3}^2$;
9. $R_{0.1} = e^{-0.1\lambda T} P_{0.1} = 1 - R_{0.1}$

工艺上的缺点,工作环境的严峻程度等。其中以系统的复杂性,即元件的数量为主。究竟在多大程度上式(3)模拟着可靠性,正有待于实践的验证。

三模表决宽裕(TMR) 设式(3)为无宽裕系统的模型,采用三套这样的系统作为次系统,让它们协同操作,并借助于"表决"器件,三中取其二,以提高可靠率,即得久已著名的三模表决宽裕(TMR)。三模宽裕的宽裕因数是3,实际上比3大一点,所多的就是表决元件。

三模宽裕系统的可靠率 $R(3)$ 为

$$R(3) = 1 - P^S - 3P^2(1 - P) = 1 - 3P^2 + 2P^3 \quad (4)$$

式中 $P = 1 - R$,即比较系统(3)的失误率。

三模表决宽裕系统的可靠率(4)的图像如图1中的曲线9。它的特点是在规格化任务时间较短时,可靠率比单份系统1有显著的提高,但对较长的任务时间则不然:当 $\lambda T > 0.7$ 时,即可靠率 < 0.5 时,它的可靠

率甚至比单份系统还要低。它的另一特点,是它的可靠率的提高(或降低)是仅仅靠三中取二这一表决器件得来的。

很明显,这种宽裕形式只适用于任务时间较短的场合,任务期限较长时,它甚至不如单份系统可靠。

在三模表决宽裕系统上再加一份待命贮备。当三份中有一份失灵时,即通过切换由待命贮备的那一份来取代它,这样,就形成一种"混合宽裕系统"$H(3,1)$,其可靠率模型,按照 Avizienis 的计算,如图中的曲线 10。

可供程序卷回而提高可靠率的估算模型　前面曾提到计算机故障的大部分是片刻故障,这大部分有多大呢?占全部故障的百分之几呢?不妨从具体的例子来推算一番。

例如,有一台集成电路机器,在某一时期,它的平均稳定时间为 8 小时;但它每月只淘汰三到四个组件。这就是说,它的固定性故障的间隔平均为 200~240 小时。而固定故障只占:$8/200 \sim 8/240 \approx 3.3\% \sim 4\%$。

另外,还有一些故障,其来源并不是元器件的损毁,而是由于程序中的错误或控制面板上手动操作的错误。这些故障亦不能靠程序卷回而消除,有关资料中称排除片刻性故障的成功率为恢复率。对恢复率并不掌握什么经验数据,但对其数值却做一些假定,如 0.90,0.95,0.995,0.999。

综合以上两点,将片刻故障估计为全部故障的 95%,似乎比较接近于实际情况,这就是说,可以希望通过程序卷回而消除的故障至多是全部故障的 95%。

另一方面,卷回成功与否包含着不清楚的因素,但检测线路的无故障是卷回成功的必需条件,因为它是负责检出故障的。若应用模 15 剩余反码来实现检测,则在原字长为 16 位的情况下检测线路的规模约为原系统的 30%,其可靠率约为

$$R_{0.3} = e^{-0.3\lambda T} \tag{5}$$

参考曲线 2。整个系统的宽裕因数为 1.3,它的可靠率模型为

$$R_{1.3} = e^{-1.3\lambda T} \quad P_{1.3} = 1 - R_{1.3} \tag{6}$$

参考曲线 3。因此能通过程序卷回而消除的故障率为 $0.95 P_{1.3} e^{-0.3\lambda T}$。

在程序卷回的帮助下,上述宽裕因数为 1.3 的系统的可靠率为

$$R_{RD} = e^{-1.3\lambda T} + 0.95 P_{1.3} e^{-0.3\lambda T} \tag{7}$$

参考图 1 中的曲线 5。

注意:如前所述,为了实现程序卷回,还要付出补充的代价,包括:(1) 时间上的代价,即逐段存档及回装与卷回所需时间,这可以称之为时间上的宽裕。(2) 占用一些存储容量,所以实际上在上述的例子里,宽裕因数应较 1.3 略高。

协同操作二模系统　如果考虑程序卷回的作用,两个系统协同操作,遇有一份发生故障时,就以第二份的正确结果为据,并纠正出错的第一份,因此,该系统的可靠率应为

$$R_{1.3}(2) = 1 - P_{1.3}^2 \tag{8}$$

参考图 1 中的曲线 4(不计程序与手动错误)。

易于看出,这样的系统,尽管宽裕因数高达 2.6,而可靠率则远远低于带程序卷回的单份系统曲线 5。不过比起三中取二表决宽裕 9 与混合宽裕系统 10 来,还稍胜一筹。

如果在组织二模协同操作系统时,考虑程序卷回的作用,还可以有两种不同工作方式。

(1) 遇到单一差错时,即一份有差错时,差错信号首先使卷回起作用,卷回不灵了再动用协同操作的功能,即以第二份的正确信息为据,并纠正出错的那一份。在这种情况下,应从 R_{RB} 出发而计算可靠率,得

$$(R_{RB})_2 = 1 - P_{RB}^2 \tag{9}$$

参考图 1 中曲线 7。

(2) 在遇到一份有差错时,应先让第二份起纠误作用,这就是给第二份以充分的信赖,遇到两份同时出错时,才动用程序卷回。这一方案的优点是卷回次数较少,有效工作时间较长,但协同操作纠错的时间甚短,能否消除片刻性故障,尚属不明,为了估算可靠率应从 $R(2)$ 出发,但 $R(2) = 1 - P^2$ 仍以片刻性故障率占全部故障率的 95% 为例,能够通过卷回而消除的故障率为

$$0.95 P_{1.3}^2 (1 - P_{0.3}^2)$$

系统的可靠率为

$$R(2)_{RB} = 1 - P_{1.3}^2 + 0.95 P_{1.3}^2 (1 - P_{0.3}^2) = 1 - 0.05 P_{1.3}^2 - 0.95 P_{0.3}^2 \tag{10}$$

参考插图 1 中的曲线 8。

可以看出曲线 7 与 8 无大区别,7 比 8 稍强一些。

待命贮备 这是一份工作,一份待命接替的系统,为了排除永久性故障,可以在程序卷回之处,再加一份待命次系统,经常不接电源,只有信息线与系统相连。当工作次系统发生永久性故障时,故障信号接通待命贮备次系统的电源,接替工作,并切断故障系统的电源,可以设想,待命贮备经常处于休息状态,其故障率会比经常工作的系统低一些,它的常数 M 比工作次系统的 λ 小而等于 0.3λ, 0.1λ 等,其相应的可靠率为 $e^{-0.3\lambda}$, $e^{-0.1\lambda}$,等等。

遇到永久性故障时,立刻使待命贮备次系统接替原系统。在这样的系统中,只有检查不出来的故障,才是真正的故障,或者说,所有能检出的故障都可以消除,或者通过程序卷回而消除,或者通过次系统的切换而消除。该系统的可靠率可以写成

$$R_{RB} + S_{0.3} = e^{-1.3\lambda} + P_{1.3}^2 e^{-0.3\lambda} = 1 - P_{1.3} P_{0.3} \tag{11}$$

或

$$R_{RB} + S_{0.1} = e^{-1.3\lambda T} + P_{1.3} e^{-0.1\lambda T} = 1 - P_{1.3} P_{0.1} \tag{12}$$

参考图 1 中曲线 6 与 6′。

为了对各种宽裕模型提高可靠的效果获得一个直观的概念,可以在图 1 中指定一个 λT 的数值,例如 $\lambda T = 0.4$,画一条纵线,就能看到各种不同宽裕系统的可靠率。其数值如下表的第 5 栏所示,由此可以看出它比无宽裕系统的可靠率提高多少;同样,若指定一个可靠率的数值,例如 $R = 0.95$,在该处画一条横线,就可以看到各种宽裕系统在稳定时间上的提高,其数值如表中的第 6 栏所示,同时可以看出它比无宽裕系统提高多少倍。

编号	系统名称	可靠率模型	宽裕因数	$R(0.4)/\%$	$\lambda T(0.95)$
1	无宽裕比较系统	$R = e^{-\lambda T}$	1	67	0.05
9	三模表决系统	R_{TMR}	3 +	74	0.14
10	混合宽裕系统	$R_{(3.1)}$ [Avizienis]	4 +	87	0.23
4	自检查无卷回二份协同系统	$R_{1.3}(2)$	2.6	83.6	0.20
5	自检查带卷回单份系统	$R_{1.3,RB(2)}$	1.3	93.6	0.34
7	自检查带卷回二份协同操作系统	$R_{1.3,RB(2)}$	2.6	99.76	1.03
8	自检查二份协同带卷回系统	$R_{1.3}(2)_{RB}$	2.6	98.99	0.9
6	自检查带卷回加待贮备 $\mu = 0.3\lambda$	$R_{1.3,RB} + S_{0.3}$	2.6	95	0.4
6′	同上 $\mu = 0.1\lambda$	$R_{1.3,RB} + S_{0.1}$	2.6	99.83	≥ 1.6

我们知道,宽裕因数小而可靠率高或稳定时间长的系统是运用容错技术较好的系统。从图中的一些曲线以及表上所列数字,可以清楚地看出:带差错检查的系统优于依赖多数表决的系统;带程序卷回的系统,比不带卷回的同规模系统有突出的优越性。尤其值得注意的是系统 5 比系统 4 的宽裕因数小 1/2 而稳定时间却高出约 1.7 倍。当然,如前所述,为了实现程序卷回,除检查线路之外,还必须付出一些代价,即时间上的宽裕与存储面积上的宽裕。

微程序控制器,差错检查,微卷回与微诊断

容错计算机,除大型高速的以外,采用只读存储器作为控制器,较为有利。这里存储逻辑具有很大的优越性:首先是便于检错,我们知道,在计算机的控制线路设计中附加检错环节是比较复杂而昂贵的。例如 ILLIACIV 机的控制器,为了添加奇偶检查环节,竟使控制线路扩大了三倍。若采用只读存储器,附加检错环

节就比较简单。尤其因为微程序是固定的,不但对微指令内容可以进行奇偶检查,而且对微指令的顺序亦易于安排简单的奇偶检查。其次是可以实现在一条指令中的卷回,即重复执行一条指令来用作消除瞬间故障的手段。为此,只需将作为微程序入口的指令操作码重新送入只读存储器的地址寄存器,这一微程序就重复执行。同样,重复执行一条微指令亦很方便:只需暂停只读存储器的驱动电流,只读存储器数据寄存器就会持续不断地控制同一微指令的执行,直到故障信号消除为止。

但以上两种"微卷回"都不应当在机器的程序步进计数器回装累加寄存器回装微指令中进行,否则将导致紊乱。

对瞬间故障可以期望将一条指令或微指令重复若干次,即行消除。若重复次数超过一定的门限值(此值有待从实践中取得),即应引起待命贮备切换装置的启动。

第三,应用微程序控制还带来了应用微程序诊断的可能性。众所周知,微程序诊断要求较小的存储面积,而能达到更高的故障定位指标。在容错机中可以考虑对待命贮备次系统进行诊断,区别其有无故障;对被切换下来的待修部件,也应进行诊断,测定其故障所在,以缩短其修复时间,以便再次投入贮备或协同操作的行列。

一般来说,对正在操作中的拥有宽裕的系统不宜施行诊断。因为诊断意味着要明确故障的有无或其所在范围,而宽裕技术,恰好起掩蔽故障的作用,二者之间是有矛盾的。

容错计算机设计方案的选择

应区别无人维护的方案与可以有人维护但要求稳定时间特长或者不许停机的方案。这两种方案有截然不同之处,容错技术的应用范围很大,被广泛采用的奇偶检查亦属于容错技术的范畴。其次如汉明码、算术码、诊断程序以及双机操作等,都在不同程度上体现着容错技术的应用,但采用了一些容错技术不等于就形成了所谓容错计算机。

高度应用容错技术,真正可以称之为容错机的设计似乎还不多。已发表的几个例子都是应用于宇宙飞行的,因此是无人维护的。为了延长寿命到十来年,在设计中考虑很多份的贮备,全机所用的器件数量相当于无宽裕而效率相等的机器的五六倍以上,即宽裕因数达5,6或更大。

如果我们的容错机是在地面使用的,即可以有人维护的,贮备就可以少用一些,这里似乎可按要求的不同而将容错机分成一个系列:

1.不是不许停机,而只是希望稳定时间长,停机时间少的系统。在这种情况下可采用有程序卷回机能的单机系统,即图中的系统5,这样的系统宽裕因数最小,在前面的例子中1.3,机器字长位数较大时,这因数还会小一些,这种系统要求投资额最小。

2.基本上不许停机,停机就意味着严重损失的场合。在这种要求下,带程序卷回的二模协同操作,或一份工作,一份待命接替的二模系统比较合适,比方说组成机器的次系统所包括的小规模集成电路数量在1 000片左右。若组件的故障率系数为10^{-6}至10^{-7},有理由相信每一次系统的稳定时间不小于数百小时,出了故障的部件或次系统,修理所需时间一般不至于要这么长。从一个带有自检查的二模系统中,由于出了故障而被切除下来的次系统,经修复后就可以回归协同操作的旧位。或者是从一个带有待命贮备的系统中,由于出了故障而被切除下来的部件,亦可以及时地被修复,使它归到待命贮备的行列。这样一来,标准次系统有两份就可以构成理论上不至于由故障而导致整个系统的失灵。这里应当重申前面提过的保留:面板上手动操作有误或程序有误时亦将仍然导致停机。因此,可以认为,程序固定,不需人机联系的系统,其长期稳定较有保证。

3.绝对不许停机,停机就意味着"失败"的系统。为了适应这种要求,可在二模协同系统上再加一份待命贮备。系统的可靠率模型与宽裕因数分别为:$R_{BR}(2) + S$与3.9。

在图中未曾绘出相应的曲线,读者不难予以补充。

笔者对容错计算机,还没有做什么深入一点的工作,以上所述也都是一些肤浅的认识,希读者予以批评指正。

关系数据库计算机方案探讨*

李 生　陈光熙

摘要　本文描述了一台关系数据库计算机。系统的硬件核心是并行处理单元群,每个处理单元包含有一个加法/比较器,几个数据寄存器和一个先进先出缓存器等。

系统采用按内容寻址,关系数据库的所有基本操作都可以由处理单元直接执行。这样一来,接收和传送查询语言的主计算机的负担可以减小到最低限度。

这个方案还可以进一步被发展成高度并行的多指令流多数据流系统并导致用超大规模集成电路来实现。这种专用的机器既可以单独使用,也可以作为后端机连接到主计算机上。

一、引言

数据库管理系统的出现使计算机在数据处理方面的应用达到了一个新的阶段,但是随着数据库技术的发展,数据库管理系统的自身矛盾又限制了它在数据处理方面的应用(见文献[4],[5],[6])。一方面,随着数据库技术的发展,数据库本身会越来越复杂,库中的数据量在不断地增加,数据库的管理软件越来越庞杂。这样它们必然要和用户程序争夺机器的硬件资源,特别是内存资源的争夺,导致人们不得不依赖于加大计算机的硬件规模或者采用计算机网络,但是这样一来,便更加重了系统的复杂性(见文献[7],[8],[9])。另一方面,数据处理的对象多半是非数值化信息,这样当在 Von. Neumann 型的通用计算机上进行数据库的查询操作时,便会发现使用效率低下和数据传输能力贫乏等弊病(见文献[10])。

解决问题的办法是设计一种专用的数据库计算机,用硬件来取代或部分取代本来由软件实现的数据库管理功能。这种机器是专用的,它能够直接执行诸如检索、插入、删除、修改、并、交、差、投影、连接等数据库所需的基本操作,这样可以大大提高机器的利用效率。这种机器可实现并行处理,系统的核心是由大规模集成电路(LSI)或超大规模集成电路(VLSI)做成的多个处理单元,每个处理单元对应着一对读/写磁头,所有这些处理单元在一个控制处理器的指挥下可实现并行工作,这样便大大加快了机器的处理速度。这种机器的多处理单元可将对应磁头的读/写信息进行就地处理,使其数据的迁徙量减少到最小以至适合于用户的查询要求,这样争夺内存资源的矛盾避开了,大大减轻了主计算机的负担(假如还需使用主计算机的话)。(见文献[11],[12],[13],[14],[15])。

数据库计算机可以独立使用,直接从终端或其他输入设备接收用户的查询要求,对存于外存(如磁盘)上的数据库进行存取操作,并将查询结果通过终端或其他输出设备送出(见图1(a))。也可以与主计算机相连,作为主计算机与存放数据库的外存之间的接口设备(见图1(b))。对于后者,用户的查询要求通常要通过主机(也叫前端机)提供给数据库计算机(也叫后端机)的,直接和数据库打交道的是数据库计算机,查询结果也是经数据库计算机送给主机的,通过主机经终端或输出设备输出(见文献[11],[16],[17],[18],[19],[20])。

这里提出的数据库计算机的方案是支持关系数据库的。关系数据库是应用数学方法组织的数据库,关系模型是基于集合论的,是建立在数学概念的基础之上的。它定义严谨、结构清晰、简单灵活、独立性强、适

---

* 本论文发表在《哈尔滨工业大学学报》1984年第2期上。

应面广,是被公认为最有发展前途的一种数据模型,也是最适合于用硬件来实现数据库管理功能的一种数据模型(见文献[21])。

数据库计算机的硬件需有大规模和超大规模集成电路的支持。

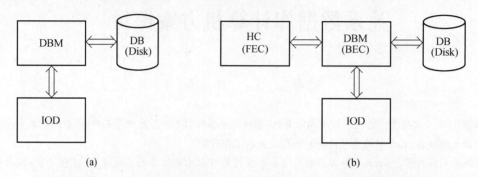

图 1　数据库计算机使用框图

DBM—Database machine 数据库计算机　　DB—Database 数据库(如存放在磁盘上)
IOD—I/O Device 输入/输出设备　　HC—Host Computer 主计算机
FEC(Front-End-Computer)前端机　　BEC—Back-End Computer 后端机

二、数据结构

1. 寻地方式

在同一关系中,元组的排列是无序的,元组是按内容寻址方式进行查询的。

假定数据库存放在高速大容量活动头磁盘存储器中,磁盘旋转一周便能够同时并行读/写确定柱面上的所有磁道上的信息。数据是按关系分柱面存储的,关系在磁盘上按地址寻柱面的办法进行安排,这样需设置一个关系名与关系的存放柱面的映象索引表。在同一关系中,元组是按内容寻址的,即将查询模式与从指定关系中依次读取的元组中的相应属性经过一个比较器逐一地进行比较,按内容去寻找所欲查询的元组。这样,在查询过程中,先由关系名按索引表查柱面找到指定的关系,在指定的关系中,再按内容寻址找出欲求之元组。

2. 数据格式

如有下述关系:

BCS(BCS#, SUBJECT, LB#)
图书分类(分类号,学科,存放馆号)
COMPOTER(B#, BNAME, LG, AUTHOR, PUBLISH, PTIME)
计算机学科(登记号,书名,文种,作者,出版者,出版时间)
BORROW(B#, PLACE, OUT, OTIME, BKTIME, CARD#)
图书借阅(登记号,存放位置,借出否,借出时间,应还时间,借书证号)
APT(B#, APT#, ATIME)
图书预约(登记号,预约人证号,预约时间)
RD(CARD#, RNAME, ADR)
读者(借书证号,读者姓名,住址)
……

每个关系的存放格式为:

| RNAME | ANAME | TUPLE1 | ... | TUPLEi | ... | TUPLEn |

每个区域之间要留有 1～2 个字节的间隙。

RNAME 域填写诸如 BCS, COMPUTER, BORROW, APT, RD 等关系名；

ANAME 域实际上是一张表,表中包括有关系中的每个属姓名、对应编号及其所占字节数如对于关系 BCS,有：

BCS # 015, SUBJECT0210, LB # 035

每个元组(TUPLE)是以 && $T_1 T_2 T_3 T_4$ 开头,以 1 个字节的全"1"结束,这里的 $T_1 T_2 T_3 T_4$ 为 4 位十进制数字的元组序号。全"1"为结束标志,元组删除时可将其改成全"0"。同一元组中的每个属性(ATTRIBUTE)以 &$A_1 A_2$ 开头,$A_1 A_2$ 为 2 位十进制数字的属性编号,投影操作时去掉的属性可将其 $A_1 A_2$ 改成 2 个字节的全"0"。

每个磁盘面上具有一对读/写磁头(读头和写头可以分开,也可以合在一起),每对读/写磁头对应着一个处理器(见文献[11],[18],[22])。每当找到指定关系所在的柱面后,该柱面上所有磁道中所存的信息被各自的磁头并行读出。不同的磁头同时读/写同一关系中的不同元组,成为一种单指令流多数据流(SIMD)的处理方式。这时,是将同一关系中处于不同磁头下的不同元组在各自的处理器中与同一查询模式进行比较。也可以进一步发展成为对不同柱面(不同关系)的不同元组在各自的处理器中与不同的查询模式同时进行比较,即成为多指令流多数据流(MIMD)的处理系统。

三、机器的硬件结构及查询的实现

1. 总体结构

数据库计算机由多个并行工作的按内容访问的专用处理单元 AP_i 和一个控制处理器 CTP 两大部分组成(见图 2)。

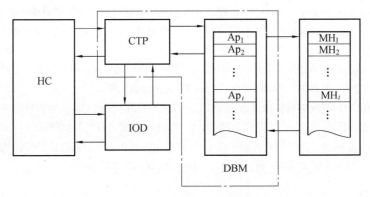

图 2　数据库计算机总体结构框图

AP_i(Special Purpose Associative Processor)— 处理单元,每个处理单元对应着外存的一对读/写磁头 MH_i。各 AP_i 并行工作,实现对并行读/写数据的就地处理。

CTP (Control Processor)— 控制处理器,它从用户终端或输入设备(或经主机 HC)接受用户发出的查询要求(这种要求通常用一定的语言形式来描述),并将这些要求翻译成数据库计算机的操作命令系列,指挥各 AP_i 并行工作。各 AP_i 的查询结果还要送回 CTP(若遇级别较高的查询条件时,可能还需 CTP 进行进一步的综合和处理),然后经用户终端或输出设备将查询结果送出(或经过主机)。CTP 应由控制线路、算逻单元、寄存器组和一定容量的存储器所组成。

2. AP_i 的结构

处理单元 AP_i 是硬件的核心。每个 AP_i 包括有一个加法／比较器,两个字长长 1 个字节的寄存器和一个先进先出的缓冲存储器等部件构成(见图 3)。

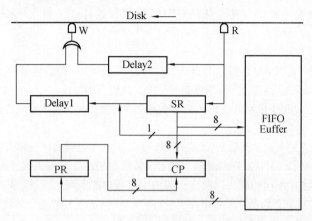

图 3　处理单位结构框图

SR(The Symbol register)——字符寄存器。它是一个字长为 8 位的移位寄存器,用以暂存读头 R 从磁盘读得的一个字符的 ASCII 编码,并可将其中存放的 8 位二进制代码并行送加法／比较器 CP,以便与查询模式寄存 PR 中所存查询模式进行比较。8 位并行数据在送 CP 的同时还送至先进先出缓冲存储器 FIFO Buffer 暂存。

PR (The Search Pattern register)——查询模式寄存器,8 位,用以暂存查询模式的一个字符,整个查询模式应予先由 CTP 送入 FIFO Buffer 之中存放。

CP (The adder/Comparator)——加法／比较器,8 位,用以对 SR 和 PR 中存放的相应字符进行比较。

FIFO Buffer——先进先出缓冲存储器。FIFO Buffer 分成 B_1 和 B_2 两部分。B_1 存放由 SR 送来的一个个字符,由若干个字符构成一个元组。对于满足查询条件的元组(即直到最后一个字符的比较全部符合)在 B_1 中予以保留,而对于不满足查询条件的元组(查询比较中遇有不符合的字符)则应为下一个满足查询条件的元组所覆盖。不同的 AP_i 中 B_1 的内容可分时地送入 CTP 的存储器之中。

在进行修改操作时,修改的内容也是由 B_1 送出,一位一位的串行经 Delay 1 后由写头 W 写入磁盘。

B_2 用来存放查询模式。每次一个字符(二进制 8 位)送 PR,以便进行查询比较。

Delay 2 表示写头 W 的动作时间要迟于读头 R,并不一定就是具体的延迟元件。图中所示为读写头分开,对于读写头在一起的情况也是适用的,只需写迟后于读(具体办法见 3)。

3. 查询的实现

数据库最基本的操作为查询(见文献[1],[3]),查询时先按映象索引表找到选定关系所在的柱面,位于同一柱面不同磁道上的同一关系中的不同元组被处于各道上的磁头并行读出。然后由各自的 AP_i 并行处理,位于同一磁道上的同一关系中的不同元组则是经同一磁头串行读出的。每一个 AP_i 中的查询比较则是在各自的 CP 中并行进行的。查询模式预先由 CTP 送入各自 AP_i 的 FIFO Buffer 的 B_2 之中。查询操作时,各磁头并行地将选定关系处于各磁道上的元组依次读出送入各自的 AP_i 的 SR 中(每次一个字符),FIFO Buffer 的 B_2 中存放的查询模式也一个字符一个字符的依次送入 PR,对应的字符经 CP 进行比较,若所有进行比较的字符完全符合(即满足查询条件),则该元组在 FIFO Buffer 的 B_1 中予以保留,否则中间只要遇有一个字符的比较不符合(即不满足查询条件),则该元组被下一次由 SR 送来的元组覆盖(是否覆盖可通过 FIFO Buffer 的指针是否改变来实现)。

FIFO Buffer 的 B_1 所存放的满足查询条件的元组按先进出的原则取出或分时地送 CTP。若一个关系在一个柱面上存放不下时,可在相邻柱面接着存放。

为了尽量简化 AP_i 的结构,对于不经常遇到的级别较高的查询条件(如需将多个查询模式进行多级的"与"、"或"、"非"等逻辑运算)的查询操作,AP_i 没有完成的任务,可由 CTP 继续完成。

上述的硬件结构和查询的实现是假定 R 头和 W 头是分开的。对于这种结构的磁盘,由于 W 头的工作时间迟后于 R 头,所以对于诸如删除、投影等需打标记的操作,磁盘转一圈便可以完成。但目前市场上不少磁盘机的读线圈和写线圈是固定在同一个磁头上的。对于这种结构的磁盘,写对于读来讲没有滞后时间,因而难以在一圈之内解决打标记的问题。那么只有在第一圈查询,第二圈打标记。但对于在连续操作时,由于前一次操作的打标记可以和后一次操作的查询相重叠,所以可以看成从整体上来讲时间并不多用。这样一来,上述方案对于读写头合一的磁盘机也是适用的。

四、数据库计算机的基本操作

数据库计算机是用于数据处理的专用机器,它的机器语言应不同于一般通用计算机的机器语言。但由于数据库的应用范围广,数据模型和操作类型各不相同,要设计一种直接支持所有查询操作的数据库机器语言是比较困难的,因而只能提供一组基本操作,由此派生出一批其他操作(见文献[6])。为了实现不同级别的查询,数据库计算机应具有如下基本操作。

1. 关系内部的操作

操作在一个关系内部进行。

1) 检索

检索即为关系数据库的选取操作。

格式:SELECT[R(Condition),S]

说明:从关系 R 中选择出满足 Condition 所描述的条件的所有元组,构成一个新关系 S。这里 condition 为一个 Boolean 谓词。谓词中的每一项可为一个由属性名和常数所描述的关系表达式,各项之间由 AND, OR, NOT 等逻辑运算符相连接。

实现:按照三所描述的查询办法将各 AP_i 中筛选出来的满足条件的元组送 CTP,经进一步综合和处理之后形成新关系 S。

2) 删除

格式:DELETE[R(Condition)]

说明:从关系 R 中删去满足 Condition 条件的所有元组。

实现:将满足条件的所有元组末尾的结束标志由全"1"改成全"0"。

3) 插入

格式:INSERT[R(S)]

说明:在关系 R 中插入 S 所给出的元组。

实现:对于定长的元组,插入位置可在被删除的元组上(即结束标志为全"0"的元组)。

4) 修改

格式:MODIFY[R($A_i = U_i$,Condition)]

说明:将关系 R 中满足条件 Condition 的所有元组中的属性名为 A_i 的值修改成为 U_i($i = 1, 2, \cdots, n$)。

实现:新的属性值预先由 CTP 送至各 AP_i 的 FIFO Buffer 的 B_1 中。当进行修改操作时,先找出满足条件的元组,然后将修改值由 B_1 串行送入,经 Delay 1 由 W 头写入磁盘相应位置,用新的属性值代替欲修改的属性值。

5) 投影

格式:PROJECT[R($A_1, A_2, \cdots, A_i, \cdots, A_N$), S]

说明:从关系 R 中删去 $A_i(i=1,2,\cdots,n)$ 所没有列出的属性,构成一个新关系 S。

实现:投影操作也可以采取打标记的办法来实现,即将欲删去的属性值前的 $\&A_1, A_2$ 中的 A_1A_2 改成全"0"。由于欲删去的属性域为事先已知,每个属性的长度也是已知的,这样标记的位置是固定的,所以标记可打在属性值的前面。投影操作可能产生的重复元组用散列(Hashing)算法去掉,散列由 CTP 完成(具体的散列算法本文不打算讨论)。

6) 集函数

格式:AGGREGATE[R(A, F), CR]

说明:对关系 R 各元组中属性 A 的值按函数 F 进行计算,结果存于 CTP 的寄存器 CR, F 所描述的集函数可能为:求和、求平均值、求极小值、求极大值等。

实现:集函数操作由各 AP_i 的 CP 和 CTP 中的算逻单元去完成。

2. 关系之间的操作

操作在两个关系之间进行。

1) 并运算

格式:UNION[R – S, Q]

说明:新关系 Q 由属于关系 R 或属于关系 S 或同时属于 R 和 S 的所有元组构成。

实现:用散列算法找出 R 和 S 中的相同元组,将 R 和 S 合并成一个新关系 Q,在 Q 中相同的元组只保留一个。

2) 交运算

格式:INTERSECT[R – S, Q]

说明:新关系 Q 由既属于关系 R 又属于关系 S 的所有元组构成。

实现:用散列算法找出 R 和 S 中的相同元组,新关系 Q 便由这些相同的元组构成。

3) 差运算

格式:SUBTRACT[R – S, Q]

说明:新关系 Q 由属于关系 R 但不属于关系 S 的所有元组构成。

实现:用散列算法找出 R 和 S 中的相同元组,在关系 R 中将上述相同元组打上删除标志,便形成新关系。

4) 连接

格式:JOIN[R – S(Condition), Q]

说明:从关系 R 和关系 S 的笛卡尔乘积 R×S 中,选出满足给定属性间一定条件的那些元组构成一个新关系 Q。若条件中的关系运算符取等号"="时,则为等值连接(或称自然连接)。

实现:先按投影操作取出关系 R 和 S 中与连接条件有关的所有属性值和元组序号。然后采用散列算法,找出 R 和 S 中满足连接条件的所有元组,并将两个关系中对应的两个元组连接(连接时遇相同的属性保留一个),构成新关系 Q。最后再用散列算法去掉新关系 Q 中的重复元组。

除此之外,CTP 还应具有 MOV[R, S](传送)、JP[N](转移)、JP[Condition], N](条件转移)、GET(输入)和 PUT(输出)等操作。

有了上述基本操作,数据库计算机便可以对数据库进行以查询为核心的各种各样的存取操作。

五、查询语言

数据库计算机接收终端用户用查询语言所描述的查询要求(在不与主机相连接的情况下),并将查询语言翻译成数据库机器语言,产生数据库的操作命令系列,指挥各 AP_i 并行地执行查询操作。查询语言和翻译程序是对立统一的。按照不同的应用,查询语言可以有直接语言(查询要求直接用基本操作来描述),批命令语言(查询要求用预先由基本操作定义的批命令来描述)和高级语言(查询要求用简单明确的高级语言来描述)(见文献[6])。下面采用直接语言通过实例来描述数据库的查询要求。

实例:依据二中所描述的关系,编制图书流通管理程序。

```
10    GET[SUBJECT = ?,CR]
      SELECT[(CR)(AUTHOR = ?),R]
      PROJECT[R(B#,BNAME),R]
      JOIN[R - BORROW(B#),R]
      SELECT[R(OUT = NO),S1]
      PROJECT[S1(B#,BNAME,PLACE),S1]
      SELECT[R(OUT = YES),S2]
      PROJECT[S2(B#,BNAME,BKTIME),S2]
      JOIN[S2 - APT(B#),S2]
      MODIFY[S2(BKTIME = ?),S2]
      PROJECT[S2(B#,BNAME,BKTIME),S2]
      INSERT[APT(?)]
      SELECT[RD(CARD# = ?),S3]
      PUT[S3, S1, S2]
      JP 10
```

程序采用人-机对话工作方式,GET语句要求键入学科分类如SUBJECT = <u>COMPUTER</u>(下面带横线者为键入内容),将COMPUTER送CTP的寄存器CR。从关系COMPUTER中找出某作者(如Smith)所著全部图书,通过BORROW关系查出Smith所著图书的借阅情况。将现有馆存之图书的登记号、书名、存放位置保留在S1中。对于无馆存之图书,查出借阅人和应还时间,并通过关系APT查是否有人预约此书,若有预约则修改应还时间,形成新关系S2,并插入预约关系APT。再通过读者关系查出借阅人姓名、住址(或单位),最后打印借阅通知单。

此例是通过作者查询,也还可以通过主题词或出版时间等进行查询。

六、结束语

数据库计算机的出现是生产实践的需要,也是计算机学科,特别是数据库技术发展的需要。目前国际上从事数据库计算机研制的人很多,CASSM、RAP、XDMS、MIMICS、DBC、DIRECT、STARAN、RAPID等各种各样的数据库机器也相继问世。作为世界上的第一台商品数据库机IDM-500也已经推入市场(见文献[23])。VLSI和如磁泡,电荷耦合器,电子束存取等存储技术的发展,为数据库计算机的发展创造了有利条件。可以预见,数据库计算机作为一种新型的计算机结构体系必将出现在计算机科学的舞台上。

(参考文献略)

总体结构取决于信息流程的分布处理系统[*]

陈光熙

摘要 本文描述的信息分布处理系统,主要由大量单片微型计算机(MC)及一总管程序构成。每一MC有其编号,代表它的专用功能,信息在各MC间"分包"地传输,每包冠以一组编号,顺序地对应,在处理过程中,信息包经过的各MC编号。总管程序包括两个方面:一是赋予各MC以专门功能,二是控制信息的分包传输。因此,具体的信息处理任务动态地决定着系统的结构。MC间导线的连接采取一种"树林"型网络,使得处理所需的时间趋向于 $O(\log_2 N)$,N 为所牵涉的 MC 数。本系统具有下列特点:(1)动态可变的总体结构,(2)可同时进行不同类型的信息处理,(3)自然的可扩性,(4)高度并行运算,(5)造价低廉,易于实现。

关键词 分布处理系统,总管程序,信息的分包传输,动态可变结构,"树林"型连续性。

一、引言

廉价的微型计算机,包括"个人计算机",单板机,单片微处理器,以及单片微计算机的充斥市场为80年代发展多机系统或分布式信息处理系统提供了有利的物质条件,一般地说,分布式信息、处理系统所面临的任务是信息量庞大,要执行的操作并不是高精度的数值计算而是相对简单的比较,分类,排序,求均值等操作,或是 DFF,Laplace差分,样板匹配,Fourier descriptor 计算等,多机系统与多处理器系统有所不同,后者由若干处理器共享一个容量较大的内存,形成一台紧凑的并行运算计算机,如 IBM 370/168,CDC CYBER-170,UNIVAC 1100/80,BURROUGHS B7700,Carneige Melon 大学的 CM[*] 等[1],在多计算机系统中,各机拥有各自的内存,各自独立的时钟,机间关系以信息,即被处理的大量信息的联系为主,是一种松散的结构。

本文介绍一种多机系统,它既能面向信息有待并行处理的要求,也能面向信息有待串行地通过不同操作的要求,各机具有固化了的系统程序或微程序,俨然成为一群专用机,能够高效率地执行各种必需的专门操作,集体地完成复杂的信息处理任务,各机间存在着信息联系,决定于用户对信息要求进行的处理任务,任务若有所变更,机间的联系也就随之而变,所以我们称呼本多机系统为一种"可动态改组的分布式信息处理系统"。

信息传送所形成的机间联系说明信息在各机间流通与被处理的过程,是信息流决定着各微机有条不紊的平行加工与流水作业,将本系统称之为信息流系统,它是当之无愧的。

二、信息流引导原理

为了使信息根据处理任务的要求,按部就班地在各微机间流通无阻,我们采取以下两种原理加以引导。

1. 信息包(块)的导流编码:信息在各机间的传送,采取成包传送的方式,每包信息冠以一识别码,识别码的选择必须属于预定的保留模式范围以内,信息本身不得有保留模式渗杂其中,否则会导致信息流中途迷失方向。

---

[*] 本论文发表在《哈尔滨工业大学学报》1986年第2期上。

每一微机,在参加集体协作的具体任务中,只能接收某一种信息包,为此赋予它识别该信息包的功能,设计识别功能是比较简单的,例如:在等待接收信息的情况下,在它的累加寄存器 A 中,存放允许它接受的信息包识别码 K,当它每次接到一个码子 J 时,它执行一次比较操作 J = K,接着进行一次条件转移操作。如果 J ≠ K,则不被接收,如果 J = K,则允许信息 K 以 DMA 包方式流入该微机的内存,K ≠ J 时还必须在 A 中恢复 K 码,这些都属于单片机固有的功能范围之内。

当某一微机发送一个信息包 K 时,它只是将该信息包,通过总线,向系统内各微机广播传输,并不指向哪一微机,但能接受该信息包的只是在它的 A 中存放着 K 的那一微机,这样就保证了信息包到达指定的目的地。

2. 信息包发送权的分配:本系统内发送信息的一般也是一具微机,暂不考虑由多机同时发送信息的情况,即假定在同一时刻只许有一台微机有权发送信息,那么对每一微机来说,如何取得信息发送权,便是个要认真对待的问题,首先,任一微机只有它在操作过程中已积累了足够的结果资料,有待于送往它机进行下一步操作时,才有发送信息包的需要,这一情况,总的来说,由系统的总管程序来掌握,但亦只有些具体情况,如为本机规定的阶段性处理操作业已完毕,或本机内存已满,亟待腾出空位等,应由本微机提供。

一台微机如何取得信息发送权是必须加以明确规定的,前面排除了两机同时发送信息的情况。在通信技术的范畴,信息发送装置取得通道分配的方式是多种多样的[2],有排班等待法、申请登记法、独立要求法等,后者比较灵活,它的机理大致如下(图 1)。

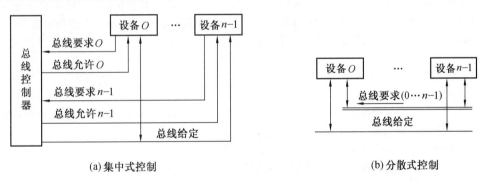

(a) 集中式控制　　　　　　　　　　　　　(b) 分散式控制

图 1　信息通道分配独立要求方案

首先假定总线有个集中的控制器,图 1(a),每一通信设备,此处是微机及其存储装置,各有其总线要求线与允许线及给定线,与控制器建立联系,当某一微机要求使用总线时,它向总线控制器送出总线要求信号,控制器根据下列不同情况分别处理(图 1(a))。

(1) 总线未被占用,则首先申请者被选中为总线的次使用者,控制器向它送出总线允许信号,被选中的设备落下总线要求信号,建立起总线给定信号,向控制器表示总线已被占用。当信息传输完毕后,传输设备落下它的总线的定,控制器随着撤销总线允许信号,于是总线进入空闲状态,即可以承受新的传输任务的状态。

(2) 总线处于被占用状态。在这种情况下,当前的请求者不一定是唯一的或最先的需求者,总线控制器有必要考虑处理优先次序的问题。设计者可以根据系统的具体情况,采用何种优先次序:或者是硬性规定从某一固定设备起排优先次序,或者是从当前占用总线的设备起排序,周而复始。同时还可以考虑将已表现有传输故障的微机排除在候选行列之外。

在以上描述中,假定有一个集中的总线控制器。这在一般通信系统中往往如此。但在我们的信息分布处理系统中,要求发送信息的设备全是计算机,而每台单片微型机都具有比较理想的控制功能,那么总线控制的任务,既可以考虑由一台微机专司其职,也可以考虑将控制任务分给各机共同承担而构成分散式的总线控制装置(图 1(b))。

在分散式的总线控制方案中,通道分配原则显得更为直截了当:任一"希望"得到使用总线的微机举起它的总线要求标识线,线号相当于它的优先序号,如果总线是闲着的,它就是最先的要求者,从而无条件地获得使用权,只需举起总线给定信号就可开始传输信息。如果总线是已被占用的,那么要等到正在使用总线的微机落下它的总线给定信号,从而放弃使用总线时,要求使用总线的各机各自分别审查(比较)全部有效的总线,判明自己为优先序最高的微机,立刻举起它的总线给定信号,从而获得通道的使用。同时,使其他要求总线的微机落下它们的要求信号。如果系统用循环式顺序的话,参加比较的各机还可以记下中选机的序号以备后用。

在分散式总线控制系统中,由于多份设备重复着同样的解算操作,控制系统的可靠率从而得到了提高。换句话说,分散式总线控制系统具有内在的容错功能,可加以利用。

三、动态可变的系统结构,与系统的总管程序

根据前节信息导流的原则,我们的多微机信息分布处理系统,在为完成指定的任务而运行时,无论就信息所经过的途径或处理过程的操作现场而言都形成一种完全由信息通路连成的、并将未用到的微机排除在外的结构;如果整个系统承担着不同类型的若干信息处理任务,就形成若干彼此独立的子结构。接受一个新任务立即导致系统中有关部分结构的改组或再形成。总之,系统内部各微机间信息流通的渠道完全决定着系统当时的结构,而且它是随着信息处理任务而动态变化的。

动态可变结构与各微机间的导线连接并无直接关系,后者可以是环形的树状的或其他。但实际经验说明:实用的多处理机系统中往往存在着树状的子系统。按照树形原则接连微机群会导致信息流中的层数。随着 $\log_2 N$ 而不是 N 而增长,N 是信息流中微机总数,这就是说将微机群以导线连成树林状阵列还是基本合理的。

动态可变的结构赋予本多机系统以无比广泛的适应能力。这种几乎是无限制的适应能力将由本系统的统管程序来体现。

统管程序的作用,笼统地说,是根据信息处理的具体要求,对信息流进行引导,使其流通于有关微机之间,从而得到符合于要求的处理。应包括以下各点:

(1) 对用户提出的信息处理要求加以分析:这里有对信息的粗选、分包的问题,也有对信息加工操作的分类、排序、组合等问题,以及一个总的目标即:如何降低总的工作量的问题。

(2) 信息的输入,一般地说,信息来自外存或某种接收装置。在输入过程中,通常要考虑一个删除冗余、压缩、过滤的问题。

(3) 事先为各微机编好加工程序或微程序,使其成为高效率的专用设备。

(4) 安排各微机分别执行具体加工操作序列。这一步即根据第二节中所述信息导流原理的具体实现。例如一个信息包,按要求应经过哪一序列的加工操作,统管程序就该给它配上那一序列的识别码 K_1, K_2, $\cdots$, K_m,使它在被处理的过程中,每一步都有引路的码子。

统管程序,一句话,就是给各微机安排具体操作,并明确各微机间的相互关系,使其有条不紊协调工作以完成具体的信息处理任务。

在整个系统中,相对于每一微机作为主体而言,其他的微机只不过是一种外部设备。从这一角度观察,把统管程序看做是分布处理系统的操作系统,也没什么不可。但这种多机操作系统,比之一般以管理常规外设为主的操作系统更为复杂,自不待言。随着分布式信息处理系统的日渐发展,对这种广义的操作系统的深入研究,势必成为一个重要课题。以上所述,不过是一个粗略的轮廓而已。

四、人工视觉对计算机提出的要求

1. 引言

图像处理与模式识别相结合可以构成人工视觉或计算机视觉系统的基础。该系统有先后相继的四个组成部分。即预处理、分割、描述与识别。图像预处理包括图像的加强、恢复,分割是按不同的灰度而划区

二者统称为图像处理的底层操作。参加底层操作的像素是大量的,需要运用并行操作与流水作业以提高设备的吞吐量。在描述与识别阶段需要完成复杂的鉴别工作,包括特点的采取,区域的描述,现场的分析以及利用统计的法则识别对象。这些不同的任务分配给一系列的专用处理机,并行又相继地完成是比较合理的。

2. 图像的数学表达式及其变换

为了代表由 $n \times n$ 个像素(pinels),其灰度分别为 $x_{i,j}$ 所构成的图像,可以用一个二维点阵 $z_{k,l}$,例如著名的二维 DFT 是一种重要的图像变换或表达式

$$z_{k,l} = \sum_{i=0}^{n-1} \sum_{j=0}^{n-1} x_{i,j} \exp\left[\frac{-j2\pi(Ki+jl)}{n}\right]$$

式中,$\sum_{i=0}^{n-1} \exp\frac{-j2\pi Ki}{n}$,$\sum_{j=0}^{n-1} \exp\frac{-j2\pi jl}{n}$ 代表两个矩阵的列向量与行向量。因此,二维 DFT 以矩阵形式表示,可写成

$$Z = AXA$$

它的逆变换 IDFT 为

$$X = A^{-1} Z A^{-1}$$

式中

$$A^{-1} = \frac{1}{n^2} \exp\frac{j2\pi ik}{n}$$

二维 DFT 对图像处理的重要性基于以下两点:首先,DFT 是图像过滤的基础;DFT 可以用于图像划区,其次才是对分区的描述与物体的鉴别。对于灰度基本上均匀的图像,可以用灰度的限值来区分。例如用划分法则

$$x_{b_1, j} = \begin{cases} 1 & x_{i,j} \geqslant \sigma \\ 0 & x_{i,j} < \sigma \end{cases}$$

可以得到二值图像。当然,以多数个限值可以划分为灰度不等的几个区,或多个图像。

为了突出像中物体的边、棱,通常用样板匹配法。例如一个 3×3 的系数矩阵称为一个 3×3 的样板

$$c_{i,j} = \begin{bmatrix} c_{1,-1} & c_{1,0} & c_{1,1} \\ c_{01,-1} & c_{0,0} & c_{0,1} \\ c_{-1,-1} & c_{-1,0} & c_{-1,1} \end{bmatrix}$$

将像素 $x_{i,j}$ 及其8个近邻分别乘以 $c_{i,j}$ 中的系数,得

$$x_{i,j} = \sum_{i'=-1}^{1} \sum_{j'=-2}^{-1} c_{i,j} x_{i+i', j+j'}$$

将此值与一指定的限值比较,如果 $x_{i,j}$ 超过限值,则认为 $x_{i,j}$ 与样板 $c_{i,j}$ 相匹配,否则认为不匹配。

可以看出:此处所运用的,实际上是一种加权的近邻操作。因此适当地选择 $c_{i,j}$ 它能更好地起突出各中边与线的作用。

图像的描述与识别 对于具有一定规格(形状,大小,方组)的事物,例如印刷体文字,可以不经信息的压缩,以利存储与传递。将二维 DFT 乘以传输函数

$$1/1 + \left(\frac{k^2 + l^2}{\beta^2}\right)^m \quad \text{或} \quad 1/1 + \left(\frac{\beta^2}{k^2 + l^2}\right)^m$$

相当于使用图像在传输中经过一个下通过滤器或加强高频成分的过滤器。即消除噪声,使像趋于平滑或使像中的边缘更清晰。

3. 近邻操作

图像的平滑化与削减锐化亦可以用近邻操作来实现。例如矩阵

$$x_{i,j} = -\frac{1}{9} \sum_{i'=1}^{1} \sum_{i'=-1}^{1} x(i+i', j+j')$$

代表近邻的平均灰度,它对图像起平滑作用,便亦能降低清晰度。

既然取近邻灰度的均值可能会降低像的清晰度,那么它的反面,即取近邻的差分将有助于突出象中物体的边缘或棱,例如:

$$x_{i,j} = \frac{9}{8}x_{i,j} - \frac{1}{8}\sum_{i'=-1}^{1}\sum_{j'=-1}^{1}x_{i+i',j+j'}$$

或

$$x_{mi,j} = x_{i,j} - \Delta^2 x_{i,j}$$

其中 $\Delta^2 x_{i,j} = \text{Lap} x_{i,j} = [x_{i-11,j} + x_{i-1,j} + x_{i,j+1} + x_{i,j-1}] - 4x_{i,j}$

4. 图像的分割

机器识图的第一步是像的通过描述而加以区别。常用的方法是样板匹配法,对于缺乏规格的事物,则必须加以描述,才有识别的可能,一种有力的形状描述数学工具是傅里叶描述器(Fouvier Descriptor)。把图像上各点的坐标看成是复数坐标。若一点以常速运行于一线上,该点的复数坐标 u 就成为时间的复函数 $u = u(t)$。对于一条封闭的区域边缘线,$u(t)$ 具有周期性,命此周期为 2π,于是 $u(t)$ 可以展开为傅里叶级数

$$u(t) = \sum_{m=-\infty}^{\infty} a_m \exp(jmt)$$

同时

$$a_m = \frac{1}{2\pi}\int_0^{2\pi} u(t)\exp(-jmt)dt$$

对于每一类形状,例如长方形,某一型号的飞机等,算出描述器的数值及统计性度量。最简单的统计度量为描述器数值的均值与协变矩阵。以描述器数值的统计为基础,对各类图形求出其判别函数,建立一个各类图形的判别函数库,以备查对。以上称为模式自动识别的"学习"阶段。第二阶段才是识别或分类阶段:算出有待识别的形状的描述器值或特点值,依次代入库中各类图像的判别函数,并相互比较。导致判别函数获得最大值的图形类别即待识别图形所属的类别。

综上所述,应用于图像处理、模式识别以构成人工视觉基础的数学工具的种类并不过于繁复,大致可以归纳为二维DFT,矩阵操作,像素近邻操作,傅里叶描述器等,都是可以通过为微型机或机组编制管理程序或微程序来实现计算的,处理与识别过程中各步骤是先后相继的,处理过程具有树枝状结构,以本文所推荐的系统来实现是比较自然的。

五、数据库管理对计算机的需求

1. 引言。 计算机工业的发展产生数据库事业的兴隆。70年代后期已有人估计发达国家的计算机运行时间用于数据库管理的已达70% ~ 80%,数据库一般储存在磁盘或磁带上,一个新型磁盘组的容量大致为100兆字节,相当于一百本500页的书。拥有上千个磁盘组的数据库已不能算为特大型的,其容量相当于十万册500页的书或五千万页书的内容。但向数据库检索一次资料,其内容可能还不到半页,即不到库容量的百万分之一,而这百万分之一的内容又往往分散存在于库的各部。检索的不易,于此可见一斑。

一般情况下,人们在数据库中保存的资料乃是事物的各种属性。对人类有意义的事物有千千万万种,而每一事物有意义的属性又会有许许多多。从如此大量而又庞杂的资料中,要检出有助于解决某一问题的对口数据,其主要操作就是筛选。

2. 关系数据库。 关系数据库由若干个关系组成,每一关系可以看做是具有行与列的二维表格,表的每一行是某一事物各种属性的具体形式或"值",每一行的内容称为属性组的一个纪录,全部纪录构成的二维表格就是关系,表中每一纵列代表某一属性在不同记录中的值,对属性可以赋予序号 $1,2,\cdots,k$,于是各属性必须按序排列,亦可以对每一属性定个名称,于是同名属性排成的纵列就不必有固定的列次,这样,表的顶行是属性的序号或属性的名称,那么表的最左列呢?它可以是各记录的序号或名称,一个记录的名,往往就是该记录的各属性值中最具有代表性或关键性的一个或几个的组合,称为键,同时亦可以将键进行剁碎(hashing)压缩而为序号,建立数据库时的种种安排,除了考虑为以后的增、删、修改,为不同用户间必要的

保密条件提供方便外,主要的问题是要便利于信息的检索。关系代数操作的效用只是为检索服务。

3. 关系代数有以下五种基本操作,即:

(1) 联合(union)。二关系 R, S 的联合,写作 $R \cup S$,是另一关系,它的记录包括属于 R 的或 S 的,但属于二者的不予重复。$R \cup S$ 的属性数同于 R、S 的。

(2) 集合差(Set Difference)。二关系 R, S 的集合差,写作 $R - S$,由属于 R 但不属于 S 的记录组成,R, S 只能有相同的属性数。

(3) 笛卡积(Cartesian Product)。设关系 R, S 的属性数为 K_1, K_2, R 与 S 的笛卡积,写作 $R \times S$,共有 $K_1 + K_2$ 个记录,每记录的首 K_1 个属性是 R 的,其余的 K_2 个是 S 的。

(4) 投射(Projection)。由关系 R 经投射而得一个新的关系 S,S 中的属性为 R 的部分属性,而且排列次序可以不同于原来的次序。

(5) 选择(Selection)。对关系 R 的选择写成 $\sigma_F(R)$,式中 F 为选择的条件或规则的表达式,式中操作对象为属性值或常数,操作号为算术比较符,如 $<$, $=$, $>$, $\leq$, $\neq$, $\geq$,及逻辑操作号 $\wedge$、$\vee$、$\sim$。

此外还有四种派生操作,其中最常用的为:联结(join),两个关系 R, S 的联结写作 $R \underset{i \theta j}{\infty} S$,其中 θ 为算术比较符 $=$、$<$ 等,i, j 分别为 R, S 的某属性序号,实际上

$$R \underset{i\theta j}{\infty} S \equiv \sigma_{i\theta(i+j)}(R \times S)$$

当 θ 为 $=$ 时 $R \underset{j=i}{\infty} S$ 称为等联结。

显而易见:投射缩小属性数,选择缩小记录数,都直接起压缩信息的作用,而其他四种操作则起减少关系数的作用,同时亦起减少信息量的作用。

向数据库索取所需资料是通过"查询"来实现的,每一查询会牵涉若干个关系,要进行一系列的关系代数操作,这个操作序列在执行中应孰先孰后,是个至关重要的问题,例如,尽量把选择、投射往前推,能大幅度地减少后继操作中被处理的信息量,次序安排得当能使检索工作量降低几个数量级,这一次序安排称为查询优化,优化的结果往往使信息通过操作序列的流程图形成为树状网络。如果同时进行多种查询,就产生许多棵树而成林,若查询接踵而来,并不断变更其内容,则处理树在进行流水作业的同时还要调整信息流的路线。显然本文所描述的微机系统能恰如其分地适应以上要求。

结束语:从以上图像处理模式识别与数据库管理两种信息量庞大、处理层次复杂的领域对计算机提出的要求来看,本文所描述的总体结构取决于信息流程的分布处理系统,确实具有广泛的适应性。

(参考文献略)

后端数据库机的批查询优化处理*

徐晓飞　陈光熙　胡铭曾　常会友

摘要　本文探讨了后端数据库机的批查询处理和多查询优化问题。首先,建立模型 MQPM,解决与批查询处理有关的各种技术问题。其次,为改善批处理效率,研究了多查询优化的方法。最后给出了批查询处理和多查询优化算法,并证明这些算法提高了模型系统 TDM 的吞吐量。

关键词　数据库机,查询优化,分布处理,批处理

一、引言

传统的查询优化技术除了要保证查询处理的效率,还要尽可能地少占用系统资源。而在后端数据库机系统中,单查询优化要求查询处理策略充分利用后端机系统资源,尽可能开发查询内的并发性,改善查询响应时间。

多查询优化与单查询优化的不同之处是要使批查询协调地共享后端机资源,尽可能开发查询间的并发性,提高查询吞吐量。

在批处理环境下,由于存在着后端机系统软件的开销、资源使用互斥、多查询相关和数据相关等问题,将不可避免地使单个查询的响应时间有所增加,多查询优化的目的是在保证查询响应时间指标的前提下尽可能地增大查询吞吐量。

二、查询批处理模型 MQPM

为便于理解 MQPM 模型的含义,首先介绍查询批处理环境——后端数据库机系统模型。

1. 后端数据库机系统模型

我们用二元组 $(N, \textbf{\textit{TRX}})$ 表示同构型多处理器的后端数据库机系统,其中 N 为系统中的结点集合,$\textbf{\textit{TRX}}$ 为系统的拓扑方阵。

设数据库机系统由 k 个结点(n 个处理结点,$k-n$ 个数据结点,$k > n$)互联构成,记为 $N = \{N_1, N_2, \cdots, N_k\}$,我们引入下面形式的 k 阶方阵表示系统的拓扑结构

$$\textbf{\textit{TRX}} = \begin{bmatrix} T_{11} & T_{12} & \cdots & T_{1k} \\ T_{21} & T_{22} & \cdots & T_{2k} \\ \vdots & \vdots & & \vdots \\ T_{k1} & T_{k2} & \cdots & T_{kk} \end{bmatrix}$$

其中,$\forall i, j$ 若 $i \neq j$,$T_{ij} = N_i$ 和 N_j 间单位数据传输时间;若 $i = j$,则

---

* 本论文发表在《计算机学报》1991 年第 4 期上。

$$T_{ij} = \begin{cases} 0, & N_i \text{ 为处理结点,可接收用户查询;} \\ -1, & N_i \text{ 为处理结点,不接收用户查询;} \\ -2, & N_i \text{ 为数据结点,不存有库;} \\ -3, & N_i \text{ 为数据结点,存有库.} \end{cases}$$

若 $i \neq j, T_{ij} = \infty$,则表示 N_i 和 N_j 间不直接连通。若 **TRX** 只有一个 0 元素,说明系统中只有一个结点能接收用户查询请求,该结点称为控制结点。

显然,**TRX** 为对称方阵。

TRX 的传递闭包 **TRX*** 为如下类 C 语言过程的结果方阵:

```
TRX*(TRX)
  {for i = 1,k
     T_ii ← 0;
   for num = 1,k
     {for i = 1,k
        {for i = 1,k & j ≠ i
           T_ij ← min{T_ij, T_il + T_lj | l = 1,2,…,k}
        }
     }
   return TRX
  }
```

设 **TRX*** 有如下方阵形式

$$\boldsymbol{TRX}^* = \begin{bmatrix} 0 & T'_{12} & \cdots & T'_{1k} \\ T'_{21} & 0 & \cdots & T'_{2k} \\ \vdots & \vdots & & \vdots \\ T'_{k1} & T'_{k2} & \cdots & 0 \end{bmatrix}$$

若 $\forall i,j, i \neq j$,有 $T'_{ij} = \infty$,说明系统是离散的。$\forall i,j, i \neq j, T'_{ij}$ 的物理意义是从 N_i 向 N_j 传输单位数据量所需花费的最短时间。**TRX*** 被称为 $(N, \boldsymbol{TRX})$ 的通信方阵。

2. MQPM 模型

在后端数据机系统中,查询可被分解为多个查询任务,且每个任务仅在一个处理器上运行,这些任务的协调运行使系统完成查询工作[2]。

设 $GS = (N, \boldsymbol{TRX})$ 为单控制结点的后端机系统。我们用三元组 (GS, S, RUN) 表示 MQPM 模型,其中 S, RUN 分别为系统状态和运行函数。

假设 1 查询任务一旦开始运行就能无中断到结束。在任一时刻系统最多完成一个任务。

定义 1 t 时刻的系统状态被定义为 t 时刻 GS 中所有查询任务及其排序,记为 $S(t)$。

定义 2 运行函数 $S = RUN(GS, S_0)$ 表示 GS 的一次运行,即 GS 从状态 S_0 开始运行,一旦完成了一个查询任务,其系统状态转换为 S。

GS 的状态 S 可用向量表示

$$S = (S_1, S_2, \cdots, S_m)$$

其中 $S_i = T_{i1}T_{i2}\cdots T_{in_i}, i = 1,2,\cdots,m$($m$ 为 GS 中处理结点个数,处理结点记为 $P_1, P_2, \cdots, P_m$);n_i 是准备在 P_i 上运行的任务数量,T_{ij} 是 P_i 上第 j 个任务,$j = 1,2,\cdots,n_i$。当系统中没有任务时记

$$S = NULL$$

显然，GS 有如下性质：

(1) 运行终止性。对任务状态 S

$$RUN^*(GS,S) = RUN(GS,(RUN(GS,\cdots,(run(GS,S))\cdots))) = NULL$$

(2) 完成随机性。对任何状态 S，由哪个处理结点首先完成一查询任务是随机的。

三、查询任务的排序、分布和调度

GS 中通过两步完成批处理过程：① 批查询任务的处理，包括查询任务的静态排序和静态分布；② 批查询任务的动态调度。

1. 查询任务的静态排序

首先分析任务依赖问题，这个问题使查任务的调度变得复杂。

定义 3 设 T 是一有限查询任务集。任务直接依赖关系"→"为：$\forall a,b \in T$，若在 a 未完成前 b 不能运行，则记 $a \to b$。称 b 直接依赖于 a，a 为 b 的基，b 为 a 的直接后继。

定义 4 $(T, \to)$ 为直接任务依赖集。

为使模型更简明，我们做如下假设：

假设 2 "→"关系的自反传递闭包"$\to^*$"是偏序关系。

定义 5 偏序集 $(T, \to^*)$ 为任务依赖集。$\forall a,b \in T$，若 $a \to^* b$，则 b 依赖于 a。

定义 6 $(T, \to^*)$ 的任一偏序队列 Q 为 T 的可执行队列。

记 $Q.head$ 为 Q 的队列首指针，$t.next$ 为任务 t 后的第一个任务。现给出获得 T 的可执行队列 Q 的算法。

算法 1

S_ORDER(T)
{i ← 0;
　　for T ≠ NULL & 1 + 1 & t ← ACAN_EXEC(T)
　　　　{T ← T − {t};
　　　　　if i = 1 then Q.head ← t
　　　　　else te.next ← t
　　　　te ← t;
　　　　SET_EXEC(t)
　　};
　　te.next ← NULL; + 　return Q
}

算法结束。其中 ACAN_EXEC(T) 返回 T 中第一个现行可执行任务，SET_EXEC(t) 将 t 的所有直接后继置为现行可执行的。

显然，可执行队列 Q 确定了 T 中任务的静态运行顺序。

若需排序的任务个数为 n，则算法 1 的时间复杂性为 $O(n^2)$。

由查询任务的局部运行特性，队列 Q 可分割成 m 维结构队列：$\{Q_1, Q_2, \cdots, Q_m\}$，$Q_i$ 中所有任务只能在 P_i 上运动$(i = 1,2,\cdots,m)$。

2. 查询任务的静态分布

所谓查询任务的静态分布是指后端控制器将算法 1 输出的可执行任务队列 Q 分割成 m 个子队列 Q_1，$Q_2, \cdots, Q_m$，并把它们分别传送给 GS 系统的 m 个处理结点，由各结点上的动态调度过程执行。

设 $(N, \boldsymbol{TRX})$ 为后端数据库机系统，其中

$$N = \{P_1, P_2, \cdots, P_m, D_1, D_2, \cdots, D_k\}$$

P_i 为处理结点($i = 1,2,\cdots,m$);P_1 为后端控制结点,D_j 为数据结点($j = 1,2,\cdots,k$)。

因每个结点对应 **TRX** 的一行,不妨假定用相应行号标识各结点,如 $P_1 = 1$。**TRX***。$[P_i, P_j]$ 用于表示处理结点 P_i 和 P_j 间的单位数据传输开销,**TRX**$^*[P_i, D_l]$ 用于表示 P_i 读盘 D_l 的单位数据传输开销($i,j = 1,2,\cdots,m; i \neq j; l = 1,2,\cdots,k$)。

查询任务 t 除了是否可执行特性外,还有下面一些特性和参数用于静态分布算法中:

1) 原关系集合 $M(t)$。由一个或多个原关系构成,记为 $M(t) = \{m_i(t) \mid i = 1,2,\cdots,x\}$,其中 x 是 t 的原关系个数。所谓原关系,指 t 将要处理的物理关系数据,用 $V(m_i(t))$ 表示关系 $m_i(t)$ 所在数据结点,$S(m_i(t))$ 表示关系 $m_i(t)$ 的体积;

2) 基集合 $B(t)$。由任务 t 的所有基构成;

3) 直接后继集合 $D(t)$。由任务 t 的所有直接后继构成;

4) 结果关系体积 $\gamma(t)$。指任务 t 执行完后得到的结果关系体积的估计值;

5) 可执行时间 $\tau(t)$。指任务 t 从开始到结束执行共占用处理器时间的估计值。

定义7 任务可执行队列中,所有任务的可执行时间总和称为 GS 的即加负载,记为 L;L/m 为 GS 的平均即加负载;L/fm 为 GS 的即加负载临界值;f 为 GS 的负载均衡度($f \leq 1$),即 GS 是 $100f\%$ 均衡分布的。

静态分布算法的思想是在众多的任务分布策略中选取一个最优的策略使系统达到下述两个任务分布指标:

1) 保证系统达到 $100f\%$ 均衡分布;

2) 在均衡分布的前提下保证批查询处理开销最小。

设批查询任务个数为 n。若采用穷尽的搜索方式,则算法复杂性达到 $O(m^n)$,任务分布开销过大。

本文采用回溯式受限搜索方式,以寻求一个"较优"的任务分布策略。此方式按可执行任务队列的顺序,选取一个任务并判断是否是终任务,若不是,则据通信方阵 **TRX*** 和该任务的特性及参数值求出具有最小通信开销的处理结点,并把该任务放到这个结点上;若任务是终任务,则将该任务放在控制结点上。最后通过回溯过程重新求出该任务依赖的全部任务分别应属的处理结点。

在选择处理结点的过程中,须保证每个结点的负载低于即加负载临界值 L/fm。

如下是采用带回溯搜索方式的查询任务分布算法。

算法2

```
L_DISTRIB(Q)
  {GSK ← GS;
   QPART ← L_DIS(Q,GSK);
   DISTRIBUTE(QPART.GS)
  }
L_DIS(Q,GSK)
  {for i = 1,m
     {QI[i].head ← NULL; QI[i].load ← 0};
   for Q.head ≠ NULL
     {t ← Q.head; Q.head ← t.next;
      if END_TASK(t) then
        {t.next ← QI[1].head;
         QI[1].head ← t;
         t.pro ← 1;
```

```
            LOOK_BACK(t,Q,QI,GSK)
          } else
          {p0 ← 1; C0 ← ∞; C1 ← 0;
            for all p ∈ GSK
              {for all m ∈ M(t)
                  C1 ← TRX*[p.V(m)] * s(m) + C1
                for all q ∈ B(t)
                  C1 ← TRX*[p.q.pro] * r(q) + C1
                if C0 > C1 then
          }
  LOOK_BACK (t,Q,QI,GSK)
    {for all q ∈ B(t)
      {p0 ← 1; C0 ← ∞;
        for all p ∈ GSK
          {C1 ← TRX*[p.t.pro] * r(q)
            for all d ∈ B(q)
              C1 ← TRX*[p.d.pro] * r(d) + C1;
            for all m ∈ M(q)
              C1 ← TRX*[p.V(m)] * S(m) + C1;
            if C0 > C1 then
              {C0 ← C1; po ← p}
          };
      DEL_QUEUE(q,QI[q.pro]);
      GSK ← GSK + {q.pro};
      QI[q.pro].load ← QI[q.pro].load − τ(q);
      q.next ← QI[p0].head;
      QI[p0].head ← q;
      q.pro ← p0;
      QI[p0].load ← QI[p0].load + τ(q);
      if QI[p0].head ≥ L/fm then
        GSK ← GSK − {p0};
      LOOK_BACK(q,Q,QI,GSK)
    }
  }
```

算法结束。其中,END_TASK(t) 判断 t 是否是终任务,是,则取真值,否则取假值;L_DISTRIB(Q) 为任务分布总控制过程;DISTRIBUTE(QPART,GS) 为分布过程;L_DIS(Q,QI,GSK) 为队列 Q 的分割过程;TOP_DOWN(queue) 将队列 queue 的先后顺序颠倒并返回新队列;DEL_QUEUE(q,queue) 将任务 q 从队列 queue 中删除。另外 queue.head 为队列 queue 的首址;queue.load 为 queue 的任务可执行时间的和;t.next 为排在 t 后面的第一个任务;t.pro 为分配给 t 的处理结点。

算法 2 的时间复杂性为 $O(m*n)$。

3. 查询任务的动态调度

所谓任务调度是指输入 m 维队列 QPART 给 GS,借助于下面给出的系统状态动态转换算法解决多处理器的分配问题。

定义 8 设 T 是有限查询任务集且 $a \in T$,基任务集 $B(a)$,直接后继集 $D(a)$ 如下:
$$B(a) = \{e \mid e \to a\}$$
$$D(a) = \{e \mid a \to e\}$$

同样,$B(a)$ 和 $D(a)$ 都可用 m 维结构形式表示
$$B(a) = (B_1(a), B_2(a), \cdots, B_m(a))$$
$$D(a) = (D_1(a), D_2(a), \cdots, D_m(a))$$

这里 $B_i(a)$ 和 $D_i(a)(i = 1, 2, \cdots, m)$ 在 p_i 上运行。

不妨假设 GS 的现行状态 S 为
$$(T_{11}T_{12}\cdots T_{1n_1}, T_{21}T_{22}\cdots T_{2n_2}, \cdots, T_{l_1}T_{l_2}\cdots T_{ln_l}, \cdots, T_{m_1}T_{m_2}\cdots T_{mn_m})$$

且处理 p_l 首先完成了一个任务 T_{l_1}。

算法 3 (算法中,$\forall a \in T, n(a)$ 的初值为 $|B(a)|$)
D_SCHEDULE(GS,S)
  {for all a ∈ D(T_{l1})
    n(a) ← n(a) − 1;
    SCHED(p_l);
    return RUN(GS,S)
  }

算法结束。这里 RUN(GS,S) = $(D'_1(T_{l1})T_{11}T_{12}\cdots T_{1n_1}, D'_2(T_{l1})T_{21}T_{22}\cdots T_{2n_2}, \cdots, D'_l(T_{l1})T_{l_1}T_{l_2}\cdots T_{ln_l}, \cdots, D'_m(T_{l1})T_{m_1}T_{m_2}\cdots T_{mn_m})$,其中 $D'_i(T_{l1}) = \{a \mid a \in D_i(T_{l1}) \& n(a) = 0\}$,且如果 $a \in D'_i(T_{l1})$,则 $T_{i1}T_{i2}\cdots T_{in_i}$ 序列中已不包含 $a(i = 1, 2, \cdots, m)$。SCHED(p_l) 为局部调度过程,它执行 p_l 结点上排队的第一个任务。

算法 3 是系统状态动态转换算法,也称为查询任务的动态调度算法,它总使系统的现行可执行任务拥有最高执行优先级,从而保证系统的多处理器间能高度并行,并且充分利用系统处理器资源,在保证响应时间指标的前提下增加查询吞吐量。

算法 3 的时间复杂性为 $O(n)$。

上面的三个算法有效地解决了数据库机系统的批任务分布、多处理器分配、查询相关及查询任务调度等问题。关于算法的有效性已在 TDM 系统上得到了验证[2]。

四、多查询优化

在查询批处理环境中,通常一批查询分别求值是低效的。在交互环境中,若数据库查询以一稳定速率生成,则可聚集在一起求值,以减少求值的总开销。

当某关系在一批查询的处理过程中须取出多次时,多查询优化在节省 IO 开销方面起着很大作用,而识别公共子查询并一次求值,则能大大减少查询处理开销。在文献[3,4]中都给出了识别算法,这些算法可用于任何数据库查询批处理环境中。

在下面的讨论中,我们认为已经识别出批查询中的所有公共子查询。

那么何时能提取公共子查询呢?

1. 判别式函数

假设一个子查询在一批查询中发生了 M 次,同时假设
C_e = 该子查询求值一次的开销;
C_t = 存储该子查询结果的开销;

C_r = 取出已经求值和存储的该子查询结果的开销;

C_i = 在某关系上或结果上建临时索引的开销;

f = 通过索引对关系数据或中间结果数据的筛选率。

对公共子查询有两种可选的处理方式:

1) 对该子查询求值 M 次,开销为 MC_e;

2) 只求值一次并存储结果,开销为 $C_e + C_s + MC_r$。

只要 $MC_e > C_e + C_s + MC_r$ 或

$$\alpha = (M - 1)C_e - C_s - MC_r > 0$$

则做选择2)。α 是提取公共子查询的判别式函数,即对公共子查询只求值一次时节省的开销。

如果在中间结果上建临时索引,可能节省更多的开销。

通过索引取出关系数据或中间结果数据的开销为 fC_r。读取 M 次共节省开销为

$$\beta = (1 - f)MC_r - C_i$$

只要 $\beta > 0$,说明建立临时索引是合算的。

在允许建临时索引的情况下,提取公共子查询的判别式函数为

$$\alpha' = (M - 1)C_e - C_s - C_i - fMC_r$$

2. 多查询优化算法

通常一批查询中含有多个公共子查询,先提取哪个最优?若采用穷尽搜索法,对有 N 个公共子查询的批查询共存在 2^N 种可选择的子查询提取策略,这不适于多查询优化工作。本文提出了一种爬坡的启发式方法,使每次选择提取公共子查询都能节省最多的开销,这种方法的时间复杂性为 $O(N^2)$。

设 Q 为批查询集合,N 为公共子查询集合,下述算法完成了多查询优化的工作。

算法 4

```
COM _ SUB _ IMP(Q)
  {N ← SUBQUERY(Q);
   N1 ← N; Q1 ← Q;
   if N = NULL then return;
   K ← ∞; l ← 0; ALLC ← 0;
   for all q ∈ Q1
       ALLC ← ALLC + COST(q);
   for all n ∈ N1
     if n ∈ DB then
       {if BET A(n, Q1) > 0 then TREE(n);
        N1 ← N1 - {n}
       };
   for all n ∈ N1
     {CX ← DRAW _ COST(n, Q1);
      if CX < K then
        {K ← CX; l ← n}
     };
   if K < ALLC then
     {Q1 ← DRAW(1, Q1);
      N1 ← N1 - {l};
```

```
            ALLC ← K;
         if ALPHA(1,Q) < ALPHA1(1,Q) then
            TREE (1)
      }
    COM_SUB_IMP(Q1);
  return;
}
```

算法结束。其中 DB 为数据库中关系的集合；函数 COST(q) 为返回查询 q 的开销估计值，TREE(γ) 为在关系 γ 或查询 γ 的结果上建立临时索引，BET A(n,Q)、ALPH A(n,Q)、ALPH A1(n,Q) 分别为返回批查询集 Q 的公共子查询 n 的 β,α,α' 判别式函数值，DRAW_COST(n,Q) 为返回批量查询集 Q 首先处理公共子查询 n 时花费的总开销估计值，DRAW(n,Q) 为返回批查询集 Q 提取了公共子查询 n 后的结果批查询集，SUBQUERY(Q) 为返回批查询集 Q 的所有公共子查询构成的集合。

五、结语

在 TMD 系统模型上[1]，通过查询实例的运行分析，证明了本文的四个算法是可行的，提高了系统吞吐量，改善了系统性能。验证性工作参见文献[2]。

关于查询批处理和多查询优化方面的工作在数据库机领域中很少见，希望本文工作能起到"抛砖引玉"的作用。

（参考文献略）

OPS5并行选择全状态处理模型 RETE-Plus 及其算法[*]

王文敏　陈光熙　胡铭曾

摘要　本文首先通过建立一种状态分析方法,证明了 RETE 算法所保存的中间状态集 $IS(P_i)$ 的不完备性,论述了 RETE 算法用于并行处理的局限性以及产生式间状态处理时间的差异。然后,提出了一种产生式系统并行选择全状态处理模型 $RETE^+$,证明了 $RETE^+$ 所处理的全状态集 $FS(P_j)$ 具有准完备性质。计算表明,$RETE^+$ 的状态处理时间比 RETE 快得多,并且消除了状态处理时间差异。最后给出了 $RETE^+$ 模型的主要算法。

关键词　RETE 算法,产生式系统。

一、前言

产生式系统 OPS(Official Production System) 系列是 Carnegie-Mellon 大学 C. L. Forgy 等人开发的产生式系统程序设计语言,是一种不可逆前链(irrevocable forward chaining)产生式系统。其中,OPS5 被用于成功地建立许多著名的专家系统,因而在世界上颇有影响[1]。但是由于产生式系统是一种数据驱动(data-driven)执行方式,再加上人工智能和知识工程对产生式系统开发工具的迫切需求,使得产生式系统并行执行模型及 OPS5 产生式系统机成为国外智能计算机领域的课题之一[2]。

本文重点论述作者在产生式系统 OPS5 执行周期匹配阶段并行执行模型方面的研究工作。

二、现有的 OPS5 并行执行模型分析及问题的提出

2.1 预备知识

产生式系统 OPS5 是由产生式存储器(Production Memory:PM)和工作存储器(Working Memory:WM)组成的。OPS5 执行时所需数据表示为工作存储器元素(WM Element:WME)并存放在 WM 中。

OPS5 的 WME 一般由若干对属性／值(attribute value)组成,表现为如下形式:

$$(\text{Class-name} \uparrow \text{attr 1 value 1} \uparrow \text{attr 2 value 2} \cdots)$$

其中"class-name"为 WME 的类名,"↑"为属性标记符。

OPS5 的一个产生式的形式为:

$$(\text{P Production-name} (CE_1)(CE_2)\cdots(CE_m) \rightarrow (Act_1)(Act_2)\cdots(Act_n))$$

其中"production-name"为产生式名。$CE_i(i=1,\cdots,m)$ 为条件元素(Condition Element:CE),形式与 WME 相同,但其中的 value 可以是变量,前面可带有谓词,并且可以为负条件。$Act_j(j=1,\cdots,n)$ 为动作,它包括对 WM 的修改操作、算术运算及其他 I/O 操作等。$(CE_1)(CE_2)\cdots(CE_m)$ 称为左手部(Left Hand Side:LHS),$(Act_1)(Act_2)\cdots(Act_n)$ 称为右手部(Right HandSide:RHS)。上述产生式的含义是,如果当前工作存储器 WM 的内容能使条件 $CE_1, CE_2, \cdots, CE_m$ 同时得到满足,则动作 $Act_1, Act_2, \cdots, Act_n$ 将被执行。

---

[*] 本论文发表在《计算机研究与发展》1992年第9期上。

在 OPS5 解释器中，OPS5 的执行方式是顺序执行下述被称为识别 – 动作(recongnize-act)的周期操作。

1) 竞争解消(conflict resolution)。选出一个 LHS 被满足的产生式，若无这样的产生式则将控制交给用户。
2) 动作(act)。完成选中的产生式的 RHS 所指定的动作。
3) 匹配(match)。评价产生式的 LHS 以确定哪些产生式能被当前 WM 内容所满足。
4) 若 halt 动作被执行，则返回控制给用户，否则回到 1)。

OPS5 的竞争解消策略表现为一个对示例(instantiation)有序的集合。OPS5 提供两个竞争解消策略 LEX(LEXicographic sort) 和 MEA(Means Ends Analysis) 供用户选择[3]。

2.2 OPS5 并行匹配模型的研究现状

多个模型和多个对象之间的模式匹配问题是人工智能中的一个研究课题。Forgy 通过测试后指出，在产生式系统的识别一动作周期操作中，匹配阶段占整个周期操作时间的 90% 以上[4]。因此，研究并提出一个高速匹配模型和算法，对于缩短产生式系统执行时间是极为有效的。目前，国外现有的产生式系统并行计算模型主要集中于匹配模型和算法。Forgy 曾于 1982 年提出了一个产生式系统快速匹配算法 RETE[4]，并成功地用于 OPS5 解释器中。但这个解释器是顺序执行的，随着对并行产生式系统机的需求，一些并行匹配算法相继出现，它们是：(1)DADO 原始算法[6]；(2) 并行 RETE 算法[5]；(3) 分布式 RETE 算法[9]；(4) TREAT 算法[7]；(5) 划分多 RETE 算法[6]；(6) 状态处理高并行算法[8]。

用 OPS5 构造的产生式系统大都具有这样一个特点，相邻的执行周期之间 WM 的状态变化非常缓慢，具有暂时冗余性(temporal redundancy)[7]。也就是说，每个周期后所增加和删除的 WME 的数目及下一个周期能用这些 WME 进行匹配的产生式数目都相当小。Oflazer 对此进行了测试，结论是，对于大多数产生式系统，70% 的动作(act)对其他产生式影响的数目为 4% 左右[8]。

Forgy 在 1986 年指出，RETE 算法对多处理器系统来说也是一个很好的选择，其他算法可能开发更多的并发性，但事实并未证明这种并发性优于 RETE 算法固有的效率[5]。

按照 Forgy 的观点，并行化 RETE 算法也是有效的。但作者通过建立一种状态处理模型并进行分析后证明，RETE 算法有很大的局限性。

2.3 状态处理模型及其分析

如果我们从关系数据库的观点来分析 OPS5，则可把 WM 看做关系的集合，一个 WME 为某关系中的元组(tuple)，一个产生式与 WM 的匹配操作可看做是一个对 WM 的查询(query)，具体操作由类关系数据库的选择(select)和联结(join)操作组成。

设某产生式系统中第 J 个产生式具有如下形式：

$$P_1 : \underbrace{CE_{j1} CE_{j2} \cdots CE_{jm}}_{LHS_j} \longrightarrow A_{j1} A_{j2} \cdots A_{jn_j}$$

则有如下形式化描述成立：

$$\text{Match}(LHS; WM_{t_k}) = \text{Query}(LHS; WM_{t_k}) = \text{Join}_{x_1, \theta x_{1+1}} (\text{select}_{CE_{i+1}}(WM_{\leq t_k}) \times \text{select}_{CE_{j+i+1}}(WM_{\leq t_k}))(\forall i, i = 1, \cdots, m_j - 1)$$

其中，WM_{t_k} 表示在第 t_k 个周期中 WM 的内容；$\text{Select}_{CE_{j,i}}(WM_{\leq t_k})$ 表示在第 t_k 个周期或者 t_k 个周期以前对 WM 进行满足逻辑条件 $CE_{j,i}$ 的选择；$\text{Join}_{x_i \theta x_{i+1}}$ 表示对公共属性变量 x_i, x_{i+1} 满足一致性(consistence)约束条件 θ 的联结。

有了以上形式化描述，则可引出如下定义和定理。

定义 1

若将 $\text{Select}_{CB_{j,i}}(WM_{\leq t_k})$ 简记为 S_{ji}，$\text{Join}_{x_i \theta x_{i+1}}$ 简记为 $|X|$，则集合

$$OS(P_j) = \{S_{ji} \mid i = 1, \cdots, m\}$$

称为第 j 个产生式 P_j 在匹配操作过程中的初始状态(original state)集。

定义 2 集合

$$IS(P_j) = \{S_{i1} \mid X \mid \cdots \mid X \mid S_{ji}, i = 2, 3, \cdots, m_j - 1\}$$

称为产生式 P_j 在匹配过程中的中间状态(Intermediate State)集。

定义 3 集合

$$GS(P_j) = \{S_{i1} \mid X \mid S_{i2} \mid X \mid \cdots \mid X \mid S_{jm_j}\}$$

称为产生式 P_j 在匹配过程中的目标状态(Goal State)集。

$GS(P_j)$ 对应于竞争集中的示例。

并行化 RETE 算法对产生式 P_j 的匹配状态处理过程可以表示为图1。其中 α_{ji} 和 β_{ji} 是为适应 OPS5 产生式系统状态变化缓慢这一特点而设置的存储器,用于保存每个执行周期的初始状态和中间状态。α_{ji} 存放初始状态集元素 S_{ji},β_{ji} 中存放中间状态集 $IS(P_j)$ 中的

$$S_{ji} \mid X \mid \cdots \mid X \mid S_{j,i+1}$$

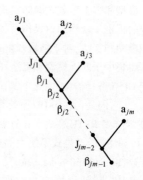

图 1 RETE 算法的状态处理图

设有一个 WME(WME $\in$ WM$_{t_k}$)在 t_k 周期通过条件元素 CE_{ji} 的选择操作并且它可得到目标状态的概率为 P_{ji},则此时 $S_{ji} = \text{Select}_{CE_{ji}}(\text{WME})$。按照 RETE 算法求出目标状态的过程应为,$S_{ji}$ 首先与 $\beta_{j,i-2}$ 中保存的中间状态 $S_{i1} \mid X \mid \cdots \mid X \mid S_{j,i-1}$ 进行连接(设该连接所需时间为 $T_{j_{i-1}}$),然后依次与 $\alpha_{j,i+1}, \alpha_{j,i+2}, \cdots, \alpha_{j,m_j}$ 中的内容相连接。故其状态处理所需时间为

$$p_{ji} = \sum_{k=i}^{m_i} T_{J_k-1}$$

实际上,由于 WME 通过 CE_{ji},其中 i 是不定的,故 RETE 算法的状态处理时间 T_{RETE} 应由下式求出:

$$P_j : T_{\text{RETE}}(m_j, p_{ji}) = \sum_{i=1}^{m_j}(p_{ji} \sum_{k=i}^{m_l} T_{J_k-1})(T_{j0} = 0)$$

需要指出的是,尽管并行化 RETE 算法开发了产生式级的并行性,使得在每个周期中若干个产生式可以并行地进行状态处理,从而减少了串行匹配操作的时间,但是在一个周期内其时间却是由这若干个产生式中状态处理时间最长的所决定的。

假设在 t_k 周期内,产生式 P_2, P_5, P_6, P_9 可以并行匹配,则该周期的状态处理时间应为

$$\max\{T_{\text{RETE}}(m_2, p_{2i}), T_{\text{RETE}}(m_5, p_{5i}), T_{\text{RETE}}(m_6, p_{6i}), T_{\text{RETE}}(m_9, p_{9i})\}$$

由前述 RETE 算法状态处理时间公式可推出,上式中的最大值满足:

$$\max\{m_j - i_j \mid m_j = m_2, m_5, m_6, m_9; i_j : E\{p_{2i}, p_{5i}, p_{6i}, p_{9i}\}, i_j = i_2, i_5, i_6, i_9\}$$

这正是 RETE 算法的缺点所在。由此可引出如下定理。

定理 1 中间状态集 $IS(P_j)$ 是不完备中间状态集。

证明:由于对于某执行周期 $t_k, \beta_{ji}(i = 1, \cdots, m_j - 1)$ 中保存并且仅保存第 t_k 周期以前的中间状态

$$S_{j1} \mid X \mid \cdots \mid X \mid S_{j,i-1} \tag{1}$$

而不保持

$$S_{j,i+1} \mid X \mid \cdots \mid X \mid S_{j,m_j} \tag{2}$$

这样,若 t_k 周期中某 WME $\in$ WM$_{t_k}$ 通过选择操作 $S_{j,i}$ 后,仅能利用中间状态(1)而不能利用(2)。因此,若 S_{ji}

中 $i(i = 1\ or\ 2\ or\cdots or\ m_j)$ 越接近1,可利用的中间状态的长度就越短,所需连接操作的次数就越多,故 β_{ji} 中保存的中间状态是不完备的,即中间状态集 $IS(P_j)$ 是不完备中间状态集。

三、并行选择完全状态处理模型 RETE⁺

定义4 集合
$$FS(P_j) = \{S_{j,i} \mid X \mid S_{j,i+1}S_{j,i} \mid X \mid S_{j,i+1} \mid X \mid S_{j,i+2},\cdots,S_{j,i} \mid X \mid S_{j,i+1} \mid X \mid \cdots \mid X \mid S_{j,i+m-1} \mid i = 1,\cdots,m\ MOD\ m\}$$

称为产生式 P_j 的全状态(full state)集。

显然,定义2的中间状态集 $IS(P_j)$ 与定义3的目标状态集 $GS(P_j)$ 的"并"是全状态集 $FS(P_j)$ 的真子集,即
$$IS(P_j) \cup GS(P_j) \subset FS(P_j)$$

RETE⁺ 模型将产生 P_j 的状态处理过程表示为一个并行选择全状态处理图(图2)。

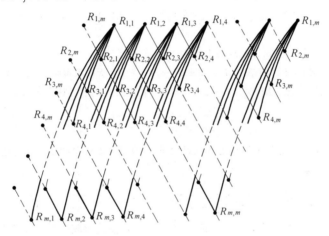

图2 RETE并行选择全状态处理图

图中第1行的每个结点可并行完成选择操作:
$$R_{1,1} = S_{j1}, R_{1,2} = S_{j2},\cdots,R_{1,m} = S_{j,mj}$$

并且其结果分别保存在第2行的相应结点的左输入端存储器中。

第2行的每个结点完成两个相邻关系 S_{ji} 与 $S_{j,i+1}$ 的连接,即
$$R_{2,1} = S_{j,mj} \mid X \mid S_{j,1}, R_{2,2} = S_{j1} \mid X \mid S_{j2},\cdots,R_{2,m} = S_{j,mj-1} \mid X \mid S_{j,mj}$$

其结果分别保存在第3行相应结点的左输入端存储器中。

类似地,第 $m - 1$ 行的每个结点可并行完成 $S_{j,i}(i = 1,2,\cdots,m_j)$ 与保存在左输入端存储器中的 $m - 2$ 结点连接的结果之间的连接,即
$$R_{m-1,1} = R_{m-2,m} = \mid X \mid S_{j,1} = S_{j,1} \mid X \mid S_{j,3} \mid X \mid S_{j,4} \mid X \mid \cdots \mid X \mid S_{j,mj}$$
$$R_{m-1,2} = R_{m-2,1} = \mid X \mid S_{j,2} = S_{j,1} \mid X \mid S_{j,2} \mid X \mid S_{j,4} \mid X \mid \cdots \mid X \mid S_{j,mj}$$
$$\vdots$$
$$R_{m-1,m-1} = R_{m-2,m-2} = \mid X \mid S_{j,mj-1} = S_{j,1} \mid X \mid S_{j,2} \mid X \mid \cdots \mid X \mid S_{j,mj-2} \mid X \mid S_{j,mj-1}$$
$$R_{m-1,m} = R_{m-2,m-1} = \mid X \mid S_{j,mj} = S_{2,2} \mid X \mid S_{j,3} \mid X \mid \cdots \mid X \mid S_{j,mj-1} \mid X \mid S_{j,mj}$$

第2行至第 m 行所完成的连接,其结果正好构成了全状态集 $FS(P_j)$。我们可以证明全状态集 $FS(P_j)$ 的相对完备性质。

定理 2 全状态集 $FS(P_j)$ 是准完备状态集。

证明：设执行周期 t_k，某 $WME \in WM_{t_k}$ 通过结点 $R_{1,i}$ 的选择操作 $S_{j,i}$，则由 RETE$^+$ 图可知其结果被送到第 i 列的所有结点 $R_{k,i}(2 \leq k \leq m)$ 的右输入端。由于在这些结点的左输入端存储器分别存放 t_k 周期以前的中间状态：

$$S_{i,i+1} \mid X \mid S_{j,i+2}$$
$$S_{i,i+1} \mid X \mid S_{i,i+2} \mid X \mid S_{j,i+3}$$
$$\vdots$$
$$S_{i,i+1} \mid X \mid S_{j,i+2} \mid X \mid \cdots \mid X \mid S_{j,i+m-1}$$

因此，总可以在其中存在一个可与其连接并且以后的连接次数最少（即求出 $S_{j,i} \mid X \mid S_{j,i+1} \mid X \mid \cdots \mid X \mid S_{j,i+m-1}$ 所需连接的次数最少）的中间状态，故定理得证。

这里之所以称其为"准"完备状态，是由于第 $k(k=2,\cdots,m)$ 行结点左输入端存储器所保存的状态是由 $k-1$ 个 $OS(P_j)$ 中的相邻元素所组成的，而不是 m_j 个元素中任意 $k-1$ 个元素的组合。后者并非是好的选择，因为第 k 行的组合数是 C_{mi}^{k-1}，所以不仅大大增加算法和硬件支持结构的复杂性，效率也不会提高。限于篇幅，在此不加证明。

下面采用第二章的状态分析方法求出 RETE$^+$ 的状态处理时间。

由于结点 $R_{1,j}$ 与第 $i-1$ 列的结点 $R_{k,i}(k=2,\cdots,m)$ 相连，所以求得状态 $S_{j1} \mid X \mid S_{j2} \mid X \mid \cdots \mid X \mid S_{jmj}$ 所需的时间应为分别从上述结点 $R_{k,i}(k=2,\cdots,m)$ 开始连接直到求得状态所需时间，即

$$\sum_{k=2}^{m_j} T_{jk}, \sum_{k=3}^{m_j} T_{jk}, \cdots, \sum_{k=mi} T_{jk}$$

中的某个时间。当 RETE$^+$ 状态处理过程进入稳定状态后，其状态处理时间必然为上述时间中的最短时间。

因此有

$$T_{\text{RETE}^+}(m_j) = \min\left\{\sum_{k=2}^{m_j} T_{jk}, \sum_{k=3}^{m_j} T_{jk}, \cdots, \sum_{k=mi} T_{jk}\right\} = \sum_{k=mi} T_{jk} = T_{jmi} = T_i$$

由于 RETE$^+$ 模型也开发产生式级并行性，并对每一个产生式形成一个全状态图，因此若有 n 个产生式，即

$$\{P_j \mid j = 1, \cdots, n\}$$

则形成 n 个图，并且各自并行地进行状态处理。这样，当进入稳定状态后，每个周期完成匹配操作的那些产生式，其状态处理时间均为 T_1，这是 RETE$^+$ 模型效率高的原因所在。

RETE$^+$ 图中第 m 行尽管可能出现 m 个状态连接的结果，但实质上是一个，只是排列顺序和完成的时间不同，故只需采用先到录用原则，取最先求出的状态即可。

四、RETE$^+$ 模型的主要算法

RETE$^+$ 模型采用对每个产生式在编译时形成并行选择全状态处理图的方法。在执行过程中它像一个黑盒子（图 3），输入为 WM 的变化，表示为 token，输出是进入竞争集的示例 instantiation。

每个 token 的形式为

token:: = < tag, WME >

其中 tag $\in \{+, -\}$，"$+$"表示该 WME 是在 WM 中新增加的；"$-$"表示 WME 是要从 WM 中删除的。

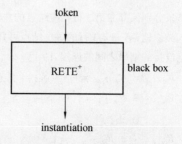

图 3 RETE$^+$ 的功能

每个 instantiation 的形式为

$$\text{instantiation}::= < P_j \text{List of WMEs matched by its LHS}_j >$$

编译主要由两个过程组成,一是对产生式 P_j 编译结点 $R_{1,i}(i = 1,\cdots,m)$ 的选择操作过程为

$$\text{PROCEDURE select } (CE_{j,1})$$

它形成的结点 $R_{1,i}$ 执行时需按照 P_j 的条件元素 $CE_{j,i}$ 的逻辑条件完成

$$S_{j,i} = \text{Select}_{CE_{j,i}}(\quad)$$

的选择操作序列。另一个编译结点 $R_{k,j}(k = 2,\cdots,m; i = 1,\cdots,m)$ 的该连接操作过程

$$\text{PROCEDURE join } (CE_{j1}, CE_{j2}, \cdots, CE_{jmj})$$

它形成结点 $R_{k,i}$ 在执行时所需完成的

$$R_{k,i} = R_{k-1,i-1} \mid X \mid S_{j,i}$$

操作序列。

$RETE^+$ 的并行选择全状态处理算法的主要内容采用类 Pascal 语言描述:

(1)/ * The token are broadcast to $R_{i,i}(i = 1,\cdots,m)$ by host * /
    FOR $\forall$ $R_{i,i}(i = 1,\cdots,m)$ parallel DO
      RECEIVE (token, $R_{i,i}$);
(2)IF token tag = '+' THEN
    (a)FOR $\forall$ $R_{i,i}(i = 1,\cdots,m)$ parallel DO
      PROCESS-SELECT($CE_{j,i}$, WME);
    (b)IF $R_{i,i}$ has passed on select THEN
      BEGIN new-token = S_{ji};
        SEND (new-token, r_{ij+1});
        FOR $\forall$ $k(k = 2,\cdots,m)$ DO
        BROADCAST (new-token, $R_{k,j}$);
      END;
    (c)FOR $\forall R_{i,k}(k = 2,\cdots,m)$ and R_{ki+1} parallel DO
      PROCESS-JOIN (old-token, new-token);
      / * the old-token is stored in its left memory * /
    (d)IF $R_{k,i}(k < m)$ or $R_{2,i+1}$ has passed on join THEN
      BEGIN new-token = old-token $\mid$ X $\mid$ new-token;
        SEND (new-token, $R_{k+1,i+1}$) or
        SEND (new-token, $R_{3,i+2}$)
      END;
    IF $R_{k,m}$ has passed on join THEN
      BEGIN List of WMEs = old-token $\mid$ X $\mid$ new-token;
        Instantiation = < P_i, List of WMEs >;
        SEND(Instantiation, Conflict set)
      END;
(3)IF token tog = '-' THEN
    (a)FOR $\forall$ $R_{i,i}(i = 1,\cdots,m)$ parallel DO
      BEGIN FOR $\forall$ $R_{2,i+1}(i = 1,\cdots,m \bmod m)$ parallel DO
        SEND (token, $R_{2,i+1}$);

```
    FOR ∀ R_{k,i}(i = 1,⋯,m and k = 2,⋯,m)
        BROADCAST (token, R_{k,i})
    END;
(b) FOR ∀ R_{2,i+1} and ∀ R_{k,i} parallel DO
        PROCESS-SELECT(WME)
```

五、结论

本文采用状态处理分析模型分析了并行化 RETE 算法的不足,分析证明:

1)RETE 算法所保存的中间状态集 $IS(P_j)$ 是不完备的,2)RETE 算法用于并行处理有很大局限性;3)若开发产生式级并行性还存在产生式间状态处理时间差异。

针对这些问题,本文提出了一种并行选择全状态处理模型 RETE$^+$,结论是:

1)所保存的全状态 $FS(P_j)$ 具有准完备性质;2)状态处理时间比 RETE 算法快得多;3)产生式间不存在状态处理时间差异。

(参考文献略)

计算机的可靠率与容错计算技术的应用*

陈光熙

引言

随着计算机制造工业的发展及其应用领域的日渐扩张,对机器的"可靠性"或"稳定时间"就有了越来越高的要求。此事虽小,但亦关系到工农业生产、国防与科学技术的现代化。在这里,同在其他领域一样,也迫切地需要赶超世界先进水平。

什么叫做可靠性,什么叫做稳定时间呢?可靠性就是完成任务的把握:说可靠性有多高,就是说完成任务的把握有多大。看来,可靠性应当以任务的完成率或百分比来衡量。不言而喻,计算机需要完成的任务——算题的任务或控制的任务等——越庞大、越复杂、越经久,能完成它的把握就越小,可靠率就越低。反过来说:越是要求以更大的把握即更高的可靠率来完成任务,该任务本身就只能是越简单、越短暂的。

要求计算机"可靠地运行"或"长期稳定"是一种过于绝对化的说法。因为计算机是集合大量的元器件通过大量的工艺操作而制成的,它要在每秒时间内完成数十万、数百万乃至数千万次基本操作,而这种操作又在复杂的"程序"控制下进行的,其可靠性的高低或稳定时间的长短符合于大数量事件发生的统计性规律,换句话说,用概率论的算法来估算计算机系统的可靠率或"平均无故障运行时间"是比较合适的,也许是唯一可能的。

对于一个具体规模的计算机系统而言,完成任务的概率决定于完成该任务所需的时间:时间越长,无故障运行的概率越低,要求在运行中不出故障(不出错)的概率越高,即要求完成任务的把握越大,该任务的延续时间只能是越短的。

本文面向非专业读者,对计算机的可靠率、稳定时间等词,介绍一些符合于概率论的,计量的即数值的概念。然后讨论提高可靠率或稳定时间的途径,从而引进宽裕技术(冗余技术)的概念,采用宽裕技术的范围包括硬件、软件、时间各个方面。就是说在以上各个方面可以采用多于必不可少的数量来提高可靠率、无故障运行时间以及所谓可用率即机器的无故障运行时间占总时间的比值。

限于笔者水平,错误在所难免,敬希读者予以指正。

1. 可靠率的数学概念

人们通常谈到,一台计算机的可靠性和稳定性。这样的名词只有质的概念而没有量的概念,是难以明确所称的可靠性是什么东西的。如果把可靠性改称可靠率,就似乎包含了量的概念,可靠率总是个百分数。

为了进一步明确可靠率的含义,我们可以认为:一台计算机或计算机的一个部件,在指定的时间间隔 t 内,无故障运行的概率,就是它在这段时间内的可靠率 R。这样看来,可靠率是时间 t 的函数,即

$$R = f(t) \tag{1}$$

$f(t)$ 的具体形式不难推导出来:首先,时间 t 越长,$f(t)$ 必然越小,这是显而易见的。其次,在时间 t 极

---

* 本论文发表在《哈尔滨工业大学学报》1977 年第 1 期上。

小而趋于零时，$f(t)$越高而以1，即百分之百为极限：$f(0) = 1$。第三，不论时间多么长，$f(t)$总没有理由成为负数。从这三点可以看出代表(1)的曲线，应经过$(0,1)$点，同时是单调的下降曲线，而且全部位于第一象限，如图1。第四，让我们研究一下，时间由t增到$t + \Delta t$时，$f(t + \Delta t)$与$f(t)$的关系。因为$f(t + \Delta t)$是在$0 < t \leq t + \Delta t$这段时间内无故障运动的概率。在这一段时间内，无故障运行，就既要在$(0, t)$时间内无故障运行，又要在$(t + \Delta t)$时间内无故障运行，这是概率论的要求。因此

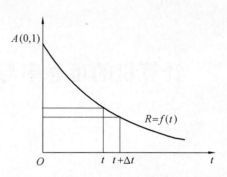

图1　可靠率曲线的概貌

$$f(t + \Delta t) = f(t) \cdot f(\Delta t)$$

从而

$$f(t + \Delta t) - f(t) = f(t) \cdot f(\Delta t) - f(t)$$
$$f(t + \Delta t) - f(t) = f(t)[f(\Delta t) - 1]$$
$$\frac{f(t + \Delta t) - f(t)}{\Delta t} = f(t) \cdot \frac{[f(\Delta t) - 1]}{\Delta t}$$

当我们考虑越来越小的Δt时，左端的极限为$f'(t)$，"'"代表$\frac{d}{dt}$，即时变率。右端的极限应为$f(t) \cdot f'(t)$；所以

$$f'(t) = f(t)f'(0) \tag{2}$$

这里$f'(0)$是个与t无关的数，即对t来说是个常数。从式(2)得

$$\frac{f'(t)}{f(t)} = f'(0)$$

积分后

$$\ln f(t) = tf'(0) + C$$

但我们已知$t = 0$时，$t(t) = 1$，所以

$$C = 0$$
$$\ln f(t) = tf'(0)$$
$$f(t) = e^{tf'(0)}$$

如图2，连曲线的$(0,1)$点作切线AB与Ot轴交于点B，命$OB = \tau$，于是

$$f'(0) = -\frac{OA}{OB} = -\frac{1}{\tau}$$

最后，我们得

$$R = e^{-\frac{t}{\tau}} \tag{3}$$

这就是可靠率R作为时间函数的表达式，它说明可靠率服从负指数分布规律。

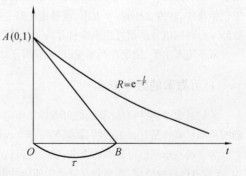

图2　可靠率曲线

曲线(3)的几何性质：

(a) 曲线(3)是一条仅仅包含一个参数τ的曲线，对不同的τ值，该曲线只有尺寸上的不同，而无性质上的不同，好比圆只有一种圆，抛物线只有一种抛物线，不像椭圆那样，因为具有两个参数，所以不仅有大小的区别，还有形状上的区别。

(b) 由式(2)知

$$f'(t) = f(t) \cdot f'(0) = -\frac{1}{\tau} \cdot f(t) \tag{4}$$

利用式(4)易于绘出各点的切线,例如 $t = 0.75\tau$ 时,$f(t) = 0.472$。由点 $N(0.75)$ 向右取 $ND = \tau$,$MD =$ 即为点 M 的切线,如图 3(a)。

照此法绘出 $(0.25\tau, 0.725)\cdots$ 各点的切线,就能比较精确地绘出曲线(3),如图 3(b)。

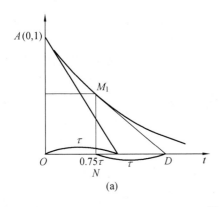
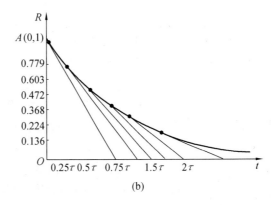

图 3 曲线(3) 的切线

(c) 平均稳定时间

如前所述,曲线(3) $R = e^{-\frac{t}{\tau}}$ 上任意一点的横坐标表示无故障运动时间,而其纵坐标则表明能完成这一无故障运行的概率,在适当处作直线 BC 平行于 OA,使面积 ACE 等于曲线以下、Ot 以上、BE 以右的面积,如图(4),则 DE 应为横坐标的平均长度,即相对于各种不同的可靠率而言,t 的平均值 $T_{均}$,由此可见

$$T_{均} \cdot OA = T_{均} = \int_0^\infty e^{-\frac{t}{\tau}} dt = -\tau e^{-\frac{t}{\tau}} \Big|_0^\infty = \tau \tag{5}$$

即平均稳定时间正好是曲线(3) 的参数 τ,而达到平均稳定时间的概率只不过是 $e^{-1} = 0.368$,如图 4。

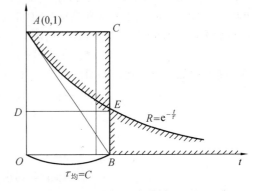

图 4 平均无故障运行时间 τ

平均稳定时间 τ 是衡量计算机可靠性的一个重要指标,因为对具有不同 τ 值 τ_1、τ_2 的两台机器而言,在各种相同的可靠率要求下,其无故障运行时间与 τ_1、τ_2,成比例,如图5。

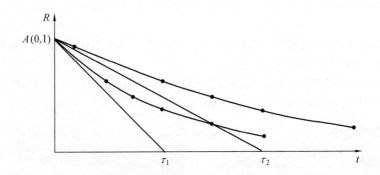

图 5 对不同 τ 值的机器,以相同的可靠率无故障运行时间与 τ 值成比例

例如有两台机器,第一台的平均稳定时间为 τ_1,第二台的平均稳定时间为 $\tau_2 = 2\tau_1$,那么以 90% 的可靠率的无故障运行时间分别为:$0.105\tau_1$ 与 $0.105 \times 2\tau_1$,即以 90% 的可靠率的无故障运行时间也成1与2之比。

2. 计算机各组成部分可靠率的计算

公式(3)可应用于整机,亦可应用于机器的任何组成部分,不过各有其不同的 τ 值而已。比方说,整机由运算控制器,内存与有关输出、输入设备组成。

但由于机器在运行中,以上三者缺一不可,这三部分的可靠率成"与"的关系来共同保证整机的可靠率,即

$$R_{整机} = R_{运控} \cdot R_{内存} \cdot R_{外设} \tag{6}$$

此处有关外设,不包括闲置不用的外设,考虑到式(3)并设 $\frac{1}{\tau} = \lambda$,得

$$e^{-\lambda t}_{整机} = e^{-\lambda t}_{运控} \cdot e^{-\lambda t}_{内存} \cdot e^{-\lambda t}_{外设}$$

令以 $\lambda, \lambda_1, \lambda_2, \lambda_3$ 分虽代表上式中的各个 λ 值,于是

$$e^{-\lambda t} = e^{-\lambda_1 t} \cdot e^{-\lambda_2 t} \cdot e^{-\lambda_3 t} = e^{-(\lambda_1 - \lambda_2 + \lambda_3)t}$$
$$\lambda = \lambda_1 + \lambda_2 + \lambda_3 \tag{7}$$

τ 既然是平均稳定时间可以小时计,就是说起动后平均 τ 小时才遇到故障,也就是说平均故障率为 1 次每 τ 小时,或 τ 次每小时,因此 $\lambda/$ 小时是每小时的平均故障率,由此可见(7) 的含义无非是整机的平均故障率 $\lambda/$ 小时为各组成部分的平均故障率之和,即

$$\lambda_1/\text{小时} + \lambda_2/\text{小时} + \lambda_3/\text{小时}$$

基于相同的理由,我们可以得出

$$\lambda_{主机} = \lambda_{运控} + \lambda_{内存}$$
$$\lambda_{运控} = \lambda_{机架} + \lambda_{插件}$$
$$\lambda_{内存} = \lambda_{机架} + \lambda_{插件} + \lambda_{存储体}$$
$$\lambda_{机架} = \lambda_{插座接触} + \lambda_{焊点} + \lambda_{导线}$$
$$\lambda_{插件} = \lambda_{插件1} + \lambda_{插件2} + \cdots$$

对于 n 个相同的插件,可以写

$$\lambda_{n个插件} = n \cdot \lambda_{每插件}$$

又插件是由集成电路 n_1 个组件,n_2 个焊点等所组成,所以大致有

$$\lambda_{插件} = n_1\lambda_{组件} + n_2\lambda_{焊点} + n_3\lambda_{插孔} + n_4\lambda_{插头接触}$$

$\lambda_{组件}$(组件故障率或失效率)要看元器件产品质量及筛选老化规程的严格程度,一般可以达到$(5 \sim 2) \times 10^{-7}/$小时。

$\lambda_{焊点}, \lambda_{插孔}, \lambda_{插头接触}$ 关系到工艺水平,一般可以达到 $10^{-8} \sim 10^{-9}/$ 小时,但在很大程度上依赖于整机制作过程的严格要求与认真的质量检查。

不难看出,一台机器总的故障率 λ 是各组成部分的大量的(几十万到几百万)故障率的和,因此机器越庞大越复杂,其故障率越高,亦即是它的平均稳定时间越短。

3. 提高可靠性的途径

(1) 常规设计计算机

这种机器不论它规模有多大,元器件、焊接点等有多么多,但没有一处可以有故障而不引起全机的故障的,到目前为止已运行的计算机一般都是属于这种设计。即使加一些备份插件,也只能有时缩短一些修

复时间,对于这种机器提高其可靠的手段不外通常所强调的一些办法,在逻辑设计中注意可靠性,在时间上留有余量,对元器件加强老化筛选,在工艺上严格把关等。应当认识到,这些手段是非常重要的,不论如何强调这一点也不致过分,但采取这样一种途径代价亦很昂贵而且很快就到尽头。例如对元器件来说,为了达到 5×10^{-7}/小时已经淘汰掉 50% 的器件,如果更要达到 2×10^{-7}/小时,则必须淘汰 75%,这表示着在元器件方面的造价成倍地增加,又如对金属插孔,或焊接点,如果把它们的电阻值限制在较低的门槛值以下,稍超过,就认为不合格,则必然要淘汰大量的插件板制品,从而使机器的成本从这方面大为提高等。

另外,由于这种机器的可靠率曲线,即曲线(3),只有一种形式,用它的平均稳定时间 τ,就足以完全衡量它对各种不同任务时间的可靠率,换句话说,如果通过付出代价将 τ 提高了 20%,即在可靠率为 0.368 时,无故障运行平均时间提高了 20%,那么以 90% 的可靠率无故障运行平均时间也只能提高 20%,参考图 5。

(2) 非常规设计的计算机,宽裕技术或容疵计算技术

先从一个例子说起,例如有相同的三台机器,其输出分别为 $f_1 \text{、} f_2 \text{、} f_3$,我们使 $f_1 \text{、} f_2 \text{、} f_3$ 通过或门如图 6,命总的输出将为 F。$f_1 \text{、} f_2 \text{、} f_3$ 中至少有两个为 1 则 F 为 1,$f_1 \text{、} f_2 \text{、} f_3$ 中至少有两个为 0 时 F 为 0,这种 F 对 $f_1 \text{、} f_2 \text{、} f_3$ 的依存关系称做三中取二。下表为 F 真值表。

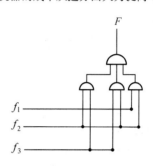

图 6　三中取二表决逻辑

f_1	f_2	f_3	F
0	0	0	0
1	0	0	0
0	1	0	0
1	1	0	1
0	0	1	0
1	0	1	1
0	1	1	1
1	1	1	1

与或门起着一种"表决"作用。设每机的可靠率为 R,即

$$R = e^{-\frac{t}{\tau}}$$

通过表决后总的可靠率 R_3 将为

$$R_3 = R^3 + 3R^2(1-R) = 3R^2 - 2R^3$$

或

$$R_3(t) = 3e^{-\frac{2t}{\tau}} - 2e^{-\frac{3t}{\tau}} \tag{8}$$

按方程(8)一点一点绘出来就成为图 7 中曲线(9)的形状。

下面讨论一下将三台一样的机器连接成三中取二表决系统有什么优点,或在什么条件下有优点:

首先计算一下它的平均稳定时间 MTBF

$$(\text{MTBF})_3 = \int_0^\infty \left(3e^{-\frac{2t}{\tau}} - 2e^{-\frac{3t}{\tau}} \right) dt = \left[-\frac{3}{2}\tau e^{-\frac{2t}{\tau}} + \frac{2}{3}\tau e^{-\frac{3t}{\tau}} \right]_0^\infty = \frac{5}{6}\tau$$

图 7　三模表决系统可靠曲线

这就是说,用了三倍多的器材,费了三倍多的生产工程,反而得到一个小于一台单机的平均稳定时间,所以从平均稳定时间的角度来看,三模表决系统是不可取的。

其次，从图7中亦可以看到，当可靠率超过0.5时，即 $t < 0.693\tau$ 时，$R_3(t) > R$，但当 $t > 0.693\tau$ 时，$R_3(t) < R$，这就是说：当 $t > 0.693\tau$ 时，三模表决系统是不可取的(多数并不代表正确性)，而在 $t < 0.63\tau$ 时，尤其是在 $t \ll 0.63\tau$ 时，三模表决系统变成是极为可取的。

对宇宙飞船上所载的计算机来说不但要求体积小，重量低，功耗量限于太阳能所能供给能量，还要求稳定时间长，所谓稳定时间长不是平均稳定时间长(可靠率 = 0.368)而是在高可靠率条件下的稳定时间长，例如要求可靠不低于90%，则从图7上看，单机的无故障运行时间：$\tau_1 \approx 0.1\tau$。

三模表决系统的无故障运行时间：$t_3 \approx 0.25 \sim 0.3\tau$，就是说，在无故障运行时间得到2.5～3倍的提高。

取 $R_3(t)$ 的导数得

$$R'_3(t) = 6R - 6R^2$$
$$t = 0 时, R(0) = 0$$

这说明在点 A 曲线(9)的切线是水平的，因此对可靠率的要求越高时，t_3/t_1 的比值越高，越显示三模表决系统的优越性。

再取 $R(t)$ 的二次导数，得

$$R_3''(t) = 6 - 12R$$
$$R_3''(t) = 0 时 \quad R(t) = 0.5 \quad t = 0.693$$

即曲线(3)与曲线(9)的交点(0.693, 0.5)也是曲线(9)的转折点，这更进一步说明在这点以左，三模表决系统(9)对单机系统(3)有优越性。

必须试问一下这优越性是哪儿来的，是通过付出什么代价取得的，所付出的代价是增添了两倍(实际上是两倍还多一点)的元器件与生产工作量。系统(3)是常规设计，可靠率服从负指数分配规律，一个器件或一个焊点的故障就导致机器的故障。系统(9)是在(3)的基础上增添了东西，一个器件或焊点的瞬间故障不再导致整机的故障，换句话说整机能够容忍一些故障，所以三模表决系统代表着一种"故障容忍计算机"而，按常规设计的机器(3)则是不能容忍任何故障的。

故障容忍计算机，通常简称为容错计算机，或者更恰当地称为容疵计算机，值得注意是故障容忍计算机的故障分布规律已不是像常规设计计算机那样僵硬地服从于负指数分配规律，而可以有种种不同的随着设计而变化的分布规律。

上面说三模表决系统之所以能够容忍故障是由于在它的设计中使用了多于常规设计所必需的东西，所以容错计算机所采用的技术亦称为"冗余技术"或者更恰当地称为"宽裕技术"。

4.计算机系统的类型

容疵技术或宽裕技术包括以下各个方面，即硬件上的宽裕，信息上的宽裕，时间上的宽裕(指令、复执、程序卷回)以及软件上的宽裕，如故障诊断等。

在上节所举的例子中，应用容疵技术，对短的任务时间可以提高设备的可靠率，或者在可靠率要求极高时，可以延长任务时间；但对平均无故障运行时间反而不利，是不是一切容疵技术的应用都导致同样的结果呢，当然不是的。

采用宽裕技术，并不是多多益善，采用多少才是恰当，要看对机器性能的具体要求而定，从这个角度看，计算机系统大体上可以区别为两类：高度可靠的计算机系统与高信息通量的计算机系统，即通用机类型的系统。

1) 高度可靠的计算机系统。这类系统的主要性能指标就是非常长的无故障运行时间，但并不要求有多大的信息通量，即单位时间内计算能力不一定要求有多么大，这一类机器还可以分为两种：无人维修的计算机系统与有人工维修的系统。

1.1) 无人维修的系统。这种计算机系统,用之于无人环境,比方说用在星际航行的宇宙飞船中,为了保证长期的、无人维修的、无故障运行,在系统中设置贮备次系统或贮备部件,而贮备又分为协同操作的贮备,休止待命的贮备与协同、待命二者混合的贮备。

1.1.1) 协同操作贮备。前面所举的例子:三机协同操作,在文献中称为三模宽裕(TMR),[1],这是协同操作系统的最简形式,它仅能排除每个次系统的瞬间故障而不能应付永久性故障,为了进一步提高可靠率,延长无故障运行时间,新的发展是采用更多的贮备成为 n 模宽裕,其工作原理是 n 中取 $n-1$。在 n 份次系统中,如果有一份的输出与其他 $n-1$ 份的输出不一致,就将它排除,以剩下的 $n-1$ 份的输出作为系统的输出。如果不一致只是瞬间的,在被排除的次系统恢复正常后还可以让它归队。如果是永久性的不一致,就永久将它排除在系统之外。随着时间的推移,系统中次系统的份数逐渐下降:

$$n \to n-1 \to n-2 \to \cdots 3$$

最后退化为三模宽裕系统[2]。

1.1.2) 待命贮备。在从事研究宽裕技术的专家队伍中,有一部分人认为处于休止状态的部件,即接通信息线而不接通电源的部件,其寿命应较长于工作中的部件。以这种假设为依据,在系统中设置 N 份相同的次系统,仅仅让一份工作,其他份则处于待命接力的状态。这样一计算,整个系统的寿命要比 N 份协同操作的系统要长得多[3]。但这里存在着一些不好解决的问题:一个次系统的无故障运行时间的离散率很大,不能采取定期切换的方式,一个次系统由休止状态突然转入工作状态叫做冷起动,一般认为冷起动的成功率是比较低的,必须给它一段操练时间,称为起动前的"教育"时间,应及时开始进行教育,才能使接力运行不至于脱节,而且是经济的,即不是过早地淘汰原来在工作中的次系统。在这方面还未看到什么经验的介绍。

1.1.3) 混合贮备。以三模宽裕为核心,再配上 $n-3$ 份待命贮备这叫做混合贮备,在这方面文献中材料比较多,就中以 AVizennzs 为主,介绍了比较繁复的数学模型,其主导思想是当作为核心的三模宽裕的三份次系统中,遇到有一份失灵时,就让待命中的 $n-3$ 份之一去接替它。当然,这里仍旧存在着一个教育新兵实现切换接替的成功率问题。

1.2) 有人工维修的计算机系统。人的因素还是非常突出的。有了人工维修,失灵了的器件可以撤换,损毁了的部件或次系统可以得到修复。只要维修及时,包括两份次系统,即一份贮备的系统,下文中称这种系统为二模宽裕,其寿命应高出包括很多贮备而无人工维修的系统。

二模宽裕系统中,既然只有两份次系统,当二者协同操作而其输出相同时,人们可以认为输出是正确的,如果二者的输出有异,从这种差异本身无法区别何者正确,何者错误,必须对每一次系统赋予一种自我检查的机能,这就要求应用容错技术的其他方面,最常用的方法是对信息及/或对控制器输出的信号组合,加上一些宽裕,即附加一个或若干个奇偶位构成检误编码,下面对奇偶检误码子作一简介。

由于计算机所处理的或使用到的信息,不论是计算数据,机器指令或需予以控制调节的物理化学参数,都是已经用二进制数字编成码子的,不过对常规设计的机器来说,这些码子的每一位都代表着必不可省的信息内容,没有任何一个二进制符号是富余的,但像奇偶检查位就有些不同,它并不代表信息的任何内容,也不补充信息任何含义,其作用仅仅是为了统一一个码子里"1"的个数成为奇数(或偶数)。

奇偶检查位是如何起帮助检误作用的呢?如果通过设置奇偶位的值,规定码子"1"的个数是奇数(或偶数),那么一旦出现一个具有偶数(或奇数)个"1"的码子,就知道有了错,当然具有奇数(或偶数)个"1"的码子不一定是不错的,它可能在两位上有错。

在无宽裕编码中,两个码子至少在一个二进位上有区别,我们说这种码子差距是 1($d=1$)。在包括奇偶检查位的码子中,两个不同码子至少在两个二进位上有区别,我们说这种码子的差距是 2,($d=2$)。如果在包括奇偶检查位的码子系统出现一个码子,它与本系统内另一码子只在一位上有所不同,这个码子必然是个错误的码子,错误经常是一位,但也可能是三、五 …… 任何奇数位。

通过这个例子,我们认识到一个码子的奇偶检查位,是在各信息位以外,外加的位,或冗余的位。设置这样一个宽裕位,就可以帮助检查码子是否有错,严格地说帮助区别一个码子是否"合格",合格码没有错,或者在两位、四位……上有错,不合格码在一、三……位上有错。我们认为出错的概率本来是小的,不出错的概率最大,错一位的概率次之、错二位的概率更小……所以一般认为奇偶位的设置可以帮助检出一位错。

奇偶检查位是个很好的宽裕技术例子:在码子上设置1位的宽裕,就能起帮助检查一位错的作用。这是一种最早被采用,一直到现在还广泛地被应用着的,有效而经济的宽裕技术。

在二模宽裕系统中,当两份次系统之一出错,即其输出信息为非合格码时,可以使它成为无效而用另一份的输出替代整个二模宽裕系统的输出[4]。这样就可以消除瞬间故障,从而延长其无故障运行时间,能延长到什么程度,可以应用下列数学模型来计算[5],如图8。

设单机的可靠率曲线为 R,其平均无故障运行时间 MTBF 为 τ,为了赋予自行检错的机能,比方说在信息上加一个奇偶位,为此需要增添一些检错线路,其可靠率曲线有所降低,变为 R_1,其相应的平均无故障运行时间为 τ_1,当这样的两机协同操作互纠错误时,其可靠率为

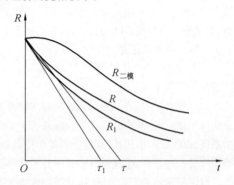

图8 二模宽裕系统的可靠率曲线

$$R_{二模} = 1 - P_1^2$$

式中 $P_1 = 1 - R_1$,P_1 为不可靠率或失效率,所以

$$R_{二模} = 1 - (1 - R_1)^2 = 2R_1 - R_1^2 = e^{-\frac{t}{\tau_1}}(2 - e^{-\frac{t}{\tau_1}})$$

平均无故障运行时间为

$$(MTBF)_{二模} = \int_0^\infty \left(2e^{-\frac{t}{\tau_1}} - e^{-\frac{2t}{\tau_1}}\right)dt = -2\tau_1 e^{-\frac{t}{\tau_1}} + \frac{\tau_1}{2}e^{-\frac{2t}{\tau_1}}\Big|_0^\infty = 1.5\tau_1$$

由此可见二模宽裕的平均稳定时间比单机有所提高,优于三模宽裕。取 $R_{二模}$ 的导数得

$$R'_{二模} = -2\frac{1}{\tau_1}e^{-\frac{t}{\tau_1}} + \frac{2}{\tau_1}e^{-\frac{2t}{\tau_1}}$$

当 $t = 0$ 时

$$R'_{0二模} = -2\frac{1}{\tau_1} + \frac{2}{\tau_1} = 0$$

可见在 $t = 0$ 处,曲线的切线平行于 t 轴,这一点与三模宽裕相同。即对可靠率的要求越高,二模宽裕系统,比起相应的单机系统来,其无故障运行时间延长得越多。

修理不停机:以上关于无故障运行时间的计算,是没有考虑到人工修理的。二模宽裕系统的一个很重要的特点是无需停止整个系统的运行而对有故障的一机进行诊断、修复,修复后又可以参加协同操作。这样一来只要在修理过程中另一机不出故障就不至于脱节,系统的无故障运行时间可能是无限的了?

当然无限是不可能的,关于这一点可以作如下计算[8]:

将故障分为两类:第一类是系统不整个停摆就可以排除的故障,这里面包括借助于协同操作而纠正的瞬间故障,也包括一机损坏但可以在另一机损坏以前,及时修好,不致使整个系统失灵的故障。第二类故障是导致系统整个停摆的故障。第一类故障占全部故障的绝大多数。我们把第二类故障与全部故障之比叫做双机的脱节率 D,在一般情况下 D 是个小数。

单机的可靠率 R_1 为

$$R_1 = e^{-\frac{t}{\tau_1}}$$

式中的 τ_1 是单机的平均无故障运行时间。我们假定单机的修复过程也服从同样的规律,即

$$R_2 = e^{-\frac{t}{\tau_2}}$$

式中 τ_2 是经过诊断后修复所需的时间,R_2 代表单机继续处于故障状态的概率。

若双机同时失灵,没有此机为他机进行诊断的机会,修理起来就需要更多的时间 τ_3,与此时间相应的修复规律为

$$R_3 = e^{-\frac{t}{\tau_3}}$$

在图 9 中 ① 代表两机都完好的状态。令这一状态的可靠率,即两机都处于无故障状态的概率为 P_1;② 代表双机系统中一机有故障,另一机完好的状态,令状态 ② 的可靠率,即双机系统处于状态 ② 的概率为 P_2;③ 代表系统中两机同时失灵的状态,P_3 代表系统处于状态 ③ 的概率;④ 代表系统中两机先后失灵,但有条件对首先失灵的一机完成诊断的状态,P_4 代表双机系统处于状态 ④ 的概率。由状态 ④ 进行修理,其所需时间也是 τ_2。

如果不考虑修复的效果,双机系统处于状态 ① 的概率将是

$$P_1 = R_1^2 = e^{-\frac{2t}{\tau_1}}$$

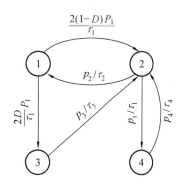

图 9　可修理双机协同系统的可靠率模型

但因为失灵的那一机可以修复,P_1 不如此简单,不好直接写出,倒是 P_1 的时变率 $\frac{dP_1}{dt}$ 或 P'_1 容易写出,P'_1 是双机系统离开状态 ① 的速度。图 9 中箭头表示变化的方向,箭头上所书写的是变化的速度。显然,对于任一状态而言,到达的箭头所表示的速度是正数,离去的箭头表示的速度是负数,因此有

$$P'_1 = -\frac{2}{\tau_1}e^{-\frac{2t}{\tau_1}} + \frac{1}{\tau_2}e^{-\frac{t}{\tau_2}} = -\frac{2P_1}{\tau_1} + \frac{P_2}{\tau_1}$$

但 $2P_1/\tau_1$ 由两部分组成:一部分 $2DP_1/\tau_1$,导致状态 ③ 相应于直接引起系统停摆的故障,第二部分 $2(1-D)P_1/\tau_1$,导致状态 ②,相应于系统在运行中即能修复的故障。

另外,③,④ 都代表双机失灵状态,但 ③ 与 ④ 有所区别:两机同时失灵就进入状态 ③,先后失灵就进入状态 ④。

现在对 τ_1,τ_2,τ_3 赋予一些假定数值:假定构成双机系统的两台机器是相同的两台机器,每台用 1 000 个双与非门组件做成,为了简化计算,排除整机制作工艺水平的影响,把组件失效率定得高一些如 10^{-6}/小时,这样,单机的平均无故障运行时间 τ_1 约为 $10^{6-3} = 1\,000$ 小时。

对于一台整机,即使是千数片子的小机器,诊断程序(停机诊断程序而不是操练程序)一般是比较庞大的。我们假定在它的硬件设计中,已考虑到可以由软件将它划分为较小的分割以利诊断,可以把故障所在明确到少数个点,在这种情形下,修复时间 τ_2 不会太长,例如 $\tau_2 = 1$ 小时,至于修复一台未经诊断的机器,时间可能要长些,这关系到维修人员的技术熟练程度。假定 $\tau_3 = 8$ 小时。下面写出图 9 中各状态的时变率

$$P'_1 = \frac{-2}{\tau_1}P_1 + \frac{1}{\tau_2}P_2 = 0$$

$$P'_2 = \frac{2(1-D)}{\tau_1} - \frac{1}{\tau_2}P_2 - \frac{1}{\tau_1}P_2 + \frac{1}{\tau_3}P_3 + \frac{1}{\tau_2}P_4$$

$$P'_3 = \frac{2D}{\tau_1}P_1 - \frac{1}{\tau_3}P_3$$

$$P'_4 = \frac{1}{\tau_1}P_2 - \frac{1}{\tau_2}P_4 = 0$$

当4个状态之间平均建立之后,各状态的时变率都应当是零,即

$$-\frac{2}{\tau_2}P_1 + \frac{1}{\tau_2}P_2 = 0$$

$$\frac{2(1-D)}{\tau_1}P_2 - \left(\frac{1}{\tau_1} + \frac{1}{\tau_2}\right)P_2 + \frac{1}{\tau_3}P_3 + \frac{1}{\tau_2}P_4 = 0$$

$$\frac{2D}{\tau_1}P_1 - \frac{1}{\tau_3}P_3 = 0$$

$$\frac{1}{\tau_2}P_2 - \frac{1}{\tau_2}P_4 = 0$$

这是一组联立齐次方程,易于看到各项的系数之和是0,因此 P_1, P_2, P_3, P_4 不是相互独立的,可以用其一表达其他,例如

$$\begin{cases} P_2 = \dfrac{2\tau_2}{\tau_1}P_1 \\ P_3 = \dfrac{2D\tau_3}{\tau_1}P_1 \\ P_4 = \dfrac{\tau_2}{\tau_1}P_2 = \dfrac{2\tau_2^2}{\tau_1^2}P_1 \end{cases} \quad (A)$$

在一年的时间中,双机系统处于状态①,②的时间为运行时间 T,消磨在状态③,④的时间为系统的停摆时间 T_0,若以年为时间单位,则 $T_0 + T = 1$。基于此停摆时间在全部时间中所占比值为

$$\frac{T_0}{T+T_0} = T_0 = \frac{P_3 + P_4}{P_1 + P_2 + P_3 + P_4}$$

由于(A)的关系有

$$T_0 = \frac{2}{\tau_1}\left(D\tau_3 - \frac{\tau_2^2}{\tau_1}\right) \Big/ 1 + \frac{2\tau_2}{\tau_1}\left(D\tau_3 + \frac{\tau_2^2}{\tau_1}\right)$$

根据对 τ_1, τ_2, τ_3 所作的假定

$$T_0 \cong \frac{2\tau_3 D}{\tau_1} \quad (B)$$

由(B)可以看到关修复影响大的是由状态③修复,而不是由状态④修复。从 T_0 可以算出每年修理次数,即停摆次数 N

$$N = \frac{T_0}{\tau_3} = \frac{2D}{\tau_1} \quad (C)$$

每年运行时间为

$$T = 1 - T_0 = 1 - \frac{2\tau_3}{\tau_1}D$$

最后,平均无故障运行时间 MTBF 应为每年运行时间除以每年停机次数

$$MTBF = \frac{T}{N} = \left(1 - \frac{2\tau_3}{\tau_1}D\right)\frac{\tau_1}{2D} \quad (D)$$

即

$$MTBF = \frac{\tau_1}{2D} - \tau_3 \approx \frac{\tau_1}{2D} = \frac{1\,000}{2D} \text{ 小时} \quad (E)$$

对各种不同的 D 值,MTBF 的数值如下:

D	MTBF(小时)	MTBF(年)
1.0	500	0.057
0.5	1 000	0.144
0.1	5 000	0.57
0.01	50 000	5.7

部件阶的二模宽裕[4]

上面描述的二模宽裕是属于整机阶的宽裕。它的优点在于具有较高的灵活性,使用单位购置两台相同的具有奇偶检错的机器,加上些接口线路,实现协同操作就成了。

如果在机器的设计制造过程中,采用两套具有自检错机能的部件就形成一台双部件机器,拥有部件阶的二模宽裕。

部件阶的二模宽裕比起整机阶的二模宽裕有下列几种优点:

(1) 具有自诊断机能。部件阶的二模宽裕,实际上就是部件阶的协同操作,可以在部件一阶相互纠错。如果在这个基础上,增设检错的记录线路,为了经济可以采用巡回记录的方式,在某一部件,在一定时间内出错次数超过一定的限额或其出错时间超过一定限值,就可以认为该部件有了固定性故障而给出警报信号,这就在机器的运行中完成了自诊断工作的一大部分,而且是最艰巨的部分。另外设立一个诊断站,将有固定性故障的部件,包括一个或少数个插件,一个一个地从机架上拔下来,插到诊断站的插座上,对它或依次对它们进行诊断。可以把诊断站看成是机器的一个外部设备。诊断工作可以通过程序中断而进行,不妨碍机器算题工作的照常进行,这样诊断工作就被限制在插件诊断的范围,且所需时间较之对全机的诊断可以大大缩短,从而大大加速维修过程。再则,对插件诊断所需诊断程序,比对全机的诊断程序,要简单得多,短得多,占用的存储量要小得多,不会对内存造成负担。

(2) 延长平均无故障运行时间。平均无故障运行时间的计算方法,大致与双机系统相同,不过值得注意的是公式

$$\text{MTBF} \approx \frac{\tau_1}{2D}$$

其中 D 的数值大不相同了。D 所代表的是脱节率,譬如说,双机协同系统中每一台机器,由 20 个部件构成,总共 40 个部件。在部件协同的双部件单机中也包括这样的 40 个部件。但在双机系统中甲机的第 i 个部件,$i=1 \sim 20$,失灵,甲机就告失灵,与此同时若乙机的第 j 个部件,$j=1 \sim 20$ 失灵,乙机也告失灵,从而整个系统就停摆。

对于双部件单机来说,在第 i 个部件失灵后,在剩下的 39 个部件中必须是与第 i 个配对的那一个也告失灵,整机才算失灵。一个最极端的说法是:全机的 40 个部件中,失灵部件多至 20 个,只要没有两个配对的部件同时失灵,机器就能运行,这就是说双部件单机比双机系统的 D 要小 N 倍,平均无故障运行时间要高 N 倍,N 是配对部件的对数。

要付出什么代价才能获得那么大的好处呢?代价是保证协同操作的交叉接口线路增多了,这些线路可能要占整个宽裕量的百分之十几。

2) 通用计算机类型的系统。它的主要指标是单位时间内的信息流通量,因为待解决的问题有时非常庞大,所以也要求有尽量长的无故障运行时间,但计算工作基本上是分批量进行的,可以分段落的,因此停机维修是允许的。另一方面要迅速恢复工作,以提高设备的使用效率,即提高其"可用性"。

这类机器多数是比较庞大的系统,要在硬件上采用很多的宽裕技术,从经济的角度考虑往往不允许,目前我国集成电路的集成度还不高,尤其如此。另一方面机器的外围设备较多,而外围设备的故障率总是比较高的。在这种条件下,在主机上采用很多的宽裕技术,也是不相称的。当然对外围设备也可以考虑采用

一些容错技术[6]。总之,对这种机器可以说信息通量与高度的可用性是两个同等重要的指标。

提高可用性的手段主要在于迅速修复,减少停机时间,而这又靠迅速明确故障在哪里,即要求迅速进行故障诊断,这个问题可以说从理论上已经得到解决。著名的故障定位方法有 D 算法,布尔差分等[7],[8],[9]。

在应用这些故障诊断方法时,都遇到一个实际上的困难,即诊断程序包括故障仿真、测试序列产生等环节比较庞大,要占内存的过大面积。

对于故障诊断最近呈现两种趋势:一是在计算机系统的硬件设计中考虑到故障诊断的问题,向它提供方便的条件;二是由于集成电路集成度的提高,对整机诊断的要求有所降低,只要求故障定位到组件就可以,而无须定位到逻辑的一级。

由于集成度的提高,在组件的生产测试过程中,必须考虑对组件内部线路进行诊断,来摸清组件的哪些部分易于出问题,对这些薄弱部分的改进可以导致更高的产品合格率。

便利组件内部诊断的主要措施是:1) 在组件内部的器件之间建立两种可以互相切换的连接关系:一种是正常运行时的关系,另一种是诊断故障时的关系,例如将组件中的记忆元件连接成移位寄存器,只需增添较少的线路就解决记忆元件的诊断问题。总之,为了建立两种连接并互相切换,是要增加一些线路与测试点的,据报道,所增加数量,在某种情况下大致不超过8%。2) 保留组件内部的连接,将若干组件组成一个次系统。每个次系统备有它自己的测试向量源和控制源,控制着诊断测试与正常工作二者之间的分时操作。每个组件具有它自己的测试向量检测逻辑,它产生一个码子,代表着本组件各输出端及关键性附加测试点对一个测试序列的反应,将这个码子和预先计算出来的正确结果相比较,就得到组件的通过/失灵信号。

根据 TLLIACN 机插件测试工作中所获得的经验与 Aughes 公司的研究结果,只要被测试组件中门的串联级数小于 8,一个任意的即近乎随机的测试向量序列能够几乎比一个有针对性的测试序列同样完善地操练逻辑线路[10],[11],既然测试向量序列可以是不带针对性的,那就不必要用只读存储器(ROM)来存储这些计算出来的模式,而可以用较少的器材,做成带适当反馈通路的移位寄存器,作为某种质多项式的循环编码器,来生成近乎随机的向量序列。

以上方法不仅适用于集成电路组件的测试诊断,也适用于插件的诊断,原则上也适用于整机系统的诊断。

除了保证一定的可用性以外,在通用计算机系统中是不是也可以采用一些容错技术以提高它的无故障运行时间呢?答案当然是肯定的。

当奇偶检查器检出错误后,计算机可以自动地采取适当措施,例如使当前指令重复执行若干次,如果故障是瞬间性的,经过一段不长的时间,即自行消除,那么奇偶校验结合"指令复执"就有可能挺过一段出错瞬间而使机器恢复正常运行,这就延长了无故障运行时间,提高机器的可靠率。如果故障不是属于瞬间性,而是属于永久性的或固定性的,那么奇偶检验器所检出的出错信号,告诉程序员机器在执行某指令时出错,应当采取相应措施进行挽救,如果可能的话,若不然则应进行修理重复开始计算等,这样就能使机器的工作不致一错就错到底,这也是一种提高可靠性的形式。

关于"指令复执"有以下几点必须予以注意:

不是每一条指令或在其执行过程的任何阶段都是可以重复执行的,必须在本指令开始时机器的"现场"未变的情况下才能进行"复执"。所谓"现场"包括与本指令有关的各个寄存器,程序步进计数器,以及其他有关计数性单元的状态。否则在每一指令的开始就要在内存中保留各有关寄存器的状态,这是很费时间的。

对于所谓瞬间故障的持久性往往考虑不足,从某些既得的宝贵经验看来,复执 8 次或 16 次无效就认为出现了固定性故障是欠妥的,可能需要重复几十到几百毫秒。

在一条指令重复多次也消除不了瞬间故障情况下,就有理由怀疑错误的产生可能不在本指令的执行过程中,而应当向前追溯,这样就导引到程序卷回的概念。

程序卷回不是某一条指令的重复执行,而是一小段程序的重复执行,为了实现程序卷回,亦必须保护其现场。此处现场的范围就更广一些。具体一点说这保护现场的办法可以如下实现:(1) 将程序分成一小段一小段,卷回起来也就卷回一小段。(2) 在第 n 段之末将当时各个寄存器指令计数器及其他计数器等的内容移入内存,将内存中为第 n 段所更改的单元,如中间结果,计数单元内容等亦在内存中另行存储,保留起来,这叫做存档。(3) 如果在第 $n+1$ 段中不出问题,则将第 $n+1$ 段存档,注销第 n 段的存档。(4) 如果在第 $n+1$ 段中出了错,就把第 n 段的档,回送到机器的相应部分,然后从第 $n+1$ 段的起点开始重复执行第 $n+1$ 段程序,这就是程序卷回。

通过一个奇偶位的检查结合指令复执或程序卷回,可能获得可靠率提高的估算。

设原系统没有奇偶检查,其可靠率函数为

$$R = e^{-\frac{t}{\tau}}$$

添加了奇偶位之后,τ 值应有所降低,但由于所加器件较少,仅约 5% ~ 10%,奇偶位加复执所增线路的可靠率应为

$$R_f = e^{-\frac{t}{10\tau}}$$

另一方面,根据个别单位的经验,指令复执所能排除的瞬间故障约占全部瞬间故障的 70% ~ 80%,这个比值有待在今后的经验予以进一步明确,另外瞬间故障约占全部故障的 70% ~ 80% 这一数值也属于某些单位的经验之谈,但未经统计,只有作为参考的价值。

设 $OA = t, AM = R, MB = 1 - R = P$(如图 10),$MB$ 代表全部故障,瞬间故障率 $= (0.7 - 0.8) \times P$,瞬

图 10 指令复机或程序卷回对可靠率的提高

间故障中可以"复执"排除的部分 $= 0.8 \times 0.7P = 0.56P$,复执所需线路本身的可靠率 $R_f = e^{-\frac{t}{10\tau}}$。

取 $MQ = 0.56 \times MB \times e^{-\frac{t}{10\tau}}$,$MQ$ 代表着指令复执技术由可靠率上所获得提高,对各不同 t 值,点 Q 的轨迹的方程应为

$$R_F = AM + MQ = e^{-\frac{t}{\tau}} + 0.56Pe^{-\frac{t}{10\tau}} =$$
$$e^{-\frac{t}{\tau}} + 0.56(1 - e^{-\frac{t}{\tau}})e^{-\frac{t}{10\tau}} =$$
$$e^{-\frac{t}{\tau}} + 0.56e^{-\frac{t}{10\tau}} - 0.56e^{-\frac{11t}{10\tau}}$$

有了复执或卷回平均稳定时间将为:

$$(MTBF)_{复执} = \int_0^\infty R_F dt = \left[\tau + 0.56 \times 10\tau - 0.56 \frac{10}{11}\tau\right] \approx 6.1\tau$$

从 τ 值被提高 6 倍及曲线(R_F)的高度来看,应给予指令复执(或程序卷回)以极高的评价,尤其因为所需增添的设备量有限。应当注意到指令复执对固定性故障不能起排除作用,而只能起检出作用。

容错技术应用于存储器,在计算机中存储器发生故障的概率显著地超过运算控制的故障概率,因此在存储器中设置宽裕以检出或自动纠正错误,在一定条件下,可能是比较恰当的,在自动纠错的方案中,当一个具有一位错的字从存储器读出时,在存储器系统内部,立即将它纠正,然后传送到处理器,因此对处理器的操作无影响。我国正在研制中的系列机已采用了这种技术,即便是小型计算机,如果它需要比较长期地无故障运行,也应考虑对存储器进行自动纠错,因此对存储器自动纠错方案的工作原理,应付出的代价与可靠率的提高进行分析,是在设计计算机整体方案时值得考虑的[12]。

工作原理:自动纠错系统不过是奇偶检查的推广,将各信息位分组,对每组添加一个奇偶位。该各奇偶位在写入前自动产生,写入时列于信息字的尾部,例如共有信息位 16 个,$a_0, a_2, \cdots, a_{15}$ 将各信息位分成 5 组,并配以 5 个奇偶位如下。

信息位 奇偶位	a_0	a_1	a_2	a_3	a_4	a_5	a_6	a_7	a_8	a_9	a_{10}	a_{11}	a_{12}	a_{13}	a_{14}	a_{15}
y_0	1	1	0	0	1	1	1	0	0	0	1	1	1	0	0	0
y_1	1	1	0	0	1	0	0	1	1	0	1	0	0	1	1	0
y_2	1	0	1	0	0	1	0	1	0	1	0	1	0	1	0	1
y_3	0	1	0	1	0	0	1	0	1	1	0	0	1	0	1	1
y_4	0	0	1	1	0	0	0	0	0	0	1	1	1	1	1	1

即命

$$y_0 = a_0 + a_1 + a_4 + a_5 + a_6 + a_{10} + a_{11} + a_{12} \; \text{Mod}\, 2$$

$$y_1 = a_0 + a_1 + a_4 + a_7 + a_8 + a_{10} + a_{13} + a_{14} \; \text{Mod}\, 2$$

$$y_2 = a_0 + a_2 + a_5 + a_7 + a_9 + a_{11} + a_{13} + a_{15} \; \text{Mod}\, 2$$

$$y_3 = a_1 + a_3 + a_6 + a_8 + a_9 + a_{12} + a_{14} + a_{15} \; \text{Mod}\, 2$$

$$y_4 = a_2 + a_3 + a_{10} + a_{12} + a_{13} + a_{14} + a_{15} \; \text{Mod}\, 2$$

编码时信息16位来自累加器AC,编码操作为

$$y_0 \leftarrow \Sigma \text{mod}\, 2 \; AC(0,1,4,5,6,10,11,12)$$

$$y_1 \leftarrow \Sigma \text{mod}\, 2 \; AC(0,1,4,7,8,10,13,14)$$

$$y_2 \leftarrow \Sigma \text{mod}\, 2 \; AC(0,2,5,7,9,11,13,15)$$

$$y_3 \leftarrow \Sigma \text{mod}\, 2 \; AC(1,3,6,8,9,12,14,15)$$

$$y_4 \leftarrow \Sigma \text{mod}\, 2 \; AC(2,3,10,11,12,13,14,15)$$

奇偶位 $y_0 \cdots y_5$ 附在信息位 $a_0 \cdots a_{15}$ 之后并写入存储器,读出时共有21位,读到MD后进行译码

$$z_0 \leftarrow \Sigma \text{mod}\, 2 \; MD(0,1,4,5,6,10,11,12) \oplus y_0$$

$$z_1 \leftarrow \Sigma \text{mod}\, 2 \; MD(0,1,4,7,8,10,13,14) \oplus y_1$$

$$z_2 \leftarrow \Sigma \text{mod}\, 2 \; MD(0,2,5,7,9,11,13,15) \oplus y_2$$

$$z_3 \leftarrow \Sigma \text{mod}\, 2 \; MD(1,3,6,8,9,12,14,15) \oplus y_3$$

$$z_4 \leftarrow \Sigma \text{mod}\, 2 \; MD(2,3,10,11,12,13,14,15) \oplus y_4$$

纠错时($z_0 \cdots z_4$)构成指错字(00000)代表合格码 $z_0 \sim z_4$ 的位中若只有 z_i 一位为"1",表明读出的奇偶位 y_i 就有错而信息无错,必须纠正,由前列公式,导出纠错线路如下。

$$AC_0 \leftarrow z_0 \cdot z_1 \cdot z_2 \oplus MD_0$$

$$AC_1 \leftarrow z_0 \cdot z_1 \cdot z_3 \oplus MD_1$$

$$AC_2 \leftarrow z_2 \cdot z_4 \quad\quad \oplus MD_2$$

……

$$AC_{15} \leftarrow z_2 \cdot z_3 \cdot z_4 \oplus MD_{15}$$

代价:增添多数个奇偶位增加了字长,增加功耗增加线路包括编码译码线路示错自动归零寄存器等,另外自动纠错影响存储器的读写周期:写入时由半加器组成的编码器需要对各组中的个数进行按位加,从而产生各分组奇偶位然后才写入,读出时要对各奇偶位形成的指误字进行检查,必要时对错位进行纠正,然后才能将数据送向处理器,这将使访问时间,读写周期增加30到150 ns。

好处：一位错的纠正能够有效地提高可靠率。为了精细地估算提高数字，有必要区别"硬错"与"软错"，字间的错或位间的错，另外还要明确"故障率"的含义，放弃笼统的、不变的"平均无故障"运行时间(MTBF)的概念，同时还要考虑到自动纠正一个固定性错误时采取什么措施。

有些错是不能纠正的，例如输入/输出有错，在未产生纠错奇偶码以前信息就有错，或者在纠正错误之后又出错。又如选字译码器的故障导致读错了字或将一个字写入错误的地址，像这样一些字与字间的错也属于总的故障率组成部分。

至于位间的错，也就是奇偶位能够纠正的错，要考虑它能影响到的字数，如果存储体分成小块，一个单个的错只会影响到一个分体内的字，若各分体共用一个数码寄存器 MD，MD 的一位故障将影响到全部字。

只要存储器的其他部分无故障，这些错都能得到纠正，但如果已经有了影响到很多个字的固定故障，当第二个故障发生时，在同一个字中发生两个故障的概率显然会上升。

故障率分析：假定一个半导体存储器具有 128 K 字，每字 16 位，由 4 K 位的片子组成，共 512 片。

假定所有故障都是硬错，每个错影响到系统中全部字的 5%，器件的故障率为每 1 000 小时 0.01%。

如果没有纠错装置，在 1000 小时内，总的故障率将为 $512 \times 0.01\% = 5.12\%$，也就是说平均稳时间为 $\frac{100}{5.12} \times 1000 = 19.53$ 小时。

采用单故障纠正时，字长变为 21 位，在第一个 1000 小时内出单个错的概率上升到 $21/16 \times 5.12\% = 6.72\%$，但这些错将被自动纠正，处理器将感觉不到。只有在同一个字中出现第二个错时计算机才会见到错。

既然典型的固定错影响到地址场的 5%，这 5% 的字成为易于产生第二固定性故障的地区，因为第二故障也有它 5% 的影响范围。这样，先后产生的两个固定性故障重合在一个字上的概率将是 $2 \times 5\% = 10\%$。

第二个故障产生的概率，因为它只能产生在剩下的 20 位，应当是 $20/16 \times 5.12 = 6.4\%$。综合以上三点，在运行的第一个千小时内，两个独立的固定性故障重合于一个字的概率应当为

$$6.72\% \times 6.4y \times 10\% = 0.043\%$$

它相当于

$$\text{MTBF} = 100/0.043 \times 1\,000 = 2\,420\,000 \text{ 小时}$$

比没有纠错系统的 MTBF 19.530 大两个数量级。

以上分析，对于固定性故障的影响范围，对于它的分布情况是很敏感的。显然，如果第一故障影响到存储器的每个字，第二个故障，即便是偶然性的故障也将形成在一个字内的双重故障即不能纠正的故障，而且在出现了第一个固定性的故障之后，新的故障率将比没有纠错的存储器的更高，因为位数是 20 而不是 16。

以上分析只适用于最初的 1 000 小时，即不存在一个固定性的、被自动纠正的故障的一段时间，随着运行时间的延长，已发生一个故障的概率按指数规律增长，既然产第二个故障的概率是常数，产生双重故障（即不能纠正的故障）的概率也将按指数规律而上升。在上述的例中，最初 1 000 小时的故障率为 6.72%，在运行 5 000 小时之后，一个"透明"的，即被自动纠正的固定性故障已经发生的概率大致是

$$1 - (1 - 0.067\,2)^5 = 0.294 = 29.4\%$$

在第六个千小时内，出现双重故障的概率将是

$$29.4\% \times 6.4\% \times 10\% = 0.188\%$$

失效将上升 $29.4/6.72 \approx 4.4$ 倍，即 MTBF 将缩短到 23%。

实际上，在两个或多数个不同的字中产生单个的固定故障也有一定的概率。尽管这些故障能够得到自动纠正，它们使发生双重故障的概率上升。

自动纠错的主要优点在于纠正瞬间单故障而不留痕迹,但如果存储器中已经存在着较多的固定单故障,一旦与瞬间单故障重合,即变为不能纠正的双重故障。为此,要通过定期修理来消除固定单故障,也可以从以上分析出发来决定设计存储器时要不要采用自动纠错技术。

(参考文献略)

附

陈光熙教授大事年表

1903年5月21日	出生于安徽省安庆市桐城县,祖籍浙江省上虞县。
1909年至1911年	进入安庆县前小学学习。
1911年至1914年	进入上虞县高小学习。
1915年至1919年	进入浙江绍兴第五中学学习。
1919年10月至1920年5月	进入上海中华职业学校学习。
1920年	赴法国勤工俭学,做过钳工等。
1920年7月至1920年10月	进入法国公弗朗中学学习。
1920年10月至1920年11月	在法国里昂待业。
1920年11月至1921年1月	在法国维齐尔机械厂任钳工。
1921年1月至1921年4月	在法国里维水电厂任钳工。
1921年至1922年	在法国都鲁士大学机械专科学习,用一年的时间完成三年的课程,以优异的成绩毕业并获得农业机械师学位。
1922年10月至1923年4月	进入法国巴黎机电大专学校学习。
1924年10月至1929年7月	在比利时鲁文大学机械采矿系学习并获机械土木采矿工程师学位。
1929年7月至1930年7月	在比利时鲁文大学地质系学习并获地质学工程师学位。
1930年9月	返回祖国。
1930年10月	在上海劳动大学任教,担任讲师。
1931年1月	在青岛东北海军讲习所做课程翻译。
1931年10月	在河南开封第一师范担任理化教师。
1932年8月	任北京辅仁大学附中数学教师。
1933年9月	被北京辅仁大学聘为数理系讲师。
1934年9月	任北京辅仁大学副教授,同年《高次平面曲线》一书由传信书局出版。
1936年	《向量分析》一书由北平辅仁大学出版。
1938年9月	任北京辅仁大学教授。
1946年5月	任北平高级职业学校校长。
1949年5月	任北京重工业学校校长。
1952年9月	担任北京机械厂工程师。
1952年11月	担任北京第一机械工业部工厂设计局总工程师。
1956年2月	担任北京第一机械工业部工艺研究院总工程师。
1957年	受李昌校长委派,主持仪器制造系工作的曾光碧副主任和人事处副处长李景煊同志专程赴北京,聘请第一机械工业部设计局陈光熙教授来校担任计算机专业的学科带头人。陈光熙教授毅然放弃北京舒适的家庭环境和优越的工作条件,来到哈尔滨工业大学,担任哈尔滨工业大学计算机教研室主任,创办了哈工大计算机专业,使之成为国内最早建立的计算

	机专业之一。
1958 年	主持研制出我国第一台能说话、会下棋的数字计算机,在科学界引起极大反响。同年,举办全国第二届计算机培训班,培养出国内第一批计算机专业方面的硕士生。
1959 年 4 月至 1964 年 12 月	当选为第二届全国人民代表大会代表。
1964 年	由陈光熙教授领导研制的小组用国内首创的全新工艺,制造出我国第一批多孔磁芯及超小型磁芯。该"磁芯制造新工艺"成果在国家计委、经委新产品展览会上荣获新产品二等奖并获国家级科技进步二等奖。
1965 年	带领小组研制成功容量为 512 字 40 位的存储器,其读写周期短到 1.5,比国内已有存储器的存取速度提高了 4~5 倍。10 月,该存储器在"全国仪器与新工艺展览会"上展出,受到了计算机学术界与工业界参观者的广泛好评。后来,又成功开展了"碾压成带,胶冲成芯"的磁芯成型工艺实验,很快在国内推广,并在 1967 至 1980 年 10 多年的时间里,支持了我国高速度大容量存储器的研制以及晶体管计算机和早期小规模集成电路计算机的生产。
1974 年	主持研制成功我国首台具有冗余技术的容错机,编写了《容错计算机系统设计方案》、《自纠错自诊断计算机》及《容错计算技术》等讲义资料,并合编著《数字系统的诊断与容错》一书。
1978 年 2 月	当选为第五届全国人民代表大会代表。
1978 年 5 月	担任哈尔滨工业大学副校长。
1981 年	哈工大"计算机组织与系统结构"学科被国务院批准为首批博士生授予单位,陈光熙教授被评为博士生导师。
1983 年 6 月	当选为第六届全国人民代表大会代表。
1988 年	主持研制了"TDM 模型系统",获航天工业部科技进步一等奖。
1991 年 12 月 6 日	88 岁高龄的陈光熙教授终于如愿以偿加入中国共产党。
1992 年的 6 月 20 日	陈光熙教授逝世,享年 89 岁。

学术团体任职情况:

1. 中国计算机学会　　理事
2. 中国电子学会　　理事
3. 黑龙江省电子学会　　理事长
4. 哈尔滨市电子学会　　理事长

洪晶 篇

洪晶教授（1917-2003）

洪晶1949年于美国

洪晶先生

洪晶20世纪50年代在实验室里

1949年洪晶（后排中）与著名数学家陈省身（前右二）等合影

1988年洪晶与中科院院士王大珩相聚

1986年洪晶与中科院院士谢希德合影

一代师表

1990年洪晶在拍摄《物理学绪论》电视教学片现场

洪晶在会上发言

1997年祝贺洪晶80寿辰老同志合影，前排左起马祖光、洪晶、孙瑞蕃、史福培

1993年，洪晶在观察"激光焊点检测仪"

2007年6月17日，物理系学生代表为洪晶先生塑像献花

闪光的人生

风光的主人

物穷其理毕生尽　一代师表丹心鉴

——记物理学家、教育家洪晶教授

刘忠奎

用"先生"称呼一位女性,这是对她的品德与事业的一种肯定与认同。在哈工大,就有这样一位"女先生"——洪晶教授。当我们走进理学楼大厅,首先映入眼帘的是一尊古铜色的雕像,她深邃的眼神坚定地远望前方,和蔼的笑容散发着无穷的魅力,让人感到一种温暖、一种上进的力量,她就是令哈工大人尊敬的洪晶教授。

岁月如歌,光阴荏苒,洪晶虽逐渐远离了人们的视线,但她对祖国与人民深沉的爱、对祖国教育事业的执著和无私的奉献……却始终铭刻在人们的心中,激励着一代代奋发有为的后人开拓进取,力争上游。

上下求索鸿鹄志　愤舍学业思报国

洪晶原名洪晶晶,1917年3月4日生于北平(现北京),祖籍福建闽侯。她的外祖父是当年有名的商务印书馆负责人高梦旦先生。她的父亲洪光昆(字观涛),早年加入中国同盟会,后投身于辛亥革命,辛亥革命胜利后功成身退,曾到比利时、法国留学,完成未竟的学业,学成回国后,一直在铁路界工作,曾担任过西安铁路工程局局长。她的母亲是很有素养的知识型家庭妇女,中学文化。良好的家庭教育深刻影响了她的一生。洪晶从小和弟妹在家跟家庭教师学习小学课程,1926年插班进入培元小学六年级,后入北平贝满中学学习并毕业。

20世纪初期,反封建、反专制的新文化运动及西方民主、科学的近代思潮传遍中国大江南北,涤荡着国人的思想。少年时代的洪晶,深受当时爱国、进步思想和民主、科学精神的陶冶。她敬重父亲是老同盟会员,对父亲为"中华民国"建立"抛头颅,洒热血"的大无畏革命精神钦佩不已,立志成为追求进步光明、报效祖国的人。

在洪晶的辛勤努力下,1933年,她以优异的学习成绩,被保送到燕京大学物理系,是班里唯一的女生。洪晶所入学校是基督教教会学校,教学认真,要求严格,为洪晶打下了良好的物理功底。她的导师是当时著名的物理学家、教育家谢玉铭。在导师的指导下,她的物理知识有了突飞猛进的进步,为她日后从事物理教育打下了坚实的基础。读书、做实验几乎成为洪晶每日的必修课。勤奋上进、拼搏进取的洪晶深深印刻在谢玉铭的脑海中。谢玉铭的女儿、原复旦大学校长、物理学家谢希德教授在院士自述中谈到:"父亲经常谈起物理系几个高材生,特别是有几位诸如洪晶等出色的女性,引起我对物理学的兴趣,树立了女性也可以学好物理的信念,决心以她们为榜样,勤奋读书。"在谢玉铭的指导下,洪晶完成了论文《照相

洪晶1936年于燕京大学校园

显影液的吸收光谱》，并于1937年获得理学学士学位，顺利毕业。由于洪晶崭露出的科研能力，燕京大学在其毕业后授予其斐陶斐荣誉学会会员证。

洪晶与当时的热血青年一样，并不是"两耳不闻窗外事，一心只读圣贤书"，而是进步向上，追求光明，积极投身到爱国救亡运动中。当时，燕园的政治空气很浓厚，洪晶深受熏陶与影响，并融入蓬勃发展的爱国学生运动洪流中去。1935年冬季，中国爆发了一二·九学生运动，很多学生参加抗日救国示威游行。洪晶对"中华民国"国民政府的软弱无能与消极抵抗外侮的政策深恶痛绝，参加了校内纠察队，并两次走上街头参加抗日救国学生示威游行。她与同学们振臂高呼："反对华北自治！""打倒日本帝国主义！"有一次示威游行，为了预防进不了城，她前一天下午就到城里的北平大学工学院寄宿。第二天清早，她和同学数十人参加到游行队伍中，后被警察用皮带驱散。在皮带与鲜血的浸染下，洪晶对国民党的黑暗与腐朽更加痛恨，科学救国、教育救国的信念更加坚定。

洪晶本科毕业后原打算读研究生继续深造，同时做助教，但适逢"七七事变"，日本的魔爪已经染指北平，局势动荡不安。迫于当时形势，洪晶离京回到西安家中。在风云变幻、时局动荡的年代，她完全可以赋闲家中，不从事任何工作，也可以生活无忧。"位卑未敢忘忧国"。她在辗转流离中，亲眼目睹了国民政府的腐败与投降主义，深感国家没有前途，有责任为国家做点事情。1937年，太原沦陷后，洪晶举家避难于成都，在危局下她还胸怀教育救国的思想，积极投身于教育工作，在成都华美女子中学及成都护士学校教物理课。当时，刚毕业的洪晶的年龄比学生大不了几岁，初次担任教师，她对待学生有一股热情，认真批改作业，与学生建立了融洽的关系。1938年初，她有幸去昆明西南联大做科研工作。离校前，学生们纷纷用热情的语言写了许多纪念卡片、纪念信送给她，亲切地称她为姐姐。"我很受感动，短短几个月奠定了我一生教育工作中师生关系的基础。"洪晶回忆从事教育最初年代时说。她来到昆明西南联大物理系后，利用中英庚款资助进行科研，研究导师是霍秉权，科研方向是研制探测宇宙射线的云雾室。洪晶同时旁听周培源、吴大猷、叶企孙、王竹溪等教授的课，这些人都是当时响当当的物理学家与教育家。洪晶如饥渴的禾苗一样从他们身上汲取着渊博的知识，灌溉自己的知识园地。洪晶在担任重庆南开中学物理教师时，在教学方面颇有名气，深受学生欢迎与喜爱。当时这些中学生只知道她大学毕业不久，资历不深，但她的才华、仪表、高贵的气质使他们，特别是女生部的学生们钦佩不已。东北林大的祖容教授还清楚地记得：一次全年级的物理总结大课，洪晶不畏酷暑，把学生们半年学的课程用3个小时总结了一遍，讲得深入浅出，生动活泼有趣。不少学生首次听她的课，其感受就像卢国琦教授所形容的"要做老师就做洪晶这样的老师,要做人就得有洪晶这样的仪表、品德、气质。"当时,重庆南开中学的物理、化学、生物3门课都在离实验室很近的专用阶梯教室上课。每次上课前,洪晶都提前做好准备,认真写教案和安排示范实验,讲课字字清楚,句句生动,条理分明,还用英文介绍名词术语。

在动荡不安的多事之秋,洪晶对知识的渴望与追求从没有停下奋进的脚步。1939年夏,她考入清华大学研究院做研究生。一年后离校到重庆南开中学教物理。1940年教高中三年级和初中二年级的女生班。南开45级毕业班同学离校后,每年出数期"四五形影"杂志,他们都会把每期杂志邮寄给洪晶。至今,在她的书架上我们还可以看到这些承载着南开人思想、智慧与情感的杂志。

也许是前世之缘今世续。1941年,洪晶遇到了相知相爱的人,他就是刘恢先。9月7日,洪晶在桂林与刘恢先结婚,从此两人开始了"执子之手,与子偕老",相濡以沫的一生。刘恢先当时是黔桂铁路局龙里分段段长。婚后,两人一同先到广西宜山,后去贵州龙里工作,洪晶在龙里应钦中学担任了两年物理、数学教师。

八年抗战路漫漫,这期间洪晶先后来到8个地方任教,以自己的知识、青春、热情,以对祖国深沉的爱,以自己的实际行动,教育、感染着一批批祖国的"希望"。

出国留学,教育救国,学习国外先进的科学知识、科学技术为我所用,这是当时很多知识分子的救国愿望。1944年下半年,洪晶恰好得到了出国留学的机会,她投考了美国租借法案款下设立的美国实习生,被录取为理化仪器组实习生。由于当时中国上海、广州等地已被日军占领,1945年6月,洪晶离开重庆,经宜宾转换

洪晶1940年于昆明

乘运输机到印度,后由加尔各答乘美国运兵船,经印度洋、地中海、大西洋一路辗转来到美国纽约,用时约一个月之久。虽然一路奔波劳累,但是为了中华之崛起而读书的理想是任何困难都阻挡不了的。1945年8月15日,日本宣布无条件投降,中国艰苦卓绝的八年抗战终于取得胜利。洪晶听到这一振奋人心消息时,欣喜若狂,为祖国欢呼雀跃。

留学美国期间,洪晶目睹了西方先进的科学技术与雄厚的科研实力,内心受到了强烈的震撼。她清醒地认识到"落后就要挨打"的惨痛经验与教训。与中国每一位知识分子一样,她想要用自己的知识、智慧、努力与汗水,实现中国科学研究的飞跃,实现中国国力的腾飞。

在国外,有些时候中国人会遭到嘲讽与冷遇,洪晶也不例外,但是她从不与之计较,而是以学识、大度与宽容赢得别人的尊重和对中国的重新认识,她也因此与许多美国人建立了平等的友谊。

洪晶到华盛顿后,因找不到理化仪器组的实习场所,就转到罗彻斯特大学光学学院学

习,1946年6月获得应用光学硕士学位。随后,她又被教授介绍到罗城柯达公司照相机镜头工厂实习了一个月。此前,洪晶参观过美国东部的两个大厂和加州理工学院当时美国最大的反射望远镜以及国家标准局的试验室,这些经历为其日后从事科学研究开阔了视野,积累了经验。

1946年回国后,洪晶到江苏镇江医学院任副教授,教授物理。

"书山有路勤为径,学海无涯苦作舟"。1948年夏天,洪晶再次赴美留学,入华盛顿天主教大学上了两个学期课,1949年9月搬家到托埃城,入伦塞勒理工学院做研究生,攻读博士学位。一年半的时间里,她通过了博士学位所需要的各项考试,并开始做博士论文。洪晶天资聪颖,学习十分刻苦,原来的基础又好,是一个很有希望在学术研究上获得成功的留学生。

正在她的博士论文研究课题紧张进行的时候,传来了"中华人民共和国成立"这一振奋人心的消息。洪晶深受鼓舞,她认识到中国共产党领导中国人民进行的革命事业是伟大的事业、正义的事业,有着光明的前景,也使在美国的中国人感到十分自豪。她的心飞向了祖国,听到了祖国的声声召唤。她加紧博士学位论文的研究工作,准备尽快归国参加到新中国的建设中来。

1950年,美国悍然发动了朝鲜战争,并将战火燃烧到我国鸭绿江边。中国出兵抗美援朝。洪晶夫妇义愤填膺,对美国霸权主义的强盗行径深表痛恨,对祖国拳拳的爱国心被激发了出来。保卫新中国、保卫刚刚诞生的社会主义政权,成为每一个有良知的炎黄子孙的共同心声,洪晶也不例外。虽然她很快就将完成学业,顺利拿到博士学位,但她和丈夫毅然决定

洪晶、刘恢先夫妇在回国的船上

放弃国外优越的物质生活和博士学位,回到祖国母亲的怀抱。祖国高于一切,新中国更需要他们!当时,美国政府千方百计想扼杀新中国,限制中国高级知识分子回到祖国怀抱,政策也变得更加严厉,回国的希望变得扑朔迷离。但他俩心意已决,归心似箭,在国内亲人的帮助下,破除种种阻力,经香港、澳门奔波辗转回到广州。

回国后不久,洪晶开始了在大学从事物理学教育的历程。1951年,清华大学聘请刘恢先为教授,洪晶则接受高教部的安排,到刚刚被政府接管的辅仁大学物理系任副教授,代物理系主任。多年来,这个学校的物理系由一个德国人任系主任,以他的主观意志维持系务,导致物理系的学术水平没有进步,师生关系涣散,处于危机之中。洪晶到任后,关心学生,以平易近人的作风与全系教师见面,主动联系沟通,了解各方面情况与存在的困难,并立即着手培养青年教师。她又找老教师恳谈,调动他们的积极性,多次举行周末欢聚,营造团结向上的工作氛围。很快,系里消极涣散的局面改变了,教师队伍空前和睦团结。在那时,能这么做的系主任并不多见。当时,洪晶家住清华大学,来往交通甚为不便,家中还有个两岁的儿子,但她坚持每天挤车来上班。大家看到这样一位刚从国外回来的文弱女学者,对工作充满热情和负责任,深受感动,工作积极性大大提高。

同时,洪晶还注重教学质量与教材建设。她认为要提高教学水平,教材建设很重要,而那时的讲义等都很不规范,讲课教师自己有一本手抄讲稿,上课时抄在黑板上,学生跟随着抄,效率低下而且容易出错。为了提高讲义质量,洪晶添加了一名女职员,专事誊写、油印讲义、公文,使系里的教材、文书工作质量大为提高。

当时,辅仁大学电子学教授因故离职,缺人授课,她便与该课程的负责教师急忙到北京大学物理系请吴存亚副教授来辅仁兼课。当得知吴存亚教学任务繁忙,时间不充裕的情况后,她立即与北京大学联系,让辅仁大学的学生到北京大学物理系合班听课。因为两校相距不远,这个方法可行,从而减轻了吴存亚的负担。洪晶想出的这种办法,在那时是很新奇的,除在抗战时有联合办学外,平时很少见。在她以后许多细致的教学工作中,洪晶也始终贯彻着大胆改革、勇于创新的精神。

1952年,全国高校正在进行院系调整工作,转向学习苏联教学模式。当她得知清华大学全校已兴起学习俄语的热潮后,审时度势,将学习俄语作为重要事情来抓,提倡每位教师,特别是青年教师学习俄语,以便阅读、了解苏联教材、资料文献等。她还派专人去清华大学取经,参加《速成俄语》培训班,在北京师范大学(辅仁大学于1952年并入北京师范大学)掀起了学习俄语的热潮。

新中国成立后,百废待兴、百业待举。为配合国家经济建设和国防建设,1952年,中国科学院委派刘恢先教授到哈尔滨,创建我国第一所土木建筑研究所(后改为中国科学院工程力学研究所)。为了支持爱人的工作,为了社会主义祖国的建设,洪晶陪伴刘恢先来到气候、物质条件相对较差的哈尔滨,从此在哈工大一直工作生活了整整51个春秋,将自己的青春与热血献给了哈工大,献给了祖国的教育事业。

扎根黑土心所愿　　勇攀学术最高峰

1952年的仲夏,洪晶一家3口人乘火车北上,在汽笛的轰鸣声中来到了北国冰城哈尔

五六十年代科学研究工作中的洪晶

滨。洪晶来到哈工大后,担任物理教研室主任。当时,物理教研室只有4个人,主要从事物理教学工作,没有科研项目。她和其他同志一样,每周至少要讲6学时大课,多则十几学时,但她从未觉得苦与累。

洪晶十分注重教学质量与教材建设。她认为要提高学术水平,教材建设很重要。当时,物理系资料室专业书籍陈旧,并且数量极少,很难满足教学、科研要求。于是,她积极筹措资金,并将日后获得的几千元的石山麟奖金捐给了物理系资料室,用于购置图书、资料。同时,她还将自己多年积累的大部分图书、资料献给了哈工大图书馆和物理系资料室。像这样的事情,在她的一生中还有多次。她还结合自身研究的课题,将科研成果编著成书。经过几年的搜集整理资料与认真撰写,由她编著的教材《固体的力学和热学性质》,1964年由人民教育出版社出版,先后再版3次。她主持编译了《物理学概论》等多部译著,促进了物理教研室的学术水平的提高。

在应用物理系光学学科的发展过程中,洪晶把建设一流的光学学科作为头等大事,把师资队伍建设作为重要的任务。上世纪50年代,学校办学规模迅速扩大,物理基础课的师资力量显得更加单薄。为了加强师资队伍建设,弥补缺编人员,学校一方面引进校外优秀综合院校毕业生来校工作;另一方面大胆创新,从各专业二、三年级中抽调一批基础较好的学生作为后备教师培养,先在校内补学几门物理专业的基础课,然后送到北京大学、清华大学、南开大学、南京大学等校代培。这些学生大多来自56级、57级的学生,一般经过短暂的培训与学习后,就被分配到物理教研室作为助教。由于他们当时年龄大都在20岁左右,被形象地称为"小教师"。对于这些"小教师"的培养,洪晶付出了许多心血。

"小教师"为尽快适应教学要求,进行了刻苦的学习与钻研。"我们7月份到物理教研室报到,9月中旬就开始上习题课。由于我们之前都只是很皮毛地学了一些粗浅的物理学相关知识,所以暑假我们都没有回家,一边阅读自学物理学相关课程,一边在洪先生和皮老师等老教师的辅导下,做大量习题,锻炼自己的解题能力与分析问题能力,每个人都付出了很大的努力。"曾是"小教师"的耿完桢教授说。

虽然当时"小教师"们满腔热忱,情绪高涨,但是毕竟他们物理学还没有学完,经过简单的培训和紧张的备课,马上要走上讲台,心中还是忐忑不安,感到力不从心。这时,洪晶向他们投来的是鼓励的目光。

如何使这些当时的学生能够在短时间内迅速成长为合格的助教?如何使一些只是初步接触物理学的学生尽快成为有一定基础的物理学的"老师"?洪晶与老教师商量后,为"小教师"制定了培养方案,并进行了合理安排。由于当时的"小教师"大多都是学工的,洪晶特别重视对他们的理科培养。除了在教学实践中学习外,她亲自为这些"小教师"制定了物理课程的学习计划,亲自为他们讲授"电动力学"、"固体物理"、"量子力学"课。有时为了教学,洪晶不得不放弃自己的进修。洪晶像辛勤的园丁一样,精心培育着这些充满希望的"小教师"。关孟齐、耿完桢等一批批小教师逐渐成长起来,成为她的得力助手。

同时,1958年抽出来的56级的大部分学生都被送到北大物理系插班学习,1959年及以后抽出来的学生在1962年前后也陆陆续续地被派到北京大学、清华大学、复旦大学、武汉大学等全国高校进修,时间一般两年左右。这样,"小教师"经过初步的培训与进修,具备了做助教的基本要求,能够承担起一部分物理基础课教学任务。

1962年,分配到物理教研室的校外师资数量逐渐多了起来,为教师进修提供了可能性。为了打造一流的师资队伍,洪晶积极支持"小教师"进修学习,并利用个人关系主动与校外其他理科高校联系,为教师进修创造条件。这3批抽调出的学生日后逐渐成长为我校物理基础课教学的中流砥柱。当时,"小教师"们承担着全校基础课教学近1/3的工作量与实验教学,发挥着重要作用。

提起这一切,洪晶不无欣慰地讲:"我想特别强调,50年代,我在哈工大物理教研室看着成长的那批'小教师',如今,他们有的人已成为知名的教授、学者、博士生导师、学术带头人及各级领导。"这些当年的'小教师',一直以洪晶为楷模,像恩师一样,眷恋哈工大这片神圣的园地,继续发挥余热;有的返聘回系里上课,或者担任学校的教学督导组专家,为学校的教学上水平、上质量、上层次挥洒着余热。

在抓师资队伍建设的同时,洪晶带领其他教师开展科研工作与学科建设。自20世纪60年代始,洪晶先后从事半导体位错缺陷和激光全息和信息处理及光学双稳态等方面的研究

洪晶(中排右五)当年与小教师们在一起

工作,发展了激光全息无损检测方法。她所领导的课题组曾对玻璃筒的全息无损检验、固体火药柱包敷层脱粘裂缝检验(红外和全息)、焊缝时效检查、白光再现彩虹激光全息特性分析、电光混合型光学双稳、印刷线路板激光全息检测等课题,进行了卓有成效的研究和开拓。在科研历练下,课题组成员科研能力得到了锻炼与提高。1964年前后,洪晶带领课题组创办了金属与半导体位错固体物理研究室,对硅中位错方面进行了深入的研究,研究成果居当时国内领先地位,并多次荣获各类科研奖项与荣誉。她还同合作者在《物理学报》上发表了《硅中位错与腐蚀的对应关系》等9篇论文,提高了我校在国内金属与半导体位错固体物理研究方向的学术地位。

洪晶常常深入实验室,与课题组成员,一起讨论、一起制订方案、一起做实验、一起分析实验结果,并聆听、采纳他人的意见及建议,不断改进实验方法,攻克科学研究上一座又一座险峰。在她的带动与建设下,哈工大固体物理研究室很快发展成为半导体器件专业,并在日后的半导体材料与工艺方面获得了重大科研成果。她带领课题组从半导体材料缺陷入手,发展了一种提高半导体器件成品率的新技术,从而获得了很大的经济效益。这一技术获四机部科研成果一等奖。这期间,由于洪晶在教学和科研方面的突出成就,曾先后荣获全国"三八"红旗手和全国教育系统劳动模范等荣誉20余次。

天有不测风云。一场突如其来的暴风雨袭来——"文化大革命"爆发,半导体固体物理研究室受到了冲击破坏,有些教师受到批判,洪晶也难以幸免。在艰难困苦面前,她没有对前途失去信心,更没有悲观动摇,而是千方百计地带领同事们坚持搞激光全息和光学信息处理技术等研究工作。

"文化大革命"结束后,洪晶坚持将分散在全校各专业的物理老师找回来。有的物理教师不愿回来,害怕后来没有机会搞科研,一辈子教普通物理。洪晶就耐心细致地做工作,并努力创造条件让大家既搞教学,又搞科研。由于当时科研经费十分紧缺,仪器设备缺东少西,很难正常展开科研工作。关键时刻,她慷慨解囊,用自己的工资购买了全息照相的防震器材,使科研工作顺利开展。她还发挥自己的特长,申请到激光全息无损检测科研课题。在她与课题组的努力下,逐步开拓了激光全息和光学信息处理的学科方向,组建和培养了从事此方向研究的研究队伍。为了调动年轻人参与科研的热情,她积极支持红外热扫描无损检测和超声无损检测等其他学术方向的研究,在此基础上,形成了非线性光学和光计算、红外与激光雷达、激光全息和隐身材料等研究方向,并在该领域取得了一系列有影响的科研成果。她用科研成果和物理教学的整体提高,驳斥了物理教师没有必要和没有能力搞科研的论调,用事实证明了物理教师是可以把教学和科研很好地结合起来的,而且两者都能做得精彩。

洪晶为了中国物理科学的进步,始终不渝地在登攀、在跋涉,去征服"无限风光在险峰"的科学高峰。为了开拓科学的新领域,她善于和周围的一切人协调合作、齐心拼搏。洪晶的家犹如一个磁场,把物理教研室的老师们都吸引过来。晚饭后、星期日,洪晶的家里经常聚集着教研室的老师们,讨论实验室的建设、课题的进展情况及科研中遇到的问题……有些时候夜深了,洪晶家客厅里的灯光还在亮着。

与此同时,洪晶顺应潮流,为培养后备师资做准备。全国刚恢复招收研究生时,她经过调查研究、认真分析,大胆地一次招收了9名研究生。而对这9名研究生,洪晶殚精竭虑,精心培养，亲自为研究生教授光学原理、近代光学、全息学、非线性光学等课程。为了提高研究生的英语水平，洪晶为他们选用英文原版教材，用流利的英语为研究生上课。在课堂上，她还经常与他们对课程中的问题进行认真的讨论。这批成长起来的研究生为以后哈工大物理系的建立，奠定了厚重的基石。

20世纪70年代末，在恢复和建设物理实验室的过程中，洪晶身患疾病还四处奔波，力争赶上当代物理科学发展的前沿。在她的倡导与支持下，哈工大物理系建立了激光全息研究室，主攻方向是用全息的方法进行无损探伤。她与课题组同志合作创造了固体火箭发动机药柱包覆层界面脱粘缺陷的真空加载全息无损检测法。此外，在洪晶的直接指导与支持下，哈工大在国内最先开展起光学双稳态的研究工作，在混合型光学双稳器件及其应用研究，光学双稳态的静态、动态特性与混沌行为的研究、染料热光双稳性研究等工作中取得了一系列可喜的科研成果，居国内领先地位。洪晶与课题组在国内各学术会议、7个国际学术会议上以及国内外多种学术刊物上，发表学术论文40余篇。这些成果对我国光学双稳性及非线性光学研究起到了积极的推动作用，在国际上产生了一定的影响。1982年，她被邀请参加国际光电子学术会议，宣读了关于光学双稳性研究的学术论文。1984年7月，已经多病的洪晶还亲自主持了在镜泊湖举行的第二届基础光学学术报告会议及在哈尔滨举行的第一届光学双稳态学术讨论会。

20世纪80年代初，洪晶主持了印刷电路板焊点质量检测的激光全息方法的原理性实验研究。1982年暑假，已过65岁的洪晶，身体不太好，手还伴有颤抖。那年的夏天特别炎热，持续高温不退，可是她每天都会到物理楼课题组实验室做实验，与其他课题组成员一起试验用相关方法检测印刷线路的焊点，一起讨论实验结果。在6平方米的暗室里，又闷又热，人在里面大汗淋漓，其他课题组成员请洪晶出去休息，她就是不出去，一定要观察显影的过程，以便分析出现的问题。科研中的不少试验，都是在暗室中进行操作的，常常受到激光的照射，有损于身体的健康。一位女教师知道洪晶的身体不好，关切地劝她少到实验的暗室来，洪晶说："我即使不操作，在旁边观察观察也好。"1986年的寒冬时节，洪晶从千里之外的上海复查病情回到哈尔滨。第二天，她就邀请科研课题组的成员到自己家里来，进行课题攻关方案的研讨和部署。"从她的言行中，亲身感受到'德高望重'这几个字的含义。她具有崇高的道德情操、严谨的科学态度……她是我们学习的榜样。"姜铃珍教授这样说。

"众人拾柴火焰高"。在课题组成员的共同努力下，印刷电路板焊点质量检测的激光全息方法的原理性实验研究成果获航天工业部科技二等奖。1986年，洪晶参加了在北京召开的激光全息应用国际会议，宣读了论文《印刷电路板焊点的激光全息检测》，受到与会者的高度关注，后刊载于SPIE文集。

几年后，在原理性实验的基础上，课题组还与其他专业教研室协作，研制成功了印刷线路板焊点全息自动检测仪。设备一直在航天工业部有关厂家运行，为提高中国航天电子装备的可靠性做出了贡献，获得航天部奖励，并取得专利权。同时，在这个项目的研究中有光学等3个专业的3名博士生完成了学位论文。

20世纪80年代以来，洪晶依然没有停歇跋涉的脚步，向着更高的目标前进。她的研究领域广泛涉及光学信息处理及非线性光学的多个前沿课题，并指导多名博士生从事有关研究，完成了国家"863"高技术研究课题和"九五"规划中的光波导互联技术的研究课题。其中

"电子计算机芯片光全息光互联技术"获航天工业部科技成果二等奖,另一项成果发表在《高技术通讯》中。她指导博士生的其他课题研究,如"光折变晶体在光学神经网络处理器中的应用"、"双载流子——多重陷阱能级光折变理论与实验研究"、"闪锌矿半导体带隙区非线性光学性质的研究"、"HOPFIELD型光学神经网络的研究"等,也取得了成果。

"绳锯木断,水滴石穿",在洪晶的领导与指导下,在全体物理教研室成员的共同努力与拼搏进取下,物理教研室确立了在全国工科院校基础课教学与科研上响当当的地位,取得了令人瞩目的成绩。半个世纪以来,哈工大物理教研室由上世纪50年代的4名教师发展到如今拥有教职工130多人和相应专业学生的物理系,由50年代主要从事教学工作,到如今拥有"大学物理教研室"、"理论物理教研室"、"实验物理教研室"、"基础物理教研室"、"专业物理教研室"等5个教研室和"辐射与材料研究室"、"激光全息研究室"、"高能物理研究室"、"非线性光学及信息处理研究室"、"红外技术研究室"、"光学信息处理研究室"等6个科研方向的教学、科研体系。由她倡导和组建的信息光学和非线性光学,成为我校物理系光学学科的基本发展方向。

1981年,哈工大建立了国内首批博士点——光学博士点,是当时全国5个光学博士点之一。1985年,我校成立了应用物理系(2005年更名为物理系)。1987年,光学博士点被确认为全国首批重点学科,并一直保持至今。光学学科也是我校至今为止唯一的一个理科国家重点学科。1986年,物理系又建立了"粒子物理与原子核物理"二级学科硕士点……物理系在喜悦中收获成功,在拼搏中超越目标,在坚持中实现飞越。物理系的发展与辉煌,到处倾注着洪晶辛勤的汗水,凝聚着她的心血,饱含着她的拳拳爱心。

洪晶教授在工作中

"文化大革命"结束后,全国物理教学没有统一的要求与规范,建立我国高等工科院校基础物理教学基本要求和规范,指导建设我国高等院校基础教学就显得迫在眉睫,刻不容缓。由于洪晶在全国物理学界享有较高的地位与学术水平,以及多年来在工科院校基础物理教学上的实践与改革经验,1979年,教育部国家教委聘请洪晶担任国家教委高等工业院校物理教材编审委员会副主任委员,协助教育出版社编审教材。

从1982年起,洪晶按教育部郑州会议决定,主持基本教材的评审工作,经过两年多的辛勤工作,出色地完成了任务。1984年5月,编审委员会评审出一套基本教材与一套特色教材,并向教育部高教二司和高等教育出版社推荐,受到了他们的一致好评。

1985年,国家教委高等学校工科物理课程教学指导委员会成立,洪晶任副主任委员、主任委员。国家教委高等学校工科物理课程指导委员会委员都是来自清华大学、北京大学等全国高校著名的物理学家、教育家。洪晶走马上任后,以很高的学术水平、丰富的教学经验与对工科物理教育的深刻理解,以平易近人、科学民主、团结合作的工作作风,以及真诚谦虚、勤奋向上与坚持不懈的品格,很快赢得了大家的信任与支持,并组建了一个和谐团结的领导班子。同时,她还组织领导国家教委高等工科院校物理教学指导委员会委员一起制订了我国高等工科院校物理教材的编审规划、物理教学的要求、评估指标、评估体系、评估办法等。

斗转星移,暑往寒来。1986年,她与委员们群策群力、团结合作,主持制订了《工科院校大学物理课程评估大纲》和《工科院校物理教学基本要求》等指导全国工科院校物理教学的重要文件,制订了物理教学的基本要求、每门课程的评估标准。1986年,在北京召开的国际物理教育会议上,她宣读了论文《在工科院校中大学物理课程的质量评估》,受到各国学者一致好评。这些工作有效地促进了大学物理课质量的提高和教学改革的进程,对规范指导建设我国高等工科院校基础教学、巩固大学物理课程在工科院校中的地位具有重要意义,为建设具有中国特色的教学质量评估体系做出了重要贡献。

1986年10月,洪晶赴美国访问,她着重考察了美国大学的物理教学和研究生培养工作。1987年,她配合黑龙江省教委主持了评估试点实测工作,领导委员们在黑龙江省10个工科院校开展了大学物理、大学物理实验课程评估,促进了我国教育管理水平和高等教育质量的提高,为我国高等教育基础教学的建设、改革与评估积累了经验。

在1985～1989年的全国工科院校物理课程建设与评估试点工作中,洪晶对我国高等工科院校物理课程建设、基础物理教学和教学规范化做出了重要贡献。1989年,她荣膺国家教委颁发的优秀教学成果国家级优秀奖。"梅花香自苦寒来",洪晶如严冬的梅花,积蓄着体内的力量,迎着凛冽的寒风,怒放出满树娇艳多姿的花朵,散发着沁人心脾的暗香。

"一份耕耘,一份收获"。作为一位德高望重、治学严谨、平易谦和的教授与学者,洪晶在教育界和物理学界享有很高的声誉,多年来,曾担任全国高等学校工科物理课程教学指导委员会主任委员,全国高等工科院校物理教材编委会委员,还先后任中国物理学会理事、黑龙江省物理学会理事长、《物理学报》、《光学学报》编委等;曾主持翻译《物理学概论》、《伯克利物理考题及解答》等多种外文书籍;经常为《物理学报》、《光学学报》、《大学物理》、《工科物理教学》等多种学术刊物审校等。

由于在教学与科研方面的突出成就,洪晶曾先后荣获国家、省、市科学技术进步奖,国家、省、市、校级优秀教师、全国教育系统劳动模范、全国"三八"红旗手、全国突出贡献科技工作者等荣誉20多次。1981年,她被确定为国务院首批批准的近代光学学科的博士研究生导师之一。1991年起享受政府特殊津贴待遇。1991年被航天工业部授予"有突出贡献专家"称号。《中国妇女500杰》、《中国女教授》、《黑龙江科技精英》、《丹心集》、《美国华侨日报》、《妇女之友》、《哈工大报》等多种书、报、刊对洪晶进行了深入的报道。

桃李不言自成蹊　教书育人励今人

"师者,所以传道授业解惑也。"这是古代为师者的标准,也是今日为师者的职业操守。洪晶正是我们当今社会的"师者",以她的博学、严谨、谦虚、奉献的精神,培育出一批批奋发有为的国家栋梁之材。

洪晶对教学严谨务实,在年轻教师中有口皆碑。尽管她讲授高校物理课已有二三十遍,但每逢新学期开始讲课前,她仍要逐章逐节地认真备课。许多已是专家、教授、知名学者的学生,谈到听洪晶讲课,至今仍然留有深刻的印象:洪晶讲授的物理课的大课,每听一次都是一次享受。在她的课堂里,同学们鸦雀无声、聚精会神地听讲,完全被她的授课魅力所吸引、所感染,仿佛时间已经停止,唯有她与学生们在思想上的契合与知识上的碰撞交流。她在课堂上,把广泛的知识、深刻的理论、最新的科研成果,变成简洁易懂的知识传给同学们。她讲课重点突出,逻辑性强,深入浅出;语言生动、准确、简洁,抑扬顿挫,柔和而响亮动人,而且能洞察学生的心理,注意学生的反馈,与学生进行互动与交流。许多学生课后写信给学校,赞扬她高超的教学水平。"洪晶先生上起课来思路清晰,交代清楚,字正腔圆,仪态端雅。听她讲课简直是一种享受,是我们教师授课的好榜样。"李淳飞教授说。上课从不迟到,注意仪容整洁,下课从不拖堂……这些非常小的细节与要求,洪晶都会严格遵守。她良好的教学习惯和作风深深影响了一代年轻教师。上世纪70年代,与关孟齐同住三宿舍筒子楼的邻居还记得一个有趣的现象:只要是看见她擦皮鞋,就知道她那天有课。洪晶这些优秀的品质与优良传统潜移默化地滋润着这些年轻教师,在他们身上开花结果。

洪晶还以身作则,在业务上精益求精,力求完美。她曾讲过,"上好课要消化好教材,消化好教材的关键首先是多读书,看一本书是不行的。给学生一杯水,要自己准备10杯水。其次,要多做习题,通过做题,才能发现问题,加深对教学内容的理解深度。做题不要只满足做出来就行了,还要想想有没有其他做法和解法。"洪晶在学习上的教诲,让她的学生们受益终生。

春秋《左传》中说:"太上立德,其次立功,其次立言。"洪晶也一样,以实事求是的态度,践行做人、做事、做学问。她对年轻教师说:"知道就是知道,不知道就是不知道。告诉同学你会负责任,搞明白后再告诉他,不要不懂装懂,也不要瞎讲。老老实实,实事求是,这是做学问的态度,也是做人的态度。"偶尔,年轻教师提出的问题她当时回答不了,事后她也总是给他们一个圆满的解答。在与他人一起探讨学术问题时,遇到尚不熟悉的领域,她都会不耻下问,认真倾听他人的意见,从不不懂装懂,以老专家、老学者自居。"在学生抠我,我再抠她的学习中体会到作为一个助教的学习比作为一个学生学习要深入、扎实得多。教学是一种更好的学习。"姚秀琛说。正是在这种实事求是的精神熏陶下,很多年轻教师迅速成长起来,担当重任。

物理课是工科大学生的一门基础课,关系到许多专业课程的教学和人才的培养。洪晶十分关注物理课教学质量。有一年,来教研室工作的一位青年教师首次上讲台,给大学本科生讲授物理课,同学们不满意,他本人也感到有压力。当时,洪晶正患病在家,就请这位青年教师到家里来进行试讲。她认真地听他讲课,热心地给予指点和鼓励,使这位青年教师受到了鼓舞,教学得到了很大的进步,受到了同学们的认可。

虽然有的教师不和洪晶在一个教学组,但每次试讲她都要先看过讲义,提出修改意见,再亲自指导,大到内容安排、重点难点的诠释,细到黑板的书写、讲课的语音声调、着装,都要一一仔细评讲。很多年轻教师在她"润物细无声"的培养下,顺利走上讲台,开始了春风化雨的教学生涯。

洪晶对新鲜事物反应非常敏捷,而且善于吸收学习。20世纪50年代,俄语在学校已经很普及,不管在教室里或者在走廊里,人们用的几乎全是俄语。为了适应新的形势,精通英语的洪晶决心学好俄语。她每天5点多起床,步行很远,到一位俄裔女教师家里学习一个半小时。与洪晶一起调入哈工大的吴存亚老师得知此事后,深受鼓舞,也决定和她一起去。冬天厚厚的白雪,留下了她们深深的脚印。洪晶就是这样,以她那坚强的意志和毅力,勤恳努力,克服困难,直到她与共事的苏联教授直接用俄语进行学术交流。

由于洪晶在教学上的实践与探索,教学水平达到了很高的水平。1955年夏,哈工大数理化等基础教师代表团参加了在大连工学院召开的全国高等工科院校基础

洪晶教授(右)指导科研工作

教学经验交流会,洪晶被选任团长。她的大学物理课是观摩的重点,一些50年前听过这堂课的老师至今记忆犹新:洪晶先生的课字字清晰、句句明了,把深刻的科学原理讲得浅显易懂,既有问题的提出,又有简明的小结,还能兼顾学生记下笔记,便于学习。在那次会上,哈工大物理课教学方法等受到代表们的高度重视。而且,这一期间,不少兄弟院校慕名而来,专程到洪晶领导的物理教研室参观学习。

现代教育学家认为,实践教学是高等教育中不可缺少的部分。洪晶特别重视实践教学,让学生们从实践中学,从实践中思考问题、发现问题,带着问题去学习,去解决问题,培养学生的动手能力与实践能力。1964年秋天,姚秀琛结束了在上海复旦大学进修的生活,成为洪晶的第一个研究生,学习半导体物理。第一门课,洪晶首先带领她到农村去参加四清运动;第二门课到石家庄一个半导体工厂实习。也许那时经常参加社会实践,培养了姚秀琛丰富的社会阅历,为她日后成为北大方正副总裁铺就了道路。从多年的教学来看,洪晶的认识与我们当前高校加强学生的实践能力与创新能力的目标是一致的,让今人心生钦佩。

作为年轻教师,上讲台前都要经过试讲。戴永江将讲稿交给洪晶审阅,请教如何才能突出重点。只见她在教案的教学重点上,几处用铅笔写着:讲解、讲透。她说:"所谓讲透就是要把思路给学生讲清楚,引导学生跟着你去想,这样重点就突出了。"当戴永江试讲结束后,洪晶和蔼地说:"不行,还是重点不突出。你要注意课堂上师生的交流,向他们提问题,启发他们去想问题,让他们在课堂把重点消化了才行;同时声调要抑扬顿挫,学生才能有印象;此外,板书一定要事先设计好,不要信手写来。冬天穿棉衣在大教室上课,吸声太厉害,讲课要大点声音。"洪晶的指导让戴永江认识到搞好教学不是"毕其功于一役"的事情,需要付出辛苦的劳动。随后不久,洪晶在教研室为年轻教师安置了一面镜子,并在镜子上贴上了一条提示:"请老师整理仪容后上讲台。"洪晶就是这样严格要求、精心细致地培养年轻教师,使他们很快走上了讲台。

洪晶对学生要求严格,从不拔苗助长。在论文开题之前,她要求研究生查阅很多有关文献,对题目有相当了解后才能开始工作。洪晶时常检查学生的实验记录,还经常来到实验室,帮助学生解决实验中存在的问题,了解实验进展情况。对实验中出现的任何问题,她一

点也不放过，甚至要求学生重新做。审阅研究生论文时，她总是亲自逐字逐句地修改和审阅，很多学生论文经过反复多次修改或补充一些实验内容才能通过。她还要求她的研究生论文或文章署她的名字就必须经她审稿。有一段时间，她发现个别研究生发表文章没有经过她的同意就署上了她的名字，立即要求纠正。这件事在研究生中引起了很大震动。

1983年，国家刚刚正式批准博士生培养计划，陈历学成为洪晶指导的第一位博士研究生。就在那个时期，不幸突然降临到洪晶身上，她被确诊为直肠癌。在上海进行手术回校后，她竟然爬上电机楼的4楼亲自来听课，这是对学生多么大的激励与鞭策。当洪晶出现在他们的眼前时，敬佩、温暖……溢满整间教室，感动在每个人的心间。洪晶从来没有因为癌症的威胁而放弃她的工作，经常来到当年的物理楼指导硕士生和博士生的研究工作，为他们立题、审查文章。在北方冰天雪地的严冬，寒风刺骨，经常飘起漫天的雪花，路面结冰似一面镜子，极易滑倒，但是洪晶仍然坚持亲临指导。为了让科研新手李淳飞被国内的光学专家们认识，洪晶将自己出席全国基础光学会议的名额"送给"了李淳飞，让其在大会上发言，并积极支持他去美国参加合作研究。在她的培养下，一颗颗新星冉冉升起，陈历学顺利通过答辩，成为我国第一个光学博士生。陈历学教授深有感触地说："洪老师在我的成长过程中，在应用物理系青年一代的身上，毫不吝惜地浇灌了她的汗水、她的心血，因为，这里有她的事业，有她的希望。"

20世纪60年代初，李昌校长提出青年教师要过"三关"——教学关、外语关和科研关。洪晶将这种理念贯彻到物理教研室，贯彻到实际工作中。她提出青年教师要过好实验教学关、习题教学关和讲课关，走完整的教学环节，才能为开展科研打下良好的基础。正是在她的教学为科研基石理念的指导下，她的学生在半导体位错缺陷、激光全息光学信息处理等科研领域开展了卓有成效的工作，取得了重要进展。"我们都是这样一步一步走过来的，深感科研中的后劲比较足，得益于基础教学对科研的促进作用。因此，我一直坚持一边上课，一边搞科研。"戴永江教授说。

洪晶平易近人、和蔼可亲的笑容总是让人感到一种亲切与温暖。洪晶温和、谦恭、儒雅的性格与态度感染着身边每一个人，让人终身难忘。有一次，姚秀琛在给一位老师做助教时，早上睡过了头，等她醒来发现为时已晚。姚秀琛向洪晶检讨错误，洪晶很和善地说："年轻人容易睡过头，但作为一个教师这样很不好，教学秩序对教师来说就是法律。"她从不严厉地训斥人，但她真诚、与人为善的批评却会让他们心服口服记一辈子。从这样的起点出发，她40多年来一步步、手把手地将学生引进了物理教学和科研的殿堂，用她对祖国、对事业、对同志的爱，无言地教诲着他们如何教书、如何做人。在全国高等工科院校基础课教学经验交流会上，身为团长的洪晶，在会议期间没有任何特殊要求，更没有一点官架子，反而对青年教师关心呵护，平易近人，毫无留学回国学者的派头，赢得了与会者的赞扬。

在教学过程中，洪晶积极倡导教学改革与教学研究，她让研究生每个人都承担一点大学物理课的任务，征求他们对教学改革的看法和意见。陈西园到抚顺石油学院（现改名为辽宁石油化工大学）任教后，洪晶把他作为了解一般工科院校物理教学情况的一个窗口，多次了解他们对大学物理教材的看法和关于教改的意见。年过古稀了，洪晶依然"烈士暮年，壮心不已"，深入教学改革。物理学绪论很难在一两节课时间将物理学的作用、地位、意义等以通俗易懂、深入浅出的形式讲明白、讲透彻。为了提高全国工科院校基础物理教学的水平与质量,洪晶潜心研究工科基础物理教学工作,凭借自己多年来在基础物理教学上的经验与心得,1990年,与大连理工大学合作制成"工科大学物理课绪论"电视教学片,作为其他工科院校大学物理教学的范例,同时也是对工科物理绪论课电教化的一种积极的尝试。

有个学生看到年迈的洪晶一周上很多课,又忙于做科研、指导学生,感觉很辛苦,就对她说:"您那么大年纪了,少讲一些课吧,不要太累了。"洪晶却风趣地回答:"我年纪是大了,我要不讲课不就'失业'了吗?"。"春蚕到死丝方尽,蜡炬成灰泪始干",洪晶把教育事业看成像自己的生命一样珍贵,她怎么会轻易走下讲台呢?

"一个人要有追求,要给自己加压力。没有压力,并不一定是愉快的;有点压力,自己心里反而更踏实些。"洪晶总是往自己身上增加各种压力,在压力的"催促"下,她生发出无穷的力量,在工科物理教育上勇往直前。

由于洪晶在教学与科研上取得的瞩目成绩,成为哈工大第一位女教授,同年当选为哈工大首位女副校长(1978~1982)。"80年代末90年代初,提起洪晶先生,全国理工科院校无人不知,无人不晓,她在全国工科院校基础物理教学上的水平与造诣,得到了兄弟院校的承认与肯定。"她的学生们时至今日说起这些,时时泛起骄傲自豪的微笑。

1985年9月10日,洪晶和千百万园丁一样怀着喜悦的心情,迎来了新中国成立后第一届"教师节"。她欣慰地说:"数十年来,我教了不少中学生、大学生和研究生,教师工作是我的终身职业。看到自己教过的学生奋发有为,为社会为人类做出贡献,青出于蓝而胜于蓝,作为做过他们老师的我,不胜兴奋,并且为之骄傲。我对教师工作是热爱的,我从来没有动过改变职业的念头。"

"桃李满天下,春晖遍四方。"在洪晶的精心培育下,4代从事教学科研的学者已经陆续成长起来,有的成为知名专家、企业家。她的学生遍布世界各地,她的精神和品质代代相传。

如果说"长征是宣言书,长征是宣传队,长征是播种机。"那么,洪晶就像是宣传书,以身

洪晶教授(前中)与教研室教师们在一起

洪晶在实验室指导科研工作

示范,指引着有志青年通往智慧的彼岸;她也恰似不知疲倦的播种机,精心播撒科学知识的种子。

在纪念五四青年节的日子里,几十位80年代的研究生和洪晶并肩相坐着,他们愿和敬重的导师探索生命之光的源泉、奋进之路的目标。一双双炯炯有神的目光,凝视着这位两鬓斑白、瘦弱的老教授。在年轻的研究生心里,洪晶存有母辈的慈爱,存有长者的尊严,存有老一辈知识分子的经历,有新社会培育出的革命情操,希望从她这里获取"人生之道",探求怎样造就和磨炼自己适应当今中国发展潮流。

"看现实展未来,要横与纵结合起来看,不横向看,则容易满足现状;不纵向看,就不能全面了解国情,对认识问题也是不利的。"洪晶对年轻人的提问,总是以平和磋商的口吻与研究生谈心、对话和探讨。她的话如缕缕春风,轻拂着研究生的心田,渐渐驱散了他们心头上的疑云,心里豁然明朗了。

她喜欢与青年人交流,年轻人也喜欢听她讲述青年时代的故事。她常回忆自己学生时代的年华,开导当今青年一代,要从老一辈知识分子的艰苦斗争中汲取力量,选择前进的道路,去担负起新时期的建设重任。

1987年,春回大地,万物复苏,洪晶迎来了70寿辰。她执教整整50年,弟子逾三千,多少弟子故友,都来向她祝福和庆贺……

3月6日下午,学校隆重举行了洪晶教授执教50年祝贺会。会议室里洋溢着欢声笑语,30多位"弟子"代表紧紧地围坐在她的周围,祝贺她70寿辰。

怀着尊敬与爱戴,荣获"光学科学与工程"世界名人称号的光电子技术工程专家马祖光教授向洪晶深深地鞠了一躬。马祖光教授说:"我青年时代最愿意听洪老师讲课,下课后,我都要一段段一句句地整理好听课笔记。我不仅从洪教授那里学到了宝贵的知识,她的优秀品德也使我受到教育和启迪,她是我一生学习的榜样。"随后,马祖光教授又一次向洪老师深深地鞠了一躬。瞬间,祝贺会里响起了热烈的鼓掌声。这掌声,是献给辛勤耕耘的老园丁,也是对莘莘学子的高度赞美。

专程前来祝贺的黑龙江省政协主席王钊兴致勃勃,当场即兴赋诗一首敬贺洪晶:

五十年来勤耕耘,

桃李芬芳满园春,

金秋硕果香四溢,

寥廓江天有壮心。

大气洒脱、激昂澎湃的诗句,真实描述了洪晶半个多世纪拼搏奋进的历程。"老骥伏枥,志在千里;烈士暮年,壮心不已。"洪晶说:"我的心愿就是想多做点有益的工作,这样度过自己的晚年心里就更踏实些。"

党的十三大胜利闭幕后,青年学生们领会着党中央的报告,激励着奋发上进的斗志。应用物理系的学生又想到了洪晶等导师,就兴冲冲地与她和另外4位教授相约,愿和长者研讨新的课题,展望物理专业新的发展蓝图。洪晶见地颇深、富有激情和哲理的发言,使年轻人们收获颇丰。

"在我们人生观形成的青少年时代,正是洪老师她们以身作则,言传身教,授业解惑,才可能把我们造就成一批爱国爱民、尊重科学、认真负责、一丝不苟的德才兼备的有用的人。我们这些离退休的人民教师,永远感激党和国家的培养,也永远感激各位老师的教诲。"卢国琦教授说。

90年代,洪晶由于年事已高,不再从事教学工作,但还在指导研究生。1995年,洪晶正式退休,执教育人60载,为自己热爱的教育事业画上了圆满的句号。洪晶虽然退休,但她还在为物理系的发展建设、为学校的理学发展挥洒着余热。

1997年春,乍暖还寒,洪晶迎来了80高寿。哈工大理学院为她举办了一次祝贺会,既为她祝寿,更为了纪念她从教60年。黑龙江省省政协副主席戴漠安称赞她:"物穷其理六十载,桃李增华八十春"。这两句诗是对她的爱国情结和对物理学教育的无限热爱的最好写照。

2003年3月4日,洪晶86岁生日。洪晶端坐在鲜花围绕的沙发上,精神焕发,笑容满面。她的学生和亲友们簇拥着她,大家争相抢着与她合影。她记得每一个人的名字,高兴地与大家打招呼。

桃李芬芳,其乐融融。此时,洪晶是快乐的,也是伟大的,更是高尚的。鲜花,掌声,祝福……统统送给这位敬爱慈祥的长者,献给为教育事业奋斗一生、奉献终生的大师。

一分耕耘,一分收获。我国《物理杂志》2003年第32卷第3期发表了一篇《向老一辈女物理学家祝贺"三八妇女节"》的文章,文中把洪晶列入5名全国杰出女物理学家之一。洪晶不愧为是一位德高望重的物理学教育家。

2000年哈工大80周年校庆时洪晶教授(右五)与老同志合影

赤胆爱国真如铁　淡泊名利致高远

洪晶的追求,经历的时间漫漫,经受的锤炼重重。

新中国成立之初,百业待兴。洪晶响应组织的号召,来到了天寒地冻的祖国北疆,将自己全部的青春、热血与生命献给了伟大的教育事业。老校长李昌和基础课青年教师座谈时说:"哈尔滨是个天气最冷、待遇最低、生活最苦的'三最'地方。像洪先生从美国回来的专家都能克服困难,你们年轻人有什么做不到的。洪先生这样的专家,都能抛弃名利,安心教普通物理,你们年轻人为什么不能先做个普普通通的物理教师。"一个当时要求进步的非党人士,为什么能够做到常人做不到的事情呢?是对祖国深沉的爱、对理想的执著、对信念的坚定,是对中国共产党的认识,坚定了她永远跟党走、献身教育事业的决心。

在以"阶级斗争为纲"的年代,洪晶对受到冲击的年长教师,给予理解与宽容;对身边受到影响的教师,一方面在思想上积极进行开导,另一方面在生活上予以极大的关怀,慷慨解囊,解决他们的实际困难。"我后来去外地出差,去拜访这些老师,每谈起洪老师的关照,他们总是感激不尽。"戴永江教授说。

"文化大革命"中,洪晶一度被隔离审查,关了3个半月之久。但这段令人痛楚的经历,并未动摇她的爱国爱党之信念。每当谈起"文化大革命"的事,她从无怨言,认为那是一个"左"的年代,不能怪某一个人。即使他人有意问起极"左"路线下受到的迫害,她最多也是"记不清了"这几个字而已。1978年,中共哈工大临时委员会宣布对洪晶的平反决定,撤销专案,恢复名誉。洪晶的一生中,经历了许多政治运动,然而她"宠辱不惊,看庭前花开花落",从从容容,以对党的忠诚与清醒认识、对教育事业的热爱与执著,一心一意做好教学、科研工作。

洪晶回国后,一直要求加入中国共产党,孜孜不倦地追求人生最高的境界。早在艰苦的 60 年代,她和全国人民共甘苦,也和敬爱的党心相通。洪晶在家里学习了中国共产党章程,细心领会了真谛,并庄重地写下了第一份入党申请书,交给了党组织。戴永江教授说:"她和物理教研室每一位党支部书记都合作得很好。谈到洪先生,他们对她的评价是'严格律己,为人高尚,宽以待人'、'和党组织肝胆相照,同舟共济,'要我们年轻人学习她"。

洪晶教授在书房里

1978 年,党的十一届三中全会胜利召开。洪晶在校党委召开的欢庆三中全会召开的学习会上,表达了自己的执着追求:"我要以无产阶级先锋战士的标准要求自己,努力去奋斗!"不久,洪晶向党组织递交了第二份入党申请书,里面的每一句话,都饱含着一位老知识分子的情怀:"中国共产党在革命的道路上,领导全国各族人民推翻了三座大山……这是了不起的胜利,是广大共产党员和爱国人士排除私心,抛头颅洒热血的结果。这个历史过程,使我深深感受到中国共产党坚强领导的作用、共产党员的伟大形象和崇高品质"。

当物理教研室党支部召开党员大会,全体党员一致同意洪晶同志入党时,她按捺不住自己激动的心情,饱含深情地说:"党在我心目中有崇高的威望,我参加党组织是对我的鞭策,能使自己对祖国的社会主义现代化建设事业,起到添砖加瓦的作用。"

1986 年 9 月 30 日,洪晶光荣地加入了中国共产党,为党组织输入了新鲜血液。洪晶入党的经历深深感染了身边的其他教师,她如一缕轻风,影响着众多青年人的人生道路,激励着他们奋勇前进。"洪晶先生对于祖国是多么的忠诚,对养育她的神州大地是多么眷恋,她对祖国如此深刻的热爱与眷恋,真是我们学习的榜样和楷模。"她的学生对老师爱国爱党的崇高品质与执着追求无不称道。1987 年,陈历学在厦门参加光学国际会议时,还在厦门市博物馆看到了介绍洪晶爱国主义的图片和材料。

作为一个中共党员,一个知识分子,洪晶的政治生命不仅与党和国家紧密地联系在一起,也和人民密切地联系在一起。洪晶热心于科学普及工作,为黑龙江省的科普事业贡献自己的力量。1953 年初,她被选为哈尔滨科普协会副主席,曾几次专门为省领导讲课,并结合他们的具体情况,专门编写了科学知识讲座材料。她曾历任第三届全国人大代表,第五、六、七届全国政协委员,第七届全国政协常委,第五届黑龙江省政协副主席,第二、三届黑龙江省科协副主席,黑龙江省第二届政协联谊会副理事长。在人大与政协会议上,她反映群众的呼声,讨论议题的解决办法和落实情况……。"洪晶教授热爱党、热爱社会主义……工作兢兢业业,为党的教育事业做出了很大贡献;26 年来,洪晶教授多次讲授《普通物理》等 7 门课程,教学效果良好,成绩卓著;培养了大批青年教师和研究生,做出了很大贡献;她是我国物理学和光学界较有影响的人物之一……在学术上有较高的名望;她谦虚谨慎,经常带病坚持工作,群众关系好,有较强的组织观念……"在洪晶的考察材料、情况介绍、全国政协委员登记表等文件中,我们经常会看到这些评价。

洪晶曾深情地说过:"我们的事业,不是靠一个人单干能成的,也不是一个封闭系统。搞科研工作,总是在翻新,要不断考虑新的方向,开拓新的领域。大家进行科学研究工作,有很多事情要做,要做许多附带的辅助性的工作。同事们之间要合作相处,这里很关键的是在集体的事业里,大家互相鼓励、互相关心、互相尊重、互相探讨;要尊重别人,又切忌保守;要靠团结协作、全力以赴,我们应该起表率作用。"

第七届全国政协会议第 30 组召集人合影
(中为洪晶教授)

申报科研奖项了,洪晶先想到别人;

科研成果得奖了,她将部分奖金用于系里建设;

别人发表论文,她一字一句审阅修改;论文发表了,她总是把名字署在后面;

发放有关保健费,她不愿领取。

……

洪晶是哈工大担任副校长之后,还和以前一样,深入基层,为学校物理教育事业的发展奔波忙碌着。1978 年当国家第一次公开招考研究生时,李一凡报考了研究生,并被大庆石油学院数学系录取。就在其准备离开哈工大的时候,洪晶亲自来到他的宿舍,征求他是否愿意转到哈工大物理研究生班攻读硕士学位。"太意外、太感动了,大名鼎鼎的副校长洪晶居然能够亲自征询一个学生的意见!"李一凡高兴得难以抑制内心的激动。

洪晶谦虚做人,从不以权谋私,脱离群众,搞特殊化。有一次,年逾古稀之年的洪晶跟学生们去广州开会,途经上海转站,上车之后,才发现车上已经满员。身为全国政协委员的洪晶只要拿出政协委员的证件,列车长就会为其安排座位。可是她没有这么做,并阻止她的学生不要为她搞特殊化。

洪晶在祖国最北的省份生活了 50 余年,把自己一生最美好的时光、青春年华和聪明才智都献给了这块黑土地。"这里冬季长达半年之久,冰天雪地,连我们这一代人都难以忍受。但是一直到她年过八旬、行动不便之时,我都从未见她有过任何不愉快的表示。从她的身上我们可以看到中国老知识分子最优秀的品质,那就是心中只有祖国和事业,毫不考虑个人的得失。我深深地感到这是我们中华民族最宝贵、最需要的精神,也是我们这一代以及我们下一代最应该学习的精神。"秦汝虎教授深情地说。洪晶早年做过甲亢手术、肠癌手术……洪晶的一生时常被疾病困扰着,但她作为一个唯物主义者,坚定的共产主义战士,总是面对现实,及时治疗,每次都能够化险为夷。"人是要有一点精神的",也许是对社会主义教育事业的眷恋,也许是对祖国人民深沉的爱,支持她战胜一个又一个疾病的"灵丹妙药"吧。

大爱无痕悄无声 雪中送炭爱深沉

洪晶一生虽经历了风风雨雨,但她的心中一直充满了爱,她的人性之美,给她的学生、同事、亲人留下了宝贵的精神财富。

20世纪60年代末,年轻教师陆续成家,一些人没有住处,洪晶的家就成了他们临时的住处,许多年轻教师和她当过邻居,都接受过她各种各样的关心与帮助。金有严身体不好,洪晶经常到寝室去看望他,为他送来补药。上世纪70年代,关孟齐患有肝炎,并且屡治不愈,校医院不得不准许他回北京治疗。在临行前,洪晶来到他面前,将一沓钞票塞给关孟齐,"这个病要加强营养,拿去买点好吃的吧。"洪晶的话如一缕春风吹"绿"了关孟齐的心田。拿着这沓传递着爱心与师生情谊的人民币,关孟齐心中溢满了感动:"时常听见很多人说起在生病、遇到困难时,得到过她的帮助。像这种事情我们现在难以统计到底有多少。"

学生毕业离校或调离工作了,与洪晶联系逐渐减少,虽然一年只有一封信、偶尔打个电话,但洪晶像慈母一样时刻惦记着千里之外的"孩子"。1981年,李一凡准备出国留学。洪晶知道此事特别高兴。在他临出国前,几近古稀之年的洪晶亲自到李一凡的住处五系楼,一步一步挪着脚步攀上四楼向他道别,千言万语,万语千言,道不完的期望、祝福、牵挂……似甘露丝丝入心田。

洪晶在助人的路上也偶尔遇到上当受骗的事情。有一次,洪晶下乡时认识的老乡来找她借钱,说是借钱看病,洪晶就把钱借给了他。后来听他同乡的人说他没有去看病。洪晶听说此事没有生气,而是平静地说:"他肯定是有困难了,要不也不会来找我。"在洪晶的内心世界里,人人都是善良的,助人是人性的自然流露与返璞归真,而不掺杂着其他功利的因素。时至今日,即使洪晶不在的日子里,她的儿子刘思久每年春节还会收到当年受到妈妈帮助的人们寄来的贺卡。几句祝福、几句问候,却道不尽对洪晶的情分,对她的思念。

洪晶在家庭中堪称为贤妻良母。她与刘恢先几十年相敬如宾,相互支持。留学期间,刘恢先养成了在用餐时使用"公勺"的习惯,即吃饭时餐桌准备一个大勺子,先用大勺子把菜盛到各自的碗里,然后用自己的餐具用餐,这样避免了多人用

1991年洪晶、刘恢先夫妇金婚合影

餐不利于卫生的问题。回国后,洪晶一直坚持使用公勺"制度",直到现在她的儿子刘思久也养成了使用"公勺"的好习惯。在洪晶无微不至的照顾下,刘恢先教授在事业上如鱼得水,创立了我国第一个地震工程研究中心——中国地震局工程力学研究所,为中国地震工程科学发展做出了杰出贡献。洪晶操持着家中一切大小事务。当时,刘恢先家里亲戚在很长时期内都十分困难,有的亲戚孩子无钱上学,洪晶会及时把钱邮寄到他们的手中。有些时候家里所有的积蓄都会被用光,即使这样,她也是"急别人所急,想别人所想",先解决他人的困难,再考虑自己家的事情。

洪晶对保姆也处处体贴,甚至像家长似的关心其未来的生活安排。刚来到洪晶家时,孙艳丽只有16岁,面对生活,她并没有太多的打算。但是,洪晶把她看做像自己的孩子一样,让她学知识,学文化,希望将来能够自立。"我在洪老师家做保姆时,洪老师对我十分关心,经常帮助我,教我学习英语、打字、计算机等,有什么不明白的地方,洪老师会耐心地给我讲解,直到理解为止。"孙艳丽说。如今,虽然只有小学文化的孙艳丽,但在洪晶的关心与培养下,不但有了自食其力的工作,而且还可以用学到的知识指导孩子……这么大的变化还是让人觉得有些吃惊。洪晶在生活中也十分关心孙艳丽的生活,"别干了,歇一会儿吧!"看到她忙了很长时间,洪晶就会叮嘱她休息,而且经常动手帮忙。如今,虽然洪晶离开了人世,孙艳丽还与她的子女保持着密切的联系,因为"亲情",早已使他们成为相亲相爱的一家人。

洪晶对孩子的教育也是十分有特色的,有一套先进的带有启发性的自由发展模式。她在孩子教育中强调真诚守信,憎恶不劳而获、贪图享受、假公济私,并对具有赌博和博彩性质的活动保持高度的警惕,经常教育孩子们远离赌博,杜绝不劳而获。刘思久深受母亲的影响,一直以一种平淡之心做着自己喜爱的工作。

困难时期,刘思久有时花些零钱,洪晶为了防止他沾染上不良习惯,就主动提出每月按时给刘思久一元钱,让其管理支配。不久,刘思久就戒掉了买零食的习惯,妈妈给的钱成了他开展无线电业余兴趣活动的自主经费。

"妈妈对我很随和,大事上她会告诉我她的意见,小事上她从不坚持一定要我做什么。"洪晶的女儿刘晓松说。刘晓松小时候就兴趣广泛,喜欢从事

洪晶教授与家人合影

团体活动、文体活动、社会服务、义务劳动、游泳等都少不了她的身影。对这些课外活动洪晶从来不阻拦,在学习上也不给女儿施加压力,让孩子在自由快乐的童年中幸福成长。从"文化大革命"、下乡,到上大学、出国留学、结婚、在国外打拼事业,刘晓松遇到了许许多多的问题与困难,洪晶总是以"海纳百川有容乃大"的胸怀包容一切,以母亲细腻温柔的爱尊重女儿对自己人生道路的选择。

洪晶从不骄纵溺爱孩子,不搞特殊化。一次,放学后,刘思久告诉妈妈,班级里的同学带的午饭都是粗粮和咸菜。于是,洪晶就不再给孩子带细粮了,每天早晨她都做一顿高粱米饭,让刘思久带上,使他与同学们在生活上保持一致,避免孩子染上攀比的不良习惯。

洪晶晚年特别关心刘思久的健康。吃饭时间到了,如果没有看到儿子回来,她会主动打电话催他早点回来。晚上,看见儿子还在挑灯夜战,刻苦钻研,她会一遍又一遍地劝说儿子早点入睡,有些时候看见儿子正在躺着休息,就轻声对保姆说:"轻点,轻点",生怕吵醒儿子。

婆婆洪晶虽然离去了,但是她的儿媳李麟的脑海中却时常浮现出她的音容笑貌。曾有一段时间,李麟与刘思久都要出国学习,孩子不能与他们一起出国,只好留在国内。为了让他们顺利完成学业,已过古稀的洪晶心甘情愿地承担起照顾孙子的重担。"母亲,人间第一亲;母爱,人间第一情。"洪晶用她至纯至真的母爱与真情抒写了人世间爱的赞歌。

2003年4月29日上午10时,洪晶安静地走了,永远离开了我们。"她作为一生心系祖国、无私奉献、成就卓越、育人不倦的园丁,忠诚党的教育事业,言少行多,率先实干,对别人无所索取,对集体尽力奉献,为周围的群体和莘莘学子树立了为人的楷模。"她的学生来了,她的亲人故友来了,学校领导来了,省市领导来了……一双双饱含泪水的双眼,诉不完对恩师的思念,讲不尽对亲人的爱恋,说不完对故人的想念,道不尽对友人的深情厚谊……

"这次突然逝世,实在让人无法忍受……我多么想说'妈妈,我爱你!'"洪晶,您听到儿子对您的呼唤了吗?您听到儿子对您的思念了吗?

"谁言寸草心,报得三春晖?"洪晶的母爱令人动容,令人钦佩,令人感动,使人禁不住会想到她慈祥的面庞挂着浅浅的笑、炯炯有神的眼睛中流淌着深沉的母爱。"万爱千恩百苦,疼我孰知父母?"母亲无私深厚的爱、温暖如春的真情,深深铭刻在刘思久的心中。采访中,泪水禁不住一次又一次濡湿了镜片后面他那双对母亲思念的、深情的眸子。

尾　声

生命属于人们只有一次。对于洪晶来说也只有一次。但她的一生,是平凡而壮丽的一生,是求知探索的一生,奋斗上进的一生,追求光明的一生,无私奉献的一生,献身教育的一生,勇攀科学高峰的一生,坚定信念报效祖国的一生,无怨无悔清清白白的一生。

作为一位物理学家、教育家,作为哈工大光学学科的创始人,洪晶为哈工大的物理教学、物理系的创立立下了汗马功劳,为中国工科物理教学做出了突出贡献,为中国为哈工大物理开辟了新的研究方向,为中国培养了众多杰出的人才……她把自己最宝贵的年华奉献给了培育人才的崇高事业。

一代师表,山高水长。洪晶教授,您光辉的形象、伟大的精神与高尚的品格,永远铭记在我们心中,代代相传,激励着我们前进! 前进!

八百壮士(第三卷·一代师表卷)　陈光熙　洪晶　徐邦裕

洪晶教授雕像

缅怀与纪念

今さら人間

亲切的回忆　难忘的片段

——记洪晶先生二三事

李家宝

火车站前

1952年的仲夏,骄阳似火,湛蓝的天空,没有一丝云。我怀着极好的心情,受学校委派前往哈尔滨铁路火车站,迎接旅美归来的女硕士洪晶副教授。我当时是哈工大机械系的助理系主任,学校的干部很少,洪先生由当时任哈工大教务长的借聘教授马大猷陪同而来,再加我去接站,也就算很隆重了。我之所以乐于前往,还有一重公私兼顾的意思,因为我的未婚妻,也即如今相依为命50余载的夫人张思竹,乘同一次火车从远方调来哈尔滨。我原想先在软卧车厢接到洪先生,再到硬卧车厢接我的未婚妻,所以在软卧车厢位置的站台前等待着,久未见到马先生。最后终于盼到两个似不相识的青年女士,走出车厢,手牵着一个两三岁的小男孩。两位女士的衣着反差很大,一位身着入时,端庄文雅;另一位却是一身戎装,全副武装加上背上的军毯。最后马先生走出车厢,我才恍然大悟。前者,虽戴着一副眼镜,却仅只30多岁,举止动人,但严肃中略带温柔,显然是学者洪先生;后者,20多岁,因为是从抗美援朝的部队转业直接调来哈工大,衣着军装,所以我几乎不认识了。那个小孩就是洪先生的儿子刘思久,他从软卧车厢跑到紧接的硬卧车厢玩耍而认识了我的未婚妻。站在站台上,我们5个人面对的那一刻,永久地、深刻地印记在我的脑海里、心灵里了。第一,从那一刻起我们两家人成了莫逆之交;第二,从那一刻起我深刻感到哈工大不拘一格广纳贤士的策略体现在了我们4个大人的身上;第三,从那一刻起我已感到洪先生蕴藏着敬业、爱业无私奉献的精神。今天洪先生用她的一生证明了这一点,而这一点正是我们哈工大值得骄傲的宝贵传统。

大课堂里

我听过洪先生讲授物理课的大课,每听一次我都感到是一次享受。在她的课堂里同学们鸦雀无声、聚精会神,这是他们与我有同样的感受,被她的讲授魅力所吸引、所感染。她是全身心地投入讲课,不是一般的背诵讲稿。她把广泛的知识,深刻的理论,以及最新的科研成果,汇集在一起,变成自己的东西,脱口而出、顺理成章。最能抓住人心的,就是她的课重点非常突出,逻辑性特强,深入浅出;语言是那样地生动、准确、简洁,抑扬顿挫,柔和而响亮动人。许多学生课后都写信给她、给学校,表扬她、赞扬她。洪先生是哈工大物理教研室的创建人之一,是最主要的创建人与奠基人,她的这一派教风已经扎根在教研室里,一代代地传了下来。我听过许多物理老师的讲课,都很令我神往、佩服。不禁使我深切地感到,洪晶老师是我们哈工大的骄傲,是哈工大也是全国高校物理界的教学名师、教学大师。

在观礼台上和在她家

我保留着一张与洪先生的合影,那就是五六十年代的某一个五一劳动节,全市大游行,我们受哈尔滨市委、市政府的邀请前往观礼,在观礼台上的留影。哈工大前往观礼的共4人,我与洪先生就站在近旁,难免有许多交谈,当然还有多次在她家里的做客和其他往来。其中,对我最难忘的一次是送她女儿赴美学习的家宴,除她家人外只有我及一位美籍华人学者,是她女儿所在学校的物理教授。在这样的一些隆重的、半隆重的以及一般生活的交往中,我认识到了洪先生工作之外的生活另一面。她虽然身居高位,任过副校长,又任过全国政协常委,但没有半点官架子;她虽然是全国知名学者,但也无一丝学阀派头,对人诚挚热情、平易近人、和蔼可亲,永远把自己放在一个普通人、一般党员的位置上。记得就在她逝世前一两个月左右,学校召开工代会,一般通知老同志列席参加,她都很认真地打电话与我商量是否应该前往。我劝她年高不必太认真,并说我不去参加,她才作罢。洪晶先生是我们中国妇女中的学者型、典雅型、慈祥型者,她爱国家,爱事业,爱家人,也热爱着莘莘学子和每一个身边的人。这种平凡中的伟大,正是我们应该向洪老师学习的另一方面的为人品质。

李家宝(前右三)和洪晶(前右二)五六十年代在观礼台上

2004年于哈尔滨

(李家宝　原哈尔滨工业大学副校长　教授)

深切怀念洪晶老师

皮名嘉

洪老师静静地走了,走完了灿烂辉煌的一生。

在"抗美援朝"的战斗烽火中,在关键时刻,她毅然放弃了即将到手的博士学位,匆匆从美国返回,报效祖国。从此,她全身心地投入到祖国的教育事业中,勤勤恳恳,兢兢业业,一干就是50多年。我们这些一代代,一批批学生,就是在她的高风亮节影响下,在她的言传身教中成长起来的,遍布全国,走向世界,在各自的岗位上奉献着自己的力量。洪老师!我们深深地怀念您。

在工作中,她用母亲般的情怀,团结大家奋勇前进,而在关键时刻,她能做出影响深远的果断决定。十年浩劫后,刚一恢复招收研究生时,经过认真分析,慎重考虑,她就大胆地一次招收了9名,殚精毕力,精心培养。这为以后哈工大物理系的建立,奠定了第一块厚重的基石。

在她担任全国工科大学物理课程指导委员会主任时,她组建了一个和谐团结的领导班子,为巩固大学物理课程在工科院校中应有的地位,团结一致,坚持不懈地努力奋斗,得到了广大工科物理教师的赞赏和爱戴。她用自己亲身参加和指导研究生搞科研的事实,驳斥了工科物理教师不必也不能搞科研的错误观点,开创了在我国工科物理教师搞科研的崭新局面,在全国工科院校中产生了深刻影响,受到许多学校的极大关注。

洪老师不愧为一名优秀共产党员,她走了,但她高尚的品格精神将继续鼓舞着我们全心全意地献身教育事业,努力完成她的遗愿。

2004年于哈尔滨

(皮名嘉 哈尔滨工业大学应用物理系教授)

怀念洪晶先生

吴存亚

洪晶先生是我多年的好友。如今她离开了,然而她的为人永远铭记在我的心中。

她对人和蔼谦虚,做事认真负责,给我的印象十分深刻。我初次认识她,是1951年我们还在北京的时候。当时她在辅仁大学任副教授,代物理系主任。由于那时辅仁的电子学教授尚在美国,缺人授课。她便和该课程的负责老师张至善先生急忙到北京大学物理系来找我,邀我到辅仁兼课。经推辞无效只好应允,从此我们便成为同事、好友。

她作为系主任,平时很关心学生的学习负担和学习效果。在那时,能这么做的系主任是不多见的。同时她也很关心教师的工作负担。当时我在北大任副教授,除教物理系的电子学外,还教电机系的应用电子学、无线电工程和电信选论中的雷达。尽管电子学我已教多遍了,然而要自己写讲义,时间太紧。洪先生知道后,立即亲自与北大联系,让辅仁的学生到北大物理系合班听课。因为当时两校都在北京城内相距不远,这个办法可行,从而也就减轻了我的负担。洪先生想出的这种独特办法,在那时可以说是很新奇。除在抗战时期有联合办学外,平时很少见。在她后来许多细致的教学工作中,洪先生也都始终贯彻着她这种大胆改革、勇于创新的精神。

1952年,全国高校进行院系调整,洪先生被调入北师大,我被调入清华。没想到,半年后我们又奉命一起调到哈工大。我们一批4人,还有清华的李酉山和燕京大学的李德滋。这时,从北大调来的我的老师马大猷先生已先到校一年了。马先生担任教务长,酉山先生任科研部主任。洪晶先生领导物理教研室。德滋先生和我分别任土木系和电机系主任。这时的哈工大只有3个系:土木、机械和电机,校长是陈康白先生。刚到时我们4人都住在南岗复华四道街的一座俄式红砖小楼里。楼上两家就是洪先生和我。4年多的老邻居无话不谈。原来,洪先生的弟弟洪朝生先生也是我最敬重的老师之一。1941年我在西南联大修习电工原理课时,马大猷先生授课,他指导实验课。这两位启蒙老师,令我终生难忘。前者是我国近代声学鼻祖,后者是我国低温物理先驱,均乃中科院院士。洪先生的丈夫刘恢先生当时是中科院哈尔滨力学研究所所长,也是院士。他和洪先生一样,工作埋头苦干,任劳任怨,对朋友却平易近人。刘先生的母亲那时和他们住在一起。洪先生对老太太很孝敬,把她照顾得无微不至。洪先生的儿女那时还很小,洪先生的家庭教育是采用一套很先进的带有启发性的自由发展模式。洪先生在家庭中堪称为一位贤妻良母。她对那位从北京跟她来的管家保姆也是处处体贴,甚至于关心其未来的生活安排。洪先生待人诚恳憨厚的高尚品德,无不为之称许。

洪先生对新鲜事物反应非常敏捷,而且善于吸收学习。我们刚到哈工大时,大学正处于转型阶段。学校教育要从旧的俄国模式转成新的苏联模式。俄语在学校中已经很普及。三年级以下学生都经过一年预科,强化俄语。四五年级学生是老哈尔滨,俄语很流利,其中多数还是俄裔。原来学校的教师、实验员、秘书等,许多也是俄裔。为了学习苏联,从苏联不断新聘的教授专家达数十位之多,此时也大批地陆续到校任教,并培养研究生准备接班。这时的哈工大,不管在教室里或在走廊里,人们用的几乎全是俄语。为适应新的形势,原来在美国留学、精通英语,为报效祖国提前归来的洪先生决心学好俄语。她每天利用清晨上班前的时间,到一位俄裔女老师家里学习一个半小时。我受她鼓舞,也决定和她一起去。冬天踩着厚厚的白雪,留下的总是我们的第一道脚印。洪先生就是这样,以她那坚强的意志和毅力,勤恳努力、克服困难,直到她能与共事的苏联教授直接进行学术交流。从全校来看,这时哈工大作为全国高校学习苏联的前哨,理应是首选。这阶段里,高等教育部连年不断地在哈工大召开全国性的教学经验交流会,曾昭抡副部长也曾亲自多次来校主持会议。学校也接待了不少兄弟院校的进修教师或参观访问,其中也包括许多是专程到洪先生领导的物理教研室的。我记得较清楚的一次是由朱光亚先生领导的吉大物理系几位教授的来访。那时物理教研室还是在哈工大原址一座最古老的口字形二层主楼里。洪先生也就是在这个楼里兢兢业业地开始她对半导体位错缺陷课题的研究。回到家中,夫妇俩的两盏小台灯也常常是亮到深夜。洪先生的科学成就,与她的辛勤劳动是分不开的。

洪先生平时还热心于科学普及工作,1953年初便被选为哈尔滨科普协会副主委,那时哈工大参加协会工作的还有李家宝先生、周定先生和我。最后一次洪先生委托我办的事是1987年,当时由洪先生所主持的全国高校工科物理课教学指导委员会,拟在厦门大学召开全体会议。因为当时我在厦大工作,她让我代为筹备,可惜最后洪先生因故未能亲自来参加,十分遗憾。1999年我曾和我的老伴杨春晖专程去哈尔滨看望洪先生,没有想到这次相聚竟成为我们最后的见面。

尊敬的洪先生,安息吧!

写于2004年

(吴存亚 原哈尔滨工业大学电气工程系主任 教授)

怀念恩师洪晶先生

张志善

洪晶先生逝世一年了，我因病知之甚晚，每念及她，而未能参加她的悼念活动，成为终身遗憾和内疚。我从小就听姐姐说，燕京大学理科学生中有一对学习优秀的姐妹——洪晶晶、洪盈盈，姐姐学物理，妹妹学化学。20世纪30年代，大学理科的女生是凤毛麟角似的巾帼英雄。我想她们将来一定是中国的大人才。不出所料，在20世纪50年代的新中国，我较早地就认识了洪晶先生，而且她成了我的恩师。

1951年3月，洪晶先生从美国深造回国，抱着报效祖国的激情，接受高教部的安排到刚被政府接管了的辅仁大学物理系，任代理系主任。和她一起回国的张锦（傅鹰的夫人），被安排在辅仁化学系，任代理系主任。这个消息使这两个系欢欣鼓舞，传为佳话。特别是物理系，感到有了真正的系主任和希望，感到政府对私立学校还真重视。多少年来，我这个母校的物理系由一个德国人欧思德任系主任，他几乎不接触教员，更不接触学生，靠他的主观意志和有限的知识，维持系务。基础课和实验还可正常进行教学，高年级课程多请外校教师兼任，系里教师的学术水平无从提高，师生关系涣散，经费无着，处于危机之中。

洪先生到任后，以其极为平易近人的风度，首先和全系教师见面，联系沟通，了解各方情况和存在的问题、困难，立即着手添补、培养青年教师，又找老教师恳谈，调动他们的积极性。她来后，物理系教师处于空前的和睦和振奋状态，多次举行周末欢聚。当时洪先生家在清华大学，来往交通甚为不便，家中还有个两岁的男孩，但她坚持每天挤车来上班。大家对她这样一位刚从国外回来的文弱中年女学者，能对工作充满热情和责任，都深受感动。当时我是无线电实验课助教，讲课教师因故离职，洪先生知道北大物理系有电子学课程，由留英回国的吴存亚先生讲课，就建议请他来兼课。她亲自带着我去北大恳请吴先生，谈话中才知道洪先生的弟弟洪朝生是吴先生在西南联大时的老师，所以吴先生立即首肯，具体的问题就由吴先生和我直接联系了。于是我又荣幸地成为吴先生的助教，做答疑和增添电子学新实验的工作，我记得有用磁控管测定电子荷质比（e/m）的实验等。

洪先生认为要提高教学水平，教材建设很重要，而那时我们的讲义、文件都很不规范，讲课教师自己有一本手抄讲稿，上课时抄在黑板上，学生跟着抄，抄完抄不完，抄对抄错，都不知道。那时，中文打字机还没有普及，没有复印机，更没有今天方便多用的电脑。洪先生为了课程建设、提高讲义质量，特别同意添加一名女职员，专事誊写、油印讲义、公文，使系里的文书、教材工作质量大为提高。

时间到了1952年，我国的教育体制已经明朗要转向苏联模式，正在准备院系调整工作。这首先要提倡每个教师，特别是青年教师学习俄语，以便阅读、了解苏联教材、资料、文献等等。洪先生了解到清华大学已采取行动，全校已兴起突击学俄语的热潮，并准备向外校推广。她带来这些信息，希望辅仁要跟紧，要派人去取经。因我粗知一点俄文，最后决定让我去接受培训。我参加了清华大学卢谦老师办的速成俄语培训班,并参加清华无线电系的辅导工作。暑假后,院系调整方案公布,辅仁并入北师大,我就向原北师大的俄语老师介绍清华经验。在大家的积极合作下,北师大也掀起了学俄语的热潮,我为理科教师讲授了清华发明的《速成俄语》教材。通过这些活动,我自己的俄语水平也大为提高。回想起来,没有洪先生的及时信息和积极安排,我们会落后形势一段时间的。

院系调整后,洪先生被调至哈尔滨工业大学,任物理教研室主任。很巧的是,吴存亚先生也被调到那里出任电机系主任,并讲授"工业电子学"。当时,哈工大是学习苏联的前沿高等学校。新中国成立后,政府聘请了许多苏联专家接替那里原有的白俄教师,并开始培养研究生。1953年,物理教研室也聘请了一位苏联专家——瓦西里·柯诺瓦洛夫。他是列宁格勒大学物理系主管教学的副系主任,有较长期丰富的基础课教学经验,并在光谱学方面做科研。他准备在哈工大培养一批懂物理教学法的研究生,于是办了物理教学法研究班,近邻的大连工学院闻讯后就有两位毕业生来就读,边远的云南大学也送年轻的讲师来进修。这时洪先生也热心地把物理教学法研究班的情况介绍给刚调整后的北师大,并表示欢迎北师大也派人来学习。调整后的北师大物理系由祁开智先生任系主任,他也面临师资使用、安排、培养等问题。洪先生的善意给他提供了良好的机会,他可能考虑到"电工无线电"这门辅课已有两个讲师(我刚提升讲师),就问我是否愿意改向物理教学发展,脱产进修。我向洪先生问清楚学习内容、期限、条件等情况,觉得还可能努力赶上,就向祁先生表示同意争取这一名额,我还需自己克服一些生活困难,自不必说。

1954年初,我在冰雪季节中来到哈工大,作为插班研究生,重新过起学生生活,进行紧张的学习。当时哈工大校内的布告、通知、开会、课堂教学等都用俄文,期中期末考试均为口试,同学之间习惯互讲俄语,这些对我都是新鲜事物,也确实是提高俄语水平的好地方。专家只布置我们自学苏联教材,然后参加他的口试。洪先生则同意我们参与实验室活动,参加大型物理仪器的安装调试工作,如电子显微镜、X-射线衍射仪、光谱仪等都可安排。我选择了电子显微镜进行学习。

我住在研究生宿舍,和机械系研究生同屋。学生食堂里冬季的伙食主要是高粱米和大白菜汤,好菜很贵,去晚了还买不到,生活相当清苦。洪先生知道后,深表同情,就常在星期天中午让我到她家吃饭,住在楼上单身的吴存亚先生也会下来一齐会餐,这样我和洪先生的家人刘恢先先生也熟悉了。他是地震学专家、中科院东北分院的工程力学研究所所长,为人平和,沉默寡言,但饭间他们也谈论国家和学校的大事。我在3位前辈学者的言谈举止下,受到许多好的熏陶,学到应有的文明礼貌和与人为善、谦和宽容的品质。我当时是靠工资生活,上有老母,下有二子,经济上要严格计划的穷学生,受到恩师这样的照顾,自知无以为报,只有好好学习,好好做人,才不辜负先生对我的栽培。

我经过一学期的紧张学习,各方面均有所提高,敢于直接和专家交谈了,也通过了他的口试;在实验方面,参加了ЭМ-3电子显微镜的安装,选读了相关的技术资料,收益很大,当然要深入掌握它,还需要很长时间去实践。可我在哈工大的好景不长,到学期末,我们接到通知,得知柯诺瓦洛夫专家将被北京大学物理系聘请去讲物理教学法,5名研究生要一齐去北大。

我怀着对哈工大恋恋不舍,但又向往着北京大学的心情,告别了哈工大和洪先生一家,还有吴存亚先生,于1954年8月转入北京大学。正巧这里的物理系普通物理教研室主任是和洪先生同船回国的虞福春先生,他们在西南联大时就认识,互相都了解。我们的学习计划就由他和苏联专家共同制订。

1955年夏,我们欢送走科诺瓦洛夫专家,领到北大马寅初校长盖章的毕业证书,告别了北大,回到各自的单位(关于柯诺瓦洛夫专家在北大的工作情况,在《北大物理九十年》一书中有专文记载,p.149)。这时我当然给洪先生写信作了详细汇报,并感谢她给我创造的进修机会,使我能重归物理教学的队伍,那时我并不知道自己以后的人生历程。

1955年秋,我回北师大担任"原子物理"课教学工作,没想到,不到3星期,就被一个紧急调令调出北师大,去参加创建北大物理研究室的任务。直到3年后,这个现在被称为我国"核科学家摇篮"的单位,经逐步发展成形,归入北京大学,成为公开的技术物理系。由于单位的保密制度和以后频繁的政治运动,我和洪先生的联系就很稀少了,甚至我在做什么都没有告诉过她。

拨乱反正后,我被借调至中科院高能物理所工作了若干年,以后又回到北师大。洪先生和刘先生,两位全国人大或政协代表,每年来京开会,我又有机会和他们多次见面、叙旧、谈心,畅谈30年来的各种经历。他们略见苍老,事业上经历了各种磨炼,都获得突出成就。洪先生已担任哈工大副校长,物理教研室已发展成应用物理系,教学、科研上都获得了丰硕成果,桃李成林。洪先生在事业上的贡献、人格上的影响是巨大的。我可以想象她是多么的努力,做了多大的付出。以后,刘先生因病去世,她在工作上和生活上要克服多少艰难困苦。她晚年体弱多病,仍然带病工作,终身作后辈的榜样。

通过我的同学夏学江、皮名嘉等,我得知洪先生不仅对哈工大做出了重大的贡献,她还亲自研究、指导全国工科院校的物理教学、教材建设,竭力挽回教育战线过去受到邪说歪理引导时的严重错误和损失。她以自己的模范行为、丰富经验,带动和影响着全国工科院校的物理教学同行,建立起正确的物理教学、科研的目标和道路,她在这方面的贡献,将把我国培养的高质量工科人才带向如花似锦的未来。我也很高兴知道我的学友夏、皮二教授曾有幸和洪先生长期一道工作,协助她完成和实现了她的理想。

最近,定居在国外的吴存亚先生,回国参加清华、北大、南开等大学的校庆活动,我们庆幸又能相见,并共忆往事,都感到在哈工大时期的美好记忆特别令人难以忘怀。他告诉我初到哈尔滨时,他和洪先生每天5点多就起床,步行很远,到一个俄裔女家庭教师家学习俄语,7点多钟回家吃早饭,8点钟准时上班。他们如此努力,收获当然不凡,使他们很快就适应了工作。他对这一生活片断的回忆,也使我深沉到半个多世纪前的回忆之中,仿佛又看见洪先生的音容笑貌,又感到她对我的成长和生活上的关照。现在我也进入耄耋之年,但回顾往事,记忆犹新,仿佛又回到年轻时代的向上心境。洪先生在我的成长过程中给过我无声的巨大力量,推动我在工作中不断去攀登、追求更高的目标。她是我能亲身感受的、最敬仰的前辈学者。我惭愧没有对她做过任何回报和答谢,我只有把应发出的肺腑之言,铭诸五内。

洪晶先生!您永远是我的榜样,我永远怀念您。

2004年于北京

(张至善 北京师范大学信息学院教授)

洪晶老师：您永远是我们的老师！

卢国琦

2003年4月29日10时，我们敬爱的洪晶老师走了！您60多年前的学生们，个个年过古稀，无不老泪纵横。我们永远怀念您这样的好老师啊！

您在抗日战争初期任重庆南开中学的物理教师。当时我们这些中学生知道您大学毕业不久，资历不深，但您的才华、仪表、高贵的气质使我们，特别是女生部的学生们敬佩不已。东北林大的祖容教授还清楚地记得：一次全年级200多人的物理总结大课，您不畏酷暑，把我们学过的内容在

当年的学生与洪晶教授(前左三)合影(右一为卢国琦教授)

3小时之内总结一遍，讲得深入浅出，生动活泼毫无重复的感觉。不少学生是首次听您的课，其结果是给学生们"要做老师就做洪晶这样的老师；要做人就得有洪晶这样的仪表、品德、气质"这些潜移默化的影响。重庆南开中学的物、化、生物3门课都在离实验室很近的专用阶梯教室上课，便于演示实验和挂图。洪老师每次都提前做好准备，认真写教案和安排示范实验，讲课字字清楚，句句生动，条理分明，还介绍英文名词术语。我们认识到，她后来在哈工大基础课教学方法指导工作中的能力是长期训练和实践的结果。

1955年夏，哈工大数理化等基础课教师代表团参加了在大连工学院召开的全国高等工科院校基础课教学经验交流会，洪老师是团长。会议前后，哈工大学习当年苏联的教学经验，在李昌校长"规格严格，功夫到家"方针指导下，非常重视各教学环节的教学方法。教研室组织各门基础课教师互相听课，观摩教学，对上讲台的教师要经过培训和试讲。洪老师的大学物理课是大家观摩的重点。作为普通化学教师，我也听过洪老师的示范物理课。50年之后，我还记得：她字字清晰，句句动听，毫无哗众取宠之意，深刻的科学原理讲得浅显易懂；既有问题的提出，也有简明的小结，还要照顾到学生能记下笔记，便于复习，听她讲得思绪开

阔,心境平和,寓意深刻,常感到被她引进某一科学境界而兴奋不已!在那次会上,哈工大物理课教学方法等受到代表们的重视。会议期间,洪老师对生活待遇没有任何特殊要求,对青年教师关心爱护,平易近人,毫无留洋回国学者的派头。她在车过沈阳站时和妹妹洪盈老师在站台上短暂见面相互问候。她俩都是气质、仪表相似的学者,当年是重庆南开中学的理、化课教师。

"文化大革命"之后,重庆南开中学的校友们有了联系。我们这些从事教育工作的人常想起当年各位老师多方面的教诲和影响。洪老师在古稀之年以后,多次参加我们一年一度的聚会,每次都是热情地接受邀请,晚年还需要有人陪她参加聚会,一同回忆抗战时期的教学生活、社会环境、国家的前途,大家似乎又年轻了。在我们人生观形成的青少年时代,正是洪老师他(她)们以身作则,言传身教,授业解惑,才可能把我们造就成一批爱国爱民、尊重科学、认真负责、一丝不苟、德能兼备的有用人。我们这些离退休的人民教师,永远感激党和国家的培养,也永远感激各位老师的教诲。

2003 年 5 月 1 日
(卢国琦 哈尔滨工业大学应用化学系教授)

永远怀念我敬爱的老师——洪晶教授

李淳飞

去年3月4日是洪晶老师86周岁生日,那天的情景至今还历历在目:洪老师端坐在鲜花围绕的沙发上,精神焕发,笑容满面,她的学生们和亲友们簇拥着她,抢着和她照相。她记得每一个人的名字,高兴地与大家打招呼。当时,我觉得洪老师能够活到一百岁。想不到就在一个多月后,在那"SARS"肆虐的日子里,敬爱的洪老师突然与我们长辞了。当时我在外地出差,噩耗传来时,心里十分沉痛,那种心情很像几年前母亲与我离别时的感受。

我18岁就来到哈工大,在哈尔滨度过了漫长时光。开始我只是一个充满幻想的大学生,三年级后被抽调到物理教研室当助教,那时洪晶教授是教研室主任。我在担负物理教学工作的同时,在洪老师的指导下进一步学习物理学。我听过洪老师讲授的普通物理课、电动力学和固体物理等课程。她上起课来思路清晰,交代清楚,字正腔圆,仪态端雅。听她讲课简直是一种享受,那真是我们教师授课的好榜样。大学普通物理课教学是洪晶教授毕生最重视和最关心的工作,她为之奉献的辛勤劳动,无愧于她长期担任的哈工大物理教研室主任和全国工科普通物理教学指导委员会主任的职务。

洪老师对我们的教育,不仅在如何当好教师这方面,她还是我从事科学研究工作的启蒙者和支持者。"文化大革命"之前,洪晶教授领导建立了研究金属和半导体位错的固体物理研究室,写了一本名为《半导体的力学性质》的专著。"文化大革命"刚结束,她就率先亲自开展激光全息的研究工作。记得当时在科研经费紧缺的情况下,她慷慨解囊,用自己的工资购买全息照相的防振器材,由此开拓了激光全息和光学信息处理的学科方向,组建和培养了从事此方向研究的研究队伍。1979年当我做出国内第一个光学双稳态装置时,她亲自把我的第一篇论文推荐给《物理》杂志发表,后来又被《中国物理》译成英文发表。为了让我这个科研新手被国内的光学专家们认识,1980年她推荐我代表她出席全国基础光学会议,并让我在大会上发言。以后她还积极支持我去美国亚利桑那大学光学科学中心参加合作研究。

洪老师在科研工作上一丝不苟的精神使我很受教育。起初我的送往国外发表的学术论文的英语写得很差,她常为我一字一句耐心地修改。她谦虚谨慎的科学作风,常常使我十分感动。记得洪老师曾做过一次结肠癌切除手术。她大病刚愈时,听说我要给博士研究生讲一门"光学双稳态"的新课,对我说她也想来听。我说:"洪老师,你身体不好,不能出门,我可以去你家里给你讲。"没想到她大病之后的第一次出门,竟然是爬上电机楼的4楼,亲自来听我讲课,这是对我多么大的鼓励和鞭策啊!

洪老师对所有青年教师和她的博士生与硕士生们都像慈母一样地关心,不仅关心他们的业务成长、职务提升,同时也关心他们的生活,甚至在经济上帮助他们,其中有很多动人的故事。洪老师总是那么和蔼可亲,平易近人,在她的家里经常坐满年轻教师和学生。特别是逢年过节的时候,她家的宾客往往是接踵而来,宽大的房间都坐不下。

洪晶教授十分热爱祖国。她为了进修学业两次去美国,第一次赴美是1945年,当她两年内在罗彻斯特大学取得物理硕士学位之后就回国就职。1948年她再度赴美攻读博士学位,1950年朝鲜战争爆发,她立即放弃博士学位答辩而毅然回国。由于她埋头工作,成绩显著,她被吸收为中国共产党党员,被评为全国"三八"红旗手,当选为全国政协常委,还担任过哈工大的副校长。

洪晶教授把她50多年的宝贵年华全都献给了哈工大,她的贡献是巨大的。因为有了她,哈工大才能建立起全国首批的理科光学博士点;因为有了她,哈工大才能成为全国工科物理教学指导委员会的领导单位;因为有了她,哈工大的物理学的科学研究工作才能在全国工科院校物理学科中处于先进地位。特别值得提出的是,洪晶教授为哈工大培养了一批学风正派、奋发图强的青年教师,这为以后在哈工大建立应用物理系并被评为全国光学重点学科,打下了坚实的基础。哈工大物理学科的发展是与洪晶教授的辛勤劳动、榜样作用和领导工作分不开的。

我国《物理》杂志2003年第32卷第3期发表了一篇《向老一辈女物理学家祝贺"三八"妇女节》文章,文中把洪晶教授列入5名全国杰出女物理学家之一。洪晶教授真不愧为一位全国人民敬仰的德高望重的物理学教育家。让我们永远怀念她,学习她。

2004年5月1日

(李淳飞 哈尔滨工业大学应用物理系教授 博士生导师)

洪先生，您永远活在我们心中

耿完桢　叶以正　邹立勋

2003年4月29日，洪先生去世了。我们失去了一位慈祥的长者；一位用她的人格魅力、用她的博学才智指导过、影响过我们一生的导师！

上个世纪50年代末期，由于我校规模的快速发展，基础课教师严重缺乏。在这种形势下，我们几十名稚气未脱的在读学生，分几批抽调到了物理教研室。虽然当时大家满腔热情，情绪高涨，但是毕竟我们自己物理学还没有学完，经过简单的培训和紧张的备课，却马上要走上讲台，心中还是十分忐忑不安。洪先生——当时物理教研室的主任，向我们投来的永远是鼓励的目光。就从这样的起点出发，40多年来一步步、手把手地将我们引进了物理教学和科研的殿堂，用她对祖国、对事业、对同志的爱，无言地教诲着我们如何教书、如何做人。

洪先生两次留美，是我国光学界的前辈。是她创建了我校光学博士点，培养了一大批优秀人才，并把它建成了我校唯一一个理学全国重点学科。一次，她在国际光学学会年会上宣读论文以后，一位外国学者特意过来祝贺她，并且说很少听到在国际学术会议上有非英美学

洪晶教授（前左三）与耿完桢（前左一）、叶以正（前右二）、邹立勋（后右一）教授等和学生合影

者能讲这样纯正的英语。在教学工作中,她曾任国家教委第一届工科物理课程教学指导委员会主任委员,任职中以渊博的学术知识和对教育学的深刻理解,也以她的勤奋和谦逊,赢得了我国高校同行的普遍尊重和敬爱。她对我国高等工科院校基础物理教学的定位和教学的规范化做出的重要贡献,曾经产生过深远的影响。

在教学、科研两方面,洪先生都成了我们这些"小教师"的最好楷模。她以严格要求自身做榜样,从一开始就严格要求大家一定要过好教学关;同时又在业务进修提高、外语学习等方面处处关心我们的成长,对我们每一个人的发展都做出了认真负责的培养方案和合理安排。在生活上,我们已经难以统计有多少人在60年代初生活困难时期或者在生病、遇到临时困难时,得到过常常是她听说以后主动提出的帮助。她对我们从不说教,而是时时处处以她的人格魅力,以她对我们的关爱,以她对自己的严格要求作为榜样,影响着我们的成长。

在学术态度上,洪先生是那样严谨。她从来都要求自己做的任何事情都要是精品。每一篇她发表的文章、每一个她参加的研究项目,都凝聚着她对科学真理的追求。有一段时间,她发现个别研究生发表文章没有经过她的同意就署上了她的名字,她立即要求纠正。这在研究生中也引起了很大震动。她是那样一位德高望重、学术造诣深厚的老专家,但在和我们这些学生一起探讨问题时,偶尔遇到她尚不熟悉的领域,从来不耻下问,从不不懂装懂。她的科学精神和作风影响了几代人,成了我们的传家宝。

40多年过去了,回顾我们每个人在各自的岗位上,能够为人民、为祖国的教育事业做一些有益的事情,时刻不敢忘却洪先生教诲与关爱之恩。

洪先生去世了,但她永远活在我们心中!

2004年于哈尔滨

(耿完桢 哈尔滨工业大学应用物理系教授;叶以正 哈尔滨工业大学航天学院微电子专业教授 博士生导师;邹立勋 哈尔滨工业大学应用物理系教授)

永远的缅怀

——缅怀洪晶教授逝世一周年

姜铃珍

42 时间过得真快，又是一个春天到来。记得去年的春天，洪晶先生安详地离开了我们，已有一年了。我虽不善写，但在心中常常回忆我们相处的日子。

我于 1980 年来到洪晶先生的课题组——激光全息组。我原来住在红旗楼，离她家比较近，所以朝夕相处将近 20 年。从她的言行中，我亲身感受到"德高望重"这几个字的含义。她具有崇高的道德情操、严谨的科学态度、一丝不苟的教学精神，她是我们学习的榜样。我听过她给研究生讲课，并协助她指导过硕士生和博士生，在她的指导下参加课题组的科研工作。记得 1982 年的暑假，洪先生已有 65 岁的高龄，而且她的手伴有颤抖。那年天气炎热，我在物理楼课题组实验室做实验，试验用相关法检测印刷线路板的焊点。她每天都要来实验室和我一起做实验，讨论实验结果。在 6 平方米的暗室里，又闷又热，在里面大汗淋漓，我请她出去休息，她就是不出去，她一定要看看显影的过程，这样才好分析出现的问题。

1987 年，课题组搬到新教学楼地下室，那里又冷又潮，当时洪先生已 70 岁了。她要我给博士生上《体光栅体全息图》(外文教材)讨论课，要我把教材里的公式都推导出来，并要理解公式中各项的物理意义。她的博士生吕跃广说："洪老师这么大年岁，地下室这种环境，就别让她来了，下楼梯也危险"。但是她还是经常来讨论教学内容和看学生的实验过程，有时还亲自动手纠正学生在光路中的不对之处。

我们协助洪老师指导研究生，审阅研究生的论文。她总是亲自逐字逐句地修改和审阅。后来几年，年岁太大了，就让学生到她家审查论文。洪老师对学生要求严格，总是认真审查，她的学生论文要经过反复多次修改或补充一些实验内容才能通过。她要求她的研究生论文或文章只要有她的名字就必须要经她审稿。洪老师严谨的科学态度，使学生们深受教育，同时也教育着我们课题组的每一个人。

洪先生严于律己，宽以待人。虽然她在"文化大革命"中受到很大冲击，但和她谈起那时之事，她从无怨言，她认为那是一个"左"的时代，不能怪某一个人。发生政治风波，她每天坚持到实验室，并要求她的学生在实验室做实验。和她在一起从没听她议论过别人，若有人做错事，她从不发火，总是心平气和地向其指出错误，并要求改正，使被批评人能愉快地接受批评。

今天是洪先生 87 岁生日，往年我们课题组的老师和系办的同志总要一起去向她祝寿。但今天的生日，她却离开我们快一年了。为了表达心中的哀思，我以"永远的缅怀"这篇短文，作为今年的生日礼物送给她，以示我对她深切的怀念。

2004 年 3 月 4 日

(姜铃珍 哈尔滨工业大学应用物理系教授)

深切怀念洪老师

戴永江

肝胆相照　同舟共济

洪老师是上个世纪50年代初,向往新中国,冲破美国政府阻拦,中断自己的博士论文,毅然回国的。当时,回国之艰难,所做的个人牺牲之大,是可以想象的。洪老师放弃将要获得的博士学位、美国的优裕生活和工作条件,需要多大的勇气和决心。

新中国成立之初,百业待兴。洪老师和刘先生来到了天寒地冻的祖国北疆。记得60年代困难时期,老校长李昌和基础课青年教师座谈时,举了他们的例子:哈尔滨是个天气最冷、待遇最低、生活最苦的"三最"地方。像洪先生从美国回来的专家都能克服困难,你们年轻人有什么做不到的。洪先生这样的专家,都能抛弃名利,安心教普通物理,你们年轻人为什么就不能先做个普普通通的物理教师。

洪老师回国后,一直要求加入中国共产党,孜孜不倦地追求人生最高的境界。她和物理教研室每一位党支部书记都合作得很好,谈到洪先生,他们对她的评价是"严格律己,为人高尚"、"和党组织肝胆相照,同舟共济",要我们年轻人学习她。

在"文化大革命"时期,洪先生受到冲击,被关进了"牛棚"、受到了"批斗",然而她对共产主义的信念毫不动摇。通过她的入党,使我受到教育和震撼,深深地被感动了。不久,我也提出了入党申请,通过学习和组织的培养考察,我也入了党,成了洪老师的同志。

规格严格　功夫到家

洪老师对业务精益求精、严谨务实的学风,在我们这一代年轻教师中是有口皆碑的。在治学上,她以身作则,为我们树立了榜样。记得她曾讲过,要上好课,要消化好教材,消化好教材的关键首先是多读书,看一本书是不行的,给学生一杯水,自己要准备十杯水;其次,要多做习题,通过做题,才能发现问题,加深对教学内容的理解深度;做题不要只满足做出来就行了,还要想想有没有其他做法和解法。洪老师这一教诲,令人终生受益。

作为年轻教师,上讲台前,都要经过试讲。我将讲稿请洪老师看,请教如何才能突出重点。只见她在教案的教学重点上,在几处用铅笔写着:讲解,讲透。告诉我,所谓讲解,就是自己消化后,用自己的话讲出来。讲透就是要把思路给学生讲清楚,引导学生跟着你去想,这样重点就突出了。当我自以为准备得较充分,试讲完后,她和蔼地说:不行,不行,还是重点不突出。你不能以为自己懂了,说出来就完了。你要注意课堂上师生的交流,不断抓住学生,向他们提问题,启发他们去想问题,让他们在课堂把重点消化了才行。同时声调抑扬顿挫,学生才能有印象。此外,板书一定要事先设计好,不要信手写来。还要注意,大教室上课,冬天穿着棉衣,吸声太厉害,要大点声音。服装要整齐,注意仪表。不久,我们备了一面镜子,并在镜子上贴了一条提示:请老师整理仪容后上讲台。洪老师就是这样严格要求,精心细致地培养我,使我很快就上了讲台。

和蔼可亲　平易近人

洪老师在人品和业务上对教师要求严格,热心指导,待人和蔼可亲,平易近人。她对我们的缺点最严厉的批评就是"这样不好","这样不对",从不"上纲上线",使你心悦诚服。她心地善良,对同事充满博爱。不仅对我们这些充满活力的"小教师"这样,对因各种原因受到冲击的年长教师,她都是给予理解和宽容。在以阶级斗争为纲的年代,洪老师一方面在思想上开导,一方面在生活上予以关怀,解决困难,慷慨解囊。我后来在外地出差,去拜访这些老师,每谈起洪老师的关照,他们总是感激不尽。她本来作为无党派民主人士,发挥和党外人士联系的纽带作用,做了许多党组织难以做的工作,却在那个疯狂的年代,被歪曲为"立场"问题,"招降纳叛"重用"阶级敌人"的罪行。由于这些指责实在没有群众基础,难怪那时每每开对洪老师的"批斗会",总是"火力"不足,草草收场。

60年代末,我们这批"小教师"陆续成家。一些人没有住处,洪老师的家就成了临时的住处。记得先后有李淳飞、霍彬茹等都和她当过邻居,大家和睦相处,互相帮助。我结婚成家以后,也受到她的许多帮助。

在和洪老师相处的几十年中,有一件事使我很内疚。1983年洪老师在上海做手术时,我在上海开会。由于出差费给的不多,到会议后期才打听到她所住医院,但囊中已无钱,多住一天的钱都没有,只好临上火车前,才去看她。但没想到当时的上海公交车那么难坐,交通堵塞。走到半路,我一看时间来不及了,怕误了火车,只好半路下车,返回火车站。回校后,杜军书记狠狠批评了我:"教研室就你在上海,你又是洪老师的学生,就不能晚走几天去看看她。你……你……"洪老师康复后,我去看她,她却说"不怪你,你可能没钱了。科研经费也紧张,任务也很重。抓紧时间回去是对的。"听了后,一股暖流和敬意涌上心头。洪老师真是善解人意呀。

思想敏锐　勇于创新

洪老师不仅在教学上造诣极深,对于物理课在高等工科院校中的重要地位也非常重视,不论出现什么风暴,她都运用自己的影响,摆事实,讲道理。当"砸烂基础课,解散教研室"的谬论刮起时,她据理力争。当一股物理课要膨胀,要提高难度和深度的风刮来时,她又是据理批驳,讲究要"少而精"、"突出重点"。"文化大革命"后,她作为全国工科大学物理课程指导委员会的主任,为确立和巩固大学物理课、物理实验课在工科院校的地位和教学的规范化做出了杰出的贡献。

洪老师思想敏锐,勇于创新,总是在关键时刻,做出正确的决策和周密的部署,使物理系的科研得到了蓬勃的发展。

物理教师要搞科研，这是当年我们年轻教师的呼声。60年代初，李昌校长提出青年教师要过"三关"——教学关、外语关和科研关。洪老师落实到物理教研室，具体提出要过好实验教学关、习题教学关和讲课关，走完完整的教学环节，才能为开展科研打下良好基础。我们都是这样一步步走过来的，深感科研中的后劲比较足，得益于基础教学对科研的促进作用。因此，我一直坚持边上课，边搞科研。

事实证明了洪老师60年代对我们讲的："新兴学科和尖端科学的发展离不开基础学科的发展。年轻教师一定要先过教学关，通过教学打好基础"，这是千真万确的真理。

"文化大革命"后，百废待兴。洪老师坚持将分散在全校各专业的物理教师找回来。有些物理教师不愿回来，怕回来后没有机会搞科研，一辈子教普通物理，因为在专业的几年，已经得到科研锻炼，也有了一定的专长。洪老师就耐心做工作，一定努力创造条件，让大家既搞教学，又搞科研。她发挥自己的光学特长，建立了激光全息无损检测科研课题；同时又招收大批研究生，通过指导研究生，培养学术带头人。为了让更多的教师参与科研，她发挥大家的积极性，支持红外热扫描无损检测和超声无损检测等其他学术方向的研究。同时，她也用科研成果和物理教学质量整体提高，驳斥了物理教师没有必要和没有能力搞科研的论调，证明了物理教师是可以把教学和科研很好地结合起来的，在此基础上形成了非线性光学和光计算、红外与激光雷达、激光全息和隐身材料等研究方向。

洪老师在工科院校建立了光学国家重点实验室和重点学科。这在当时的工科院校的基础课教学中是非常突出和有影响的。在科研中，洪老师总是热情支持年轻人，她对李淳飞教授的非线性光学研究的支持，对刘亦铭教授的重离子物理研究的支持，都是有目共睹的。就是她不熟悉的激光雷达，她也予以关心。我在激光雷达等领域的研究中取得成果，还要感谢洪老师当初的鼓励和指导。

洪老师安息吧！我们会沿着您开辟的道路继续前进。

2004年于哈尔滨
（戴永江　哈尔滨工业大学应用物理系教授）

鞠躬尽瘁，忠诚于祖国的教育事业

——缅怀敬爱的导师洪晶教授

陈历学

敬爱的洪晶教授离开我们已经一年了，她慈祥和蔼的面容仍然浮现在我的面前。

我最后一次见到洪晶教授是在2002年春节期间。那时我正准备到韩国进行为期一年的合作研究。在出国之前我拜访了洪晶教授。她鼓励我充分利用这次机会，努力工作，为物理系的发展多做贡献。2003年春节之后，我从韩国回到了中国，由于忙于上课和处理回国之后的诸多事宜，还没有来得及去看望洪晶教授，就传来了洪晶教授不幸逝世的噩耗，使我后悔不迭，为什么没有早一点去看望洪晶教授。没有想到，2002年春节之际和洪晶教授的拜见竟是我们的永别！

洪晶教授是我的硕士指导老师，也是我的博士指导老师，是我一生中最为崇敬的老师。20多年以来，洪晶教授以古稀之年的高龄，不辞辛苦，谆谆教诲，鞠躬尽瘁，不仅在业务上认真地指导我们年轻的一代，而且在思想作风上热情地教育我们年轻的一代，使我们不断地成长。洪晶教授严谨的治学态度、一丝不苟的负责精神、谦虚谨慎的思想品格、高度的爱国主义精神、对党和人民的无限热爱和对祖国教育事业的无限忠诚，一直感染着我们年轻的一代，成为我们年青一代学习的楷模。20多年来，哈尔滨工业大学应用物理系的发展和辉煌，到处都倾注着洪晶教授毕生的汗水；洪晶教授的每一个学生的成功都凝聚着洪晶教授的心血。

1978年，我接到哈尔滨工业大学的研究生录取通知书，怀着极其兴奋的心情跨入了哈尔滨工业大学，开始了我的新的生活。这是我第二次跨入大学殿堂。我在清华大学的本科学习岁月里，大部分时间赶上了"文化大革命"，没有机会真正完成自己的学业。1973年当我接到去西北工业大学进修的消息时，再一次燃起了我学习的渴望。我们已经打好了行装准备出发，但是，一件意想不到的事情发生了。张铁生的一张白卷，使我们回大学进修的希望破灭了，我们只好重新打开行囊，回到我们的工作岗位。这次进入哈尔滨工业大学学习，是真的了，而且，能够成为著名物理教育家和光学专家洪晶教授的硕士生，这是一个多么好的学习机会啊！

见到洪晶教授，她的慈祥和蔼，首先映入我们的眼帘。洪晶教授是我国著名的物理学家和光学专家，是我国首屈一指的基础物理教育家，当时她任哈尔滨工业大学副校长。但是，当我们这些物理学的初学者和洪晶教授在一起的时候，她总是那么谦虚，那么和蔼，那么平易近人。洪晶教授和我们在一起的时候，没有老师那种特有的威严。在洪晶教授的指导下工作，总使人感到温暖。她不仅是我尊敬的指导老师，而且是我们这些学子慈祥的母亲。

洪老师两次赴美求学,为了能够及时回到自己的祖国,放弃了博士学位。这是多么伟大的爱国之举。新中国刚刚成立,她所想的不是自己个人的学位,不是个人的利益,而是我们这个饱经沧桑的祖国,正开始新的一页,我们的祖国需要一代有志之士来建设她。洪晶教授对于自己祖国是多么的忠诚,对养育她的神州大地是多么的眷念。老一代知识分子对祖国如此深刻的热爱和眷念,真是我们学习的榜样和楷模。1987年,我在福建厦门参加光学国际会议的时候,在厦门市博物馆还看到了介绍洪

洪晶教授(左三)与陈历学(左二)等学生在一起

晶教授爱国主义的图片和材料。在硕士学习期间,洪晶教授亲自为我们教授专业课。为了提高我们的英文水平,洪晶教授为我们选用英文原版教材,用她流利的英文为我们讲课。在课堂上,她还经常和我们对课程中的问题进行认真的讨论。她把她的知识传授给我们,更把她一丝不苟的治学态度传授给我们。

我有幸能够成为洪晶教授的博士研究生是在1983年。那时,国家刚刚正式批准博士生培养计划,我被洪晶老师接纳成为她的第一个博士研究生。能够成为洪晶教授的第一个博士研究生,这对于我来说是多么幸运。我下决心努力学习,勤奋工作,不辜负洪晶教授的期望。

就在这个时期,不幸突然降落到洪晶教授的身上,她被诊断患有直肠癌。1983年初,她在上海进行了切除手术。医生告诫她,如果3年未发生扩散,癌症就治愈了,如果扩散了,问题就严重了。在这3年期间,洪晶老师时刻受到癌症的威胁。但是,也就是在这3年期间,洪晶教授从来没有因为癌症的威胁而放弃她的工作。她总是以高度的革命乐观主义的精神,以对党的教育事业无限忠诚的精神,坚持工作在教学和科研的第一线,坚持参加政协的工作。洪晶教授不仅仍然坚持给研究生讲课,而且经常到当年的物理楼指导硕士生和博士生的研究工作,为我们立题,为我们审查文章。在冰天雪地的严冬,寒风刺骨,路面结冰,极易滑倒,但是洪晶教授仍然坚持亲临指导。对于我的博士论文研究工作,洪晶老师多次召开立题讨论会,严格把关。对于我的研究论文总是严格地一丝不苟地反复审查,逐字逐句推敲。在我的博士论文上,她倾注了大量心血,有时甚至彻夜不眠。

洪晶教授亲自担负起了我的博士论文答辩的全部准备工作。她精心地审查我的论文,多次组织了预答辩工作。每次预答辩,她都安排十几名老教师参加,对我的答辩认真评审,直到满意为止。我最初的70多分钟预讲缩减到30多分钟,100多张幻灯片缩减到50多张。由于洪晶教授在物理学界和光学界的崇高威望,全国70多名光学和物理学的老前辈审查了我的论文摘要,著名的物理学家方俊鑫教授和激光专家邓锡铭院士对博士论文写了评语,邓锡铭院士亲任答辩委员会主席。在邓锡铭院士的主持下,答辩委员会顺利地通过了我的博

士论文,并受到一致好评,使我成为洪晶教授的第一个博士毕业生。根据当时答辩委员会的姚建铨院士回忆,我应当是我国第一个光学博士。我完成了我的博士学位,但我知道这并不是我个人的力量,是由于我的导师洪晶教授在中国物理学界和光学界的崇高威望。3年来我所做的事情就是没有辜负洪晶教授的殷切期望,没有损害洪晶教授的名誉和声望。那个时候,我对我的导师洪晶教授怀着无限的感激,下决心一定不辜负洪晶教授的培养,一定要为应用物理系的发展,为祖国的现代化建设做出自己最大的贡献。

洪晶教授在物理学界和光学界有极高的威望。在新中国成立之后,培养中国自己的工程技术队伍是当务之急。因此,在新中国开创初期,稳定有序的高等教育是洪晶教授这样的老一辈归国科学家最重要的任务。洪晶教授把她的青春献给了哈尔滨工业大学的基础教育。60年代,我国的高等教育已经步入正常发展,洪晶教授终于有精力开展她的科学研究工作。她在哈尔滨工业大学物理教研室领导开展了半导体物理的研究,并很快在《物理学报》发表了多篇高水平的文章。正是由于她领导的半导体研究,为今天的微电子专业打下了基础。

正当洪晶教授和她领导的半导体研究蓬勃发展的时候,史无前例的"文化大革命"开始,她经历了批斗、批改、下乡等政治运动,以后的情形就可想而知了。正常的物理基础教育都没有了,更谈不上物理研究。10多年时间里,哈尔滨工业大学的物理科学研究停止了。

1977年,高考制度恢复了,1978年研究生制度也开始试行,高等学校的春天到来了。当我们班9个同学们作为洪晶教授的首批光学硕士研究生步入学校时,她已过了花甲之年,但她仍精神焕发地投入到光学研究和研究生培养中。在洪晶教授的领导下,物理教研室光学科学研究步入了新时期。由她倡导和组建的信息光学和非线性光学从此成为哈尔滨工业大学应用物理系光学学科的基本发展方向。

洪晶教授把建设一流的光学学科作为头等重大任务,把培养人才作为最重要的任务。因此,她甘做人梯,想方设法积极为青年教师创建研究条件,李淳飞教授和许克彬教授就是洪晶教授亲自关怀和培养出的学科带头人。在应用物理系光学学科的发展过程中,洪晶教授关心的是学科的发展,从不考虑个人的得失。不要说把洪晶教授的名字放在论文的第一作者,就是她的学生发表的文章作者署名中,在很多情况下根本没有洪晶教授的名字,洪晶教授都没有提出过异议。大多数文章只是在文章末尾附有对洪晶教授的感谢。洪晶教授所想的是让李淳飞、许克彬等年纪更轻的教师迅速成长起来,挑起哈尔滨工业大学应用物理系发展的重任。

洪晶教授,在过去的几十年,在我的身上,在应用物理系青年一代的身上,有您的汗水,有您的心血,有您的事业,有您的希望。您现在离开了我们,但是您永远活在我们心中。您的学生遍布长城内外,大江南北,世界各地。我们已经看到,您亲自培养的青年一代博士毕业生,已经肩负起应用物理系发展兴旺的重任;您所创建的哈尔滨工业大学应用物理系,现在已经发展成为具有博士后授予点的一级学科;您为之奋斗的哈尔滨工业大学正在日益发展和壮大;您所热爱的祖国正在持续高速发展,以她新的雄姿立于世界民族之林!安息吧!我们敬爱的导师洪晶教授!

2004年于哈尔滨

(陈历学 哈尔滨工业大学应用物理系教授 博士生导师)

留在心中的记忆

姚秀琛

听到朋友打来电话,告之洪晶老师去世的消息,心中很悲痛。作为她的学生,在我成长的过程中,洪老师倾注了大量心血。至今,她和蔼可亲的面容仍呈现在眼前,耳边仍回响着她的谆谆教导。

1958年我从一个机械系二年级学生调到物理教研室工作,当了一名"小教师"。第一次教学工作是作为洪老师的助教,负责给学生答疑辅导。洪老师讲授的光学我还没学过,只能边学边教。在大课前我先自学,再和学生一起听课。为了应对同学们提出的各种问题,我只能刻苦钻研,往往是下午请洪老师答疑,晚上就面对学生的"考试"。洪老师对我说,对于同学提出的问题,知道就是知道,不知道就是不知道。告诉同学你会负责任,搞明白后再告诉他,不要不懂装懂,更不要瞎讲。老老实实,实事求是,这是做学问的态度,也是做人的态度。她自己也是这样身体力行的。偶尔她也有被我问住的时候,她一边拿出糖来让我吃,一边说让我想一想。即使当时不行,事后也总是给我一个圆满的解答。期末学生要考试了,她也变相考了我,要我做一个学习总结,使学到的知识更深入、系统。在学生抠我,我再抠她的学习中体会到作为一个助教的学习比作为一个学生的学习要深入、扎实得多。教学是一种更好的学习。

洪老师在工作之余也很会调节气氛。一次周末,她让我休息休息,拿出相机要我带她的女儿小松去照相。哪知我胶卷没有装好,根本没有照上。看到我忐忑不安的样子,她什么也没说,只是撇了撇嘴,一笑了之。逢年过节,洪老师有时也邀我们到她家去玩,拿出她在国外和回国途中轮船上的照片给我们看。看到她和刘先生在刚解放时就毅然放弃了在国外的优越工作、生活回国,心中的敬意油然而生。

我在给麦仰颖老师做助教时,一次早上睡过了头,等我醒来赶到地处老航校的二部时,麦老师见我没来已经在代我上习题课了。我向洪老师检讨。她很和善地对我说,年轻人容易睡过了头,但作为一个教师这样很不好,教学秩序对教师来说就是法律。"这样很不好"已是她对人最严厉的批评了。她从不很凶地训斥人,但她诚挚、与人为善的"这样不好"、"这样很不好"的批评却会让我们心服口服记一辈子。

我们第一次讲大课时都要先通过试讲。虽然那时我和她不在一个教学组,但我每次试讲她都要先看过讲义,提出修改意见,再亲临指导,大到内容安排,重点难点的诠释;细到黑板的书写,讲课的语音声调都要一一仔细评讲。我们就是这样在洪老师等老教师的培养、带领下走上了讲台。

在三年自然灾害期间,洪老师尽管自己也相当困难,但仍关心大家的健康。我同寝室的金有严老师身体不好,我几次看到洪老师给他送来了补药,使大家深受感动。

由于小教师们来自校内各系,都是学工的,洪老师作为教研室主任非常重视对我们的培养。除了在教学实践中学习外,还制订了系统学习物理课程的计划。她亲自为我们讲授"电动力学"、"量子力学"。由于当时我们边学边教,要付出比常人更多的辛劳,为了教学,有时不得已放松了自己的进修。洪老师很理解我们的难处,虽然不说什么,但看到她认真努力的授课,看到她带着不满和责备的眼神,我们只能抓紧时间更加努力的学习。

1962年后学校陆续派我们到综合大学物理系进修,我也到复旦去学习了。虽然离开了学校,洪老师仍很关心我们进修的安排和学习情况。1964年秋天,我结束了复旦的学习,成为洪老师的第一个研究生,学习半导体物理。第一门课,她首先要我到农村去参加四清运动;第二门课是到石家庄一个半导体工厂实习。物理是一门实验科学,她要我首先从生产实践中学习。实习刚结束,不久"文化大革命"开始了。我也从此中断了研究生的学习。

"文化大革命"以后我们调到北大工作。每次她来京参加全国政协会议,或我们出差到哈尔滨都会去看望她。她都要详细询问我们的工作、生活情况。看到她虽然年事已高,仍身体健康,充满激情地参加各种活动,我们心中也十分高兴。

我最后一次见到洪老师是在2000年参加哈工大校庆。她和我们这批40年前的小教师欢聚在一起非常激动。她比过去更愿意和我们在一起聚会、交流,她明显地老了。

诚信、踏实、实践、钻研,洪老师手把手教我从一个学生成长为一个教师,并受益终生。

2004年于北京
(北京大学教授、北大方正副总裁)

怀念洪先生

关孟齐

友人告知我洪先生去世的噩耗，是那天的下午。一时百感交集，整个下午及夜里，我脑海中不断闪现的是洪先生的影子及对往事的回忆。65岁的我，一生中受教过的老师可谓多多，但像洪先生这样对我恩泽深厚，让我永远难忘的老师却不多。她对我是恩师，也是母亲。记得1958年4月，只上过一年多大学的我和许多同学一起被抽调到物理教研室做"小教师"，在被送到北大物理系学习两年多之后，就回哈市参加工作。不久我就被分配给洪先生做助教。当时洪先生讲光学大课，我辅导答疑、改作业，半年过去，获益匪浅，许多事至今想起仍记忆犹新。

我们这批人，本是工科的底子，在北大的几年又时逢很少念书的大跃进时代，所以在业务上大都是先天不足。以这样的身份去做留美归来、学问精深而又威仪万千的物理教研室主任洪先生的助教，我心中十分害怕。加之我正好碰上了光学，而由于理、工科教学计划的不同，这一内容我在哈工大从未学过，到了北大之后人家的这一部分又已经学过了，因此我可以说是一个没学过光学的人。一个没学过光学的人却要去辅导光学而且是为洪先生做助教，我心中的忐忑可想而知。我拼命读书，自认为是认真地看了书，做了习题，每次听课也都聚精会神地记笔记，几次课下来，多少对自己有些放心了。一天上课之前，在去教室的途中，洪先生突然问我："光的颜色取决于什么？"见我支支吾吾，她又进一步问："光的颜色，或者说决定颜色的物理量，在不同媒质里有没有变化？比如说在空气中和在人的眼睛里？"我当时全懵了，回答不出。下课回去连忙查书，才知道这是光学的基本常识，可以说是非常小儿科的问题，可是我当时忙于应付辅导课程内容"干涉"、"衍射"，连这样的基本知识都没注意到就去当老师，现在想起来都觉得非常惭愧。这件事让我知道自己的浅薄与不足。为了改变这种情况，在以后我除了听洪先生的课外，开始自学当时的光学权威、苏联的兰斯别尔格的《光学》，觉得挺有收获。

正当我自我感觉良好时，一天课前，洪先生递给我一张纸，纸上是她用英语写的两道物理题，洪先生吩咐："课间把这个给学生抄到黑板上。"这事又让我吃了一惊，在俄语一统天下的时代，我初中学的那点英语早忘的只剩了字母，抄题虽可，却一句也不明白。下课回去赶紧查字典，勉勉强强翻译出来一看，原来是非常简单的题。我这才明白洪先生的意思不在于让学生由此学物理，而在于让学生及我这个助教都多学点东西，也让我知道要当好教师决不能只把目光盯在教材上。在陆陆续续出现的英语题面前，我居然也学了一些关于物理的英语单词。那时候普通物理的光学部分是没有习题课的，学生作业中的问题不少，我很想找个机会把共同的问题讲给学生听，就跟洪先生说，我想在上课前利用5分钟时间给学生讲题。洪先生很支持，让我尽管去讲，说多占点时间也没关系。每次我讲时，她都坐在下面仔细地听，然后把我没讲到的或讲错的地方指出来，使我学会了许多。

20 世纪 60 年代洪晶(左五)与女学生合影

半年过去,我在光学上有了较大进步,还明白了要当好一个教师就得不断对自己提出要求,要有广博的知识,要有严谨的工作态度。所有这些都是洪先生教给我的,但她从未说过你该做什么,不该做什么,她是以她的言行教育我,以她洞察一切的安排指导着我,告诉我做一个教师应该是个怎样的人。在那之后不久,由于习题课组长孙悦贞老师的推荐,洪先生的准许,我顺利地通过试讲,准备讲大课。非常巧的是,我第一次讲大课的内容仍是光学,洪老师教我的知识、她的教学方法和教学态度都极大地帮助了我,使我顺利地走上了讲台。在以后几十年的教学生涯里,我也总在自觉不自觉地学着她的教学思想、教学态度甚至是教学风范,哪怕是对一些小事,比如上课从不迟到、下课从不拖堂;上课时要注意仪容整齐。说到这最后一点,上世纪 70 年代与我同住筒子楼三宿舍的邻居还记得,只要一看见我擦皮鞋就知道我那天有课,这都是洪老师教育的结果。

从一个不懂教学的学生到一个成熟的教师,是洪先生的一步步教诲使我成长起来,她的教导让我终生受益。恩师之情山高海深,洪先生对于我就是这样的。

洪先生作为教研室主任又不苟言笑,最初大家都有些怕她,其实她为人宽厚真诚,对同事热情关心。她对我生活上也有很多关心帮助,仅举一例。20 世纪 70 年代,我得了肝炎并且屡治不愈,校医院不得不准许我回北京治病。就在行前,洪先生来了,她把一沓钱塞给我,说你这个病要加强营养,拿去买点好吃的吧。我最初不想要,但因为她执意要给,却之不恭,又加上当时家里确实毫无积蓄,上北京又要花钱,我就收下了。她走后我一数,整整 100 元。那差不多接近我的两个月工资了,可以算得是一笔巨款。洪先生竟能想到一个普通教师的贫困与需要,这让我非常感动。肝炎治愈回哈后,我去还钱,洪先生说:"为什么要还?当时给你时,就没打算让你还。说借给你,不过是怕你不要。别还了,我不缺钱花。"可是我一定要还,因为我觉得只有这样才符合洪先生为我们树立的做人的榜样。洪先生无奈地收了,却连连嘱咐我需要钱时一定去找她,别客气。后来我知道在物理教研室,还有许多生活困难的同志也得到过她的无私资助。我觉得她就像母亲一样地关心着大家。重义轻财、仗义疏财，洪先生在我们心目中树立了崇高的形象。

1981年我调离哈工大来到北京工作，与洪先生的联系逐渐稀少。近年就只剩下一年写一封信及偶尔打个电话。但洪先生时刻记挂着我，每次我因事回到母校，总有人告诉我快给洪先生打电话，她听说你要来，念叨了好几回了。一次回哈工大住进西苑宾馆已近晚上10点了，我想太晚了，就别打电话了。来接我的姜铃珍老师说："不行，快打吧，洪先生刚才还来电话问呢。"赶忙打过去，洪先生果然还在等着，我想她此刻对我的心情已不完全像老师对学生而更像是母亲对离别多年的儿女。来哈工大较晚的姜铃珍老师一次半开玩笑地说："我觉得洪老师最喜欢你们这些人，她大概觉得只有你们才是她的学生。"我想她只把我们看成是她的学生，这大概不准确，但她一定是把我们看成和她的儿女一样，因为我们是在她的目光注视下成长的。就在今年元旦，我寄了信和贺卡，收到的却是洪先生的一封打印的贺卡，这让我有些疑心："洪先生连字都不能写了吗？"及至通过电话，听到她清晰的声音，才放下心来，却没有料到，仅仅几个月过去，她就永远离开了我们。她带走了我们对她的感激与思念，留给我们深深的沉痛，沉痛如此，复言何哉？

洪先生，您教给我们的一切都已由您的学生传给更多的学生，滋养更多的青年；您崇高的人格为您的学生树立了人生的楷模，影响了我们及我们的下一代。春风化雨，桃李遍地，辛劳一生的您，可以含笑九泉了。洪先生，愿您在遥远的天堂，安息！

2004年于北京
（关孟齐　北京印刷学院教授）

纪念洪老师

李一凡

洪老师在一年前离开了我们。在她逝世后的一年里,她的音容笑貌,一直在我眼前浮现。有几件小事对我的印象特别深刻。

我第一次见到洪老师,是在1978年国家第一次研究生招生工作期间。我于1977年考入哈工大物理师资班,但由于家庭经济困难,大学很难读下去。1978年国家第一次公开招考研究生,我考虑再三,决定报考研究生,因为研究生每月可领取46元助学金。比我在农村当中学老师的工资还要高。考完后,我被大庆石油学院数学系录取。我准备离开哈工大,进入大庆石油学院攻读硕士。一天下午,物理教研室的张秀占书记领着一位面貌慈祥的长者来到我们的临时宿舍(电机楼四楼的一间教室)。经张秀占老师的介绍,才知这位长者就是大名鼎鼎的哈工大副校长洪晶教授。坐下后,洪老师轻声细语地说明了来意。原来是征得教育部的同意,洪老师在哈工大物理教研室开办物理研究生班,希望我能转到物理研究生班攻读硕士学位。她是为这事和张秀占老师来听取我的意见,我当时非常感动。此事本来完全可以由别的老师告诉我。可洪老师这样德高望重的校长和教授却亲自征求我这位才入学不到一年的大学生的意见。要知道,能留在哈工大读研究生,这是我求之不得的呀。这样我便成为洪老师的硕士研究生了,直接接受她在学业和道德上的教诲。

物理研究生班一共有9位学员,除了我以外,其余8位都是从科学院的考生中录取的。洪老师教学很认真,用英语给我们上光学课,这是我有生以来上的第一次英语专业课。她的美式英语非常纯正,容易理解。她的课使我们在专业和英语两方面都受益匪浅。

洪老师对我们要求很严格。记得有一次我和一位同学在做光学实验时听收音机,正好让洪老师碰上了。她很和蔼又很坚定地对我们说:"做科学实验时需要你全神贯注。如果分神的话,你可能把实验中很关键的现象忽略了,从而得不到正确的结论。"从此以后,我做光学实验时再也不听收音机或做其他的事。

1980年底我硕士研究生毕业,留校任教,并在第二年考上出国留学。洪老师对此特别高兴。1983年在我临出国前,当时已年过60岁高龄的洪老师亲自到我住的五系楼,攀上我在四楼的住所向我道别,使我感动非常。我在留学期间和洪老师一直保持联系。一有机会,我便去哈尔滨看望洪老师。她每次见到我都特别高兴。虽然洪老师没对我明说,但我知道她很希望我在加拿大博士生毕业后能回哈工大。由于各种原因,毕业后我选择留在加拿大,这也成为我毕生的遗憾。

洪老师,安息吧。

2004年于加拿大

(李一凡 博士 加拿大气象局空气质量研究处 集成模型研究专家)

永远怀念洪晶先生

陈西园

洪晶先生是著名的物理学家、教育家。她将自己的一生献给了祖国的教育事业,为哈尔滨工业大学乃至全国的工科物理教育事业做出了重大贡献。洪晶先生是我敬爱的导师,是我学习、效仿的榜样,先生对我的教诲和帮助,使我终生难忘。

我是 1979 年开始跟先生学习的。由于恢复高考不久,研究生住宿的条件也不太好。记得刚开学不久,先生就到学生宿舍去看望我们,看我们的铺位、被褥,了解我们的困难。洪先生一直都十分关心我们的生活情况,在后来的学习过程中也多次询问我爱人和孩子的安排和生活。毕业时先生希望我们能留下来工作,为了我的工作问题,亲自跑到学校人事处联系;后来为了我的工作安排,先生还曾专门给有关学校写了推荐信。囿于当时的人事制度,虽然两件事都没有做成,但是先生对我的关心和帮助始终记在心上,也极大地影响着我对学生的态度。

洪先生有丰富的教学经验,教学内容安排合理,构思科学严密,讲课深入浅出。洪先生亲自为我们讲授光学原理课,给我们打下了较深厚的光学理论基础,是我在以后的工作中使用最多、受益也最大的课程。先生治学严谨,对我们的要求也很严格。在论文开题之前,她就要求我们查阅很多有关文献,对题目有了相当的了解后才能开始工作。先生时常检查我的实验工作记录,还经常到实验室里来,帮助我们解决实验中存在的困难,了解实验进展情况。对实验中出现的任何问题,先生一点都不放过,甚至要求我们重新做过。特别是在我们工作过程中常常提出一些问题,这往往使得我们的研究在理论上能更深入一步,使我们解决的问题更接近实际。先生有很高的学术造诣,她所列出的论文题目不但有足够的理论深度,而且与实际有较密切的联系,很多题目的结果都得到应用。

洪先生作为国家教委工科物理教学指导委员会主任,对教学工作十分重视。读研究生期间,她让我们每人都承担了一点大学物理课的任务,并征求我们对教学改革的看法和意见。我到抚顺石油学院(现改名为辽宁石油化工大学)后,洪先生把我作为了解一般工科院校物理教学情况的一个窗口,多次了解我们对大学物理教材的看法和关于教改的意见。每次我去看望先生,大学物理的教改和我们学校的物理课教学情况都是必谈的内容。她对一般院校基础课教师从事科研工作十分重视,认为这是稳定基础课教师、提高基础课教师水平的重要途径。她对物理实验室建设、实验技术人员和实验教师的稳定以及学生能力和水平的提高特别关注。

洪先生虽然离开了我们,但是她对学生的关爱、严谨勤奋治学的态度和献身教育事业的精神永远是我们学习的榜样,永远激励我们踏踏实实献身教书育人的伟大事业。我们永远怀念洪晶先生,我们将用实际行动来纪念先生。

2004 年于抚顺

(陈西园　辽宁石油化工大学理学院院长　教授)

深切怀念我亲爱的妈妈洪晶

刘思久

我亲爱的妈妈洪晶突然去世让我悲痛欲绝,随着不时涌出的泪水,我思绪万千。

妈妈原名洪晶晶,祖籍福建闽侯,她的外祖父是当年有名的商务印书馆负责人高梦旦先生,妈妈的父亲洪光昆(字观涛)早年参加辛亥革命,是老同盟会的成员,新中国成立后在铁道部教育司任职。妈妈那一代姐弟3人,妹妹洪盈、弟弟洪朝生,从20世纪60年代中期开始同时成为全国人大代表或政协委员,每年"两会"期间就相聚在北京家中,很是令人羡慕。妈妈1917年3月4日生于北京,小时在家中受过很好的教育,中学在贝满女中度过,后被保送入燕京大学。在民族危亡的年代参加过"一二·九"和"一二·一六"的学生运动,是纠察队员。以后辗转后方,考取清华大学研究生,并在重庆南开中学等处任教。1941年妈妈与爸爸在广西桂林结婚,开始他们相濡以沫的一生。新中国成立后,正在美国攻读博士学位的妈妈为了与爸爸一同回国参加社会主义祖国的建设,毅然放弃了即将得到的博士学位。回国后妈妈先在北京的辅仁大学和北师大任教,随后陪伴爸爸来哈尔滨,从此就在哈工大一直工作生活了整整50年。

60年代初洪晶与家人一起郊游

妈妈的美好形象从我懂事起就一直铭刻在心。我清晰地记得小学四年级时我写的一篇作文"我的妈妈"曾得到老师在班上的表扬。那时妈妈是全国的三八红旗手、市劳动模范,哈工大物理教研室的主任。妈妈每天都工作到深夜,我们家似乎就是她们单位的会议室,皮名嘉老师、孙瑞藩老师……常来常往。家中大小事情也由妈妈主持,户口本的户主是妈妈,困难时期妈妈量入敷出,每天都用小秤分配各餐的粮食定量,加上当时党对高级知识分子的照顾政策,方使我们全家顺利渡过难关。妈妈在政治上并没有多少特别的高见,在风云变幻的政治运动中也曾受到过不公正的对待,但妈妈始终热爱党、热爱社会主义祖国、热爱人民的教育事业。她总是真诚地向党组织和同志们交心,诚心诚意地严格要求自己改造世界观,因此常常得到同志们的关怀和保护,妈妈在我心中的崇高形象也从未有过动摇。妈妈50年代曾为省市领导讲课,还专门编写了科学知识讲座材料,她生动的语言和深刻的哲理给许多老干部留下了极为深刻的印象,我在"文化大革命"期间从同学家听到这些评价时很感自豪。

妈妈心地善良,实事求是,没有私心,"文化大革命"过后我曾多次看到人们写信给她,感谢她在非常年代给予的同情和帮助。妈妈为人随和宽容,几十年来我从未听到她背后议论别人,也从未看到过她与人争吵。有人送东西给她,她会十分不安,一定会设法回送。有人要来看她,她也会不安,早早准备迎接。我曾多次听到妈妈过去的学生讲述当年如何得到妈妈的精神鼓励和物质帮助,也常看到妈妈对邻里、同事、工友、保姆、下乡时的房东以及我同学家庭的真诚关心和经济帮助。妈妈的善良真诚有时也会上当受骗,但她从不后悔,对别人总是充满了理解和体谅。即使我有意问起极"左"路线下受到的迫害时,也看不到她委屈的情绪,最多也只是说记不清了而已。妈妈晚年生病时话少,可头脑一清楚就会没完没了地关心起别人,设身处地地为别人忧虑。就是她去世那天早上,妈妈从床上溜到地下时还亲切地安慰身旁的保姆,要她别怕,并说自己有经验对付。我爸爸家是一个大家庭,相当多的亲属在相当长的时期都是很困难的。爸爸是大家庭中名副其实的大哥,曾支持了很多亲属的学业和生活,这里妈妈的功劳是不言而喻的,作为大嫂,理所当然地受到所有家人十分特别的敬意。

妈妈的随和来源于对他人发自内心的关爱和尊重,也与她严于律己的刚强性格有关。她的遗物中有一份"文化大革命"期间下乡(两次共约一年)归来后在全校学习毛主席著作讲用大会上的发言稿,其中说起她在劳动中挥刀奋力拼搏90多下,终于砍断残树时的经历。我们家人都还记得当年这段讲述曾带给大家的心灵震撼。

回忆妈妈对我教育,她特别强调的是不要说谎、不要追求不劳而获和不拿公家的东西,然而妈妈给我更多的是关爱、理解和宽容。困难时期我曾一度常要钱买冰棍吃,妈妈为了防止我染上不良习惯,就主动提出每月按时给我1元钱,但要我自己管理,负起考虑究竟应该如何用钱的责任。记得我因此很快就改变了观念,将钱攒了起来,作为自己开展无线电业余活动的自主经费。以后随着形势的明显好转和政策的调整,我们家的饭桌上已经可以做到细粮为主了,然而当我告诉妈妈班里的同学们带的午饭大都是粗粮加咸菜时,妈妈就决定每天都专门为我做一顿高粱米饭带上,使我和同学们一直保持自然亲密的关系。我初中时,曾在假期与当时哈工大党委彭副书记的儿子一同到学校的实习工厂学钳工。妈妈十分支持,专门为我与当时实习工厂的贾厂长联系。后来工厂新鲜的生活对我产生了影响,我决定不报考高中,改考中专。当时尽管爸爸很不赞成(其实我也并非一意孤行),但妈妈最终还是尊重我的选择,并在我入校专业不"对口"时,妈妈与当时的学校党组织联系,帮我解决了问题。妈妈对具有赌博和博彩性质的活动有一种特殊的警惕,经常教育我断绝此种不劳而获占便宜的想法。我参加工作后,妈妈最反对我用公家的材料干私活。她和我爸爸自己身体力行,从来不用公家的信封和信纸办私事。

刘思久与母亲合影

妈妈晚年特别关心我的身体健康,一到吃饭时间就打电话到办公室催我,我回家晚了就会焦虑万分,有人打电话给我就要尽快转告我,好吃的东西总要给我留下,晚上一遍又一遍地劝我早睡。就是在她永远离开我们的前一天晚上,还走到我的房间看我,见我正躺着休息,就对护理她的保姆摆手说:"轻点,轻点"。可是我对妈妈这种充满无私深厚母爱的真情,直到她突然去世时才真正大彻大悟,不时想起的遗憾和悔恨几乎使我无法承受。我多么想对亲爱的妈妈说一声"妈妈我爱你!",可亲爱的妈妈已经再也无法听到我满腔的感激之情。

妈妈早年做甲亢手术时曾伤了甲状旁腺,1966年腹部妇科手术,1978年缺钙引发癫痫,1983年肠癌手术,1994年患青光眼,1995年离子紊乱,1999年误诊骨转移,2001年大病……但她作为一个唯物主义者,总是面对现实、尽早治疗,每次都化险为夷,安然无恙。这次突然去世,实在让我无法接受,多少想做的事都没来得及做,多少该说的话都没来得及说,真是悔恨万分啊!妈妈的去世使我对亲情、友情、工作和人生萌发了新的理解,我真诚地希望天下孩儿都能真正体谅母爱的深情,给天下母亲一个健康快乐的晚年。

亲爱的妈妈,我永远怀念你!

2004年于哈尔滨

(刘思久 哈尔滨工业大学教授)

怀念妈妈

刘晓松

亲爱的妈妈离开我们快到一年了。悲伤与遗憾之余,经常想到妈妈特殊和难得的品德和性格,十分感慨。妈妈的一生是工作和学习的一生。我小的时候,记得妈妈晚上经常在家里开会,和教研室其他负责人一起谈工作,要么就是看东西,每天都是很晚才睡觉。我觉得她工作非常认真,从不试图挑容易的事情做,或是遇到困难绕着走。"文化大革命"后,妈妈不太在家开会了,但好像是只要有一点空,她就是在看书,看文章。我深刻的印象是她特别勤奋,永远在学习。妈妈的人品很高尚,实事求是,光明磊落,谦虚诚实,毫不虚荣,更不势利,对人平等相待,尊重所有的人。妈妈脾气很好,性格非常随和,从来不训人,不强加于人。只要不是绝对原则问题,她从不坚持自己意见,总是把选择让给别人。她做了那么多年的领导,有那么多的成就,却又是那么谦虚、和气、尊重他人。

刘晓松与母亲合影

妈妈对我也很随和,大事上她会告诉我她的意见,小事上她从不坚持一定要我做什么。在我小的时候,妈妈作为一个拥有高等学历、从事高等教育和科研的知识分子,从不对我在学习上施加很多压力,对我所有的课外活动也从不阻拦,包括文体活动、社会服务、义务劳动等等。似乎从那时起,我就逐渐意识到了人生和生活的丰富多彩,学校的学习只是生活的一部分。我从小到大对什么都有兴趣,喜欢做什么妈妈都很尊重。从"文化大革命"下乡到上大学和出国,从交男朋友到婚姻,我的生活上遇到什么问题,她总是很能理解,并且尊重我自己对人生道路的选择。我觉得其结果是支持了我发展独立生活的能力,丰富了我探讨人生的经历。同时使我遇事有独立思考的习惯,也敢于有独立的见解。我深深感谢妈妈没有束缚我的思想,使我有机会以开阔的眼光去见识世界和体会世界。

  妈妈谦让精神很强,凡事从不斤斤计较。我从小到大,从来没有听到过妈妈讲任何人不好或是对任何人抱怨不满,无论是对同事、学生、朋友,或外人。在家里从来没有听到过她和爸爸或任何其他人有过抱怨别人的对话。对待学生,最多是说谁在哪方面有什么困难,从来没有说过谁不行。对待同事,只说谁有什么不同意见,从不说谁不好。我的结论是她之所以能这样,并不是因为她谨慎小心,不说别人坏话,而是她宽宏大量,容得下任何人,心地很是善良,从不感到什么人特别不好。还有就是她对人一视同仁,不抱成见。妈妈的性格既文静又豪爽。她言行举止很文雅,外形不显强壮,但她心胸宽阔,精神承受能力很强,遇到什么事情都很能想得开。在她漫长的生活和工作中,对待任何挫折,她都从不沮丧也不抱怨,而只是面对现实,以她的坚强渡过难关。妈妈在50年代从美国回国和"文化大革命"中受冲击的经历中,一定有很多思想、感情、具体生活上的难处和痛处,但她从不抱怨这些经历的发生和所带来的困苦。特别是在"文化大革命"中,她所受到的批判、责难、屈辱和冤枉都没有使她变得半点脆弱。妈妈不是一个能说善讲的人。她只是心里经受着这一切,没有说过一句丧失信心的话。她是一个现实的人,有坚强的心理、有能力去战胜当时的困难。她也是一个乐观的人,喜欢向前看。过去的苦和难只是经历,不是资本也不会变成包袱。"文化大革命"后,也有人向她道歉,说在那个年月整了她,做了对不起她的事。她都从不纠缠过去,不把这些事记在心里。她理解当时的形势,理解每个人当时的处境,更是因为她有一颗特别宽容的心。妈妈特别愿意帮助别人。时有经济困难的同事或朋友向她借钱,她总是毫不吝惜,尽量帮助。在家里,所有花费几乎都是用她的收入。爸爸家里亲戚多,有的亲戚生活困难,爸爸多少年来用他的收入全力支持,妈妈从无一句怨言。但她自己的生活却很简朴,不追求也不向往任何奢侈。妈妈品质高贵的地方显示在许多日常工作和生活的小事上,长年累月就习以为常。但每每回想起来,深感她的伟大和难得的精神。

  有一件事使我非常遗憾,就是从来没有听过妈妈讲课。她做了那么多年的教师,我也时而听到称赞她讲课的评语,但遗憾的是等到"文化大革命"后我上了大学应该听得懂她讲课的时候,她已经不给学生上课了,而多数时间是在带研究生做研究工作了。我真想念我的妈妈。人的生命有限真是一件憾事。妈妈会永远活在我的心里。

2004年于美国

怀念我亲爱的婆婆

李 麟

前年秋天回国探亲时婆婆的音容笑貌还时常在我脑海中浮现,我万万没想到那次见面竟是我和她老人家见的最后一面。记得我每次回国探亲时婆婆都会在楼梯上高兴地迎接我,而每次离开时她老人家又一定会不舍地送我到楼下,即使是她身体不太好时她也要送我到楼梯口。一想到以后再也见不到她老人家那迎接我时慈祥的面容心里就感到万分的悲痛。从我和先生结婚到出国,和婆婆一起生活了近10年,到婆婆去世时和婆婆相处也有25年之多,时时刻刻、点点滴滴我都能感受到婆婆对我的关爱和理解。

记得在我坐月子时,因为当时住房比较小,我和婆婆不住在同一单元。尽管她老人家那么大年纪,而且工作又十分繁忙,但每天都会抽时间过来看看,问问我有没有吃好、睡好、休息好。有一段时间,我和先生都要出国学习,孩子暂时不能和我们一起出来,留在家里。那时我们的儿子才只有8岁,正是最淘气、最顽皮的年龄,很不好照顾。婆婆那时已70多岁高龄,但为了让我们安心完成学业,她老人家毫无怨言地承担起照顾孙子的重担。可以想象这对一个年过七旬,且仍担任着许多重要工作职务的老人来说,如果没有对子女深厚的爱心是很难做到的。

我永远都会记得婆婆对我学习和事业的支持。和她老人家相处多年,使我耳濡目染地学到许多做人做事的道理,令我终生受益匪浅。印象最深的是她老人家做任何事情都会预先规划好,做起来雷厉风行,从不拖拉。我原本是一个慢性子的人,但在婆婆的言传身教下,现在做事也变得干净利索起来。和她老人家相处这么多年,我看到了她老人家身上的许多高尚品德:勤奋好学、宽容大度、善解人意、以诚待人、只知付出、不图索取……我很难用言语表达我的全部感觉。但我可以感受到婆婆的人格魅力让每一个认识她的人,亲戚、朋友、同事和学生有口皆碑,对她老人家有无限的怀念。

婆婆总是那样和蔼待人,跟她老人家一起生活多年,我这个做儿媳妇的从没感到过任何压力,也从未感觉她待我和她自己的子女有什么不同。婆婆又是那样随和,这么多年我不记得她老人家跟我红过脸。一般人都说婆媳难相处,但我从未有过这种感觉。以前从未认真想过婆婆是个什么样的人,现在回忆起和婆婆相处的那些日日夜夜,我不再相信世无完人,婆婆在我的心目中就是一个实实在在的完人!我很庆幸有这么个好婆婆,也为有这么个好婆婆感到骄傲。婆婆,您永远活在我们心中!

永远怀念您的儿媳小麟纪念婆婆去世一周年于美国加州

怀念大姨

周　宜

洪晶是我大姨,她只比我妈妈大一岁零一个月。她们姐妹俩小时就像双胞胎,小学和中学都在一个班里,后来又作为"少年大学生"一块儿进入北京的燕京大学,一个学物理,一个学化学。外公曾自豪地对朋友说:"我两个女儿大学毕业了,都是20岁,一个是周岁20,一个是虚岁20"。

我和妹妹小时候很喜欢从她们众多的学校合影及大家庭合影中找出哪个是妈妈,哪个是大姨,当然我们早就是"高手"了,而且乐此不疲。大姨和我们住在不同的城市里,但我们跟爸爸妈妈去北京外公外婆家过暑假,又常常能见到她。1955年春天,大姨带表弟到沈阳我们家小住,我们去中山公园玩,照了不少相片,我把它们收藏在我自己的小影集里,用透明或彩色的相角固定在黑色的硬纸页上。值得庆幸的是,"文化大革命"后这本被抄家抄走了的影集居然"完璧归赵",使我今天仍能看见大姨当年的风采——烫着短发,穿着精神的干部服,佩戴着校徽,微笑着,朴实而亲切。我常想,当年留学归来的高级知识分子就是那样的吗?把自己所有的才华都贡献给了新中国的教育事业,却一点儿也不张扬。

经过"文化大革命"的浩劫,因爸爸的不幸去世,妈妈经常心情不好。大姨曾几次邀请我们一家去哈尔滨过节度假,在副食供应困难时期尽量招待我们。我记得有一次她亲自做糖溜苹果给我们吃,还教给我如何做。1986年2月冰雪节期间,大姨请仍是单身的我去哈尔滨玩。她近70岁高龄,亲自带家人陪我看大型冰雕展览,多方照顾安排,无微不至。粉碎"四人帮"之后,那些年的人大、政协"两会"期间是妈妈最高兴的日子,因在会议间隙她可以见到大姨、姨夫和舅舅。以后的数年间,大姨去北京出差开会回途经过沈阳,常常停下来看我妈妈。1991年春天,大姨和大姨夫一块儿来沈阳,那时大家都身体健康,其乐融融的情景,至今历历在目。最后一次见到大姨,是1992年在大姨夫的追悼会上,那次我和妹妹专程赶去哈尔滨。50年来他们夫妇携手走过的风风雨雨,留下多少感慨与怀念,但大姨仍然坚强乐观。1993年我出国,10年间回国两次都是来去匆匆,只能与大姨通通电话,感觉她仍然思路清晰,谈吐自如,令人欣慰。大姨曾寄给我一张她80寿辰的特写照片,照得极好,精神奕奕,我为她而深感骄傲。去年春节前,我寄给大姨一张自制贺卡,印有我一家3口的合影,不久即收到大姨的回信,字迹仍刚劲,告诉我她的日常生活,说自己"身体没什么大毛病",并仍在惦记关心我妈妈。我没有及时回信,心里正计划着夏天回国一定去哈尔滨探望她,不料4月底噩耗传来,大姨永远离开了我们,也给我留下了深深的永远的遗憾。

逝者虽去,精神长存。大姨的音容笑貌仍在我们面前,她那暖暖的亲情依然流过我们的心田,而她的人格品质则是我们一生的楷模。亲爱的大姨,我们怀念您,您永远活在我们心里……

2004年4月1日于美国密歇根州

怀念我的大姨洪晶

周 密

我的大姨洪晶是我妈妈的姐姐,是我们全家最亲的亲人。在去年非典肆虐的特殊时期,她突然去世,令我们万分悲痛,这一不幸的消息至今仍瞒着我妈妈。由于当时情况不允许,无法去为她送行,深为遗憾。

我妈妈姐弟3人,大姨最大。虽然她只比我妈妈大一岁,比我舅舅大3岁,可是处处都有大姐的样子。特别是我父亲去世以后,她更是对我们全家关怀备至,把照顾我妈妈看成是自己的责任。我妈妈姐弟3家都是知识分子,在"文化大革命"的十年浩劫中自然都受到了冲击,我父亲在1968年被迫害致死,使我妈妈遭到了无法弥补的心灵伤害。为了查明真相,洗清我父亲的不白之冤,大姨竭尽全力帮助我妈妈找有关部门申述,利用去北京开会、活动的机会将申述材料层层上交。在中央领导的干预下,辽宁省委与我父亲单位3次组成联合调查组,尽最大可能对案件进行清查,为我父亲平反昭雪,使我妈妈得到一定的安慰。

这三四十年,大姨与我们来往最为密切,她和我妈妈经常通信、打电话,每年还要见几次面,有时是她来我家,有时是请我妈妈去哈尔滨。我们生活出了问题,她都尽力帮助。1990年我姐姐的家庭发生矛盾,她和姨父特意来沈进行调解;2000年我爱人生病住院,她给予经济援助。近年来我妈妈患了老年痴呆症,记忆力减退,但最常念叨的唯有"大姐",常常对我们说"大姨来了,你们快去接一下"。大姨更是惦记妈妈,不顾自己80多岁的带病之躯,亲自来沈阳到医院探望,平时也时常打电话询问。每年我妈妈的生日,她都要写信、寄贺卡,并且寄来礼物。在她去世之前几天,正巧是我妈妈85岁生日,她还让保姆去邮局寄了生日礼物。我收到后还与她通了电话,没想到几天后就得到噩耗。

大姨外表沉稳、冷静,言语不多,但内心充满着火热的爱憎之情。一次,大姨由北京返哈,火车软卧车厢未满员,列车员出于照顾外国友人的好心,给一个日本乘客单独安排了一个包厢。可后来中途上了一些乘客,铺位不够了,只好再安排到那个日本人的包厢里。没想到那个日本人竟然不许中国乘客进他的包厢,在场的人都非常气愤。因为已是夜间,大姨当时没有说话。第二天早上,她找到那个日本人,对他进行了严厉的批评,指出日本侵略中国国土并且任意欺压中国人的年代已经一去不复返了,在中华人民共和国的土地上,必须无条件地按照中国的法律和规则办事,没有任何特权。大姨先用中文,再用英语复述,她义正词严的一番话,压倒了日本人的嚣张气焰。日本人没有想到竟然遇到了这样一位博学多才的中国女性,被驳得哑口无言,只得低头认输。大姨维护了祖国的尊严,她那娴熟纯正、运用自如的英语口语,令我们极为敬佩。在祖国对外开放之后,她以自己的这一特长和优势,在国际交流中为国家的科技教育事业做出了特殊的贡献。

大姨姐弟自幼生长在北京,后又相继到美国求学,生活条件一直比较优越。在50年代初期,大姨毅然放弃即将到手的美国大学博士学位和良好舒适的工作生活环境,返回刚刚解放不久,又面临着抗美援朝炮火考验的祖国,不久即与姨父一起来到北方城市哈尔滨。她在祖国最北的省份生活了 50 余年,把自己一生最美好的时光、全部的精力和聪明才智都献给了这块黑土地。这里冬季长达半年之久,冰天雪地,连我们这一代人都难以忍受。但是一直到她年过八旬、行动不便之时,我都从未见她有过任何不愉快的表示。从她的身上可以看到中国老知识分子最优秀的品质,那就是心中只有祖国和事业,毫不考虑个人的得失享受。我深深感到这是我们中华民族最宝贵最需要的精神,也是我们这一代以及我们下一代最应该学习的精神。在大姨逝世一周年之际,谨以此短文回忆并纪念她,寄托我们的哀思。

2004 年于沈阳

洪晶先生千古

刘亦铭

惊闻噩耗	痛失良师	化雨春风	高山仰止
悠悠苍天	此恸何极	遥对松花	稽首默悼
两度重洋	理学甚长	铮铮铁骨	爱国情长
默默教育	现身边疆	事必躬亲	领袖众生
众志成城	物理繁荣	后学传伟	先生独擅
星斗其才	师表其人	千秋典范	宗师一脉
奉领教诲	硕学鸿德	温和笑容	追念何限
薪尽火传	苍天落泪	期望之情	永铭于心
悲情如潮	汹涌澎湃	其人仙逝	精神永存
哲人已萎	风范长存	寂寞乾坤	凄传风云
沧海横流	跨鹤空归	微情隐曜	啼鹃夜哭

2003年5月

(刘亦铭　全国政协常委　台盟中央副主席　哈尔滨工业大学教授　博士生导师)

悼念洪晶先生

孙和义

去年今日，洪晶先生突然病逝，恰值"非典"肆虐之时，未能参加先生葬礼，深感遗憾。先生逝世周年之际，仅写此诗以悼念先生。

先生已乘仙鹤去，精神长存天地间；
一生满怀报国志，探索求知敢为先；
中西合璧育桃李，厚德载物谱华篇；
生命之光永不息，学高身正万古传！

2004年4月29日

(孙和义　哈尔滨工业大学副校长)

学术论文选

哈尔滨工业大学物理教学经验[*]

洪晶　孙瑞蕃　欧发　阮尚弘　姜连福　陈肯

编者按　本文是作者在1953年2月哈尔滨工业大学第三届教学研究会议上所作的报告,现在应本报编辑委员会的要求发表出来。在内容上作者做了少数个别的修改,括弧内的注也是作者新加的。

Ⅰ.引言

这一篇报告是希望来介绍一下我们在物理教学方面的一些经验与体会。一方面是哈工大物理教研室在苏联专家的指导下,由我们短短的教学工作实践中得来的;另一方面,我们还参考了苏联杂志"高等教育通报"等文献,因此,这里面也包括了苏联高等学校的教学经验。

我们对一些问题的体会和说明可能很不深刻;但是,如果这篇报告对我国高等学校的物理教学及其他课程的教学工作的改善上,能有一定程度的帮助,并且还能引起大家的讨论,这就达到我们报告的目的了。

Ⅱ.教学日历及物理课教学时间的分配

1.教学日历

随着近代物理学的迅速发展和它在技术上广泛的应用,物理教学提纲的内容和深度一定要逐年增加。但是,由于高等工业学校学生学习的期限不会改变,因此,规定给物理课的教学时数,就没有增加的可能。

要在教学计划所规定的较少的时数内,把提纲所包括的相当多的材料全教给同学,这个任务是很困难的。因此,必须经济而合理地利用和分配这些有限的时数,并加强教学明确的目的性和严密的计划性。教学日历的拟定和严格执行,就是为达到这个目的的具体步骤。教学日历的主要作用,也就是保证教学计划的顺利完成。

我们还会记得,过去资产阶级教育制度下的旧大学的讲课情况;讲课教师可以按着自己的所好所长,任意扩充物理中的某一部分,而把其他的一些部分丢掉不讲。因此,虽然过去一般大学普通物理的上课时数有200小时,有的多到300小时,而每学期的课程很少能够完全讲完,一门课学了一半就可能半途而废。例如在光学部分,很少能够讲到物理光学,更谈不到介绍近代物理。这都十足地表现了在资产阶级教育制度下,教学的无计划性和无目的性。

哈工大的物理教学是依照苏联的制度进行的。教学内容基本上按照苏联高等工业学校的物理教学提纲,而我们讲课时数,三学期总共只有120小时左右,这是指单纯的讲课时数,不包括习题课与实验课;根据我们的经验,利用这些时数,完全可以讲完提纲中广泛而丰富的内容(力学、分子物理、热学;电学;振动与波动、电磁波、光学、原子及原子核物理)。这个结果与整个教学过程中全面考虑的计划性,以及教学日历的制订与安排,是分不开的。

下面我们来谈制订教学日历的原则和它的内容。

教学日历一般分为两种:一种是讲课的教学日历,一种是习题课的教学日历。两者都是每学期拟定一

---

[*]　本论文发表在1954年《物理通报》上。

次,执行前要由教研室会议通过。

讲课的教学日历的拟定是根据审定的教学提纲(在苏联,教学提纲是由教育部审定,我们现在只有我国教育部的推荐提纲。)①以及各系整个教学计划中课时的分配。这里需要注明,各部分讲授次序的变更,还可以由教研室自己来决定。例如,振动与波动部分,可以放在力学里讲,也可以放在光学部分前面讲。

我们现在按照苏联绝大多数高等工业学校采取的次序,是把振动与波动部分(包括电磁波)放在光学前面讲,这样能帮助学生更深入而全面地理解光的干涉、绕射等波动性质。认识了电磁波,才能理解光波之不同于机械的弹性波。我们体会,这样连贯的系统是有它相当显著的优点的。

这里我们还要指出一点:教学日历是根据教学提纲拟定的,完善的教学提纲必须要注意到与其他课程的配合,要避免一些不必要的重复。例如,我们物理课中的力学,总共只有七讲课(每讲课合两个课时),在这里面主要是建立同学在力学上的基础的物理概念,特别是物理课程以后部分所必需用到的概念。至于用数学方法来解决的力学上的问题,以及静力学的全部问题,都归到理论力学里去,而在物理课里就不需要讲授。这和过去旧大学物理课中力学占最大成分的情况不同。

在讲课的教学日历中,要规定每讲课的日期(假期节日要除开),规定每讲课的题目,以及题目下面的内容,教学日历中也要列出教科书及参考书的章节,供同学自学的参考。

习题课的教学日历包括下列几项:(1) 授课的时间和内容;(2) 按照每个内容指定要解的习题的号数;(3) 检查测验的时间。习题课的教学日历要与讲课计划的时间符合。讲课的和习题课的教学日历也可以合成为一份教学日历。

教学日历不但组织了讲课和带习题课的教师们的教学工作,而且也组织了同学们的自学;同学们有了教学日历,每个人可以在讲课前后,有系统地进行预习和复习,这样,可以提高他们掌握课程内容的水平。

教学日历制订的精确程度,会随着教师安排材料的经验而提高,并不断地改善。每个教师应该严格地按照教学日历来授课。如果有未能预料到的原因,教学日历中规定的材料来不及全部教完,那只能在保留课程系统性的原则下,删去比较次要的问题,在删减次要部分时,应考虑各系的专业性质。这些问题也可以给同学自己去研究,或者安排到习题课里去。教研室要逐年累积教学经验,并以之改善教学日历。

2. 物理课教学时间的分配

哈工大的物理教学,是按照苏联高等工业学校的教学计划,共进行三个学期(即第二、第三、第四学期)。第二学期教力学、分子物理、热力学(讲课——34小时,习题——34小时,实验——17小时)。第三学期教电学(讲课——34小时,习题——17小时,实验——17小时)。第四学期教振动与波动(包括电磁波)、光学、原子与原子核物理(讲课——51小时,习题课没有,实验——17小时)②。

正如大多数苏联高等工业学校所采取的办法,我们物理课是从一年级第二学期开始,原因是从这时开始,同学已有微分的数学基础,并且开始学到积分,这样,在物理讲课中,就可以应用高等数学;首先在力学里就要用到微积分,更不必说以后的热力学和教得更晚一些的物理课的其他部分。

教学计划规定给物理课的总时数有221小时;大致的分配是这样的:其中一半(119小时)分给讲课,四分之一(51小时)分给习题课,四分之一(51小时)分给实验课。

我们按每个学期(第二、第三、第四学期)包括十七周来计算,那么,每周物理课的课时将分配如下:第二学期每周讲课2小时,习题课2小时,实验课每两周一次,每次2小时,平均每周5小时;第三学期每周讲课2小时,习题课和实验课都是每两周各一次,平均每周4小时;第四学期每周讲课3小时,实验课每两周一次两小时,习题课没有,平均每周4小时。

习题课每学期的逐渐减少,以至到第四学期完全取消,是因为同学解习题的能力已经逐渐提高,中等

---

① 这里指的是现在的高等教部成立以前的教育部。
② 自1953年秋季学期起,哈工大物理课改自一年级第一学期开始,这就增加了物理教学上的困难。因为这时学生的数学基础不够。

难易程度的题目，同学们利用一些与教师个别的答疑，自己完全可以独立地去做。在第四学期中还是规定要做指定的习题，考试中也要包括到习题。第四学期讲课时数比前两学期要多（由 2 小时增为 3 小时），是因为在这一学期里，提纲所规定的内容特别多。

下面我们分别来谈讲课、习题、实验等三种教学方式的特点。

Ⅲ．讲课

讲课是学校中教学工作的基本方式，它在整个教学过程中起着先导的作用。正如列宁所说，讲课必须要给出所阐述的课题的基本概念，并且指出应该沿着哪一方向去对它进行更深入的研究。因此，讲课必须根据本门课程的任务以逻辑的顺序把它全部主要内容教给同学。给同学指出自学的方向，帮助他们独立地利用教科书和参考书，深入地研究问题，扩展他们的知识领域。

这是讲课的一般任务。

高等工业学校物理课的任务，是要教给同学一些作为专业课程基础的自然定律；但是讲一门课不仅要把定律的条目教给同学，还要在讲课的过程中，建立同学们正确的、科学的唯物宇宙观，并指出在认识自然的过程中，马克思主义思想方法的正确性，这对物理课的教学尤其重要。

要同学们知道正确地认识自然的思想方法，首先要求教师讲课的叙述，必须是科学的、逻辑的、按着事物发展的。教师必须很明确地阐述每一个问题的本质。在新的现象，新的问题中，又找出这些个别问题之间的联系。找出问题的联系，才能认识新的问题、新的现象的本质。

整个科学发展过程就是一个辩证的过程。在光学里，讲到对于光的性质的认识上，就可以很好地把这问题的辩证发展过程交代给同学。

作为一个工程师，不但要认识自然，而且要掌握自然的规律来改造自然。因此，我们在讲课的过程中，要指出理论与实际的联系，科学与技术的联系。特别要指出近代应用技术的发展是与近代物理科学新的发现、新的理论分不开的。例如，在讲到光电效应，应当指出它在近代技术上，特别是在自动控制上广泛的应用。

正因为如此，在讲课里，一定要给近代物理问题一个应有的地位，苏联高等工业学校物理教学提纲包括近代物理部分，就正指明了这一点。

为了能够合理地利用我们教学计划中所规定的课时，来完成高等工业学校物理教学的任务，在物理课程内容的讲授上，我们体会应该抓住下面四个重要的环节。

(1) 现象的外部表现（实验的）方面

由于有些现象在中学里已经讲过，在叙述上可以精简一些，并且可以用时间花得不多的示范实验来说明。但是，关于外部现象的叙述还是不可以忽略，因为认识物理现象的外部表现正如毛主席所指示，是认识的感性阶段，也就是感觉和印象的阶段。这是认识阶段的开始，示范实验的重要性也就在这里。

(2) 理论方面

这里根据某些物理论、假说及其推论，总结实验事实，建立说明物理现象的数量上的定律，并由这些定律中得到一系列的推论。不论就所占时间或就工程师的教育意义来讲，理论部分都应占主要地位。但是为了能够经济地利用时间，来完成提纲内（异常）丰富的宽广内容的讲授，为了能够得到物理教学上实验的效果，在讲授理论部分时应能掌握下面几个原则：

(a) 不讲学生不能掌握的数学推导；(b) 即使学生能接受，但在数学上过繁，而且问题不是主要的，或者本身并无多大意思的，这一类的材料都可以省去不讲；(c) 相似的推导应该避免，例如讲过了气体的热传导，就不必再讲内摩擦及扩散。在这种地方应该给同学指出这些问题全部相似的地方，让同学自己去证明。

同样的，在讲过静电学以后，可以指出静磁学公式与静电学公式的相似，并直接写出结果来①。

这里顺便要提一下，数学的推导不要和现象的物理意义分裂开。

（3）物理现象的内部机构。同学们认识现象，正如一般的认识过程，他们比较容易接受作用在他们感官上的物理现象的外部表现。但是一个未来的工程师，必须知道如何透过现象的外部表现，去认识感觉不到的内部机构、内部联系和内部的运动过程。譬如光的干涉现象，外部表现是一些标志着光强不同的明暗条纹，但要真正认识干涉现象的内部过程，就必须知道光的干涉是由两个相干光波合成的结果。

要求同学能认识自然现象的内在的实质，是一个教会学生物理思考方法的最好的方式。

当然在课程中所讨论的现象，不一定都能给出完整的物理现象的内部机构；有的因为太复杂，有的还没有研究出结果。但如只给出一个初步的近似的轮廓，或者只是一些假说，这都不要紧，因为主要的是教同学学会物理的思考方法，并且有这种要求。在某些情况下，学会物理的思考方法比记一些定律、公式更重要些；因为需要用到定律和公式时，可以去查手册或教科书。但是如果工程师能够灵活地应用物理的思考方法，在工作上才能有创造性。

在叙述物理现象的内部机构时，教师有广泛的机会去培养同学们唯物的宇宙观。

（4）关于物理学的历史发展。人类认识自然的过程本身就是一个辩证的发展过程。由人类的生产实践与经验所总结出的理论，或多或少地反映着自然的客观存在。但是在人类实践过程中，累积了新发现的事实，当旧的理论不能解释新的事实时，就要加以修改，甚至完全推翻，而以新的理论来代替，例如牛顿力学，机械的以太学说，光的波动微粒学说。

从发展的观点上来说明现象的本质，可以引导同学对现象做唯物的解释，同时，使他理解到每个现象不是孤立的，而是与其他现象相关联的。这样，培养同学唯物的宇宙观，是高等工业学校中物理教学最重要的任务之一。同学们听了讲课和学习了全部物理教学提纲的内容以后，不但是得到了掌握技术课程的必要的理论基础，而且要成为一个坚定的唯物主义者。我们教师的辩证唯物主义的理论知识还很肤浅，需要加强马列主义和毛泽东思想的学习，来提高我们的思想水平。

在叙述历史的发展中，还应该尽量叙述祖国科学家的成就。譬如我们在开始讲光学时，就介绍了墨经上关于几何光学最早的成就。我们感觉这方面材料的贫乏，但是有责任来收集、研究和宣传这些材料，在物理教学中贯彻爱国主义的思想教育，希望全国的物理学工作者能加以注意。

要提高物理讲课的思想性，我们体会应该正确地掌握以上所说的四个重要环节。

改善和提高我们的讲课质量，这是每个教师所必须要不断地和有系统地来进行的工作。

每个教师都要按着讲课的教学日历，拟定自己的讲授计划和提纲，我们认为这是很必要的，这样才能加强对讲课的准备。自己写出来的讲授计划和提纲（或者比较全面的讲义），可以提供大家批评和提意见，以避免在课堂上犯错误，对讲课质量有很大的帮助。

在上学期中，我们教研室每周进行预讲，预讲后进行讨论，总结我们讲授上的优缺点。有时如果遇到难讲的问题，可以作重点的研究，由两三个教师轮流来演，共同商讨和总结出一个最有效、最正确的方法和步骤来。

我们体会这样的预讲，很重要而且很有益，每个教师可以广泛地吸收同志们对自己讲课的方法与内容上的建议与批评。这样，才能提高和改善我们的教学质量。

下学期开始，我们还准备进行习题课的预讲，也是每周一次，在这里研究一些习题上的教学方法问题。

为了提高讲课质量，讲课教师间进行广泛的经验交流，意义也很重大。

讲课中所需要的图形图表及示范实验都必须在事先按计划周密地准备就绪。示范实验不仅是口头讲解的补充，并且是课程中不可分割的有机组成部分。在教学法的意义上，示范实验使同学得到直观的印象，把物理过程变为直接可以感受的东西，使他们对所讲的现象容易明白，并且得到深刻的印象，对讲授的内

---

① 我们教研室在1954年春季学期试行不用磁荷概念引入磁场的讲法。

容也就容易掌握和记忆。并且还可以提高同学对本门课程的兴趣。

对课堂示范实验有下列几项主要的要求:(1)这些示范实验一定是要关联到现象的实质问题的;(2)实验的附属和次要部分要藏在看不见的地方,以免分散同学的注意力;(3)应当尽量用新的近代的仪器,但是简单的,如弹簧、单摆等,还是有表演的价值;(4)示范实验的数目,不要太多,也不要太少,实验进行的时间尽可能要来得紧凑;(5)有些示范实验,是在讲理论以前进行,这时不要把实验预期的结果讲出来,如果理论已经讲过了,那还是可以事先交代实验的结果;(6)在用到幻灯的时候,如果有必要,最好不要使教室全暗,好让同学写笔记。

有了讲课前很好的准备,就要求教师讲解得合逻辑、清楚而且具体。拟定讲授提纲是教师备课不可缺少的条件,所写好的提纲,如果真能起作用,倒是要在讲课的时候少去看它,而是要与同学保持着面对面的关系,这样才能把讲课的精神和实质,传送给同学。

Ⅳ.习题

1.习题的目的

习题在物理教学中起着很大的作用。首先使学生可以更清楚地、更牢固地掌握教材内容,学会如何独立地应用理论解决实际问题,从这里并且可以体会到科学技术的关系。

经验证明,学生对某些习题感到困难时,主要是由于学生对课堂上讲过的一些概念、定义、定律和公式的物理意义了解得不够深刻,或者不会灵活应用和掌握。例如,在动力学中,牛顿第二定律的公式和有关作用与反作用的第三定律,虽然都很简单,但学生有时就不知道在习题中什么时候和怎样去应用它们,碰到题目常会感到无从着手。经验也证明,只有在做习题的实践过程中,才能巩固和加深理论的理解,真正掌握理论以后,才能进一步地提高做习题的能力。

在做习题的过程中,还可以扩展学生的知识领域。

给同学做的物理习题不要选择那些要用到复杂的数学计算的习题,这样会减少了题目的物理意义。

解习题的过程可以使同学熟练独立工作,学会克服困难,和加强对工作的信心。习题课上教师可以具体地掌握每个学生的特征、兴趣及每个学生的知识水平。同时也是检查与督促学生学习的最有效的方法之一。

2.关于习题教学方法上的一些问题。

在习题课上,主要的一件事情,就是解习题。苏联 Π·A·支纳曼斯基教授关于这方面教学方法上的指示,很值得我们参考。他认为解习题一般可采取下列的步骤:

(1)读一遍题的条件。

(2)看题的条件内是否有需要解释的术语名称等。

(3)分析题的内容,目的是要解释题目的物理实质。

(4)在这样的(这时还是作为准备的)分析当中,简要地写下题的条件。解题的这一步骤,尽可能处理得全面而且明确。

(5)写题的条件当中,必然要决定用哪一系统的单位。同学必须要注意写下的条件,并且肯定所有数值都采取一种系统的单位。

(6)确定所有有关解题的物理定律,并且建立相当的方程式。

(7)解题时,如有需要,应画图。

(8)在遇到比较复杂的习题,需要用一系列的公式和建立一系列的方程式时,首先应该以普遍的(即以字母代表物理量的)形式来解题,得出一般的结果以后,再把具体的数字填进去计算。

(9)得到未知量的数值。

(10)分析最后的答案。得到最后结果,一定估计它的正确性。

选择给学生做的例题应该是典型的。典型性表现在能够比较紧密而全面地联系到刚讲过的理论,有相当丰富的物理意义,能联系实际生活,典型题不应该是太难的。解这样的题目,有时也可以在教师的指导下,由成绩较好的学生来进行。教师给学生解例题的时间不要占得太多。

为了培养学生独立做题的能力,举了典型例题后,应该立即指定题目,给学生在堂上自己独立地解决。必要时可把题意解释一下。当大部分学生做完以后,教师可以叫一位学生上黑板来阐述自己解题的步骤与方法,每个题都要解出数字的结果,由全班同学参加讨论,最后由教师进行总结。

每次课结束前,应指定家庭作业的题目,教师对这一项要进行经常的督促与检查。家庭作业中不能解决的难题,有时可以在下次课上来解决。

习题课要紧跟在相关的理论材料的讲课以后,在时间上不要太落在讲课的后面。

习题课上要避免单纯地重复理论,但在解题过程中,应该指出理论与解决实际问题的有机联系。

V. 实验

实验课也是教学过程中主要部分之一。首先它帮助学生认识到理论与实际的联系。在做实验的过程中,训练学生进行科学研究、安排实验以及应用测量技术等各方面的能力与技巧。

实验在一定程序上有它的独立性,但是实验的内容还是必要与讲课配合,使它能够帮助学生更深入地掌握这门课程。在某些情形下,还可以作为讲课的补充。

在进行实验课当中,需要一份完善的实验指导讲义。讲义中不仅是叙述实验的步骤,而且要阐明实验的目的、理论、仪器装置及完成实验后的讨论问题等。

在实验的安排采取轮换制的时候,实验讲义的作用尤其重要。哈工大在三个学期中学生共要做24个实验,每学期有8个实验(每个实验要准备4套仪器),8个不同的实验在学期开始时,就同时排出来,每次由学生轮换进行。学生做到的实验就不一定是在课堂上讲过的理论以后,但是在实验指导讲义当中学生完全可以得到做实验的必需的理论基础。这大大地消除了讲课与实验在时间上不相符的缺陷。

我们以后还是准备实行轮换制,这样可以给国家节省大量的开支(如果按每小班24人计算,比一次排出相同的24个实验,要给国家节省8倍的开支,在苏联许多高等学校里仍然要考虑这个问题,也是采取轮换制。),而且给实验的安排与装备上减少很多困难。只要不断改善我们的实验讲义,在轮换制中学生还是有条件对实验进行充分的准备。①

这里值得提起的是,实验室应尽可能用最新的仪器与技术装备起来,这样才不致落后于科学技术的发展。实验设备的陈旧或安排得不周到,也会严重地影响到实验结果的精确度,使学生不相信实验的结果,以致造成学生对结果精确的程度采取马虎的态度。作为未来的工程师、科学工作者的学生,要非常重视实验结果的精确度。在实验过程中,就要训练他作精密测量与计算精确度的技巧。实验室设备的不完善,就会直接影响到这方面的教学效果。

由于受到过去条件的限制和我们主观努力的不够,我们在实验指导讲义与实验室的设备上,存在的缺点很大。我们现在把它当做改善教学工作的重要任务之一,注意到这方面的逐步改善。

在本学期开始时,同学的每个学习班次可以从教师那里拿到完成各个实验的次序表,从表上每个同学可以知道,自己在哪一日该做哪一个实验,以便在事先利用实验指导讲义进行准备,教研室一定要要求同学在课前做这样的事先准备,因为如果在实验课的两学时内,又要了解实验的内容,又要具体地去做,就会来不及。

在进行实验教学的过程中,我们要尽最大的努力,来培养同学熟练独立工作。正为了这个目的,我们规定每个同学独立做一个题目的实验。实验课指导教师要检查同学本次轮到做的实验的事先准备,在学生做

---

① 本校学生一般由于中学基础较差,实行轮换制还是遇到一定的困难,因此自1953年秋季学期起,实验课改为每小班同时只做2个或3个不同的实验,亦即每学期换排实验3次或4次。

实验当中,教师给同学一些必要的指示,而不要代替同学做实验,即使就是整个实验中的一部分工作,也不必去代做。

学生得到实验结果(一般是数值的),一定要给教师看一下,好肯定它的正确性。教师在认可结果以后,在自己的笔记本及完成实验的次序表上作一下记号。如果得到的结果不正确,时间还来得及,同学立刻就去重做实验,课内的时间如果已经不够,那就让他课外找时间来补做。

同学在进行过实验以后,要做实验的书面报告:包括简短的理论、实验略图、观测记录、计算结果、测量误差和结果的讨论。

实验报告是同学对进行过的实验所作的完整的书面总结。实验报告督促同学认真地对待实验工作以及计算结果,使他更有系统地掌握实验的理论与方法。

准备好报告以后,同学(用实验课外时间)在教师面前解释自己做过的每个实验。如果达到完成实验报告与掌握实验内容的要求,本实验就算通过。①

Ⅵ.测验与考试

在学期终了,学习成功的同学通过了测验,允许参加考试。

通过物理测验(记在学生的记分册上)有两个条件:第一,通过他所完成的每个实验;第二,证明他会作,并且基本上做了教研室所指定的习题,后者一般通过学期中两三次检查测验(笔试的)来进行。这种检查测验不包括理论的问题。

没有通过测验的同学,表示他没有达到熟悉本门课程的最低要求,不得参加考试。

物理考试的目的是检查和评价同学一学期来对教学提纲中内容掌握的成绩水平,以及应用它解决实验问题(习题)的能力。在准备考试当中,同学们复习提纲内容中所有的问题,把它系统化,并且深入一步的研究,消灭可能的遗漏和了解不清的地方。因此,考试对同学来说,是一学期来对本门课程全部学习的总结。

所有物理考试都按照学校教学计划来进行;考试要求的范围包括教学提纲所规定的全部问题。

考卷由教研室通过;考卷内包括两个理论题与一个习题。

考试进行的方式是这样的,同学拿到考卷与空白考卷以后,坐到单人桌上去准备回答:写下解题的过程及回答当中所必要的略图、公式等等,然后到考试教师面前回答,考试教师仔细听同学的回答,可以提出一些问题,包括考卷以外的。

同学的成绩是按着四级制来评定,凡是及格以上的分数,立刻就记在同学的记分册上及考试通知单上,如果是不及格的分数,只需要记在考试通知单上。

关于评分标准,我们也研究过一些定则,但是,必须要指出,这些定则仅仅是些粗略的规范,评分的正确程度多半还是决定于教师的经验。

每个教师要慎重地权衡同学的回答,并且正确地给予估价。正确的评分是对同学提高学习水平的一个重要的鼓励和激发。随便地或机械地对待评分,只有引起坏的效果。

---

① 1954年春季学期准备试行期末的检查测验,方法为不用讲义令同学重复完成本学期做过的实验中的一个,并做出报告。

集中力作用下硅中位错结构*

洪晶　叶以正

摘要　本文用化学侵蚀法研究了硅单晶样品在 800～1 000 ℃ 印压得到的位错"花结"。实验结果说明：印压产生的位错分布在 {111} 滑移面上；位错线的取向大部分是 ⟨110⟩ 或 ⟨112⟩ 方向。分析并观察到在压印下有两种位错环，一种是伯格斯矢量沿 ⟨110⟩ 方向并平行于 (111) 印压面；一种是伯格斯矢量沿 ⟨110⟩ 方向并与印压面相交。对位错环的结构进行了分析。

一、引言

研究集中力作用一下晶体中产生的位错，有助于了解晶体的硬度、范性等性质。由于集中力作用下产生的位错，可能是多种的，这就更便于研究位错的产生、分布和运动等问题。在离子晶体、金属及其氧化物、硫化物和半导体等方面都有过这类的工作。锗、硅晶体中，位错影响材料的机械和电学性能，因而，研究锗、硅晶体中的位错结构具有重要意义。文献中关于集中力作用下，锗、硅中位错的研究还不多。

我们在硅单晶上，对集中力作用所产生的位错结构，用化学侵蚀法进行了一些实验。本文将对实验结果进行一些分析和讨论。

二、实验方法

在锗和硅单晶样品中，可以采用不同的印压 (indentation) 方法[12~14] 产生位错。我们曾用金刚石、碳化硅、石英、叶蜡石等材料制成的角锥形压头，在高温 (800～1 000℃) 下，印压电阻率为 20 Ω·cm 的 p 型硅单晶样品表面；然后，用自配的侵蚀剂进行侵蚀，得到印压位错花结（"rosette"）。由于压具强度的限制，压头不可能磨得太细，以致花结尺寸较大，如图 1 所示。用金刚砂粉撒在样品的上、下表面，然后用平底压具进行印压，得到的印压位错花结较细而且清晰。本文中的实验，大多是在用这种方法形成的花结上进行的。图 6(a) 就是用金刚砂粉，在 {111} 面上印压得到的一个花结照片。

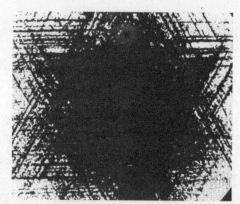

图 1　用碳化硅尖头印压 {111} 面得到的位错花结 (×201)

这里研究印压花结中位错的结构采用了以下方法：i) 比较在不同的结晶学面上印压的位错蚀斑排列花样，并对照一个有印压花结的样品的正面、侧面和反面位错蚀斑的排列；ii) 将已显示出位错花结的样品轻微抛光后，再进行第二次侵蚀。由原来的位错蚀斑抛光后所得的定向蚀斑，与第二次侵蚀的蚀斑间相对位置，判断花结中位错线的方向；iii) 用多次交替抛光、侵蚀的方法，观察花结中位错的空间分布和位错环

---

* 本论文发表在《物理学报》1965 年第 21 卷第 8 期上。

的结构。

用三点弯曲法（温度850 ℃），分别在样品上、下表面造成了压应力和张应力，观察位错花结形状在弯曲前后的变化，可以判断花结中不同类型的位错，在外力作用下的运动情况。

三、实验结果及分析

1. 花结中位错的空间分布

在高温下印压得到的花结中的位错，都是分布在各$\{111\}$面内的。图2，图3分别是在$\{112\}$和$\{100\}$面上印压得到的位错花结照片，在$\{111\}$面上印压的结果，在图1和图6(a)中给出。这些照片中花结蚀斑的排列表明，位错的露头是排列在各$\{111\}$面与印压面的交线上。由此可见，位错线是沿$\{111\}$滑移面分布的。为进一步证明这个判断的可靠性，我们用碳化硅压头，在两块样品的$\{111\}$面上进行印压（它们的正面花结形状与图1所示相同）；然后分别研磨与印压面垂直的$\{112\}$和$\{110\}$两个侧面，直到花结中部。侵蚀后两个侧面的蚀斑排列如图4(a)，(b)所示。从图中也可看到，在$\{112\}$面和$\{110\}$面上，位错线的露头是按$\{111\}$面和这两面的交线分布的。另外，我们制备了一块薄样品，在正面上的印压花结穿透背面。比较这块样品的正、侧、反三面位错蚀斑的排列，并测量了正、反两面花结的尺寸，其结果也符合前面实验所得到的结论。

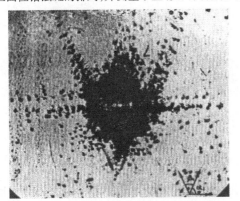

图2　用金刚砂粉印压$\{112\}$面得到的位错花结　　图3　用金刚砂粉印压$\{100\}$面得到的位错花结，
　　　　（×201）　　　　　　　　　　　　　　　　　　　　四支星芒互相垂直　（×201）

$$\alpha_1 \approx 67°51'; \beta_1 \approx 44°20'$$

α_1, β_1 分别为两个$\{111\}$面与$\{112\}$面交线的夹角

由图4(a)，(b)可以看到，与印压面平行的水平方向也有蚀斑排列。大家知道，与$\{112\}$和$\{110\}$两面都在水平方向相交的，只有与印压面平行的一组$\{111\}$面。因而可以认为，在这种情况下，在平行印压面的$\{111\}$面内也有位错线排列。关于在这组滑移面内的位错线，本文中没有做进一步研究。

以上实验结果说明，Si单晶在高温下印压产生的位错，是沿$\{111\}$滑移面排列的，这和Breidt等人在锗中的实验结果相同。

轻微抛光，使原有的位错蚀斑变成三角形平底定向蚀斑后，再进行第二次侵蚀。由新旧蚀斑间相对位置，可以大致判断位错线取向。在印压花结星芒上的滑移带中，一部分蚀斑经两次侵蚀后的情况，如图5(a)所示。由图中看出，新蚀斑在定向三角形蚀斑一个边的中部出现。也观察到花结星芒经过两次侵蚀后，蚀斑有如图5(b)所示的情况，新蚀斑移向定向三角形蚀斑的顶端。由于位错环是排列在$\{111\}$滑移面上，伯格斯矢量为$\langle 110 \rangle$方向，因而前者表示沿$\langle 110 \rangle$方向的60°位错，后者表示沿$\langle 112 \rangle$方向的刃型位错；在花结中部排列成三角形的蚀斑中,也观察到新蚀斑移向定向三角形蚀斑一边中部和顶端的情况,此时表明存在的位错线是60°、螺型或30°位错。还见到少数例外的情况,我们未作仔细的分析。

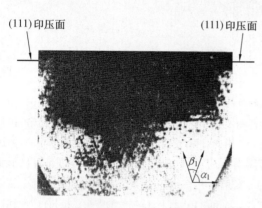
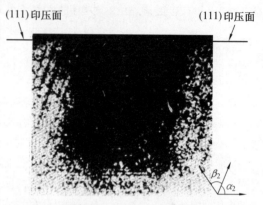

(a) {112}侧面 $\alpha_1 \approx 67°50'$, $\beta_1 \approx 44°20'$
其中 α_1, β_1 分别表示两个{111}面与{112}面交线的夹角 (×86)

(b) {111}侧面 $\alpha_2 \approx 70°32'$, $\beta_2 \approx 54°44'$
其中 α_2, β_2 分别表示两个{111}面与{110}面交线的夹角 (×86)

图 4 在{111}面上印压花结侧面的蚀斑排列

(a) 新蚀斑在抛光三角形蚀斑一边的中部出现 (×201)

(b) 新蚀斑移向抛光三角形蚀斑的顶端 (×201)

图 5 花结星芒上位错第二次侵蚀蚀斑与抛光蚀斑间的相对位置,印压是在{111}面上进行的

我们用逐层交替抛光、侵蚀的方法,进一步研究印压花结中位错环的空间分布。图6(a)～(c)是用金刚砂粉在{111}面印压的样品 Ia-10 上,对印压花结逐层侵蚀得到的几张照片。图6(a)表示印压后直接侵蚀的结果,花结中心位错蚀斑很密,周围有六支星芒散出。略为抛光除去 2～5 μm 之后再侵蚀,六支星芒状蚀斑消失,花结呈三角形[图6(b)],其方位与定向蚀斑三角形方位相反,这与集中力作用下晶体中应力分布情况相符。继续抛光侵蚀几次后,蚀斑排列成空心三角形,最后剩下在三角形顶点的三小堆位错蚀斑[图6(c)],这时样品抛光到离开印压表面约 15～25 μm。集中力较大、印压工具压头较粗时,花结深处没有发现中空现象。

由以上情况可以看到,花结中至少有两类位错环。六支星芒上的蚀斑,是第一类位错环在表面的露头,每支只有少数的几排,这类位错环伸出得较远,但很浅。以印压点为中心,呈三角形分布的蚀斑,属于第二类位错环在表面的露头,它们进入晶体内部较深处。已经知道,在金刚石结构的晶体中,位错的伯格斯矢量只有沿⟨110⟩方向的一种可能性,因而可以设想,上述第一类位错环的伯格斯矢量 b_1,是在各{111}滑移面内与(111)印压面平行的六个⟨110⟩方向上;而第二类环的伯格斯矢量 b_2 是在非印压的各滑移面内与这些方向成 60°的其他⟨110⟩方向上[图7(a)]。根据原子排列的可能性,第一类位错环必须由印压中心(或靠近中心,下同)伸出,而第二类位错环跨过印压中心,如图7(b)所示。在硅中每一组相互平行的滑移面上,都可以同时具有这两类不同的伯格斯矢量的位错环。这与Надгорный等人在NaCl等晶体上所作的工作中,区分刃型面和螺型面的情况不同。

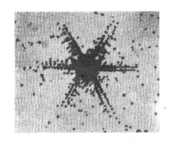
(a) 印压花结最初形状　（×201）

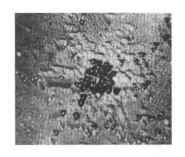
(b) 抛光除去约 5 μm 后再侵蚀, 在原花结星芒上的蚀斑已消失　（×201）

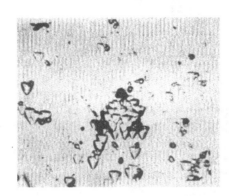
(c) 抛光除去约 20 μm 后再侵蚀得到的蚀斑排列, 蚀斑只在三角形顶点出现, 白色平底蚀斑是已消失的位错线留下的痕迹　（×201）

图 6　{111} 印压面上位错化结逐分布情况, 印压是用金刚砂粉在样品 Ia‑10 上进行的

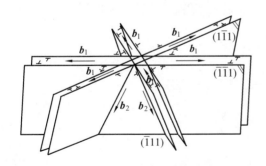
(a) 各组滑移面上伯格斯矢量示意图

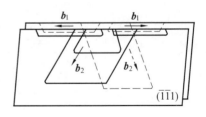
(b) 一组滑移面内位错环示意图

图 7　图中所示平面为 {111} 滑移面, 箭头所指方向为 ⟨110⟩ 方向

2. 单个位错环的观察

实验直接观察到上述两类不同伯格斯矢量的位错环。

在样品 Ia‑20 上得到印压花结 [图 8 中的 (a)] 逐层抛光、浸蚀共进行了 12 次, 最后一次为了观察剩余 6 个蚀斑的消失情况, 采用了 Dash 浸蚀剂, 侵蚀结果见图 8 中的 (f)。两个平底蚀斑间的条状平底浅坑, 表示位错环的底部。这是因为 Dash 侵蚀剂对样品表面抛光作用小, 因而与表面略有倾斜的位错线, 在 Dash 侵蚀剂作用下，可以形成平底浅坑。这和冯端等人在钼单晶中得到的位错蚀象的原理相同。在样品 Ia – 20 上，最后三对位错环的结构如图 8(g) 所示，它们是伯格斯矢量为 b_1 的第一类位错环，底部为螺型位错。

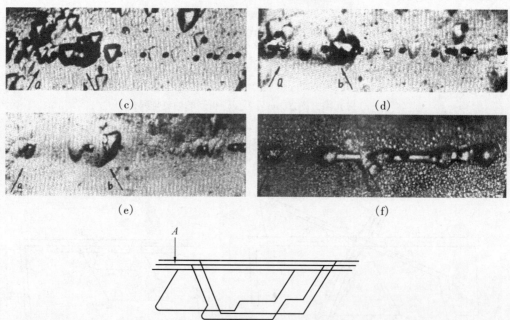

(a) 印压得到的花结形状

(b) 连续抛光 – 侵蚀 12 次后，再用 Dash 侵蚀剂，观察到位错环的底部（图中箭头 a, b 表示两个滑移面）

(c)

(d)

(e)

(f)

(g) 一支星芒上最后的三个位错环结构示意图

图 8 花结中由第一类位错环组成的一支星芒。花结是用金刚砂粉在 {111} 面上印压，并同时受不均匀弯曲作用而得到的，弯曲力使这支星芒中位错环深入到晶体内部、这里印出的为连续侵蚀 – 抛光 – 侵蚀得到的一组照片 (×201)

在样品 Ia – 25 上用金刚砂粉印压后，抛光几次再侵蚀，得到与图 6(c) 相似的情况，蚀斑集中到三角形的顶点附近。在此基础上使用 Dash 侵蚀剂，得到照片图 9(a)。如前所述，条状平底浅坑表示位错环的底部，从这里看到了连接三角形三个顶点的位错线，即看到了伯格斯矢量为 b_2、跨过印压中心的第二类位错环，其底部为 60° 位错，具体结构如图 9(b) 所示。

除以上两类位错环外，在花结中往往见到，每支星芒中的两排 60° 或刃型位错，互相连成小位错半环，如图10所示。看来,它们可能是由第一类位错环在外力变化或温度变化时,形成的棱柱位错环。关于由这些变化而引起的位错转化机制,Предводителев 等人曾做过一些较为合理的假设。

(a) 用 Dash 侵蚀剂长时间作用,观察到位错环的底部　(×201)

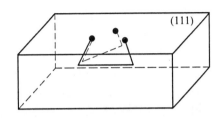

(b) 第二类位错环结构示意图

图9　样品 Ia-25 用金刚砂粉印压后,将印压花结连续抛光侵蚀几次,出现如图6(c)所示的蚀斑排列后,观察到第二类位错环的底部

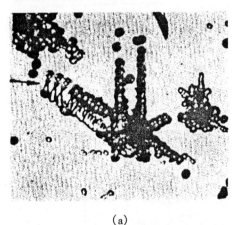

(a)

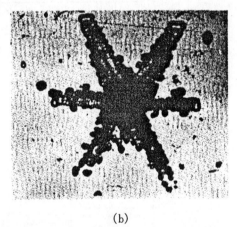

(b)

(a),(b) 花结用 Dash 侵蚀剂作用,观察到星芒两边位错线互相连成小环　(×201)

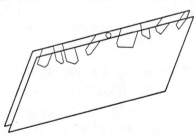

(c) 棱柱位错环结构示意图

图10　棱柱位错环

3. 外力作用下印压花结中位错的运动

由花结中位错环在外力作用下的运动情况,可以进一步判断以上所提出的不同类型位错环的伯格斯

矢量方向是否正确。

图 11(a) 标出了我们采用的样品和各个滑移面的结晶学取向。印压在(111)面上进行,弯曲轴为[11$\bar{2}$]。如果用 σ 表示在($\bar{1}$10)面上某点的正应力,则$(B),(C)$面上的切应力分量为

$$\tau_{[\bar{1}01](B)} = \tau_{[011](B)} = \tau_{[01\bar{1}](C)} = \tau_{[\bar{1}0\bar{1}](C)} = 0.41\sigma$$

$(B),(C)$面上的[110]方向与正应力方向垂直,因而[110]方向的切应力分量为零。(A)面与正应力方向平行,此面上所有⟨110⟩方向的切应力分量均为零。

$(B),(C)$面上[$\bar{1}$01]和[01$\bar{1}$]方向的切应力分量,与第一类位错环的伯格斯矢量 b_1 平行。根据图 7,印压花结中,每支位错星芒两边符号相反的位错,在样品受正应力作用下,一边伸长,另一边缩短,使花结变为不对称的形状。样品受压力和受张力作用下,花结的不对称情况应相反,如图 11(b),(c)所示。这种情况与在 NaCl 等晶体中得到的结果类似。作用在样品上的正应力,它在$(B),(C)$面上的[0$\bar{1}\bar{1}$]和[$\bar{1}$0$\bar{1}$]方向上所引起的切应力,与一部分第二类位错环的伯格斯矢量平行。它使花结中部,蚀斑呈三角形排列的部分第二类位错环发生运动,因而导致环伸张或缩小。图 11(d)即为在正应力作用下,第二类位错环伸张引起花结变化的情况。对伯格斯矢量为[$\bar{1}$10]方向的第二类位错环,正应力不发生作用。第二类位错环在受力后,如能运动,首先需要克服相互交割的阻力,这应比第一类位错环发生运动更为困难。棱柱位错环各段受力后,运动趋势各不相同,相互间形成约束,以致在张力或压力作用下,运动更为困难。

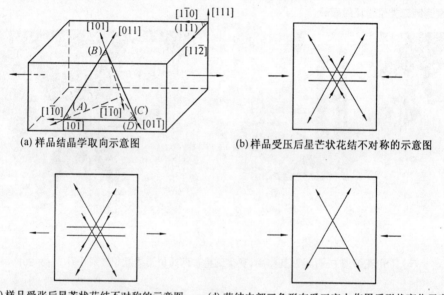

(a) 样品结晶学取向示意图　(b) 样品受压后星芒状花结不对称的示意图

(c) 样品受张后星芒状花结不对称的示意图　(d) 花结中部三角形在受正应力作用后形状变化示意图

图 11

晶体经过印压后,随即弯曲形变,使样品上、下表面分别受到压、张力,所得到的位错花结的变化情况如图 12(a),(b)所示。它们与图 11(b),(c)所示情况相符。图 12(c)是将印压过的样品抛光几次,侵蚀后,只剩下呈三角形排列的蚀斑,然后再进行三点弯曲得到的照片。从图中可以看到,位错摆脱相互束缚,由三角形顶点向外伸长,与图 11(d)所表示的情况相符。这里,运动的位错应是伯格斯矢量为[0$\bar{1}\bar{1}$]和[$\bar{1}$0$\bar{1}$]方向的第二类位错环。对有棱柱位错花结的样品进行弯曲,切应力增加到使样品各处都产生滑移带,没有观察到棱柱位错环的运动。

可以认为,在外力作用下,位错花结发生变化的一系列实验结果是和三种位错环(第一类、第二类、棱柱)的设想完全一致的。

  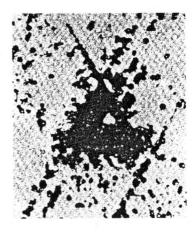

(a) 样品受弯曲后,上表面花结形状(受压力)(×201)　(b) 样品受弯曲后,下表面花结形状(受张力)(×201)　(c) 样品上表面印压花结经几次抛光后,再弯曲得到的花结形状(×201)

图 12　样品受弯曲后,{111}面上花结形状的变化,未弯曲前花结是由金刚粉印压得到的

四、讨论

1. 从连续、均匀、各向同性介质中集中力周围弹性应力分布情况的分析,可以粗略地解释位错花结中,具有不同伯格斯矢量的各类位错环的空间分布情况。

在(111)面上进行印压,集中力在滑移面上各$\langle 110 \rangle$方向引起的切应力,即是使印压中心附近,在集中力作用下产生的位错源滑移长大,最后形成位错花结的策动力。由于集中力作用点周围,应力分布是点对称的,所以我们只需要讨论和印压面相交的任一组{111}面的情况。图13中,平面(A)表示这组滑移面中一个滑移面的方位。在滑移面(A)上Q点处,τ_1是与第一类位错环的伯格斯矢量b_1方向平行的切应力分量,τ_2是与第二类位错环的伯格斯矢量b_2方向平行的切应力分量。第一、二类位错环的空间分布,可以根据τ_1,τ_2的分布情况来估计。

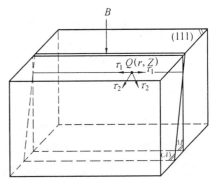

图 13

根据弹性力学理论,可以得到在连续、均匀和各向同性介质中,集中力作用下的应力分布,从而可以求得τ_1与τ_2。图13的平面M是通过集中力作用点垂直印压面的$(11\bar{2})$面,$Q(r,z)$是在这面上集中力作用点附近的一个点,r是点Q在(111)印压面上的投影到集中力作用点的距离,z是点Q离开印压面(111)的深度。当$\frac{z}{r} \gg 1$时,则$\tau_2 \gg \tau_1$;而当$\frac{r}{z} \gg 1$时,则$\tau_1 \gg \tau_2$,离开印压中心某一距离后,随着r,z的增大,τ_1,τ_2均逐渐减小。这些结果表明,在很靠近表面的一层内,沿b_1方向相当长的一段距离r内,$\tau_1 \gg \tau_2$,所以在这一层内,第一类位错环比第二类位错环伸得远。随着z的增加,τ_1很快减小,τ_2相对较大,因而第一类位错环被限制在表面一层中,而第二类位错环能滑移到印压点下部晶体中较深的位置。

如果印压工具的压头较粗,并增大试样的形变量时,看到在印压中心附近星芒状花结不明显,而往往呈三角形或六角形分布[图1]。这是因为,此时第一类位错环被第二类位错环所阻碍,以致不能沿$\langle 110 \rangle$方向运动得更远。

更精确和细致的分析,需要研究在非连续、各向异性的介质中,范性形变过程前后一系列复杂的应力分布情况。因而,这里所采用的一些最简单和粗略的分析,只能定性地说明问题。

2. 位错花结的空间分布情况,与位错运动过程中,相互作用的可能反应情况也有着密切的关系。

在金刚石结构的晶体中,位错的伯格斯矢量都是⟨110⟩方向。因而,位错发生交割时,从几何学的观点看,可能发生的反应有以下几种类型:

$$1/2[1\ 1\ 0] + 1/2[\bar{1}\ \bar{1}\ 0] \longrightarrow 0 \tag{1}$$

$$1/2[1\ 1\ 0] + 1/2[1\ 1\ 0] \longrightarrow [1\ 1\ 0] \tag{2}$$

$$1/2[1\ 1\ 0] + 1/2[\bar{1}\ 1\ 0] \longrightarrow [0\ 1\ 0] \tag{3}$$

$$1/2[1\ 1\ 0] + 1/2[1\ 0\ \bar{1}] \longrightarrow 1/2[2\ 1\ \bar{1}] \tag{4}$$

$$1/2[1\ 1\ 0] + 1/2[\bar{1}\ 0\ \bar{1}] \longrightarrow 1/2[0\ 1\ \bar{1}] \tag{5}$$

式(1)是两个反号伯格斯矢量的位错线相遇的情况。它们互相抵消,位错线通过两滑移面交线而消失。(2),(3),(4)三式中所表示的反应,当反应后能量增大,因而反应不能或不易发生。位错相遇时,互相排斥或形成割阶而通过,以致造成位错继续运动的阻力。式(5)的反应是合适的,因而反应可以进行。在此情况下,两滑移面上任意方向的位错线相交时,由反应而生成的新位错线均位于滑移面交线上。其反应结果有两种可能:i) 由反应生成的位错线,与合成的伯格斯矢量相互垂直,并都在{100}面上,如图14(a)所示。由于{100}面不是滑移面,因而新的位错线是不滑位错,反应结果位错线被固定。ii) 由反应生成的位错线,与合成的伯格斯矢量相交成60°,滑移面为原来位错线的两个滑移面之一,如图14(b)所示。虽然新的位错线是可以滑动的,但是从图中看到,它所联系的两个位错环,不在同一个滑移面内。因而,它是一条具有固定结点的位错线段,结点阻碍了位错继续运动。

我们认为,第二类位错环在{111}印压面的蚀斑排列成三角形,它是由于上述不同滑移而内位错相遇时,发生各种不同相互阻碍的结果。

3. 对于可能存在某些不属于以上三种位错环的其他情况,在本文中未进行讨论。

 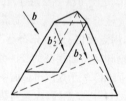

(a) 新生成之位错线与合成伯格斯矢量互成90°,同处在{100}面上,位错线不能滑动,其中,b_2为$[\bar{1}\ 0\ 1]$方向,b_2'为$[\bar{1}\ 1\ 0]$方向,b为$[0\ 1\ \bar{1}]$方向

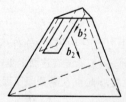 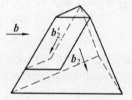

(b) 新生成之位错线与合成伯格斯矢量互成60°,形成位于{111}滑移面上有结点的位错线,其中,b_2为$[\bar{1}\ 0\ \bar{1}]$方向,b_2'为$[0\ \bar{1}\ \bar{1}]$方向,b为$[\bar{1}\ 1\ 0]$方向

图14 两位错线相遇而发生反应的情况

五、结论

1. 硅晶体在高温下,受集中力作用而产生的位错,是分布在各{111}滑移面上。

2.组成印压花结的位错环中,大多数位错线是沿⟨110⟩方向的 60° 位错、螺型位错和沿⟨112⟩方向的刃型位错或 30° 位错。

3.集中力作用产生的位错花结中,在每组平行的滑移面上,同时可以在印压面上的⟨110⟩方向,和与印压面相交的⟨110⟩方向,产生两类不同伯格斯矢量的位错环。前者又分为两种:其一为由中心伸向花结星芒端的大环,底部是螺型位错,被称为第一类位错环;其二为星芒端两边,位错互相跨连起来的棱柱位错环。后者环底为 60° 位错,它们跨过印压中心,被称为第二类位错环。

汤有华同志参加了本文中有关的全部实验工作。

(参考文献略)

硅中位错运动速度[*]

洪晶 叶以正

摘要 本文用化学侵蚀法显示了硅晶体印压产生的位错。测量了在不同温度、不同切应力下"花结"上刃型(或60°)位错的运动速度。设位错运动是热激活的,激活能约为 2.94 eV。比较了 900 ℃ 下刃型(或60°)位错及螺型位错的速度,后者较小。在不同样品上进行速度的测定,说明原生位错对形变位错运动有阻碍作用。观察到原生位错和晶界位错在外加力作用下的增殖,对位错在增殖中的速度进行了测量。讨论了本工作所用的实验方法,并分析了影响速度测量值的某些因素。

一、引言

位错运动的研究是位错理论研究中最基本的问题之一,研究位错运动的速度是研究位错动力学性质的基础。Gilman 最先测定了 LiF 晶体中单个位错运动的速度。近年来,在 NaCl, Mg, Si – Fe 及半导体 Ge, Si, GaSb, InSb 等一些材料上都有人进行过位错运动速度的实验研究;也曾有人对位错运动速度与外加应力及温度的依赖关系进行过一些理论分析。Johnston 等人提出,在离子晶体中,阻碍位错运动的主要因素是杂质等晶格缺陷和位错割阶的作用。但是这个结论对具有高派–纳力的晶体是不合适的。由于阻碍位错运动的各种因素十分复杂,因而很难提出一种能够指导我们正确分析各种晶体中位错运动速度实验结果的较为完善的理论。在具有高派–纳力的半导体材料中,位错运动的实验工作目前还比较少,实验数据还很不充分。关于 Ge 中位错运动速度的理论分析有一些工作可供参考,而 Si 中有关的分析尚未见到。

我们的工作是在 Si 单晶体上用化学侵蚀法测量在不同温度、不同外加应力作用下位错环上位错线段的运动速度,并对得到的结果作了初步的讨论。

二、实验方法

实验中所用矩形样品的长边为 ⟨110⟩,短边为 ⟨112⟩,印压面为 {111}(图1),样品尺寸约为 1 mm × 2 mm × 25 mm。按上述尺寸切割出样品以后,用 304 号金刚砂研磨,用水清洗、抛光,测量样品尺寸。将金刚砂粉撒在样品的 {111} 面上,然后放入硅碳棒炉中,在 900 ℃ 下进行印压,以获得印压花结。为避免花结平行的星芒中位错形成棱柱形位错环,印压后在炉内立即做三点弯曲,使花结上伯格斯矢量在印压面内的第一类位错环滑移而形成不对称的星芒。形变后从炉中取出样品,侵蚀显示位错,结果如图 2 所示。

将经过上述处理的样品置于硅碳棒炉中,在一定温度下(700 ~ 900 ℃)进行三点弯曲,这样就在样品上、下两面分别造成压应力和张应力,在这种外加应力的作用下,位错线段发生运动。除去载荷后,使样品冷却,进行第二次侵蚀,结果如图 3 所示。第二次加力前位错线露头处的蚀斑在第二次侵蚀时变为较大的平底蚀斑,加力后位错线运动到新位置,在它们的露头处出现较小的位错蚀斑。

---

[*] 本论文发表在《物理学报》1965 年第 21 卷第 12 期上。

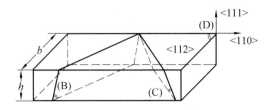

图 1　样品取向示意图
(D) 是印压面,(B) 和(C) 是两个等效{111}滑移面

图 2　不对称的印压花结　(×201)

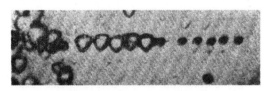

图 3　位错运动后再侵蚀的照片　(×383)
位错的蚀斑成为三角形平底蚀斑

加力前后新旧蚀斑间的距离代表外加力作用下位错线段沿观察面运动的距离,用微米尺测量其数值;加外力的时间即为位错线段运动所经历的时间,用普通秒表和电秒表(同步计时器)测量。在位错运动速度和外加应力关系曲线上所标示的应力值 τ 是位错环所在滑移面上的最大切应力值,即样品表面处的切应力分量

$$\tau = 0.41\frac{3Px}{bh^2} \tag{1}$$

其中 x 是由支承刀刃到花结星芒的距离,P 为外加力,b 和 h 分别表示样品的宽度和高度。由于采用三点弯曲法,位错线段在运动过程中经过样品表面各个位置时应力值是不同的,在我们的计算中采用了从运动开始到运动终了两蚀斑中间位置的切应力。应力和速度值的最大测量误差均在 5% 左右。

当应力较大,位错线发生增殖时,我们用领先位错的运动作为计算位错速度的依据,每条速度 - 应力曲线是根据 100～200 个实验数据按算术平均法画出的。曲线上的每一个点子代表 5～10 个实验数据的平均值。

三、实验结果

1. 从我们对在集中力作用下印压花结位错几何结构的分析,已经知道在{111}印压面的花结星芒上的蚀斑是第一类位错环的刃型部分或 60° 位错在印压面的露头(图4),根据{111}印压面上花结星芒蚀斑的位置变化,可以得到 60° 或刃型位错的运动速度(三点弯曲是以⟨112⟩为弯曲轴进行的)。我们测得了在 700 ℃ 到

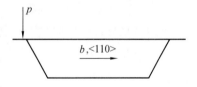

图 4　第一类位错环示意图

900 ℃ 之间几个温度下位错运动速度与外加应力的关系曲线,其中 700 ℃ 和 900 ℃ 下的曲线关系由图 5 和图 6 给出。由图中看出,应力与位错运动速度在双对数坐标中成直线关系。几种温度下直线斜率见表 1。

表 1　几种温度下直线斜率

温　　度	斜　　率
900 ℃	1.00
800 ℃	1.12
700 ℃	1.11

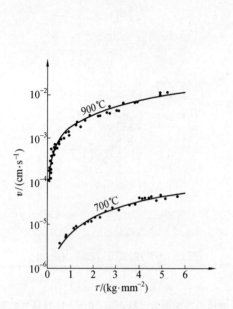

图 5　速度 – 应力关系

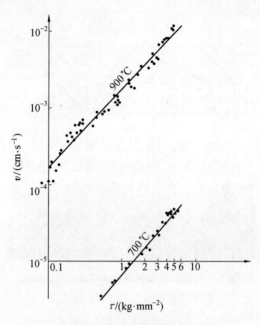

图 6　速度 – 应力关系

当温度为 900 ℃ 时，外加切应力约小于 80 g/mm²，加力时间长达半小时，没有发现位错的运动；切应力大于 6 kg/mm² 时，样品发生脆断。实验中发现，如晶体中原生位错密度较大，则花结中位错线发生运动的临界切应力较高，同样切应力下位错运动的速度也较小。

图 7 是在几种外加切应力的作用下，位错运动速度与温度的关系曲线。由图 7 得到位错运动的激活能 $E \approx 2.94$ eV，略高于 Chaudhuri 等人所得到的数值。

常用下面的公式来表达位错运动速度、温度及外加应力三者之间的关系

$$v = A\tau^n e^{-E/kT} \qquad (2)$$

在我们实验中 $n \approx 1$，E 几乎与应力无关。

2. 我们用侵蚀 — 抛光 — 侵蚀的方法分别观察运动前后花结星芒上位错线的取向，得到以下两点结果。

（1）位错线段在温度较低或应力较小时，即在运动

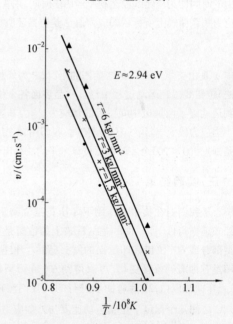

图 7　速度 – 温度曲线

较慢的情况下，运动过程中都趋向形成 60° 位错；而在高温、高应力下，即在位错运动速度较高时，运动过程中靠近晶体表面部分的位错线段都趋向形成刃型位错，但进入晶体较深部分又都是 60° 位错。因而可以认为在 Si 中 60° 位错是比较稳定的，而当位错运动速度较高时形成刃型位错是由于表面阻碍位错运动的结果，图 8(a),(b) 分别表示在以上两种情况下，位错环一端的示意图。

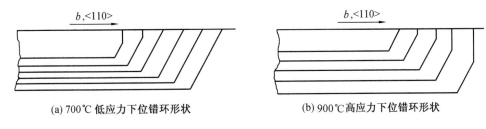

(a) 700 ℃ 低应力下位错环形状　　　　　(b) 900 ℃ 高应力下位错环形状

图 8

(2) 在大小十分接近的外加切应力的作用下,比较了一些表面露头部分为 60° 和刃型位错的运动速度,没有得到可以区别两种位错运动速度的有规律的实验数据。

3. 在 {111} 面上印压,所得到的第一类环的底部是螺型位错线段(图4),将样品沿 {112} 面磨去一层,直到花结上星芒部分的中部(图9(a)),则在 {112} 面显示出此花结的蚀斑就是第一类位错环中螺型线段的露头(图9(b)),测量在外力作用下螺线段运动的距离(图9(c)),就可以得以螺型位错的运动速度(加力的弯曲轴为⟨111⟩)。图 10 给出 900 ℃ 时螺型位错运动速度和应力的关系曲线,由图中看出,螺型位错运动速度低于 60° 或刃型位错运动速度,这与 Kabler 得到在 Ge 中低应力下螺型位错速度大于 60° 位错速度的结论不同,而与 Dash 等人在 Si 中进行工作得到的结论相符合。

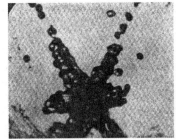 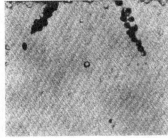 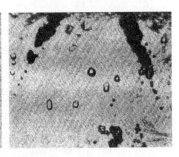

(a) {111} 印压面花结形状　　(b) {112} 侧面花结形状(×201)　　(c) 第二次侵蚀后,{112} 侧面花
　　(×201)　　　　　　　　　　　　　　　　　　　　　　　　　　结形状(×201)

图 9

4. 以上实验都是在电阻率为 $10 \sim 20\ \Omega \cdot cm$、原生位错密度为 $10^2 \sim 10^4\ cm^{-2}$ 的 p 型 Si 单晶样品上进行的。我们还对电阻率约为 $0.7\ \Omega \cdot cm$,原生位错密度为 $10^{-1} \sim 10^{+3}\ cm^{-2}$ 的 n 型 Si 单晶样品测量了 700 ℃ 时位错运动的速度。发现,当 n 型样品中原生位错密度很小(约 $10^{-1}\ cm^{-2}$)时,印压引入的位错运动速度略高于在同一外加应力作用下 p 型样品中的位错运动速度(平均值)(图11),而当 n 型样品中的原生位错密度与 p 型样品中的原生位错密度相近时,得到的位错运动速度与外加应力的关系曲线和 p 型样品中得到的一样。

5. 我们观察到单个原生位错和晶界位错在外加力作用下发生了增殖和运动(图12),关于它们的增殖机构这里不作讨论。测量了 900 ℃ 温度下原生位错和晶界位错增殖中领先位错的运动速度(图13)。实验结果指出,在低应力下,原生位错和晶界位错在增殖中的运动速度比印压引入的新位错环上位错线段的运动速度低,且位错开始运动的临界切应力较高,测得的速度数值分散度也较大;在高应力下,原生位错和晶界位错增殖中的运动速度比印压引入的新位错运动速度高;中等应力时,相差不多。

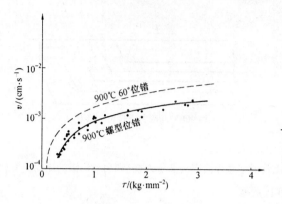

图10 螺型位错速度－应力关系与60°（或刃）位错比较

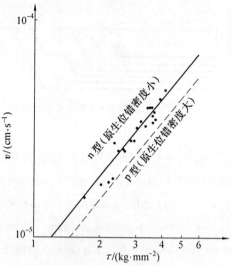

图11 原生位错密度小与原生位错密度大的样品中印压位错速度－应力关系的比较

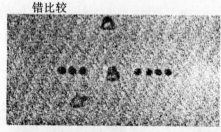

(a) 单个原生位错的增殖和运动 （×201）

(b) 晶界位错的增殖和运动 （×201）

图12

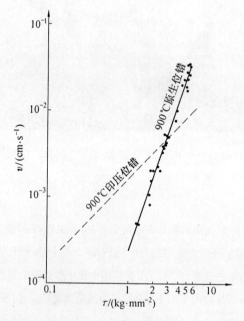

图13 原生位错与印压位错速度－应力关系的比较

四、讨论

1. 关于实验方法

Chaudhuri 等人用三点弯曲法使 Si 单晶表面划痕处的位错发生运动，测量领先位错离开划痕的距离来确定位错运动的速度，由于划痕处位错密集，运动过程中领先位错受到后面同号位错的斥力，因而用这种方法测得的位错运动速度应该稍高于单个位错环中位错线段的运动速度。

根据位错的弹性理论，简单的计算表明，在大多数情况下，当星芒前端相邻位错蚀斑间距大于 20 μm，外加应力大于位错运动临界切应力时，相邻位错间的弹性作用可以忽略不计。在我们的实验中，就是选取满足上述条件的蚀斑进行测量的。

Kabler 测量 Ge 中位错运动速度时，采用的方法是在样品表面印压，获得花结，抛光到只留下几个位错环，再进行弯曲形变，然后测量位错速度。我们认为我们所采用的方法更为方便，而且容易确定位错类型。

2. Gelli 等人曾经对 Si 中位错运动受到的派 – 纳阻力进行了计算，得到派 – 纳能 $E_p = 0.38 \times 10^7 \text{eV/cm}$。如设派 – 纳势能做正弦分布，则派 – 纳力有如下数值，即

$$p = 16 \times \frac{E_p}{a^2} \approx 3.3 \times 10^2 \text{ kg/mm}^2$$

其中 a 是 Si 的晶格常数。

可见，在 Si 中，晶格势垒对位错运动的阻力是很大的。Kabler 等人认为它是阻碍 Ge、Si 等具有高派 – 纳力晶体中位错运动的最主要因素。Lothe 等人只考虑了派 – 纳力的阻碍作用，对位错运动速度与外加应力、温度等关系进行了分析，在他们所给出的结论中可以看到：位错运动速度 v 正比于外加切应力值 τ，并存在一个与应力无关的激活能。我们的实验结果（见公式(2)）是与上述结论相符合的。

在我们测量位错运动速度时，发现实验数据分散度较大，在一个花结的不同支星芒上，虽然外加应力差别极小，但位错运动速度有时甚至偏差 50% ~ 70%，这样大的分散情况大大超过了测量可能引入的误差范围。关于这种分散较大的原因，至少存在以下几种情况。

(1) 如前所述，对原生位错密度较大 p 型 Si 单晶，位错运动的临界切应力大于原生位错密度较小者，且运动速度的平均值也较低；对 n 型样品，当原生位错密度小于 p 型样品时，位错运动速度的平均值较高（图 11），而当原生位错密度与 p 型样品的原生位错密度相近时，两者位错运动速度一样。由此可以看出，原生位错是阻碍位错运动的一个因素。这是因为位错在运动过程中，与晶体原生位错相交割，将形成割阶、空位或结点等，对位错的运动起阻碍作用。关于这种机制 Dash 等人用侵蚀法进行过实验观察工作。

(2) 由于采用弯曲法加应力，在样品中形成的张、压力沿样品高度方向由表面处的最大值直线减小到中性层处的零。因此，具有一定长度的位错线段的各部分所受的应力大小是不相同的，前面采用的标示应力值是表面处的应力值[公式(1)]，当位错环越大时，标示的切应力值与位错线段在晶体中所受到的平均切应力值的偏差越大。

此外，由于我们是利用位错环的一个边来测量位错的运动速度，因而在一段位错线运动时，必然伴随着位错环的长大。外加力除由于策动位错线段运动而做功外，还要因拉长位错线段而做功。由于我们用来测量速度的位错环的尺寸不完全一致，也会引起测量数值有较大的分散度。

(3) 关于杂质、空位等点缺陷对位错运动的阻碍，我们这里没有进行研究。

3. 从单个原生位错与晶界位错增殖中的运动情况来看，Si 中原生位错至少在 900℃ 下受杂质的静钉扎作用是不太严重的。使单个原生位错与晶界位错运动的临界切应力比由印压引入的位错环运动的临界切应力大，在低应力下位错运动速度也较小，这可能是由于存在一定的静钉扎，而同时存在运动和增殖两个过程的关系。在高应力作用下，F – R 源增殖得很快，新生的位错环沿滑移面堆积，造成对领先位错较大的推动力，这种附加的推动力可能是促使领先位错运动速度较高的原因。

汤有华同志参加了本文中有关的全部实验工作。

(参考文献略)

光学双稳性的 Ikeda 不稳定性与静态稳定度[*]

陈历学　李淳飞　洪晶

摘要　在延时反馈光学双稳性的动力学方程中引入描述反馈强度的静态稳定度。指出除相对延时 Q 外，静态稳定度 S 也影响着系统的不稳定行为，包括不稳定的阈值条件和振荡模式。欲产生不稳定性，在长延时下要求 $S \geq 2$，在短延时下要求 $S \geq 1 + \pi/2Q$。用混合光学双稳装置演示了振荡、分岔和混沌现象，从实验上证实了理论分析的正确性。表明 Ikeda 不稳定性和稳定性之间存在着密切联系。本文为实现本征光学双稳性的 Ikeda 不稳定性提供了新的依据。

光学双稳性的动力行为，特别是具有延时反馈的光学双稳装置的不稳定性近年来引起人们很大的兴趣。Ikeda 首先指出环腔本征光学双稳装置能够产生周期振荡和混沌现象[1,2]，他给出了描述这种不稳定性的微分－差分方程。Gibbs 等人用混合光学双稳器件首先证实了长延时下的不稳定性，并用差分方程予以解释[3]。Okada 等人也用混合器件对延时不稳定性进行了细致的实验研究，理论上则采用微分－差分方程线性稳定性分析方法[4]。Gao 和 Narducci 着重研究过短延时的不稳定行为，并对混沌结构进行了频谱分析[5,6]。本文定义了一个反映反馈强度的物理量——静态稳定度，证明它不仅可用来描述光学双稳性的稳定性，也是 Ikeda 不稳定性描述中的一个重要的量。我们发现似乎矛盾的现象，静态稳定度越大，Ikeda 不稳定性越强烈，两类稳定性之间存在着密切联系。

一、稳定性描述

光学双稳装置一般由调制系统和反馈系统两部分组成[7]。设入射光强和透射光强分别为 I_i 和 I_t，反馈引起的相移过程中，在稳态条件下光学双稳性可以用下述方程组描述

$$I_t = I_i \tau(\phi) \quad \phi = \phi_0 + f(I_t) \tag{1}$$

式中 ϕ_0 为无反馈初始相移；τ 为系统的透射率，是 ϕ 的函数，称为调制函数；f 引起相移变化，是 I_t 的函数，称为反馈函数。

为分析光学双稳性的稳定性，须考虑其动力学行为。如果调制系统的弛豫时间远远小于反馈系统的弛豫时间，我们可以仅仅考虑反馈系统的弛豫过程。用德拜弛豫方程描述反馈系统的弛豫过程，光学双稳性的动力学耦合方程可以写作

$$I_t(t) = I_i \tau(\phi) \quad \tau_0(d\phi/dt) + \phi - \phi_0 = f[I_t(t)] \tag{2}$$

式中 τ_0 是反馈系统的弛豫时间。

设想 $\phi(t)$ 相对某稳定值 ϕ_s 有一小扰动 $\Delta\phi(t)$，将 f 在 ϕ_s 附近展成泰勒级数，保留到 $\Delta\phi$ 的线性项，得到 $\Delta\phi$ 满足的微分方程为

$$\left.\begin{array}{l}\tau_0(d\Delta\phi(t)/dt) + \Delta\phi(t) = -(S-1)\Delta\phi(t)\\ S = 1 - I_i(df(I_t)/dI_t)(d\tau(\phi)/d\phi)\end{array}\right\} \tag{3}$$

上述微分方程的形式解为

---

[*] 本论文发表在《光学学报》1985 年第 5 卷第 2 期上。

$$\Delta\phi(t) = \Delta\phi_0 \exp[-(S/\tau_0)t] \qquad (4)$$

显然,双稳系统稳定的条件为 $S \geq 0$。当 $S > 0$ 时,$\Delta\phi$ 将逐步增加,以致离开平衡点。因此 S 是一个判断系统是否稳定的物理量。

实际上,S 不仅是系统稳定性的判据,而且 S 的大小定量地描述着系统的稳定性,S 越大,在某一初始扰动下回到平衡点的速度越快。而且,S 正是文献[8]中引入的静态稳定度,定义为输入光强和输出光强相对变化之比

$$S = \lim_{\Delta I_t \to 0} \frac{\Delta I_i / I_i}{\Delta I_t / I_t} = \tau \Big/ \frac{\mathrm{d}I_t}{\mathrm{d}I_i} \qquad (5)$$

由式(1)求得 $\mathrm{d}I_t/\mathrm{d}I_i$,再由式(5)的定义可求得式(3)中的 S。

静态稳定度 S 分为三种情况:(i)稳定区 $S > 1$;(ii)亚稳区 $0 \leq S \leq 1$;(iii)非稳区 $S < 0$。

从几何图形上看,静态稳定度似乎仅仅描述了光学双稳回线的平坦程度。不过,单纯调制系统的 $I_t - I_i$ 图形仅是一条直线,只有在反馈系统存在的情况下,这条直线才畸变成为双稳回线。反馈越强,畸变越严重,$I_t - I_i$ 曲线越平坦,因而静态稳定度 S 也是一个描述反馈程度的物理量。

由式(3)可以看到,稳定度 S 取决于 $\mathrm{d}f/\mathrm{d}I_t$ 及 $I_i \mathrm{d}\tau/\mathrm{d}\phi$。$S$ 正比于 $\mathrm{d}f/\mathrm{d}I_t$ 表明 S 不是取决于反馈信号能够造成多大的总相位差移动,而是取决于单位反馈信号下能够造成多大的相位差移动。另一项 $I_i\mathrm{d}\tau/\mathrm{d}\phi$ 表明单位相位差移动下能够造成多大的输出光强改变。十分明显,S 确实描述着系统的反馈强度。

二、Ikeda 不稳定性分析

具有延时反馈的光学双稳性的动力学耦合方程可以写作

$$\left.\begin{array}{l} I_t = I_i \tau(t) \\ \tau_0(\mathrm{d}\phi(t)/\mathrm{d}t) + \phi(t) - \phi_0 = f[I_t(t-T)] \end{array}\right\} \qquad (6)$$

式中 T 为反馈信号的延迟时间。和得到式(3)的方法相类似,并利用 $\phi_s(t) = \phi_s(t-T)$,得到相对于某一稳态值 $\phi_s(t)$ 的小微扰 $\Delta\phi(t)$ 满足的微分 - 差分方程为

$$\tau_0(\mathrm{d}\phi(t)/\mathrm{d}t) + \Delta\phi(t) = -(S-1)\Delta\phi(t-T) \qquad (7)$$

设其解形式如 $c\exp(\lambda t)$,则本征值方程为

$$\tau_0\lambda + 1 + (S-1)\exp(-\lambda T) = 0 \qquad (8)$$

设 $\lambda = \alpha + \mathrm{i}\beta$,其中实部 α 将确定方程(6)的解的稳定性,表示振荡模的强度(或增益),虚部 β 则确定可能存在的振荡模式,表示模的圆频率。将式(8)分解为实虚两部分,再适当改变形式得

$$\left.\begin{array}{l} \alpha T = -[\beta T + \cot(\beta T) + Q] \\ \dfrac{\sin(\beta T)}{\beta T} = \dfrac{\exp(\alpha T)}{Q(S-1)} \end{array}\right\} \qquad (9)$$

其中 $Q = T/\tau_0$ 表示相对响应时间的延迟时间,称为相对延迟时间。已知 Q 和 S 则可由式(9)求得 α 和 β,从而在线性化允许的范围内确定系统的不稳定行为。

因为 $\beta T \cot(\beta T)$ 与 $\sin(\beta T)/\beta T$ 皆为 βT 的偶函数,本征值 λ 的解为一对共轭复根,故只需讨论 $\beta T > 0$ 的情况即可。此外,我们仅考虑 $S > 1$ 的静态稳定情况。由不稳定条件 $\alpha T \geq 0$,式(9)变为

$$\left.\begin{array}{l} -\beta T \cot(\beta T) \geq Q \\ \sin(\beta T)/\beta T \geq 1/Q(S-1) \end{array}\right\} \qquad (10)$$

式(10)中的解具有多值性。由 $\cot(\beta T) \leq 0$ 及 $\sin(\beta T) \geq 0$,对 $\beta T \geq 0$ 情况下其取值范围为

$$[2n + (1/2)]\pi \leq \beta_n T \leq (2n+1)\pi \quad (n = 0,1,2,\cdots) \qquad (11)$$

式中 $n = 0,1,2,\cdots$ 对应于 $\beta_0 T, \beta_1 T, \beta_2 T, \cdots$,对应于各种阶次的振荡模。考虑到式(10)和(11),则得到 $\alpha T \geq 0$ 的不稳定阈值条件的另一种表达形式

$$S \geq 1 - \frac{1}{\cos\beta T} \geq 2 \qquad (12)$$

图 1 给出 $\beta_0 T, \beta_1 T, \beta_2 T$ 三种低频模式的 $Q-S$ 阈值曲线,当 Q,S 确定的点处在阈值曲线之右上方时,满足不稳定阈值条件。由图可见,对一定的振荡模式(β_n 一定),长延时(Q 大)不要求很高的静态稳定度,只需 $S \geq 2$;短延时(Q 小)却要求较高的静态稳定度。而且振荡模的阶数越大(β_n 越大),要求 Q 和 S 取值越大。

图 2 与图 3 给出了在不同 Q 或不同 S 值下的 $\beta T - \alpha T$ 曲线。由图可见,在一定的 Q 和 S 下,β 越小 α 越大,这表明各种振荡模式的竞争中低频模的增益最大,更易满足不稳定条件而优先输出。

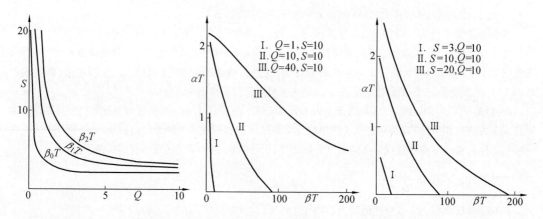

图 1　$\beta_0 T_1, \beta_1 T, \beta_2 T$ 三种低频模式的 $Q-S$ 曲线

图 2　同一 S 不同 Q 时的 $\alpha T - \beta T$ 曲线

图 3　同一 Q 不同 S 时的 $\alpha T - \beta T$ 曲线

在高阶模情况下 βT 很大,由式(10)知 $|\cot(\beta T)|$ 很小,因此 $\beta T \approx [2n+(1/2)\pi]\sin(\beta T) \approx 1$,得到在一定 Q 和 S 值下允许的最高模阶数 n 为

$$n \leq \frac{Q(S-1)}{2\pi} - \frac{1}{4} \qquad (13)$$

可见 Q 和 S 越大,允许的振荡模式数量越多,这可从图 2 和图 3 看到。若取 $Q = 40, S = 10$,由式(13)计算得 $n \leq 57$,由式(9)得到的 $\alpha T \geq 0$ 的数值解为 $n = 58$,结果基本一致。

三、极端情况下的不稳定性

下面考察在短延时和长延时两种极端条件下不稳定的阈值条件和振荡周期。

对短延时 $Q \to 0, \beta T \approx [2n+(1/2)]\pi, \sin(\beta T) \approx 1$,则

$$S \geq 1 + \frac{[2n+(1/2)]\pi}{Q} \qquad (14)$$

对一定的 n,Q 越小要求 S 越大。基波模($n = 0$)的起振条件是

$$S_0 \geq 1 + (\pi/2Q) \qquad (15)$$

取 $Q = 0.16$,则要求 $S \geq 10.8$,在一般的线性反馈光学取稳器中,第一级双稳难以达到 $S > 10$ 的结果,正如文献[3]报道的 $Q = 0.16$ 的实验未出现不稳性。短延时允许的振荡周期 $\bar{T}_n$ 为

$$\bar{T}_n = \frac{2\pi}{\beta_n} \approx \frac{4T}{4n+1} \qquad (16)$$

对应于 $n = 0,1,2,\cdots$ 振荡周期序列为 $\bar{T}_n = 4T, 4T/5, 4T/9, \cdots$ 基模振荡周期为 $4T$。

对长延时 $Q \to \infty, \beta T \approx (2n+1)\pi, \cos\beta T \approx -1$,对应的不稳定阈值条件和振荡周期为

$$S \geq 2 \quad \bar{T}_n \approx \frac{2T}{2n+1} \tag{17}$$

与 $n = 0,1,2,\cdots$ 相对应的振荡周期 $\bar{T}_n = 2T, (2/3)T, (2/5)T, \cdots$。基模振荡周期为 $2T$。事实上振荡周期与以上的数值有一定偏差，各模之间相互叠加和相互作用产生和频和差频效应，造成十分复杂的混沌态模谱。从式(17)可以看到，长延时不稳性的阈值条件较低，各模极易满足不稳定阈值条件形成多模振荡，因而在长延时下一般从 $2T$ 波到混沌态的变化很快，上支振荡不易观察到 $4T, 8T$ 的波。

对于长延时，$T \gg \tau_0$，式(6)可简化为 $\phi(t) = \phi_0 + f\{I_i\tau[\phi(t-T)]\}$。令 $\phi_n = \phi(t-T), \phi_{n+1} = \phi(t)$，则得

$$\phi_{n+1} = \phi_0 + f[I_i\tau(\phi_n)] \tag{18}$$

这是一个一阶差分方程。沿袭已经报道过的分析方法[9,10]，可以得到 $2T, 4T, 8T, \cdots$ 等 2^nT 周期倍增结果，即周期振荡的无限分岔导致混沌。

四、混合装置的实验观察

我们用 $LiNbO_3$ 电光偏振调制器加线性反馈构成的光学双稳装置，观察 Ikeda 不稳定性。具体实验装置如图4所示，两偏振器的偏振方向相互平行，与晶体的 $X(Y)$ 轴成 $45°$，沿 Z 轴方向通光。晶体的半波电压为 200 V，反馈光电信号的延迟通过具有数模转换器的 DBJZ – 80 单板电子计算机实现。入射光强用另一支电光调制器调控。其动力学方程为

$$\left.\begin{array}{l} I_t(t) = I_i(1 + M\cos\phi)/2 \\ \tau(d\phi/dt) + \phi = \phi_0 + KI_t(t-T) \end{array}\right\} \tag{19}$$

式中，M 为调制深度，K 与光电转换系数有关。

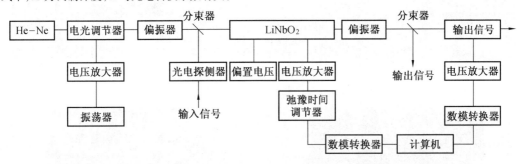

图4 观察延时反馈光学双稳性不稳定性的实验装置

实验中计算机的取样周期为 160 μs，系统响应时间为 1 ms，延迟时间可调。图5是输出光的振荡波形，其中(a)为 $Q = 0.5, \phi_0 = -1.25\pi$ 短延时的基波($4T$ 波形)，显示了类正弦波近似；(b)为 $Q = 20, \phi_0 = 0$ 的长延时基波($2T$)方波波形；(c)为 $Q = 20, \phi_0 = 0$ 的长延时 $4T$ 方波波形；(d)为 $Q = 20, \phi_0 = 0$ 的混沌波形。图6给出 $Q = 20$ 时在对应不同初相移下的 $I_t - I_i$ 双稳曲线上出现的不稳定性。其中(a)显示了 $\phi_0 = 0$ 时在下支上发生由 $2T, 4T$ 倍周期分岔直至混沌的过程；(b)显示了 $\phi_0 = -0.5\pi$ 的 $I_t - I_i$ 分岔图，由图可见下支从稳态分岔成 $2T$ 波，再倍分岔为 $4T$ 波，之后成为上下两支混沌波，再回到 $4T$ 波，又回到 $2T$ 波，然后迅速进入混沌状态；(c)为 $\phi_0 = -1.5\pi$ 时上下两支同时发生振荡，下支为 $2T$ 波，上支则由 $2T$ 倍分岔进入混沌。以上三种情况下不稳定的阈值点都发生于 $S_0 = 2$ 左右。图7给出在相同初相移($\phi_0 = -1.25\pi$)下不同相对延时相应的不稳定现象：(a)为 $Q = 20$ 长延时情况，不稳定性起始于双稳态上支的极左端，约 $S_0 = 2$，(b)为 $Q = 0.5$ 短延时的情况，由图可见不稳定起始阈值点发生明显右移，稳定度 S 大大提高[8]，由式(17)计算得 $S \approx 4$，与实验结果相符。

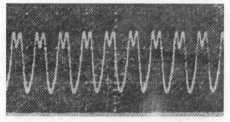
(a) $Q=0.7, \phi_0=-1.25\pi$ 短延时 $4T$ 波形

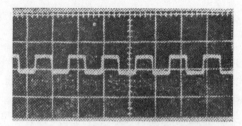
(b) $Q=20, \phi_0=0$ 长延时 $2T$ 波形

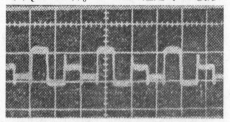
(c) $Q=20, \phi_0=0$ 长延时 $4T$ 波形

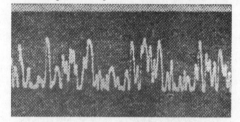
(d) $Q=20, \phi_0=0$ 长延时混沌波形

图 5 延时反馈混合光学双稳装置的输出波形

(a) $\phi_0=0$

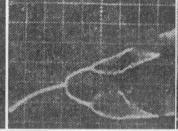
(b) $\phi_0=-0.5\pi$

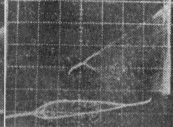
(c) $\phi_0=-1.5\pi$

图 6 长延时($Q=20$)混合光学双稳装置的 I_i-I_t 分岔图

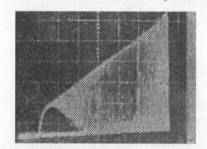
(a) $\theta=20, \phi_0=-1.25\pi$

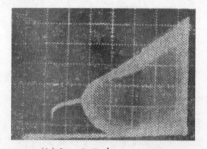
(b) $\theta=0.5, \phi_0=-1.25\pi$

图 7 相同初始位相不同延时下混合光学双稳装具有不同的阈值起振点 S

五、结论

光学双稳性的稳定性和 Ikeda 不稳定性之间存在着密切联系,静态稳定度 S 是这两类稳定性联系的纽带。在稳定情况下,光学双稳性出现的必要条件是 $S<0$ 不稳态的存在。上下两支稳态满足条件 $S>1$,不稳态与稳态间的过渡是 $0\leqslant S\leqslant 1$ 的光放大态,光放大态剧烈的正反馈导到双稳态在两稳态间的开关动作。稳态则是负反馈起主导作用。

具有延时反馈的光学双稳性的 Ikeba 不稳定依赖于相对延时 Q 和静态稳定度 S 两个因素。不稳定行为在长延时下对静态稳定度要求不高,仅需满足 $S \geq 2$。在短延时下则要求有很高的静态稳定度 $S \geq 1 + (\pi/2Q)$。

混合光学双稳器件采用电反馈易于实现长延时,因而易于显示 Ikeba 不稳定性。本征光学双稳器件采用光腔反馈,延迟时间短,不易实现 Ikeba 不稳性。但是本文研究指出,如果在短延时情况下设法增大静态稳定度 S 也可能实现不稳性。对本征型器件,提高 F－P 腔的精细度,采用线性背景吸收小而非线性强的介质,或者提高入射光强以产生高级次的双稳,都有利于提高稳定度 S,从而有可能显示 Ikeda 不稳定行为。

S 值越大,表明系统稳定性越高,而延时反馈的情况下越不稳定,如何解释这种似乎矛盾的现象,这是因为 S 反映了反馈与非线性作用的强度。稳态情况下 S 越大表明负反馈越强,系统越稳定。在延时反馈情况下,延时的作用破坏了这种负反馈行为,而转变成为强烈的正反馈,导致 Ikeda 不稳性,S 越大,正反馈越强烈,系统当然越不稳定。

延时引起的正反馈作用使系统发生振荡,这种振荡按傅里叶级数展开可能有多种频谱。由于低价模易于达到阈值条件而首先发生振荡,长延时下首先出现 $2T$ 模,短延时下首先出现 $4T$ 模。随着 Q 和 S 的增加,高阶模相继出现,各模之间极强烈的非线性作用产生数量众多的新频谱,构成混沌输出。

作者衷心感谢中国科学院科学基金的资助。

(参考文献略)

体全息光学元件布拉格偏移特性的研究及其应用*

赵峰 耿完桢 姜铃珍 洪晶

摘要 本文研究了体全息光学元件的布拉格(Bragg)偏移及补偿特性,得出了在某些调制度下,在偏移布拉格条件下仍可以得到较高的衍射效率的结论。文中也讨论了体全息光学元件布拉格偏移的容忍性并分别讨论了体全息元件布拉格偏移所允许的角度偏移和再现波波长偏移的性质,得出了在大调制度下体全息光学元件的布拉格偏移容忍性大的结论。同时指出实现体全息光学元件高衍射效率的变波长再现的途径,并给出相应的实验结果。

关键词 体全息光学元件,布拉格偏移

1. 引言

体全息光学元件以重量轻、体积小、衍射效率高等优点越来越受到人们的重视。在许多方面得到广泛地应用[1~4]。由于在一些应用中性能稳定、体积小、价格低的照明光源(激光器)的光波波长大都落在红区或红外区,而吸收小、低噪声的全息感光材料(如重铬酸明胶)对蓝绿光敏感,对红光不敏感,体全息光学元件的这种应用将引起"变波长再现",与这种"变波长再现"相应地将带来两类困难,一方面产生像差[5],另一方面偏移了布拉格条件使其衍射效率下降[6],尤其是在应用宽带光源再现时将产生严重的后果。本文着重研究后一方面的问题,讨论体全息光学元件的偏移布拉格及补偿特性,并分别讨论体全息光学元件对波长偏移和角度偏移的宽容度,对体全息光学元件的像差问题我们将在另一篇文章中专门讨论。

2. 基本理论

本文讨论的体全息透射光学元件如图1所示。为方便起见,这里仅讨论无吸收位相型非倾斜元件,即$\phi = (\pi/2)$。设全息光学元件的介电常数以余弦方式调制,其形式为

$$\varepsilon = \varepsilon_0[\varepsilon_{r0} + \varepsilon_{r1}\cos(\boldsymbol{k}\cdot\boldsymbol{r})] \quad (1)$$

并假定一平面光波以θ角入射到该体全息光学元件上,在体全息光学元件中将有一衍射波(信号波)和照明波。根据Kogelnik[6]的耦合波理论,无吸收位相体全息元件的衍射效率为

$$\left.\begin{array}{l}\eta = \dfrac{\sin^2(v^2+\xi^2)^{1/2}}{1+(\xi^2/v^2)} \\ v = kd(C_R C_\xi)^{1/2}, \xi = \Theta d/2C_s, k = \varepsilon_{r1}\boldsymbol{\beta}/4\varepsilon_{r0} \\ C_R = \cos\theta, C_s = \cos\theta - (K/\boldsymbol{\beta})\cos\phi = \cos\theta \\ \Theta = (\beta^2-\sigma^2)/2\beta\end{array}\right\} \quad (2)$$

式中k为耦合系数;C_R、C_s分别为体全息图照明波和信号波的倾斜因子;K为光栅矢量的大小;Θ为布拉格偏离参量;σ为信号光波的传播矢量的大小;$\boldsymbol{\beta}$为照明波的波矢大小。

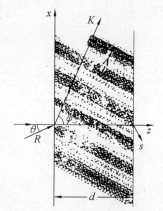

图1 Schematic representation of a volume hologram transmission gating. A is the period of the grating, K is grating vector

---

* 本论文发表在《光学学报》1992年第12卷第12期上。

3. 体全息光学元件的布拉格偏移特性及应用

3.1 布拉格偏移及补偿特性

当再现光波满足布拉格条件

$$\sin\theta = K/2\beta \tag{3}$$

时,布拉格偏移量为零,光栅的衍射效率为

$$\eta = \sin^2 v \tag{4}$$

从上式可以看出,当 $v = [n + (1/2)]\pi$(n 为整数)时,$\eta = 100\%$,再现光完全转化为信号光。当再现光波和再现角与全息光学元件记录时的记录波长和记录角不同时,一般会引起布拉格偏移,使衍射效率下降。布拉格偏移参量为

$$\Theta = K\sin\theta - (K^2\lambda/4\pi n_0) \quad \text{或} \quad \Theta = K(\sin\theta - \sin\theta_B) - (K^2\Delta\lambda/4\pi n_0) \tag{5}$$

式中 n_0 为全息光学元件的平均折射率;λ 为再现光波在真空中的波长;θ_B 为满足布拉格条件的再现角。这时体全息光学元件的衍射效率有式(2)给出,相应的 η 与 ξ,v 的关系曲面如图 2 所示。由图 2 和式(2)可以看出,由于 η 是 v 和 ξ 的二元函数,在某些调制度或耦合参量下,在 $\xi \neq 0$ 的地方仍可以获得较高的衍射效率。例如,对于 $v = n\pi$ 的点(n 为整数),$\xi \neq 0$ 处的 η 要比 $\xi = 0$ 处($\eta = 0$)大得多。当 $v = 2\pi$ 时,以布拉格再现时体全息光学元件的衍射效率为零,而以偏离布拉格再现,当 $\xi = (\pi/2)$ 时,衍射效率高达 64%。同时 ξ 所允许的变化范围 $\Delta\xi$ 与 $v = 5(\pi/2)$ 所允许的范围 $\Delta\xi$ 大致相同。这种布拉格偏移所引起的效应为体全息光学元件的变波长应用提供了可能。

从式(5)可以看出,通过同时改变再现光波长和再现角进行补偿使布拉格偏移参数为零以满足布拉格条件,实现体全息光学元件高衍射效率的变波长再现。然而,再现波长和角度的变化不仅引起布拉格偏移而且引起耦合参量 v 的变化。若用原参考光再现时耦合参量为 v_0,则变波长和角度再现时的耦合参量为

$$v = v_0 \frac{\lambda_0 \cos\theta_0}{\lambda \cos\theta} \tag{6}$$

衍射效率 η 与再现波长和角度的关系为

$$\eta = \frac{\sin^2[v_0^2(\lambda_0^2\cos^2\theta_0/\lambda^2\cos^2\theta) + \xi^2]^{1/2}}{1 + (\xi^2\lambda^2\cos^2\theta/v_0^2\lambda_0^2\cos^2\theta_0)} \tag{7}$$

$$\xi = (d/2\cos\theta)[K\sin\theta - (K^2/4\pi n_0)\lambda]$$

此时衍射效率 η 与再现光波长和再现角的关系曲面如图 3 所示。图 3 中的参数 $v_0 = (\pi/2), d = 15\ \mu m, \lambda_0 = 514.5\ nm, \theta_0 = 12°, n_0 = 1.5$。从式(7)和图 3 可以看出,通过改变再现光波的波长和角度在偏移布拉格再现时,体全息光学元件仍可获得较高的衍射效率。

本文利用体全息光学元件的这种布拉格偏移和补偿特性研究制作了用于超大规模集成电路芯片间光互连中的体全息光学元件。这种全息光学元件采用重铬酸明胶为记录介质①,其记录波长为 514.5 nm,记录角为 12°,膜厚 $d = 15\ \mu m$,所制作的体全息光学元件的再现特性如表 1 所列。

表 1 The character of holographie optical interonnet element at roeoustrustion

wavelength	632.8 nm		780.0 nm	
	theory	experiment	theory	experiment
ξ	2.82°	3°	6.37°	6.5°
η	80.6%	70%	81.8%	68%

---

① 重铬酸明胶全息板为自制,厚度 15 μm,配制明胶溶胶浓度为 5.5%,敏化剂的重铬酸铵浓度为 5%。

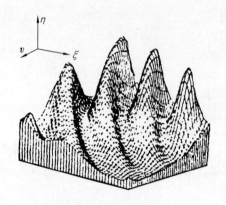 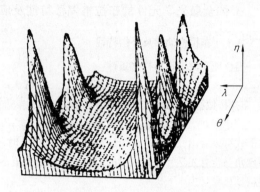

图 2　Diffraction efficiency of the grating η vs ξ and v　　图 3　Diffraction efficiency of the grating η vs reconstructin wavelength λ and angle θ

3.2　布拉格偏移的宽容度

在偏移布拉格条件再现时,体全息光学元件的衍射效率下降到 50% 时,与布拉格偏移参数有关的参量 ξ 的大小称为该体全息光学元件偏移的宽容度。下面讨论在布拉格条件附近和 η 的峰值处,即在 $v=[n+(1/2)]\pi$ 时,体全息光学元件的布拉格偏移宽容度。当 $v=[n+(1/2)]\pi$ 时,若略去由于 ξ 的变化所引起 v 的变化,则衍射效率为

$$\eta = \frac{\sin^2\{[n+(1/2)]^2\pi^2+\xi^2\}^{1/2}}{1+\{\xi^2/[n+(1/2)]^2\pi^2\}} \tag{8}$$

这时体全息光学元件的布拉格偏移的宽容度 $\Delta\xi$ 随耦合参量 n 的变化如表 2 所列。

表 2　The allowable Bragg deviation $\Delta\xi$ vs coupling parameter n

n	0	1	2	3	4	5
$\Delta\xi$	1.254	2.537	3.377	4.049	4.626	5.141

从表 2 和式(8)可以看出随着耦合参量 n 的增大,体全息光学元件布拉格偏移的宽容度增大。

3.3　体全息光学元件对波长的灵敏性

当 $\Delta\theta=0$ 时,布拉格移参量

$$\Theta=-(K^2/4\pi n_0)\Delta\lambda \quad \xi=-(K^2/\cos\theta)(d\Delta\lambda/8\pi n_0) \tag{9}$$

取一级近似,则有

$$\eta=\frac{\sin^2\{[n+(1/2)]^2\pi^2[1-(\Delta\lambda/\lambda_0)]^2+(-K^2d\Delta\lambda/8\pi n_0\cos\theta)^2\}^{1/2}}{1+(Kd\Delta\lambda/8\pi n_0\cos\theta)/\{[n+(1/2)]\pi[1-(\Delta\lambda/\lambda_0)]\}^2} \tag{10}$$

η 与 $\Delta\lambda$ 的变化曲线如图 4 所示。图中(a),(b)曲线分别对应于 $n=0$ 和 $n=1$ 的理论曲线,×、◇为实验点。图中的实验点为采用典型的位相型记录材料重铬酸明胶作为记录介质,用氩离子激光的 514.5 nm 谱线记录体全息光学元件,用氩离子激光的另外几条谱线和 He-Ne 激光的 632.8 nm 线再现,再现角与记录角相同 $\theta=12°$,体全息光学元件厚度 $d=15\ \mu m$,"◇"对应于 $n=0$ 的实验点,"×"对应于 $n=1$ 的实验点。从图 4 可以看出,当调制度增大时,体全息光学元件所允许的布拉格偏移的波长偏移增宽,并且向长波方向移动时其偏移的宽容度更大。本文利用体全息光学元件的这种特性,制作了具有向长波方向移动变波波长再现高衍射效率,用于超大规模集成电路芯片间光互连的全息光学互连元件。其中 $2v_0=5(\pi/2)$,$\eta_{632.8}=40\%$,这种全息光互连元件为 $1×4$ 聚束形体全息光学元件,用 He-Ne 激光再现时的再现象如图 5 所示。

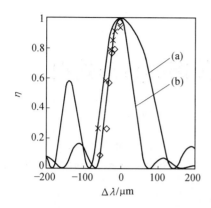

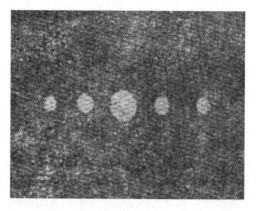

图 4　Diffraction efficiency of the grating η vs the deviation of reconstructing optical wavelength $\Delta\lambda$. -- theory, ×, ◇, experiment. (a) is for $n = 0$, (b) is for $n = 1$

图 5　Reconstructed image from volume HOE by He – Ne laser

3.4　角度灵敏性

当 $\Delta\lambda = 0$ 时，取一级近似，则有

$$\eta = \frac{\sin^2\{[n+(1/2)]^2\pi^2(1+\tan\theta\Delta\theta)^2+(Kd\Delta\theta/2)^2\}^{1/2}}{1+(Kd\Delta\theta/2)^2/\{[n+(1/2)]\pi(1+\tan\theta\Delta)\}^2} \tag{11}$$

η 与 $\Delta\theta$ 的关系曲线如图 6 所示。图中的曲线(a),(b)分别对应于 $n = 0, n = 1$ 的为理论曲线；×、◇为实验点。实验中体全息光学元件的制作情况与图 4 中所使用体全息光学元件的制作情况相同。再现时，用 Ar 激光的 514.5 nm 谱线再现，用精密测角仪测量再现角的变化 $\Delta\theta$。图 6 再次证明了在大调制度下，体全息光学元件具有较大的布拉格偏移宽容度。

4. 结论

从以上的讨论可以看出，在一般情况下，再现光的波长和再现角若与原参考光不同，将引起布拉格偏移，使体全息光学元件的衍射效率下降。但这种偏移可以通过同时改变再现光波长和再现角进行补偿。然而在某些调制度下，布拉格偏移再现反使衍射效率增大甚至可以达到很高的值。随着调制度的增大，体全息光学

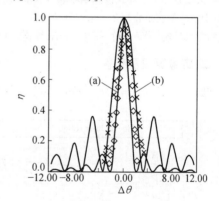

图 6　Diffraction efficiency of the grating η vs the deviation of reconstructing angle $\Delta\theta$ -- theory, ×, ◇, experiment. (a) is for $n = 0$, (b) is for $n = 1$

元件所允许布拉格偏移的宽容度增大，这种效应为体全息光学元件变波长再现，特别是为用宽带照明光源再现的应用提供了可能。

(参考文献略)

具有复杂背景的全息干涉图的自动处理*

吕跃广　姜铃珍　耿完桢　洪晶

摘要　本文对全息焊点检测的原理作了简要的介绍,针对检测中遇到的具有复杂背景的干涉图,提出了计算机自动处理与判别方法;完成了图像的背景抑制、噪声去除、平滑、细化及条纹的自动识别,获得了较好的结果。

关键词　图像处理;全息干涉计量;无损检测。

一、引言

在激光全息无损检测中,已经越来越多地利用计算机进行干涉图的自动处理与识别,特别是在可靠性和速度要求高的场合,更需要用计算机代替人工进行图像的判读。

印刷电路板焊点的焊接质量直接影响到电子产品的可靠性与稳定性。在现代航空与航天系统中,由一个焊点的问题,也可酿成大祸。目前焊点检测方法主要依靠自动视觉检测[1]、红外[2]和超声[3]等检测方法。全息检测法首先是由 William[4] 提出,它不仅可以检测焊点的内部缺陷(如内部空洞、裂缝),而且与红外检测法相比,它对焊接过程没有特殊要求。

本文在激光全息焊点检测原理的实验基础上,采用了计算机图像处理技术对干涉图像进行处理与识别。由于干涉条纹是叠加在一系列复杂的背景之上,通过分析条纹的形成,设计出一种合适的算法,完成了条纹的背景抑制、噪声去除、平滑、分割、细化及判别。实验结果与焊点金相解剖结果符合较好。

二、实验原理及装置

实验系统装置如图1所示。由 He-Ne 激光器发出的激光经快门K后分成两束,一束作为物光,一束作为

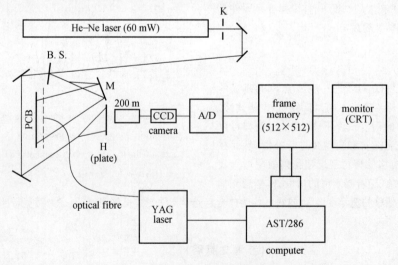

图 1　Experimental setup

---

* 本论文发表在《光学学报》1990 年第 10 卷第 4 期上。

参考光。物光经扩束后通过条纹控制镜 M 照射到印刷电路板(PCB)上。首先拍摄一幅印刷电路板的全息像，干板经自动冲洗装置处理后，通过转动条纹控制镜 M_l 改变物光波矢量，可以控制系统的干涉条纹的疏密与走向。干涉图由变焦镜头成像到 CCD 摄像机像面。焊点由 YAG 固体激光器通过光纤输出 1.06 μm 红外光逐点热加载。如果焊点不存在焊接缺陷，在适当的加载量下，焊点冷却后将恢复原来的状态，系统条纹不发生变化；如焊点有缺陷，加热冷却后，焊点会有残余形变，不能回到初始状态，因而系统的干涉条纹在这焊点附近会发生变化，出现弯曲、拐点等。图像 CCD 经电视摄像机取出后，由图像采集板(512×512)量化，然后由计算机处理。

三、干涉图的自动处理与识别

在研讨焊点检测等一类问题中，系统条纹不仅包含有用的信息，且叠加上一系列复杂的背景，如图 2 所示，故直接进行一般图像处理有困难。本文采用以下程序：图像取出后首先设法除去强烈的背景，突出条纹信息，然后再去除激光散斑噪声及进行分割、细化与识别。

1. 背景及噪声去除

由全息学原理，干涉图在 CCD 摄像机像面的强度可以表示成

$$I(x,y) = A(x,y)\{1 + m(x,y)\cos[\Delta\Phi(x,y)]\} \quad (1)$$

式中 $\Delta\Phi(x,y)$ 为与物体形变有关的相位角；$A(x,y)$ 为背景；$m(x,y)$ 为给定点 (x,y) 的条纹调制度。由式(1)可见，背景对条纹信息来说相当于乘性噪声，它可以方便地利用全息再现像近似代表背景。于是把干涉图与其相应的再现像相除，就可以实现条纹背景的抑制。图 2、图 3 分别为原始图像及原始图像与全息再现像相除以后的结果。

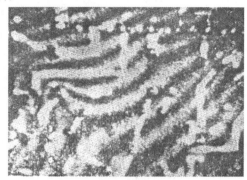

图 2　The original image

从图 3 可见，相除以后的图像显然突出了条纹信息，但由于激光散斑等影响，仍然存在许多噪声。由统计光学，散斑噪声一般可以看做是正态分布[5]，要除去这些噪声又能保护条纹边缘，可以使用 3×3 领域的中值滤波[6]，把局部区域中恢复的中央值作为输出灰度。滤波后的图像再进行平滑处理，进一步消除高频噪声，以利于分割。平滑后的图像的直方图显示出明显的双峰特性，如图 4 所示。

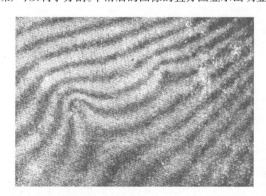

图 3　Image after divide

图 4　Histogram after smoothing

2. 分割与细化

对平滑后的图像利用其直方图参数选择分割门限 T，使得 T 在直方图的双峰中央，然后按下式分割：

$$P'(i,j) = \begin{cases} 0 & \text{如}(\frac{1}{m})\sum_{(i,j)\in \Omega}P(i,j) \leq T \\ 255 & \text{其他} \end{cases} \tag{2}$$

式中 Ω 是以 (i,j) 为中心点的一个领域；m 是领域中的像素数；$P(i,j)$ 是像素 (i,j) 的灰度级值。分割结果如图 5 所示。

然后，采用 Pavlidis[7] 的方法对分割后的二值图像进行细化，即首先标定图像的边界点与内点，找出不能删除的单点与连接点，删除其他的边界点，进行多次上述循环，直到细化为止。其结果如图 6 所示。

图 5　Segmentation

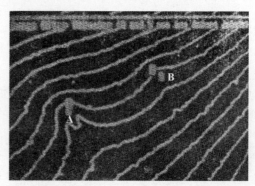
图 6　Thinning and refinement

3. 条纹识别

对细化后的条纹整体扫描，判断出条纹整体走向与平均条纹间距 d；然后对每一细条纹跟踪，如细条上的点偏离理想线（即平行于整体条纹走向，间隔为 d 的平行线）的距离大于 $(d/2)$，则判断离此点最近的焊点为缺陷焊点，并标定其位置。在图 6 中，小方块表示出的 A（左下）、B（右上）两处计算机判断为缺陷点。后经金相解剖证实：A 处焊点为虚焊，B 处焊点的内部有一个 0.3 mm 的空隙。

作者曾用此法对实际中多幅图像进行判别，并与人工判别进行比较，总的判断正确率大于 80%。

(参考文献略)

PECVD SiON 薄膜的工艺控制、性质及其潜在应用[*]

祖继锋　耿完祯　洪晶　余宽豪　江志庚　李志彭　陈学良

摘要　研究了等离子增强化学气相淀积(PECVD)氮氧化硅(SiON)薄膜的工艺控制、性质以及薄膜波导在超大规模集成电路(VLSI)光互连中的潜在应用。

关键词　光波导,光互连,等离子增强化学气相淀积。

1. 引言

近年来寻求光学、物理、化学稳定性的材料用于集成光学领域的研究引起了人们的极大兴趣。特别是VLSI光学互连的提出[1],由于硅基导波光互连的工艺途径与微电子技术潜在的相容性,这是其他光互连手段所无法比拟的[2~5],因此开展硅基光电子集成的研究具有深远的意义。集成光学领域广泛使用的主要材料有:GaAs(InP)、LiNbO$_3$、玻璃、氧化硅及聚合物等。其中氧化硅是较好的可供选择的材料,因为制作氧化硅波导可以充分利用成熟的微电子技术,硅作为光波导基底,又能制作多种无源器件及有源器件于一体。制作成本较低,工艺成熟,有利于波导结构同光探测器以及电子器件等集成在一起。SiON材料是近年来才较多用于制作光波导器件的。以前普遍采用二氧化硅的热氮化工艺制作SiON,温度较高。虽然制作的波导损耗低,但得到的折射率变化范围小(1.67~1.75),并且折射率的改变与氮化时间无关,而无法在集成光学领域中获得广泛的应用。PECVD能在较低的样品温度下淀积薄膜。虽然放电时电子温度接近于10^5 ℃,但样品温度却在100~400 ℃,这使PECVD工艺具有许多优点,可以用于制作集成光路。由于采用SiH$_4$-NH$_3$或SiH$_4$-NH$_3$-N$_2$O混合气体淀积的氮化硅或氮氧化硅薄膜中含有较多的氢,在高温退火时这些氢将会析出,导致薄膜内出现裂纹或形成气泡,降低了薄膜与基底之间的附着力。

本文采用氮气稀释SiH$_4$及N$_2$O气体,经充分混合后进入平行板型PECVD反应室,在加热的硅片或氧化硅层上形成SiON薄膜。以N$_2$O气体代替氨作为氮源,一方面是为了安全(因NH$_3$有毒),另一方面可降低薄膜中的氢含量,从而增加金属-氧化物-硅(MOS)器件的稳定性。

2. PECVD SiON 薄膜的制备工艺

实验中使用电阻率ρ为6~10 Ω·cm,(100)取向的P型硅片数片(直径为5.08 cm),在1100 ℃下的进行热氧化,时间分别为180,300,500 min,在硅片上分别形成厚度约为1.10、1.50、1.95 μm致密的二氧化硅层。每片硅片上的氧化层比较均匀。用PECVD在硅片上直接淀积SiON薄膜,工艺条件为:$I = 33$ mA,$V = 0.33$ kV,$P = 86.7$ Pa,SiH$_4$/H$_2$O气流比值改变,温度为250 ℃。经膜厚仪测试,薄膜的厚度不均匀性小于±3%。薄膜的厚度能满足一定的设计要求。若增加N$_2$O的气流量,保持SiH$_4$,N$_2$气流量不变,能进一步改善整个圆片上厚度的不均匀性。一些结果表明,PECVD SiON 膜具有许多优点:在薄膜较厚的情况下应力较低,后续的热处理工艺不会使薄膜出现裂纹;采用等离子体干法腐蚀,图形尺寸易于控制等,目前已在3 μm互

---

[*]　本论文发表在《光学学报》1995年第15卷第7期上。国家科委863高科技项目及辽宁省科委博士基金资助的课题。

补型金属氧化物半导体大规模集成电路器件双层布线中获得了应用[6]。

3. SiON 薄膜的性质

3.1 薄膜的折射率

由椭偏仪测试的几种用不同淀积条件制备的 SiON 薄膜的折射率值如表1所列。表1说明，改变 SiH_4/N_2O 气流的比值，就可改变薄膜的折射率。定性分析结果说明，当 SiH_4/N_2O 超过一定数值以后，SiON 的生长速率减至为最低，这是由于 SiH_4 分解出来的 Si 直接淀积在硅基底上的缘故。因此，在高 SiH_4/N_2O 气流比值条件下，制作的波导其损耗将显著增加，而使其无法获得实际应用。

表1 Refractive index of several films with different deposition conditions

materials	SiON	SiON(A)	SiON(B)	SiON(C)
technological processes	PECVD	PECVD	PECVD	PECVD
deposition conditions	$SiH_4/N_2O = 80/40$	$SiH_4/N_2O = 100/60$	$SiH_4/N_2O = 58/100$	$SiH_4/N_2O = 42/160$
refractive index	1.530	1.573	1.489	1.478

3.2 薄膜的纵向组分均匀性

为了研究 SiON 薄膜纵向组分均匀性，作者对相同条件下淀积的 SiON 薄膜进行了俄歇能谱分析（AES），结果如图1所示。可以看出薄膜中的硅原子、氧原子和氮原子的纵向分布是比较均匀的。

3.3 薄膜淀积速率

由于 SiH_4/N_2O 气流比与薄膜折射率及生长速率存在一定的函数关系。如果能准确控制气流比，就可以控制薄膜的组成和生长速率，即控制薄膜厚度。图2给出了气流比与淀积速率的关系，可以看出增加 N_2O 气流量，保持 SiH_4、N_2 气流量不变，可增加薄膜的淀积速率。

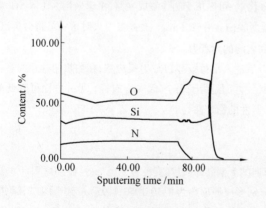
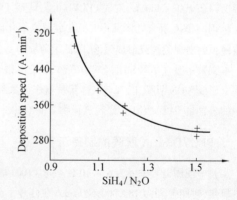

图1　AES of SiON films　　图2　The relation between airflow ration end deposition speed of films

4. 波导结构的工艺控制

半导体工艺中的光刻技术可用来形成薄膜波导结构。本文采用湿法腐蚀及等离子体刻蚀相结合的方法。前者用于形成 p-i-n 结（PIN）探测器区，后者用来形成导波结构，其要求是得到垂直光滑的波导轮廓，而且应能控制刻蚀速率。图3给出了在 SiO_2 上淀积 SiON 薄膜并制作的8分支波导的扫描电子显微镜（SEM）

照片,图4给出了条波导断面的扫描电子显微镜照片,其中二氧化硅层比较均匀,波导侧壁与底面不垂直,作者认为是由于用作掩模的光刻胶比较薄,产生了少量横向刻蚀的结果,可以增加光刻胶厚度,以消除这种横向刻蚀。

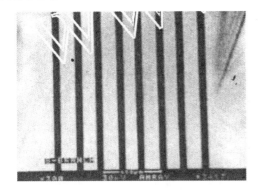
图3 SEM photograph of 8-branch waveguide

图4 SEM photograph of section of strip waveguide

5. 工艺上的改进方法

由于在等离子体状态下利用化学性活泼的离子、原子团,因而可以在低温下生成薄膜。从热力学观点讲,借助于等离子体状态,能促使反应,使通常较难发生的化学反应变为现实。因为选择的反应材料为气体,可以稳定地提供,进而可达到控制薄膜组分的目的。

通常 SiH_4 同氮、氧离子反应是

$$SiH_4 + (4/3)N^{\cdot} \rightarrow (1/3)Si_3N_4 + 2H_2 \quad SiH_4 + 2O^{\cdot} \rightarrow SiO_2 + 2H_2 \tag{1}$$

由于采用氮气冲稀的 SiH_4 及 N_2O 气体,将存在下列反应:

$$N_2O \rightarrow O + N_2, \quad SiH_4 + 4O \rightarrow 4SiO_2 + 2H_2O \tag{2}$$

由于激励 N_2O 反应速度高于激励 N_2 的反应速度(即等离子体中的 N_2O 分解比 N_2 分解容易),所以下列反应将不占优势。

$$2SiH_4 + N_2 \rightarrow 2SiNH + 3H_2 \tag{3}$$

虽然式(2)反应占优势,但它依赖于射频功率。在较低射频功率下,也可能存在下列反应:

$$N_2O + O \rightarrow 2NO \quad NO + O \rightarrow NO_2 \quad N_2 + 2O \rightarrow 2NO \tag{4}$$

式(4)反应吸收氧,即减少了氧原子的来源,无疑会使薄膜中 O/N 比例下降,薄膜的折射率将有所提高。然而,当射频功率很高时,虽同时发生式(2)、式(4)反应,但更多的 N_2O 分解,使得式(4)反应失去重要性,结果会使薄膜中的 O/N 比例升高,折射率降低。同时也存在:射频功率低,薄膜淀积速率也低。通过上述分析,作者认为,在提高射频功率的同时,增加 N_2O 的比例,维持其他条件不变,会明显提高薄膜淀积速率,也可控制薄膜组分。

结论

本文采用 PECVD 在 SiO_2/Si 上淀积 SiON 薄膜,选择的反应气体为 $SiH_4(N_2)$,N_2O。N_2O 气源同 NH_3 气源相比具有一定的优点。SiH_4/N_2O 是主要的控制淀积参量,它能控制薄膜的化学组分以及折射率等参数。SiON 薄膜的折射率随 N_2O 增加而减小,折射率趋向于二氧化硅,说明薄膜中的氮含量在减少,俄歇能谱分析结果也说明了这一变化趋势。由于可通过改变淀积条件来控制 SiON 组分,进而可连续改变 SiON 薄膜的折射率,使制作 SiON 缓变折射率光学器件成为可能。

部分研究结果表明，SiON 由于其制作温度低，而且可控制折射率的改变以及同微电子器件制作具有潜在的相容性，一定会在无源集成光学器件制作，VLSI 导波光互连以及光学传感器等领域中获得实际的应用。

（参考文献略）

附

洪晶教授大事年表

1917年3月4日	生于北京。
1933—1937年	北平燕京大学物理系学习。
1937—1938年	在成都华美女中、成都护士学校物理教师。
1938—1940年	在昆明西南联大物理系从事中英庚款科研项目。
1939—1940年	昆明清华大学物理系研究生。
1940—1941年	重庆南开中学物理教师。
1941—1944年	广西桂林中学、贵州龙里应钦中学物理、数学教师。
1945—1946年	在美国罗切斯特大学光学学院学习,获应用光学硕士学位。
1946—1948年	镇江江苏医学院物理系副教授。
1948—1951年	第二次赴美在华盛顿天主教大学和伦塞勒理工大学攻读博士学位。
1951年	抗美援朝开始后,洪晶不顾导师的劝阻,毅然决定放弃即将得到的博士学位,与丈夫刘恢先趁美国总统还未批准国会通过关于中国留学生返回的禁令之机,离开美国,回到祖国。
1951—1952年	在辅仁大学任副教授,北京师范大学任副教授、物理系代主任。
1952—1995	哈尔滨工业大学物理系任物理教研室主任、副教授、教授和博士生导师。
60年代起	洪晶先后获"全国三八红旗手"等荣誉称号和省、市劳动模范等其他许多省部级先进称号。
1964年起	创建金属与半导体位错固体物理研究室;编著《固体的力学和热学性质》,由人民教育出版社出版(先后再版3次)并主持编译了《物理学概论》等多部译著。
1964—1965年	第三届全国人大代表。
1979—1982年	任哈尔滨工业大学副校长、哈工大校学术委员会副主任、哈工大学报副主编。
1979—1990年	受国家教委聘请任高等学校工科物理教材编审委员会副主任委员;1985年受聘为第一届全国高等学校工科物理课程教学指导委员会主任委员。
1978—1987年	中国物理学会理事;中国光学学会常务理事;黑龙江省第二、三届科协副主席;黑龙江省物理学会理事长;黑龙江省妇联执行委员;黑龙江省自然辩证法学会理事。
1980—1995	在哈工大创建全国首批理学光学博士点;批准为国务院首批博士生导师。1987年,光学博士点被确认为全国首批重点学科。光学学科也是我校至今为止唯一的一个理科国家重点学科。
80年代	在哈工大开创了光学信息处理及非线性光学等多种前沿课题的研究工作;在她主持、指导、支持下完成了一大批国家"863"高技术研究或航天工业部的重大预研课题,其中光学双稳态的研究工作取得了一系列居国内领先地位的科研成果;她亲自领导的课题组,发展了激光全息无损检测方法的研究,在"固体火箭发动机药柱包覆层界面脱粘缺陷的真空加载全息无损检测方法研究"、"印刷电路板焊点缺陷激光全息检测"等项目分别获得国防科工委重大科技成果四

	等奖和航天工业部科技成果二等奖;"电子计算机芯片全息光互连技术"获航空航天工业部科技成果二等奖;在国内外多种重要学术刊物上,发表学术论文40余篇。
1986—1989年	组织领导的全国工科院校物理课程建设与评估试点工作取得重大研究成果;以她为首的课题组荣膺国家级优秀教学成果奖。
1978—1983年	第五届全国政协委员
1983—1988年	第六届全国政协委员、第五届黑龙江省省政协副主席。
1987年	加入中国共产党
1988—1993年	第七届全国政协常委
1991年	享受政府特殊津贴待遇。被航天工业部授予"有突出贡献专家"称号。
1995年	退休
2003年4月29日	洪晶教授逝世,享年86岁。
2005年	中国物理学会在纪念2005世界物理年的活动中,将洪晶先生列为中国资深女物理学家之一。

徐邦裕 篇

徐邦裕教授（1917-1991）

徐邦裕(右一)在德国工厂实习

徐邦裕（左一）在德国留学时与同学合影

20世纪50年代徐邦裕（前排左四）在哈工大土木楼与同事合影

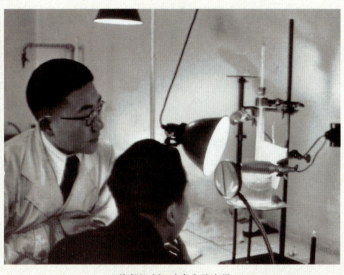
徐邦裕(右一)在实验室里

1986年徐邦裕在会议上

1988年徐邦裕（左三）在湘潭冶炼钴探厂考察

1988年徐邦裕（左四）出席九三学社座谈会

徐邦裕在空调机厂会议上发言

1988年徐邦裕在美国休斯顿宇航中心

1990年徐邦裕(左三)在第六届黑龙江暖通空调年会上

徐邦裕(左二)和国外学者在一起

闪光的人生

一代名师　人之楷模

——记我国著名暖通空调专家徐邦裕教授

商艳凯

序言:从铜像写起

1998年4月25日,暖风阵阵,丁香飘香。来自海内外的近千名暖通学子,怀着敬慕的心情,肃立在二校区暖通楼门前盛开的丁香花丛周围。红色的幕布被徐徐拉开,我国著名暖通空调专家徐邦裕教授的半身铜像,在阳光的照射下,闪着金色的光辉,出现在人们面前。此时,学子们心潮澎湃,热泪盈眶,恩师的音容笑貌又浮现在眼前……

徐邦裕教授生前曾任全国政协委员、中国暖通空调专业委员会主任、国际制冷学会委员等重要职务。他早年留学德国,在民族危难之际,毅然放弃优厚的待遇,冒着生命危险,转道回国,谋求科学救国之路。在多年的教学、科研和工程实践中,他为祖国培养了大批人才,留下了不朽的业绩,也使他从一名坚定的爱国主义者成为一名优秀的共产主义战士。

徐邦裕教授不仅治学严谨,学术造诣精深,而且人格高尚,宽厚诚恳,极受人敬重,不愧为一代师表,人之楷模。他的学生、同事,包括那些已经成了名的教授、领导,都称他为"先生"。为了纪念他,激励后来者,他们自发捐资为先生铸像,并在先生铜像揭幕时从四面八方赶回母校,在先生像前宣誓:为我国的暖通科学与技术赶超世界发达国家水平而努力奋斗。

徐邦裕铜像

时光荏苒,距离铜像揭幕已过去了12年。2009年秋,徐邦裕教授当年的学生、如今已步入古稀之年的马最良教授在先生的铜像下面亲手添加铭文如下:

"徐邦裕教授是我国老一代著名暖通空调专家,中共党员、九三学社社员,第五、六、七届全国政协委员。早年(1936年)留学德国慕尼黑工业大学,1941年毕业并获得德国慕尼黑工业大学'特许工程师',1942年5月回国。1957年来哈尔滨工业大学任教,曾任高校本科专业教学指导委员会主任、国际制冷学会委员等职务。生前为我国空调事业的发展勤奋工作,无私奉献,部分原始创新成果载入《中国制冷史》中。徐邦裕教授不遗余力研究热泵技术,是一位我国热泵事业的先行者,为我国科技进步做出了突出贡献,在国内外享有很高的声誉。"

这样一段不加任何渲染的200余字的铭文,寄托了学生对恩师的仰慕、怀念,更是徐邦裕教授曲折荣耀一生的真实写照。

第一篇章:新中国成立前的"峥嵘岁月"

新中国成立前的30年,徐邦裕在不断的战火中走过了人生的童年、少年和青年的前半段。从怀揣"科学救国"的理想留学德国,到在反动政府的统治下报国无门,徐邦裕亲身经历和感受了旧社会的残酷现实。

从小与书结缘

十月革命一声炮响,为中国送来了马克思主义。以李大钊等为首的马克思主义者开始探索适合适合中国国情的社会主义发展道路。一场轰轰烈烈的真正的革命已孕育成熟,即将拉开大幕。

而就在1917年3月22日,江西九江大中路602号的一个大户人家传来新生男婴的啼哭声。男婴的降生使这个原本没落的家庭竟然有了转机,境况从此开始渐渐地好转起来。男婴的父亲徐霖泰有着一份让人艳羡的律师工作,最初业务并不发达,后来担任了一些企业的法律顾问并购买了一些企业股本,这些收入所得对于养活一个不足10口人的家庭来说完全绰绰有余。这家人给男婴取名"邦裕",似乎是在寓意整个家族和国家能够兴旺发达。果不其然,徐邦裕的整个童年和少年时光都过着较优裕的生活。

徐邦裕的童年打上了封建家庭教育的烙印。他只在九江县立小学读过几天书,加上外祖母对他很是溺爱,时常将他藏在房里,放在床头边睡觉,以致养成他见着生人就脸红,半天讲不出一句话来。在徐邦裕的眼中,父亲是个"落下树叶都怕打破头"的人,所以对儿女的教育都是"息事宁人"、"不求有功但求无过"之类。这一系列思想在徐邦裕的头脑里根深蒂固,对他此后形成注重情面、与人无争的性格产生了影响。

值得一提的是,徐邦裕在很小的时候就和书结下了很深的感情。由于出身书香门第,家里自然有很多藏书,因此他的小学时光不是在私塾度过的,而是自己在家看书。他对书的热爱可以说达到了"如饥似渴"的程度,他会把大人给的零钱攒起来,然后拿着一大堆零钱一蹦一跳地到书店买自己喜欢的书。那个年代，富贵人家的老人闲来无事会聚到一起打牌，外祖母会把年幼的他叫过来，招呼家里来的客人。每次倒完水，他便会捧着书跑到楼梯的台阶安静地坐着，完全沉浸在书的世界里。虽然后来他在"科学救国"思想的引导下学了工科，但徐邦裕的人文素养一点也不比学文科的低，如《红楼梦》的每一首诗，他都能流畅地背诵出来。

在12岁的时候，徐邦裕又一次走进了学堂，就读于九江同文中学。这是一个基督教办的学校，里面的教员对学生管教很严。长的又矮又小的徐邦裕时常被同学欺负，这

年轻的徐邦裕留学德国时在设计室中

让本来就有些内向的他对上学产生了极强的畏惧心理，更不用说用心读书了。家人对此也是心急如焚，为了不被其他孩子落的太多，外祖母曾带着徐邦裕来往于上海光华中学读了一学期。

15岁那一年，因怕见"恶毒"先生，徐邦裕要求父亲将他转学到九江光华中学。这次转学意义非凡，正是从那时起徐邦裕开始懂得读书，开始对科学有了热爱。有一个人对年幼的徐邦裕产生了直接影响。那是一位讲物理的陆先生，每次听他讲课，徐邦裕都会达到入神的程度，并渐渐地喜欢上了数学尤其是物理。但由于只知埋头读书，面对待人接物却一点不会，徐邦裕时常被人叫做"书呆子"。

当时正值国事多秋之日，日本帝国主义的铁蹄大举侵犯中国的领土，东北三省在毫无抵抗下丢掉了，淞沪之战爆发了。徐邦裕虽然常躲在书室里，却怀有一颗懦弱爱国之心，并曾追随过游行请愿，但一遇着横眉怒目的军警又偷偷地跑回家了。为了压制日渐高涨的学生运动，当时的国民政府抛出所谓的"科学救国"口号，徐邦裕对此深信不疑，便一门心思地钻进了书堆里。

怀揣"科学救国"理想

1935年，徐邦裕高中毕业了，并考了全校第一名。他在学校结识的两个好朋友拿着爆竹来到徐邦裕家中表示祝贺。响彻庭院的爆竹声让徐邦裕的父亲心里乐开了花，暗想：孺子可教也，将来可做光耀门庭之依靠。就在这时，一个千载难逢的好机会不约而至，徐邦裕面临人生的第一次重大选择。

徐邦裕的姐夫许巍文其时正准备到德国留学。德国当时的科学技术水平可以说是世界上最发达的。许巍文还从朋友那里打听到，和在上海这样的大城市生活相比，在德国留学期间的花费与此相差无几，而且工作后的薪水要比国内高，于是便萌生了将徐邦裕也送往德国"镀金"的想法。当许巍文把这一想法告诉徐邦裕时，徐邦裕几乎高兴地跳起来，自己"科学

"救国"的理想终于有了实现的机会！然而，这一想法却遭到了外祖母的反对，经过一番劝说，这才勉强同意了。此后的半年多时间里，徐邦裕将几乎全部的精力用在了学习德文上面。

1936年春天，经过万里跋涉，许巍文带着不满20岁的徐邦裕到达柏林。在德国留学的五六年时间里，徐邦裕都和姐夫住在一起，在异国他乡过着相依为命的生活。在德国留学期间，他们吃了很多苦，常人简直不敢想像。有一段时间，由于生活费用紧张，他们每天吃的是土豆沾盐。

刚到柏林，徐邦裕进入一个德文补习班学习德文。为了学好德文，他专门找了一个没有中国人的小镇居住，甚至会跑到墓地上，通过辨别墓碑上的字来巩固学习所得。几个月后，他被分到卫慈堡的康鲍机械厂当学徒。因为当时德国规定，所有人在中学入大学之前必须在工厂中当半年以上的学徒。据徐邦裕后来回忆，那时德国对学徒非常严格，只提供一些微薄工资，到了星期六还时常被罚做扫茅厕等脏累的工作。

1937年4月，结束学徒生活的徐邦裕进入了慕尼黑工业大学学习。1939年6月，他完成了该校初期工程师考试。在柏林西门子电机制造厂实习3个月后，徐邦裕于1939年8月再次回到慕尼黑工业大学，并于1941年6月完成了该校特许工程师考试，被授予"特许工程师"学位。毕业后，他曾为热力学家努塞尔特教授担任助教并在慕尼黑红格尔机械厂短暂工作了不到5个月。

在德国留学期间，经比较要好的朋友介绍，徐邦裕加入了一个由中国人发起的社会团体——建设事业奋进社。当时的社长叫沈家桢，他告知每一个进社的人，该社不参加任何政治活动，而是一些技术人员合作起来办工厂或彼此介绍职业，免得被其他人排挤。当时，在国外，身为黄色人种常被当做异族受到歧视。徐邦裕后来称，自己当时具有一种狭义爱国的思想，比如在骨子里恨希特勒，恨他说中国人是第五等民族和帮助日本人说话。

徐邦裕从慕尼黑工业大学毕业的那一年，第二次世界大战已经在欧洲大陆全面爆发。战争的残酷，波及在德的中国留学生。德国政府逼迫中国学生承认汪伪政府，否则就要被赶出德国。摆在徐邦裕面前的有两条路，而且是两条极易选择的发财之路：一是承认汪伪政府留在德国；一是接受美国的重金招聘。然而，这两条路徐邦裕都没有选择。他要回国！

在他看来，中国之所以受欺挨打，就是因为科学技术不发达。他要把自己的所学，用在强大自己的祖国上。他的导师努塞尔特教授劝他，大丈夫要以自己的前途为重，要能伸能屈、从权应变，而且战事吃紧，回国会很危险。徐邦裕坚定地说，汪伪政府丧权辱国，我决不能承认。我是中国人，我要为自己的祖国效力，为了不失掉国籍，为了祖国的富强，我爬也要爬回自己的祖国。当时，欧洲战火连天，回国的唯一安全途径是经中立国葡萄牙转道。但徐邦裕并未走这条路。因为他知道，美国正在葡萄牙招聘，实际上是在堵截懂得德国技术的人才。

1942年5月，徐邦裕怀着一颗炽热的报国之心，毫不犹豫地选择了一条没人敢走的路线：取道奥地利，经匈牙利、罗马尼亚、土耳其、伊拉克、巴基斯坦、印度、缅甸，进入中国国境。走这条路，随时都有被战火吞噬的危险。一路上，他搭过货车，坐过扫雷艇，在飞机轰炸、炮弹横飞中风餐露宿，历经3个多月的艰辛危难，终于踏上了祖国的土地。当他呼吸到祖国泥土散发的芳香时，满腹的辛酸再也无法抑制，他的眼睛模糊了。

在战火纷纭中报国无门

脚踏上祖国的土地,徐邦裕心中有说不出的亲切和愉快。但是一看周围的事物感觉有点心灰意冷:这哪里像一个朝气蓬勃的国家? 1942年6月,经沈家桢介绍,徐邦裕进入当时的重庆中央工业实验所动力试验室,担任工程师兼该室试验组长。这是他回国后找到的第一份工作,工作主要是试验以桐油代汽油,不过当时经费少,仪器又缺,这样差的条件做不出成绩来不说,而且提供的待遇也低得可怜。1943年7月,徐邦裕辞职回到江西,一个月后,他进入江西企业公司泰和铁工厂任工程师兼任设计股股长。在这家工厂,徐邦裕的工作热情被激发出来,同时工厂的规模渐渐扩大起来。那段时间,他还在南昌大学兼任内燃机副教授。

徐邦裕夫妇年轻时的合影

1944年8月,事业起步的徐邦裕,和相恋多年的爱人许申生步入婚姻的殿堂。没想到,这对幸福的小夫妻只过了一年多稳定的生活,便要开始四处流亡。当时日寇大军压境,反动派的军队不战而逃。在一片风声鹤唳中,徐邦裕只带了极简单的行李,搀扶着身怀六甲的爱人徒步而逃。一路上,载着达官贵人、巨绅豪商的小汽车从身旁疾驰而过,后面跟的卡车里面装着各色家具。这样的景象深深触动了徐邦裕,但也只有感叹社会的不公。而更让他痛心的是,由于途中常常风餐露宿,饱受劳累之苦的妻子意外地流产了。

由于当时整个中国都在动荡,没有人办工业,徐邦裕曾一度失业,幸好1944年底经人介绍到当时的江西省林业专科学校任教授,后来又兼农业工程学系主任。该校原设婺源,抗日战争结束后迁往南昌。

1945年,长达8年的抗日战争终于结束了。听着四处响起的爆竹声,徐邦裕的甫提多高兴了,心里暗想:从此可以太平了,可以发挥所学。他不禁跃跃欲试。但是糟糕的现实情况又使他陷入了茫然。

在农专工作两年后,1946年7月,徐邦裕带着家人来到了上海。经同学刘白浩(当时是同济大学机械系主任)介绍,他被同济大学聘为教授,主讲热力学、内燃机和汽轮机等课程。但由于待遇太差,加上不受重视,所以只任教了一年,他便萌生了去意。

当时,徐邦裕的姐夫许巍文和妻兄许鹏飞都在东北工作,而恰巧东北农林处拟办农耕曳引机营理所。由于在农专学校教过一段时间的书,许巍文便把徐邦裕介绍给了当时的农林处长。于是,在请人代保同济大学的工作后,1947年5月,徐邦裕前往沈阳任该所主任。在那里,他协助技术人员装了一些曳引机,但又觉得有些行政工作太累赘,所以不到半年便辞职回到了上海。

徐邦裕回来后，正赶上一个资本家委托朋友黄足创办上海大江电业公司，同时筹设一个制造厂，黄足想到并推荐了他。1947年秋，徐邦裕到该公司任工程师。不料，这个资本家是以办厂为幌子，实际上却做的是囤货的勾当。制造厂筹备了近一年，却只建造了一个厂房，引进了几部零星的机械。心急如焚的徐邦裕几次向公司要求开工，那个资本家却故意推延，于是他愤而辞职。1948年9月，上海人人企业公司设立技术顾问部代客设计，当时任该公司总经理的沈家桢向徐邦裕伸出了橄榄枝，并允诺加高待遇。盛情之下，徐邦裕欣然答应，到该公司任工程师。不久，该公司与当时的江西省建设委员会订立技术顾问合同，徐邦裕被派往南昌工作并兼该省兴业公司总工程师，直到新中国成立后才回到上海。

从离开学校进入社会直到解放为止，徐邦裕过了八九年的萍飘生活，虽说在工作中总算卖力，但却始终未受到尊重，反而时常受到奚落。那时的徐邦裕不但不能表现一点儿抱负，不但不能达到个人的享受，而且连饭碗问题也朝不保夕。这一切的根源是当时的整个社会都处于乌烟瘴气之中。他陷入深深的迷茫之中：为什么坐汽车住洋房的大都是一些不学无术吹牛拍马之流，而真正工作的人时常要担心明天是否有工作？明天的钞票是否能够派用场？坎坷的经历和社会的现实使他逐渐认识到，科学救国的道路是行不通的。他期待着祖国光明的到来。

第二篇章：投身新中国的建设"大潮"

1949年10月1日，毛泽东在天安门城楼上向全世界庄严宣告：中华人民共和国中央人民政府今天成立了！"新中国成立后一切现象都变了"，这是徐邦裕当时最大的感受。他看到、听到的现实是，新中国的干部清廉肯吃苦，社会上的横权当道不见了，人民的生活渐渐安定了，到处都是欣欣向荣的景象。

光明终于降临祖国大地，徐邦裕报效国家的时候到了。新中国成立后，他先后辞去了优厚待遇和重要技术职务的两个私营企业的工作，来到国家第一机械工业部上海第二设计院任主任工程师。1957年，他毅然来到了哈工大，由此开始了一段为我国暖通空调事业的建设、发展做出突出贡献的历史。

投身第一个五年计划

1950年4月，已在上海人人企业公司工作一年多的徐邦裕，因所在技术顾问部无事可做，又不愿看老板的脸色行事，于是向公司申请拿一笔解散费后便自行解雇。自己做个小老板呢？毕竟自己掌握一点技术在手里，绝对用不着当心饭碗问题。失业的徐邦裕却也没闲着。他先是为上海华昌钢筋厂设计了一座彪自动化抛光车，从中获得了一笔不小的酬劳。1950年底，他又让父亲和爱人凑出积蓄750元，投资在同学所创办的大震科学仪器制造厂里。

1950年10月，徐邦裕应华生电机厂的征求担任该厂机械工程师。由于厂里的高级技术大都与资方有关，擅长技术的徐邦裕反而成了"局外人"，长期寄人篱下让他对此感到"无所谓"。那时的徐邦裕也算有着一份比较安定的工作,他已经觉得很知足了。恰在此时,抗美援朝开始了。

国家做出的这个重大决策对徐邦裕的教育意义很大,而捷报频传的消息让徐邦裕认识到,新中国的政府绝对不是自己所想象的改换朝代。政府负责人的深思远见、准确的推测着实让人佩服。现在的政府才是真正代表工人阶级利益和全体人民的利益来办事的。

1953年,我国开始实施第一个五年计划。听到这个消息,徐邦裕心中充满了难以抑制的兴奋,他经过认真考虑,义无反顾地投身于国家的基本建设中。

徐邦裕被分到了当时的国家一机部上海第二设计院。在那里工作的几年,徐邦裕在学习和听报告中受到了一些教育,然而,让他受到最大教育的是自己耳闻目睹的一些活生生的事例。如当听说周恩来总理到各国访问,受到热烈的欢迎和爱戴,他不由回想起自己在国外受人歧视的怨气,现在终于可以"一吐为快"了。当亲眼看到北京城郊的建筑如雨后春笋地建立起来,只隔了一年再去看,平地又添出许多高楼大厦,此时他会想,难道对社会主义的到来,还能认为是渺茫吗?而每当下厂做技术监工的时候,用手摸着自己曾经花过劳力的管道,他更觉得,伟大的工程成就里也有自己的一份。这所有的一切都使徐邦裕备受鼓舞,同时增加了劳动热情。

在1956年前后写的一篇向组织的思想汇报中,他这样写道:"第一个五年计划即将过去,第二个五年计划马上又要到来,社会主义美景已不是憧憬而即将到眼帘,人们的思想开展亦飞跃的前进,若不迎头赶上,即将落后于时代太远了。"他给自己定下目标:"除了参加规定的理论学习外,还要注意社会上各种事物之开展,要参加团体活动,并要养成每天必看报读社论的习惯,培养自己对理论学习的兴趣。在业务上要订出个人规划,学习先进经验,希望到1962年自己在暖通方面的学识能达到国际水平,更好地为共产主义建设而奋斗。"其中提到的一点,"到1962年自己在暖通方面的学识能达到国际水平",因为一次偶然的工作调动而增添了实现的砝码。

只身来到哈尔滨

个人的力量是有限的,新中国建设需要大批的人才。徐邦裕渴望把自己的所学传授给更多的人。这样的机会终于来了。1957年,时任哈工大副校长的高铁亲赴上海请调徐邦裕到当时正处于发展上升期的暖通专业任教。

采暖通风虽然在我国有着悠久的历史,但在新中国成立前,由于经济落后,现代意义的暖通空调系统可谓凤毛麟角。少数暖通空调系统仅集中在上海等个别大城市中,其工程的设计与安装都由国外的一些洋行垄断。

新中国成立后,随着大规模经济建设的开始,暖通空调技术才开始迅速发展。在第一个五年计划期间,苏联援建156项工程,也带进了苏联的采暖通风与空调技术和设备。我国暖通空调高等教育就在这种背景下开始诞生和发展。1950年,哈尔滨工业大学开始设置卫生工程专业,采暖通风含于卫生工程专业。1952年秋,为了适应大规模经济建设的需要,哈尔滨工业大学按照苏联模式创建本科五年制供热、供煤气与通风专业。

徐邦裕身材瘦小,又是南方人,到寒冷的哈尔滨能受得了吗?他的家人都不赞同。但徐邦裕却说,过去我报国无门,现在国家这样重视知识,而且又是为自己的国家培养人才,就是再苦再难我也要去。于是,他只身一人来到哈尔滨,直到第二年,才和家人在北国的冰城团聚。

当时,徐邦裕已是国家三级教授。他到哈工大后,正赶上苏联专家撤走。于是,他便承担起了指导毕业设计的重任。当时已是苏联专家研究生的廉乐明教授在回忆徐邦裕时说:他那丰富的工程实践经验和渊博的知识给我们这些外国人培养的研究生很多新的启迪,拓宽了我们的思路。他非常谦虚,和我们一起讨论问题,认真听取我们的意见。由于他的努力,我校暖通专业在国内最早招收了由自己培养的一批研究生,使我校暖通专业在国内产生了重要影响。

为了培养"供热、供煤气与通风"专业的师资队伍,1952年高等教育部首先在哈尔滨工业大学招收研究生。第一届研究生有5位,他们先在预科专门学习一年俄语,以便直接向苏联专家学习。导师是1953年第一位应聘来校的苏联专家B.X.德拉兹多夫。1953年暑假前后,还有5位本科生和研究生一起学习。这时从全国各高校还来了十几位进修教师。大家以苏联的供热、供煤气与通风专业为模式,边学边干,在我国创立这个专业。1955年,第一届研究生班毕业,返回各校从事暖通专业的创建工作。20世纪60年代,我国又先后有8所院校设置供热、供煤气与通风工程专业,在暖通界常称这8所院校为"暖通专业老八校"。1956年,哈尔滨工业大学第一届五年制本科生毕业。

朝气蓬勃的教育事业和热火朝天的经济建设,让徐邦裕感到无比兴奋。他日以继夜、废寝忘食地工作。刚到哈工大的那些年,一年有200百天都在外面忙工作。由于过度疲劳,他患了严重的溃疡病,经抢救才脱离危险。接着,他的小女儿又患了白血病。当时他正在搞超

1957年,徐邦裕(左五)在学校苏联专家楼前与苏联专家和学生们在一起

声波除尘研究,脱不开身去看望孩子。即使8岁的小女儿因重病回上海治疗,他也因为工作太忙,不能回去探望,小女儿一直到弥留之际,也没有见到日思夜想的父亲最后一眼。女儿病逝后,他忍着内心的伤痛,更加拼命地工作。为了考察矿井的通风和除尘情况,1962年他到双鸭山煤矿和矿工一起下井。就在他返校的当天,溃疡使他又一次大出血,抢救后身体还没有完全康复,他又投入了紧张的工作。1964年夏,为了了解南方的降温情况,他冒着炎热到广东。领导劝他不要带病出去工作,他非常动情地说:我不敢说我共产主义觉悟有多高,但为了祖国,我要献出我的一切。

教学、科研取得的多个"第一"

几十年来,哈工大在暖通空调及制冷方面取得的成果,基本上都是在徐邦裕教授的主持指导下发动师生参与完成的。但在发表论文时,他总是把自己的名字写在最后。而且,在他主持下研制的成果大部分都是国内"第一":第一部暖通空调专业用的制冷工程教材、第一个除尘研究室、第一个模拟人工冰场、第一台热泵式恒温恒湿空调机组、第一台水平流无菌净化空调机组、第一台房间空调器热卡计试验台……这些"第一",使他成为我国暖通空调界第一位进入国际制冷学会的专家。1979年,在意大利、西德召开的国际制冷会议上,他的论文轰动了各国同行,改革开放后中国的科学技术研究引起了国际社会的瞩目。

开设我国高校暖通专业第一门制冷专业课 20世纪60年代前,我国高校暖通空调专业采用的教材一直沿用国外教科书的内容。为什么不能编写自己的教材呢?1957年,徐邦裕教授针对专业未来发展,将制冷机内容从"泵与风机及制冷机"中分离出来,创建了暖通空调制冷技术课程。全国各高校也逐步开始设置制冷课程,以满足空调工程的需要。在认真分析研究"制冷工程"在国家建设中重要作用的基础上,徐邦裕教授创造性地另辟蹊径,编写出了符合我国国情的自己的教材,并为我国高校开设了第一门制冷专业课,同时建立起了我国第一个除尘研究室。

1963年,在全国"调整、巩固、充实、提高"方针的指引下,暖通专业经历了一次规范化的整顿。在建筑工程部领导下,全国高等学校供热、供煤气与通风专业教材编审委员会成立,负责制定暖通专业全国统一的指导性教学计划,以及各门课程及实践性教学环节的教学大纲,并组织编审了一整套暖通专业适用的全国统编教材,徐邦裕教授担任主任委员。

开展我国首次人工冰场的试验研究 随着社会经济的发展和科学技术的进步,制冷技术在我国的应用日益广泛和深入。冰雪运动(速度滑冰、冰球、花样滑冰、滑雪等)是广大群众所喜爱的运动项目。我国早期的冰雪运动仅限于在室外天然冰雪场上进行,这使冰雪运动的开展受到地域和气候的限制。1959年,黑龙江省拟建人工滑冰场,省体育运动委员会委托哈尔滨工业大学进行研究设计。为此,徐邦裕教授主持开展了人工冰场的试验研究,并在哈尔滨肉类联合加工厂四车间建造了一个实验小冰场。

徐邦裕善于发挥集体的智慧和力量攻克难关,在科研和工程实践中锤炼教师队伍,培养人才。1960年,他调动了除尘研究室的大部分教师和两个班的学生,带领研究人员在室内15至25摄氏度条件下,研究冰面质量(硬度)与冰面温度、管内温度等各种因素之间的关系,同时进行人工冰场设计计算等方面的研究。在他的指导下,师生群策群力,总结出了12

册实验数据,提出了在室内温、湿度条件下,修建人工冰场、冰球场的设计方案和资料。后来,在由北京市建筑设计研究院设计的国内第一块人工冰场——北京首都体育馆冰球场的设计施工中,徐邦裕又把这些用心血提炼的数据和资料无代价、无保留地献了出来。

60年代初,在徐邦裕主持下,哈尔滨建筑工程学院开始了人工冰场的实验研究工作,并首次建成了模拟冰场。1966年3月,首都体育馆人工冰场由北京市建筑设计研究院开始边科研边设计边施工,1968年4月成功运行。这是我国第一个标准面积的人工冰场。70年代以后,长春、哈尔滨、吉林等地乃至气温较高的一些城市,也先后建成多座室内和露天的人工冰场及速滑跑道,为我国冰雪运动的发展和普及做出了突出贡献。

我国第一例以热泵机组实现的恒温恒湿工程 徐邦裕生前为我国热泵事业的发展勤奋工作、无私奉献,不遗余力极力倡导推广热泵技术,为今天热泵技术的蓬勃发展做出了贡献。徐邦裕教授是一位推动我国热泵事业发展的先行者。

相对世界热泵的发展,我国热泵的研究工作起步约晚20至30年。但从中国情况来看,众所周知,旧中国的工业十分落后,根本谈不上热泵技术的应用与发展。中华人民共和国成立后,随着工业建设新高潮的到来,热泵技术也开始引入中国。60年代,我国开始在暖通空调中应用热泵。

1963年10月,他写了一篇介绍《国外空调制冷发展动态》的研究综述。他在开头这样写道:"近来由于尖端科学试验需在特殊条件下进行,又特殊精密产品需要在特殊环境中制作,于是对于空气调节工作者,提出了苛刻的要求,而迫使这门科学飞跃前进。"在分别介绍了英美等发达国家以及前苏联在供冷空气或冷源的系统、空气及冷却介质的冷却方法、冷源发生设备、热泵及低位热能等方面的先进经验后,他说:"从上面列举发展的概况中,那些适合于我们的需要,以我国社会主义建设之速、边幅之广,人员之众、要求之急,似乎都配合口味;但是进行研究的安排,总应有个先后缓急,仅提出不成熟的看法。从各方面来看,我国在空调制冷的各项问题中设备产品的改进试造和研究应该是个中心环节。"

1965年,徐邦裕教授领导的科研小组,根据热泵理论首次提出应用辅助冷凝器作为恒温恒湿空调机组的二次加热器的新流程,这是世界首创的新流程。次年,哈尔滨建筑工程学院与哈尔滨空调机厂共同开始研制利用制冷系统的冷凝废热作为空调二次加热、井水作为冬季热源的新型立柜式恒温恒湿热泵式空调机。

1966年,随着"文化大革命"的爆发,科技工作同全国各个领域一样进入了一个非常的时期。在此期间,热泵的应用与发展基本

哈工大为吉林省设计建造的冰场

处于停滞状态。但徐邦裕教授领导科研小组在1966至1969年期间坚持了LHR20热泵机组的研究收尾工作,于1968年通过技术鉴定。而后,哈尔滨空调机厂开始小批量生产,首台机组安装在黑龙江省安达市总机修厂精加工车间,现场实测的运行效果完全达到恒温恒湿的要求,这是我国第一例以热泵机组实现的恒温恒湿工程。

给人慈父般温暖的师者

作为我国暖通、空调与制冷行业的一代宗师,为数不多的几位第一代专家之一,徐邦裕培养出了一大批优秀的人才。这些人活跃在

1965年徐邦裕(左三)指导毕业设计时与指导教师和学生们在一起

祖国的大江南北,其中不少人是学科带头人,学术骨干或政府、企业的中、高级领导。他的学生孙德兴教授等在回忆恩师时说,徐先生对学生要求很高、很严,但又满腔热忱,像慈父那样温暖。他在学术上站得高、看得远,指导研究生不拘于细节,细节方面让学生充分发挥,但在大的方面,他总能提出更高、更多的要求。在20世纪70年代,计算机在我国还很不普及的时候,他就自己首先学会了,这对一个当时已年过半百的人是不容易的。他学会后,就指导学生把计算机应用到专业中。

孙德兴说,做过徐先生学生的人都有同感,尤其是我们这些研究生,我们的学位论文都是让先生的高标准、严要求"逼"出来的。回想起来,跟徐先生学习一场,不仅学到了专业知识,更学到了对学术精益求精的精神,感到终生受益。

在徐邦裕的众多学生眼里,老先生很是平易近人。刚留校的青年教师敢于和他讨论问题,如果答不上来,他会和大家一起做实验来解决。60年代初,虽然身体不好,但他仍然坚持给学生上绪论课,而每年元旦,他都会到每个班级走一圈,给学生讲讲专业发展,对学生产生了无形影响。

刚搬来的头些年,徐邦裕家里的人气很旺。因为一到中午,讲完课,由于胃肠不好,徐邦裕一定要回家吃饭,这时他的学生就会跟回家问问题,大多时候都会留下来吃饭。由于学校当时师资不足,他一个人要带10多个学生做毕业设计,每天都要很晚才回到家。逢年过节,爱热闹的他都会把不能回家的单身青年教师叫到自己家中。陆亚俊、高甫生、马最良等都曾被邀请到家中做客。长此以往,师生结下了深厚的感情。"文化大革命"期间,有人写大字报批判徐邦裕,实在找不出理由,干脆就给他扣了个"笑面虎"的帽子,说他用"糖衣炮弹"拉拢学生。

他的学生马最良教授说:"老先生培养人不在于告诉你技术,而是对你一生都产生影响

1978年，徐邦裕正在指导研究生

的东西，首先是做事，他告诉我们，只有坚持下去，才能完成；二是必须脚踏实地地干。从他身上，我们学到完成事情要勤快，可以总结为勤做事、勤学习、勤思考、勤总结。"

马最良印象最深刻的是，老先生的家中除了门，四面全是书，而且全是专业方面的书，这些书全是他用自己的工资自掏腰包买的。他对年轻人的爱护还体现在一件事情上，80年代初，他牵头的多个项目获得省部级奖，他都让给了教研室的年轻人。他说，"我岁数大了，不需要这个，还是给年轻人吧"。

而在大女儿徐来南的记忆中，父亲从来没有当面教育过她和弟弟，只依稀记得曾说过"宁可自己吃亏，也不能让他人和国家吃亏"的话，大多时候是以"身教"的方式影响了她和弟弟。比如，每次当家里的保姆为他盛饭或提醒他出门带伞时，他都会很礼貌地说一句"谢谢"，当经过教学楼的清洁工刚打扫干净的地面时，他会不好意思地说"对不起"。

值得一提的是，徐邦裕还经常下工厂搞研究，并和老工人讨论问题，很多技术工人对他都很熟悉，也很敬重。他穿着朴素，显得很不起眼，以至于有一次到工厂调研，在进行住宿登记时，服务员将陪同他的助手当成了教授，成就了一段佳话。

第三篇章：迎来改革开放的"春风"

从一名民主党派人士到成为光荣的共产党员，徐邦裕走过了半个多世纪的人生历程。在生命的最后一个10年，他仍然将全部的精力投入到为之奋斗的科研事业中，为自己的人生画上了一个圆满的句号。

一份迟来的入党志愿

1985年5月1日,徐邦裕教授向党组织递交了入党申请书。在这份入党申请中,他用饱含深情的文字写道:

"60余年的坎坷生涯,是历经一条起伏崎岖的道路。看过挣扎垂死的封建残余,闯过狰狞的殖民主义的关口,尝过欺骗性的资本主义的辛酸苦辣,也走过社会主义不平坦一段旅程。从纯粹的爱国思想出发去追求理想社会,始终是在动荡中奔波,对社会主义能否战胜资本主义,信心不够坚定,尤其在无人帮助时,更感到一些徘徊。后来慢慢发现,人的工作对人民的贡献,的确太渺小了,为什么呢?是否与个人没有一个终生不渝的信仰,没有向一个坚决的目标前进有关。"

20世纪80年代徐邦裕教授在国内研讨会上

"过去我是跟党走的,今后更应像电子绕原子核转动一样,永远受核的引力而做有规律的旋转,永不做一游离子,这样就能有其更大的能量。我一生碌碌无所依附,随遇而安,未向着希望的最终归宿。现在有限的生理生命已经不太远了。因此,特别在此时,热烈要求加入中国共产党的组织,恳请党组织能以母亲般的来接待这样的老儿子,让我投入怀抱,再继续哺育我,我虽年已近古稀,光暗热微,但仍想藉此增加绵薄之能,为壮丽灿烂的伟大中国共产党的事业添砖加瓦,更渴望在有生之年能为党、为国家、为社会主义建设多做一点工作,我一定战斗到最后一口气。"

从少年时代以"两耳不闻窗外事、苦学自励"作为座右铭,到在德国留学时,以"苦行僧"自居,闭门读书;从他抱着科学救国的理想,吃尽千辛万苦,回到祖国的怀抱后,反动政府腐败给他的万分失望,到新中国诞生后欣欣向荣景象给他带来的欣喜;从"文化大革命"受到冲击,到党的十一届三中全会后发生的改变,让他重新看到的光明前景,他认为,中国现在所行的模式是最适合我国国情进行建设、强国富民的路线,是能够把历史车轮沿着正确轨道行进到理想的共产主义。这些认识是徐邦裕几经沧海、反复思考得出的结论,也最终成了他的信仰。

一年后,徐邦裕被党组织接纳,正式成为一名光荣的共产党员。为了这一天,他走过了半个多世纪的人生历程。

瞄准国际前沿科学研究

改革开放政策使国民经济重新走向发展之路,经济的发展又为暖通空调提供了广阔的市场,也为热泵在中国的发展提供了很好的契机。因此,热泵的发展于1978年开始进入一个新的发展阶段。徐邦裕教授及时、准确地抓住了这一契机,瞄准国际前沿开展了一系列富有成果的科学研究。1978年7月,在一篇题为《国外空调制冷设备发展动态》的研究综述中,他详细介绍了发达国家在该领域最新的研究成果。短短20页的内容,参考文献却达到了惊人的159篇。徐邦裕教授对工作的严谨、认真态度由此可见一斑。

20世纪70年代以前,一些主要生产企业陆续建造了较为完善的压缩机用试验装置,但其他制冷空调产品的试验装置则只建设了一些简单的装置,大型设备只能到用户使用现场进行调试和试验。房间量热计试验装置是房间空调器性能测试装置,又称热卡计试验台。国际上公认,这种方法是房间空调器性能测试方法中精度最高的一种。1968年,国际标准化组织(ISO)将这种方法列为推荐标准,一些工业发达国家也都先后定位自己国家的标准并在实验中应用。1980年,徐邦裕教授领导的研究团队建成了国内第一个房间空调器的标定型房间量热计试验台;1988年,原哈尔滨建筑工程学院与青岛空调设备仪器厂合作建成了青空的标定型房间量热计试验台。这些试验台的建设为提高房间空调器产品性能和质量提供了试验与监测手段。

1978至1988年期间,由于大量引进国外空气/空气热泵技术和先进生产线,我国家用热泵空调器得到较快的发展,家用空调年产量由1980年的1.32万台增至1988年的24.35万台,增长速度非常快,但很多都是进口件组装的或仿制国外样机。这些产品是否适合我国的气候条件,在我国气候条件下是否先进,这些问题都亟待研究解决。为此,徐邦裕教授开始对小型空气/空气热泵进行了一系列基础性的实验研究工作,并在短短的10年时间里做出了许多成绩,其中包括:为开发家用热泵空调器新产品,对进口样机进行详细的实验研究;我国小型空气/空气热泵季节性能系数的实验研究;小型空气/空气热泵的除霜问题研究;小型空气/空气热泵室外换热器的优化研究,等等。

蒸发冷却技术是利用水蒸气效应来冷却空调用的空气。它在空调中应用的历史悠久。人们早就知道用水洒在地上冷却室内空气,工业通风中用喷雾风扇,空调中用淋水室。将蒸发冷却技术作为自然冷源,替代人工冷源的研究早在20世纪60年代已引起国内学者的关注。蒸发冷却技术在60年代已在我国开始应用,用于高温车间降温。1989年,哈尔滨空调机厂生产的用规则纤维素材料作填涂层的直接蒸发冷却器安装在平圩电厂,1990年投入使用并于当年通过鉴定,成为我国第一台填料蒸发式空气冷却器。上世纪80至90年代,国内开展蒸发冷却技术研究的单位主要集中在同济大学、原哈尔滨建筑工程学院、天津大学等高校。

1988年3月,徐邦裕教授在"热泵在我国应用与发展问题研讨会"上最后签字

其实,早在上世纪60年代,徐邦裕就开始研究热泵技术。当时国内没有人认为这项研究有前途,甚至报以嘲笑,但他依然是"逢会必讲"。他更多的是站在国家中长期发展需要,深刻认识到"能源和环境问题是一个大问题",只是当时问题未显露出来,随着热泵技术应用在家庭,这项研究才显现出它的意义来。他还将科学研究的成果积极引用到日常的教学工作中。1983年,他率先开热泵研究生进修课,1985年形成校内教材,1988年出版国内第一本由中国学者编写的热泵教材。该书中的内容被研究人员引用不下百次,并作为教材使用了近20年,足见其在学术界的权威性。回头来看,他通过编写教材做了一些热泵技术的普及工作,由此推动了我国热泵技术的发展。

徐邦裕教授开展科学研究所具有的前瞻性体现在方方面面。他在1988年发表的一篇关于热泵技术的论文中这样写道:"人类消费的能量,今后要大幅度增加是无疑的。那么,是不是说能源即将枯竭呢?我们的回答是否定的。大可不必忧虑。我们尚可利用太阳能和核聚变能,也可利用生物能、风力能、水力能、波涛能、地下热能等新能源,更可利用地球表面的大气、土地、水中含有的低位热能和工业废热等。这些低位热能处处皆是,形式颇多,数量可观,利用的前景远大。但是,要利用这些能源还存在一些技术上和经济上的困难,尚有大量的科学研究工作要做。为此,向我们提出了如何利用低位热源的新课题,热泵在此课题中将占有重要的地位。热泵是回收和利用低位热能的有效手段之一,研究和推广应用热泵技术对于节约能量,提高经济效益,促进生产发展有重要意义。"

随着人民生活水平的提高,特别是90年代以后,在大城市房间空调器发展迅猛,家庭空调器在北京、上海、广州及南方的大城市基本普及。而随着空调使用普及率的不断提高,90年代我国空调的社会生产量每年按20%以上的速度快速增长,使得我国已经成为继美国、日本之后世界第三大空调市场,占全世界空调市场12%的份额。随着我国建筑产业的快速发展和人民居住条件的不断改善,空调"热"在我国持续升温。

徐邦裕在现场考察

为科教事业奋斗终生

"文化大革命",徐邦裕教授一直认为这是暂时的,科教事业总要发展,所以他一直没有放弃自己的工作,依然是全身心地投入。沉重的精神和繁重的工作压力,使他的身体更加不支。1975年以后,他外出工作时,总是在自己的上衣口袋里装着写有姓名住址的卡片,以防随时发作的高血压、冠心病。1979年,到意大利出席国际会议返校的第二天,他就瞒着家人带病到协作单位工作。1982年,为了完成一项重要的出国考察任务,他勉强接受了医院实施的强制性治疗,入院的全面检查还没做完,他就要求医生快点用药。在医生的追问下,他这才说出实情:"出国前还必须到大连参加一次学术评议会"。医生说,你已经是60多岁的人了,而且身体又不好,工作上不能太劳累。他却说,正因为我老了,又有病,我才要抓紧时间。改革开放、四化建设,大家干得热火朝天,我怎么能在医院养病呢?我还有许多工作要做啊!

徐邦裕教授资深望重,在国内外都享有很高的声誉,但他在学术上从不摆架子。无论什么人,包括那些在工程实践中遇到困难的技术员、工人,只要找到他,他都热心地帮助,并用商量的口吻和他们讨论问题。在徐邦裕的心里,只要是对国家、人民有益的事情,他都愿意去做。他说,发展科教,富国强民,是我一生的追求,只要对此有利,我愿做一块铺路石。

改革开放以后,徐邦裕教授曾多次应邀出国。但他每次回来,大包小包装的都是资料,别说大件物品,就是一个半导体他也没往回带过。他带回的资料谁用谁拿,拿走了他再买。他的学生回忆说,老先生病逝后,我们赶到他家取衣服,翻箱倒柜竟找不出一件像样的衣服

徐邦裕教授正在与外国专家进行学术交流

为先生送行。他的工资不低,钱都哪去了?到老先生家就全知道了。在他家里,除了床、两张桌子、两把木椅、一对木扶手沙发、一个老式衣柜外,再有的就是书了。看到书,谁都会明白,老先生的钱都花在这上了。

在徐邦裕教授家的书架上,本专业及相关专业藏书资料古今中外无所不有,书架上摞了一层又一层,赶得上一个图书馆。他的学生说,先生的这些书实际上都是给我们准备的。我们需要的一些资料,在省内,甚至在国内图书馆都找不到,到先生这里却可以找到。这些书不但供我们使用,他还经常无偿地把一些资料送给素不相识的人,没有了他就再补充上。

曾担任哈尔滨建筑大学校报主编的胡朝斌,在一篇文章中回忆起了与徐邦裕教授的夫人许申生偶然的一次闲谈。那天,正赶上许申生在复印室复印资料。胡朝斌向她打听徐邦裕教授的情况。许申生告诉他先生正在家里写信,说是有人要资料,让她来复印。胡朝斌明白,提起写信,实际上是在回答别人的咨询。像这样的回信,徐邦裕教授每年都要写几十封,甚至上百封。这些回信有给同行的,有给学生的,但更多的还是给那些素不相识的人。他是有问必答,有求必应,有时还要给人画图、赠送资料。这一封封来信,一封封回信,耗费了老先生多少心血呀!但他却乐此不疲。有时实在忙不过来,他就让夫人帮忙。但到往外寄时,他还必须检查一遍,以免出现差错。

在中山路129号学校分配的一套房子里,徐邦裕教授一住就是33年。在别人眼里,这套房子显得很不起眼,甚至有些寒酸。但他从来没有主动向学校要求过什么,也从来不在人前提涨工资、分房子的事情。他一生对自己一无所求,他心里只有祖国、他人、工作。他的研究生毕业离校,他亲自送到车站;他的学生结婚,他要送上一份贺礼。然而,他有病住院却从来不想让人知道。有一次他到上海看病,病还没好,他自己就坐硬板车回到了哈尔滨。他说,我看病花了不少钱,国家还不富裕,能省就省,坐硬板不也回来了嘛。在他病重期间,他自知不起,多次要求组织不要给他用贵重的药,不要派那么多人护理他。学生、同事们去看他,他极力地说服大家不要总来看他,不要影响工作。

1991年,徐邦裕安详地走到了人生的尽头,享年74岁。建设部在发来的电唁中写道:"徐邦裕教授是全国著名的空调制冷专家,国际制冷学会会员,第五、六、七届全国政协委员。他拥护中国共产党的领导,热爱社会主义祖国,忠诚党的教育事业。我们要学习他献身祖国教育科技事业的革命精神,忠诚正直的优良品质和严谨的治学态度。"徐邦裕教授虽然走了,却为世人留下了宝贵的精神财富。

尾 声

苏联文学名著《钢铁是怎样炼成的》中有一段人们耳熟能详的话:"人最宝贵的东西是生命。生命对人来说只有一次。因此,人的一生应当这样度过:当一个人回首往事时,不因虚度年华而悔恨,也不因碌碌无为而羞愧;这样,在他临死的时候,能够说,我把整个生命和全部精力都献给了人生最宝贵的事业——为人类的解放而奋斗。"由此观之,徐邦裕教授的一生不正是这样度过的吗?

徐邦裕教授的一生写下了多少个"第一",为国家节省了多少资金、能源,为他人解决了多少生产技术上的难题,谁也说不清楚,因为哪项成果、哪件产品上,都没有单独写着"徐邦裕"这3个字。然而,他的名字却与他的学生、同事,与工厂的技术员、工人、试验员们永远连在一起。

如今,徐邦裕教授的铜像巍然屹立在哈工大的校园,他将作为一座不朽的丰碑永远活在每一个哈工大人的心中。

徐邦裕教授在实验室里

缅怀与纪念

深切怀念徐邦裕教授

廉乐明

徐邦裕教授离我们走了,他的为人品德使我难以忘却。他热爱祖国、热爱社会主义、朴实无华、平易近人、虚怀若谷、勤奋好学、治学严谨、关心同志的优良素质和作风给我们年轻的一代留下了深刻的印象。有两件事一直铭刻在我的记忆中,回想起来徐教授的身影,他的一举一动还历历在目。

徐邦裕教授是1957年由哈工大副校长高铁同志亲赴上海一机部二院请调来校的。由于徐教授在德国慕尼黑工业大学是学热力发动机的,所以原先是准备让徐教授到动力机械系任教,但由于他回国后已多年从事暖通空调制冷的工作,学校考虑他本人的意愿,同意他来土木系暖通专业任教,因而学校暖通专业的师资力量得以加强。当时正值苏联派专家来华帮助哈工大办暖通专业。1957年春徐教授到校前后,第二位苏联专家、莫斯科建筑工程学院暖通燃气专业A.A.约宁副教授正在暖通教研室指导教学工作。徐邦裕教授当时已是

徐邦裕的学生右起廉乐明、陆亚俊、陈建东、马最良、魏学梦在恩题铜像前合影。右一为原第二空调机厂鲁厂长

国家三级教授,但他还是非常虚心认真地学习苏联先进的教学、科研和研究生培养工作的经验。我是 A.A.约宁副教授的研究生,很清楚地记得我和同班秦兰仪、崔汝拍3人一起请他参观我们在锅炉房设计安装的锅炉设备教学实验设备。他详细地听取了我们的介绍,非常谦逊地和我们一起研讨了实验设备的改进方案。他那丰富的工程实践经验和渊博的知识给我们拓宽了构思和很多新的启迪。我们对本专业有这位师长和同事感到高兴和自豪。从1957年秋苏联撤回全部专家以后,1963年起我校暖能专业在国内最早招收由国内专家培养的第一批研究生,使我院暖通专业声望在国内有较好的影响,徐邦裕教授是有功劳的。

  1960年初,黑龙江省体委为发展我国冰上运动,准备筹建室内滑冰馆。我国的冰上运动刚刚起步,与国际水平差距较大,关键是运动员冰上训练时间短,没有可供长期训练的设施和基地。而建造室内人工冰场提供运动员训练是冰上运动走向世界的必要条件。徐邦裕教授以满腔爱国热忱,为了振兴中华体育事业,以自己多年从事制冷工程的丰富经验,毅然接受重托,承担国内第一个人工滑冰馆的工艺设计任务。整个人工冰场工艺设计由徐邦裕教授主持,具体工作由暖通55级毕业班作为毕业设计任务来完成。当时组织安排我负责指导该班毕业设计工作。我有机会在徐邦裕教授的亲自指导下做一些具体工作。为了取得人工冰场设计参数的数据以检验国外文献资料的可靠性,徐教授提出先建筑一个人工冰场的模型,通过模型试验来实测设计更加安全可靠。他指定由我与学生一起来完成这项模型试验的任务,徐教授亲自去省肉联厂冷库选点。在他的精心指导下,我和供热55级毕业设计组成员崔庆璨、孔庆复、娄长或、阎尔平、黄耘秋、刘淑琴等同学以及供热56级部分实习劳动的同学门连卿、王景春、王凤莲等到一起从模型设计、备料、施工、安装、调试,一直到人工冰场模型的正常运行,进行了两个月的奋战,师生一起受到全面的锻炼。当我们看到自己设计的人工冰场模型运行成功,黑龙江省花样滑冰运动员文海美同志(原国家队教练)在人工冰场模型上滑出各种优美的动作时,内心充满无比的喜悦。新中国第一个人工冰场模型的试验成功为后来的北京首都体育馆人工冰场提供了十分宝贵的实验数据资料,我们敬爱的徐邦裕教授的功勋是千秋永垂的。

  徐教授,您安息吧,您过去曾指导过的学生现在都在继承您的遗愿为我国的四个现代化而奋斗。

1991年于哈尔滨

(廉乐明　哈尔滨工业大学市政环境学院教授　博士生导师)

忆恩师徐邦裕教授

孙德兴

徐教授去了,留给我们无尽的哀思。

徐教授 20 世纪 30 年代留学德国,历时 10 年,后放弃国外优越的条件,毅然回到当时战火纷乱的祖国,以科技报效中华。20 世纪 50 年代,他响应党的号召,离开上海老家,举家来到东北,建设边陲。

作为我国暖通、空调与制冷行业的一代名师,为数不多的几个第一代专家之一,近半个世纪以来,徐教授培养出了不计其数的优秀人才,活跃在祖国大江南北,其中不少人作为专业带头人、骨干力量在各级领导岗位上工作。徐教授真可谓桃李满天下,从这个意义上说,也可以死而无憾了。

徐教授对学生要求很高、很严,但又满腔热忱,像慈父那样温暖。他在学术上站得高、看得远,指导研究生不拘泥于细节,细节方面让学生充分发挥,但在大的方面他总能提出更多的要求。在 70 年代,计算机在我国还很不普及的时候,他就自己率先学会了,这对一个年过半百的人是不容易的,在当时老一代专家中也是不多见的。然后他就指导我们把计算机应用到专业中。我们几个人的硕士论文都是按着徐教授的高标准、严要求给"逼"出来的。加算起来,跟徐教授学习一场,不仅学到了专业知识,而且学到了对学术精益求精的精神,感到终生受益。

徐教授资深望重,在国内外都享有很高的声誉,但他在学术上从不摆架子,与学生讨论问题总是用商量的口吻。学生与徐教授共同发表文章,他总是把自己的名字列

1987 年,在韩英(后右)论文答辩后,徐邦裕(前)与学生陈旸(后左一)、孙德兴(后中)合影

在后面,他说:"我想做年轻人的铺路石。"他的研究生毕业离校,他亲自到车站送行;学生结婚,他也要送上一份贺礼。

  徐教授对事业鞠躬尽瘁,真可谓"死而后已"。近10多年来,他依然不顾年老体弱,活跃在国内外需要他的地方。我们怕徐老师在外面身体出事,经常劝他有些会不要去了,有些学术活动不亲自参加了。但他不听,他说:"人活着就是要干事业,这些事都不干,我还活着干什么?"逝世前一个月,他还亲自参加了省暖通年会。逝世时,他的案头上摆放着他写了一半的一本教材。在极端危险的情况下,医院抢救徐教授达11天。大家都说,"徐先生不肯离去,是因为他的书还没写完。"回头看,徐教授若不是日夜赶写这本书,以至操劳过度,大概也不至这样急促地离我们而去。

  徐教授对自己一无所求。他的"不顾自己"的精神可以用千万个事例来说明。在徐教授心脏突然停跳,预计后时不良。时值半夜,对善后毫无准备的情况下,我们与家属驱车赶到徐教授家,翻箱倒柜,竟找不出一套像样的衣服为先生送行。徐教授工资不低,他的钱到哪里去了呢? 看看他屋里书架就会明白,他的本专业藏书,古今中外,赶得上一个图书馆。我们在学习期间多次遇到这种情况,需要的资料在省内甚至国内图书馆找不到,在徐教授那里却可以找到。多年来,他经常为素不相识的人作专业咨询,有时将自己的宝贵资料提供给别人,却从来不谈报酬。病重期间,他多次提及,不要用这么多的药,不要这么多人护理,以免影响工作。他确实是"心中装着事业,唯独没有他自己。"

1991 年于哈尔滨

(孙德兴　哈尔滨工业大学市政环境学院教授　博士生导师)

缅怀导师徐邦裕先生

吴元炜

徐邦裕先生是我做研究生时的导师之一(另一位是当时哈工大校长顾问苏联自控专家什拉姆柯教授),我留校后一直追随着他。先生对我的潜移默化影响至深。

回想起来,在做学问、做人、做事上,先生的身影常萦绕在我心中。

在做学向上,先生首先想到的是学生的发展,研究问题总是有高的起点,不跟着人家跑;要尽量多掌握国内外资料和数据,厚积而薄发;要刻苦钻研,坚持目标。

1958年学校成立除尘研究室,先生是主任,我协助他。当时抽调了几届留校毕业生一起搞,涉及超声波、文丘里等方面,在国内都是新开拓的。

先生直觉到洁净室技术对国家发展的需要,又了解到当时中国医学科学院劳动卫生研究所的张希仲先生那里有此意愿,就安排我去那里,共同搞"高效滤料检验方法"及"光电粒子计数器技术"方面的研究(从1962年2月至1965年10月)。

20世纪50年代吴元炜(前右三)等同学和徐邦裕(后右五)合影

先生认为在恒温恒湿空调机方面应当研发新产品，就说服哈尔滨空调机厂领导，共同向机械部提出研制计划，并组织了历时一个月的全国行业调研（包括需求及空调机各方面生产现状）。为这项成果学校投入了大量人力，与哈尔滨空调机厂一起从1965年至1968年进行研制，达到了新产品的预期目标。该项"新型恒温恒湿空调机"产品，在系统构成上属于国际首创。虽限于"文化大革命"条件，未能向外传播，更无法申请专利，但对推动行业进步实际发挥了作用。为使新产品能有坚实的试验基础，根据先生要求，建成了"制冷压缩机试验台"、"空调机焓差试验台"等，后者系国内第一个建成的。

先生还一直认为中国一定要发展热泵技术，但在先生生前时机一直不成熟，条件不具备。然而，先生并未放弃努力，在资料上做积累，在人才培养上下工夫；只要有机会就宣传，国内20世纪80年代组织的涉及热泵方面学术技术会议，他都参加，积极推动。马最良在谈及热泵发展时，一直首先提徐先生。

回顾过去，我深深感到先生对发展方向的准确把握和对目标的坚韧不拔，源自他对祖国的感恩、对国家发展的拳拳赤子之心，以及广博的学识、丰富的阅历。

在做人上，先生为人谦和，从不争个人名利；尊重和关心爱护他人，尤其对年轻人，为他们的成长发展甘当人梯，一直受到业内人们的敬重。在这方面我有深切的体会。我留校后，融入业界，都是得到先生的引荐或安排，使我得以迅速接近行业前辈。前面提到的张希仲先生，是另一位助我融入业界的前辈。

在做事上，先生总是顾全大局，关心全局；做事认真负责，不劳扬鞭自奋蹄；与他人合作时，总是尊重对方，做到共赢；对应做而有可能做的事，总是不遗余力，极力争取。前边提到的新型恒温恒湿机的研制，在争取机械部立项前前后后，先生做了许多工作，在涉及的各环节，都做了充分而艰苦的答辩和说服。反映先生做事的极其负责态度。参与后来整个研制过程的许多老师（包括部分61级同学），都能亲身感受先生为人和做事的风格。

先生虽已作古多年，但先生对我的教诲，我一直铭记，不敢懈怠。

2009年于北京

（吴元炜　中国建筑科学研究院总工　中国暖通空调委员会名誉主任）

缅怀导师徐邦裕先生

——一位推动我国热泵事业发展的先行者

马最良

我1964年毕业后,就由徐先生和吴元炜教授带领我们年青教师搞热泵恒温恒湿空调机组的研发与研究工作。徐先生后来又是我读研究生时的导师。先生对我的影响至深,先生的教诲永远铭记在心,让我一生都遵照先生的教诲而前行,为先生生前所倡导推广的热泵事业尽力工作。

先生生前的热泵研究工作在我国暖通空调界的影响深远。现回想起来,先生有关热泵的研究成果与精神仍在我心中。

(1) 20世纪60年代,热泵技术在我国还不为人所知,先生1963年在《国外空调制冷发展动态》一文用很大篇幅分析热泵及低位能热源(空气、河水、地下水、土壤、生活污水、工业废热及太阳能等),并明确告诉我们:"我国适宜采用热泵的地区甚为广泛。目前推广的条件虽尚不够,然而它的发展前途和研究工作都是不可忽视的。"40多年后的今天,热泵技术在我国已进入了飞速发展的阶段,验证了先生对研究方向的准确把握。

(2) 1965年,由徐先生、吴元炜教授领导的科研小组,根据热泵

20世纪80年代初,徐邦裕(中)与弟子马最良(右)、陆亚俊(左)在热卡室里

理论提出应用辅助冷凝器作为恒温恒湿空调机组的二次加热器的新流程。新流程在国际上是首次提出的。1966年与哈尔滨空调机厂联合设计、试制出第一台样机,1968年通过鉴定。第一台机组于1970年安装在黑龙江省大庆油田某机修车间内,做了大量的测试工作,这是我国第一例采用热泵空调机实施的恒温恒湿空调工程。1979年又对机组结构进行了一次改型,其主要技术经济指标达到了国内先进水平,尤其是噪声指标接近了国际先进水平。这就是先生做事的精神,万事贵在坚持。

(3) 先生于1983年率先在原哈尔滨建筑工程学院为供热通风与空调专业研究生开设

热泵选修课程。在此基础上,于1985年形成校内热泵教材,再经过3年多的教学实践和不断修改与完善,又于1988年正式出版国内第一本《热泵》高等学校试用教材(中国建筑工业出版社),也是国内第一本内容比较完善的热泵著作。这本《热泵》在公开发表的论文与著作中,已被引用近百次。1999年被评为建设部优秀教材二等奖。先生一生以培养人才为己任,坚守大学的使命和精神。

(4) 党的十一届三中全会以后,经过拨乱反正,我国开创了一个新的历史时期。年过花甲的先生于1979年又开始了热泵研究工作的征程,在国内最先瞄准了空气/空气热泵,开展基础性研究工作,在短短的十年时间取得了丰硕的研究成果,推动了我国空气/空气热泵的发展。例如:

① 1979年设计并开始建造"标定型房间热平衡法实验装置",于1980年5月建成了我国第一台标定型房间热平衡法实验装置,经过调试和应用,于1981年5月通过鉴定。为研究空气/空气热泵实验研究和制定房间空调器标准提供了实验基础。

② 进行我国小型空气/空气热泵供热季节性系数的研究。给出了空气/空气热泵在我国7个采暖区域的热泵性能系数分布。

③ 小型空气/空气热泵室外换热器的优化研究。

④ 小型空气/空气热泵空调器除霜问题的研究。

从以上几点看到,先生在我国热泵发展的各个时期里,从不放弃热泵研究工作。早期(1966年以前)站在高起点上,研究出具有世界先进水平的热泵机组;在"文化大革命"初期,坚持研究并设计与建成国内第一例热泵空调工程;1978～1988年,热泵发展处于全面复苏期,先生抓住热泵技术普及、人才培养、空气/空气热泵应用基础研究等做了大量的工作。这充分表明,徐先生为推动我国热泵事业发展始终不渝的奋斗和奉献,为今天热泵技术的蓬勃发展做出贡献,部分原始创新与成果载入《中国制冷史》(潘秋生主编,中国科学技术出版社,2008.5)中。徐先生是一位推动我国热泵事业发展的先行者,在国内暖通空调界的影响深远。全国著名教授李志浩于2001年在《热泵文摘》的前言中曾写道:"回顾我们行业的前辈,原哈尔滨工业大学的徐邦裕教授生前不遗余力积极倡导推广热泵技术,当时由于种种条件限制,长期没有推广开来。今天热泵技术已是蓬勃发展、万紫千红、硕果累累,徐老先生的心愿得以实现,千古遗爱、远播馨香,亦将告慰于九泉之下了。"

徐先生已作古多年,但先生勤勉踏实的治学精神、教书育人的敬业精神和为人师表的高尚品德是不朽的。

2009 于哈尔滨

(马最良 哈尔滨工业大学市政与环境学院教授 博士生导师)

从师三载　受益终生

——缅怀恩师徐邦裕教授

陈旸

2009年9月10日,我与供热79的全体同学重返母校,为曾精心培育我们的老师们过教师节,以表学生对老师的感激之情。在这种场合,我自然会情不自禁地怀念起我已故的恩师徐邦裕教授。

徐先生是中国暖通专业的奠基人。他以治学严谨和人格高尚而享誉于学术界和他的同事与学生之中。作为他的学生,徐先生在学术上的高瞻远瞩和对学生综合能力的培养,使我受益终生。

我1983年考取了徐先生的硕士研究生,从事板式空气—空气热交换器流动与传热的实验与理论研究工作。还记得在论文题目选择的时候,徐先生对我说:"我为你选择这个题目是出于两点考虑:一是题目的技术前瞻性,二是综合能力的培养。所谓技术前瞻性是指这个题目不仅仅是你的论文,我希望它能成为你将来的一个

陈旸与恩师在一起

主要研究方向。另一方面,为了完成这个项目,你需要建造一个试验台,并从事一定量的试验工作,理论分析和数值计算工作。这是提高你的综合能力的极好机会"。然而,刚刚大学毕业的我却无法理解先生这番话的深层含义。当大量的实验工作和繁琐的试验台建造工程管理工作压得我喘不过气时,我甚至曾抱怨过"当徐先生的学生太难了!"

毕业后,我被留校从事教学和科研工作。从那时起,我开始逐渐意识到先生在学术上的远见,并开始受益于此。先生的选题把我带入"通风空调系统热回收"这一重要领域,并使我有机会进一步从事节能技术的研究,并将其应用到工业系统中。截至1993年,我共在热回

收和板式热交换器领域获得多个部、省、市及企业资助的多个研究和应用项目,并在相关杂志上发表多篇学术论文。

出国留学和工作后,特别是在德国斯图加特大学攻读博士学位期间,我更加清楚地看到西方教授与徐先生在培养学生方式上的鲜明差别,从而也更加感激徐先生那种"以学生为本,提高学生综合能力"的培养模式。在西方,教授与学生的关系基本上可以用雇主与雇员之间的关系来描述。研究生是教授从事研究工作的主要劳动力。教授通常是把完成研究项目放在首要位置,对学生的培养则嵌入在项目的过程中。这种培养模式导致了许多学生把大量的时间花费在某些特定的研究问题和任务上,而没有机会去提高自己的综合能力(比如,做实验的学生很少有机会从事数值模拟工作,而做 CFD 的学生则难以进入实验室)。与这些研究生相比,我作为徐先生的学生是多么的幸运!

谈到徐先生在学术上的前瞻性,我还清楚地记得,徐先生要求我在论文中加入用有限差分法计算叉流换热器的平均温差。我当时很不理解,对徐先生说:"我的论文工作量已经远远超过规定的标准,我们为什么还要再加入数值计算?"徐先生则语重心长的对我说:"你们的时代将是计算机时代,你要为此早做准备。"在"PC – 1500"年代的中国,有多少人会有这样的判断力! 使我感到欣慰的是,我没有辜负先生的教诲和培养,我不仅仅在论文中加入了数值计算部分,我还爱上了计算机模拟与仿真技术并以此为我的职业,在北美的大型咨询企业和汽车工业中工作。我所倡导的计算机辅助产品研发方法已在汽车空调和混合动力汽车用电池冷却系统的设计与开发中得以广泛应用。

2009 年 11 月 29 日于加拿大温莎市

(陈旸 工学博士,计算机仿真与模拟部经理,A123Systems Inc., Novi, MI. USA)

怀念我的父亲

徐钦净

光阴似箭日月如梭，一晃我的父亲徐邦裕已离开我们快 20 年了。可是他的音容笑貌还清晰地印在我的脑海中，他慈祥和蔼的笑容仿佛还在我的眼前呈现，他的谆谆教诲好像就在耳边回荡。

父亲不仅学识渊博，而且为人处世非常随和，对同事学生都非常友善，想别人之所想及别人之所急，他永远是一副笑脸，对我们也从不发火。他的无私胸怀永远是我的楷模。

记得我小的时候，家里经济条件非常优越，家里有保姆，可是父亲对我们要求非常严格，不容许保姆送我们上学。他说："自己的事情自己做"。我父亲从来就不娇惯我们，很少给我们买新衣服，更不给我们零花钱。就是当时 3 分、5 分钱的冰棍都不给我们买。他说："小孩子从小就要养成勤俭的好习惯，不能够有吃零食的坏毛病"。他对自己的孩子非常"吝啬"，可是对其他同事却很大方。记得每年春节他都请留校未回家的青年教师到家里聚餐一次，大家热热闹闹非常融洽。这看似很小的言传身教却让我受益匪浅，终生难忘。现在我已经

徐邦裕教授全家合影

步入老年,由于从小养成的习惯,我从不与人攀比,与世无争为人处世都很随和,对金钱地位看的很淡,面对物欲横流、眼花缭乱的世界,我少了一些浮躁和彷徨,多了一些淡定和矜持,所以我一生都感到幸福。

在"文化大革命"中,当时父亲属于"反动学术权威"是被打倒和专政的对象,可是父亲怕家里人替他担心,每次在学校被批斗后,故意都装作没事情发生,从不把痛苦表现出来。

在我快上山下乡的前几天,父亲已经被隔离审查不让回家了,可能当时自己太小竟然没有察觉这翻天覆地的变化,还以为父亲工作忙在单位加班。我在离开家候车的时候,多么想父亲能够像其他同学的家长那样来送自己。可是当火车开动时,我也没有见到父亲那熟悉的身影。当时我真有些埋怨不理解父亲,心想我是第一次单独离开家,父亲就是再忙也应该来送送自己的儿子呀!

这种不理解一直到我下乡第一次返城探亲,妈妈告诉我:"当时你爸爸去了,是请假去的,跑到火车站人太多没有找到你"。这短短的一席话震撼了我,要知道一向谨小慎微的父亲在身处被管制的情况下开口请假那需要多么大的勇气,被批斗一天还拖着病体从学校跑到火车站需要多么大的毅力。

我偷偷地来到院里的大树下,任热泪挂满脸颊滚落到地,我深深地怨恨自己的无知、自己的幼稚、自己的肤浅、自己的自私。我长大了,我知道了什么是父子情深,什么是刻骨铭心的爱,从小到大我都被父母的这种爱包围着,被这种爱呵护着,我感到我是世界上最幸福的人。

可是父亲走了,在我中年的时候就走了,带着那刻骨铭心的爱走了。走的是那么突然,那么猝不及防,这切肤之痛只有我自己知道。我默默地祝福冥冥天国中的父亲一路走好。

情揣遗像心翻腾,念记大爱倍觉恩,父之胸襟教育儿,亲情铭心刻骨深。

2009年于哈尔滨

师恩难忘

张永铨

在母校校庆90周年之际,悼念恩师徐邦裕教授:

> 德高望重,
> 严谨治学,
> 忠于实践,
> 生活俭朴,
> 身言兼教,
> 诲人不倦。

恩师永远铭记在我心中!

(张永铨 哈尔滨工业大学供热供煤气及通风专业1957年毕业生)

学术论文选

Hilfskondensator als Nachwärmer zur Regelung der Temperatur und Feuchtigkeit in einem Klimagerät[*]

X. Bang-Yu, G. Fu-Sheng, M. Zhi-Lian

Dieses Klimatisierungssystem wurde durch die Fakultät, Heizungs-und Lüftungstechnik "der Technischen Universität für Bauwesen Harbin vorgeschlagen und in enger Zusammenarbeit zwischen dieser Universität und den Harbiner Klimawerken entwickelt. Ein Prototyp wurde mit den oben erwdhnten Werken erstellt und erhielt die Bezeichnung, Typ LHR-20 Klimagerdt".

Er wurde von einer Expertengruppe als technisch einwundfrei und gebrauchsfähig befunden.

An auxiliary condenser as a re-heater for the control of the temperature und the humidity of an airconditioning appliance

This air conditioning system has been devised by the department "Heating and Ventilating Engineering" of the Technical University for Building at Harbin and developed in close collaboration between this University und Air Conditioning Industries of Harbin. Aprototype has been designed in conjunction with the above mentioned works and is traded under the specification "Type LHR-20 airconditioning apparatus".

A group of experts consider it technologically perfect and serviceable.

Condenseur auxiliaire en tant que réchauffeur pour la régulation de la température et de I'humidité dans ur conditionneur d'air

Ce systéme de climatisation a été proposé par la faculté 《Chauffage et Ventilation》 de l'université technique Harbin pour la construction et, développé grâace à un intense travail en commun entre cette université et les usines Harbin de conditionement. Un prototype a été mis au point avec les usines mentionnees ci-dessus et. fut désigné 《conditionneur d'air, modèle LHR-20》. Il a été déclaré par un groupe d'experts comme techniquement au point et tout à fait apte au fonctionnement.

I. Problemstellung

Wie allgemein bekannt, ist folgende Luftbehandlungsmethode zur gleichzeitigen Regelung der Temperatur and Feuchtigkeit in einem Zimmer üblich: Zuerst wird die zu behandelnde Luft bis zu einem bestimmten Taupunkt abgekühlt, danach wieder erwärmt, und zwar derart, daß durch die Regelung der zugeführten Wärme aus dem Nacherwärmer die Temperatur der austretenden Luft auf einen bestimmten Wert gebracht wird. Obwohl these Methode sehr einfach ist, konnen sich Kälte und Wärme gegenseitig aufbeben, wodurch Energievergeu-dung entsteht.

Bei einer über das ganze Jahr arbeitenden Klimaanlage erreicht in manchen Gegenden während der Regenzeit die Kältebelastung oft den größen Wert. In manchen Provinzen Chinas mit großer Bevölkerungszahl wie z. B. im

---

[*] 本论文发表在 Ki Klima-Käite-Heizung 4/993 中。

Südosten, Südwesten and Mittelsüden herrscht während des Jahres das feuchte Klima sehr lange vor, weshalb nicht nur große Kälte leistung, sondern auch große Heizleistung zur Nacherwärmung der Luft in der Klimaanlage benötigt wird. Ferner ist in diesen Gegenden die Außentemperatur normalerweise nicht sehr tief. Deshalb verwendet man im allgemeinen für die Heizung von Zimmern elektrischen Strom, was wiederum einen hohen Stromverbrauch nach sich zieht.

Bekanntlich wird bei der Kälteerzeugung stets Wärme freigesetzt. Deshalb taucht logischerweise die Frage auf, ob es nicht möolich ist, entsprechend dem Prinzip der Wärmepumpe, die im Kondensator frei werdende Wärme dem Nachwärmer zuzuführen? Würde es technisch and wirtschaftlich durchführbar sein? Wir wollen daraufhin die auftretenden Fragen eingehender diskutieren.

Würde die Wärmepumpe für die Nacherwarmäng ausreichend sein? Würde der Temperaturbereich hierfür geeignetsein? Würde die Feinregelung den Anforderungen entsprechen? Würde der zweistufige Nachwärmer and Kondensator normal arbeiten, ohne daß gegenseitige Störungen infolge der Druckdifferenz auftreten?

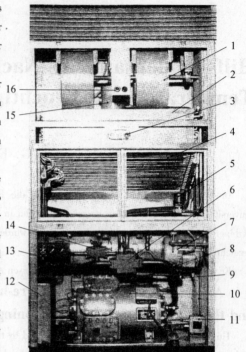

Bild 1 Schrank-Klimagerät Typ LHR 2P

Die obigen Fragen können durch einfachetheoretische Analyse and die unten berrichteten Versuche positiv beantwortetwerden. Es ist klar, daß dieses Projekt technisch durchführbarist. Aber wäre es wirtschaftlich zu vertreten sein? Über dieses Problem wird im letzten Abschnitt dieses Artikels diskutiert.

II. Das System and Arbeitsprinzip

Das entwickelte Aggregat stellt ein gewöhnliches Schrank-Klimagerät entsprechend Bild 1 dar.

Der einzige Unterschied besteht darin, daß der gewöhnlich gebräuchliche Elektronachwärmer durch einen Hilfskonden sator ersetzt wird. Der Hilfskondensator ist der eigentliche Wärmeaustauscher. Er besteht aus 2 Rippenrohrbiindeln. Natürlich muß dementsprechend das Rippenrohrsystem geändert werden. Bild 2 zeigt die schematische Anordnung des Rippen rohrsystems des Aggregats.

Der in das Aggregat eingebaute halbgekapselte Spezial-Verdichter wird von einem polumschaltbaren Elektromotor angetrieben. Nach Austritt aus dem Verdichter strömt der überhitzte R12-Dampf von der Öffnung a zur Öffnung b des 4-Weg-Umschaltventils 5 and teilt sich in zwei Ströme. Der eine Strom gelangt über Ventil 2 in den Bundelrohrverflüssiger, während der andere über das Magnetventil V3 dem zweistufigen Nachwärmer zugeführt wird. Zwischen der ersten and der zweiten Stufe des Nacherwärmers ist ein regelbares Magnetventil V4 eingebaut. Der im Nachwärmer verflüssigte R12-Dampf fließt in den Kondensator 2 zurück. Das am Boden des Bündelrohrverflüssigers angesammelte flüssige R12 gelangt über das in zwei Richtungen umsteuerbare thermostatische Expansionsventil 5 in den Rippenrohr-Verdampfer bzw. Luftkühler 4, wo das flüssige R12 verdampft und uber die Öffnungen d and c wieder zum Verdichter 1 strömt. Damit ist der Kreislauf des Kältemittels geschlossen. Die Luft passiert denLuftfilter

S, den Luftkühler 4, den Nachwürmer 3 and wirdschließlich durch den Ventilator 6 ins Zimmer eingeblasen.

Bei dem oben beschriebenen System kann man einen Wärmepumpenkreislauf mit Wasser als Warmequelle einstellen. Beim Einsatz des Gerätes in einer Gegend, wo die Heizleistung des Gerätes größBer ist als die beim Projektentwurf zugrunde gelegte, kann die ubliche Heizeinrichtung abgeschaltet werden. Der dann als Wärmepumpe arbeitende Heizkreislauf ist durch gestrichelte Linien in Bild 2 dargestellt. Hierbei braucht man nur die halbmondförmige Abdeckplatte des Umschaltventils V5 in die gestrichelte angegebene Stellung zu bringen, um den Heizbetrieb einzuleiten, vorausgesetzt, daB das thermostatische Expansionsventil reversibel arbeiten kann.

Dieses Gerät ist mit einem elektrischen Befeuchter ausgestattet, der zur Regelung der relativen Feuchtigkeit im Winter dient.

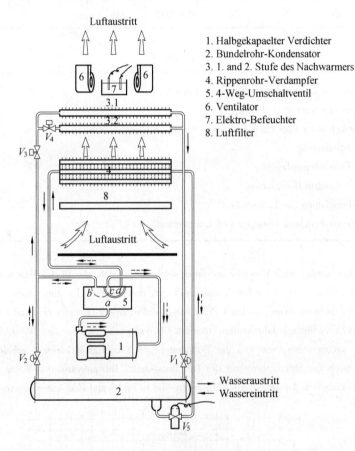

1. Halbgekapaelter Verdichter
2. Bundelrohr-Kondensator
3. 1. and 2. Stufe des Nachwarmers
4. Rippenrohr-Verdampfer
5. 4-Weg-Umschaltventil
6. Ventilator
7. Elektro-Befeuchter
8. Luftfilter

Bild 2　Schema eines Hilfskondensators als Nachwärmer für ein Klimagerät mit Temperatur-und Feuchteregelung

III. Leistungsdaten and Erprobung des Klimagerates

Nach Fertigstellung des Prototyps wurden damit mehrere Versuchsreihen im Laboratorium durchgeführt. Die dabei gewonnenen Resultate entsprachen im großen and ganzen den demEntwurf zugrunde gelegten Parametern.

Die für Luft and Wasser vorgegebenen Daten waren:

Tabelle 1

Außenluft			Raumluft		Frischluftanteil/%	Temperaturdifferenz der behandelnden Luft	Wasser	
Temperatur des trockenen Thermom /°C	Temperatur des feuchten Thermom /°C	Relative Feuchte/%	Temperatur des trockenen Thermom /°C	Relative Feuchte/%			Temperatur /°C	Luftmenge /(kg/s)
Sommer 35	29,2	65	20	55 ± 10%	15	6	28	1.05
Winter −12	−13,5	49	20	55 ± 10%	16	—	10	1.15

Tabelle 2

Antriebsleistung des Elecktromotors für den Verdichter:	7.5 kW
Antriebsleistung des Ventilator-Motors:	1.1 kW
Erhaltene Versuchswerte (bei einer Luftmenge von 1,4 kg/sec.)	
Im Sommer: Kältelestung	22.6 kW
Entfeuchtungsleistung	3.3 g/sec
Nachwärm-Heizleistung	6.3 kW
Im Winter: Heizleistung (im Langsamlauf)	19.1 kW
Zusatz-Feuchtigkeitsmenge (im Langsamlauf)	2.0 kW

Zur gleichen Zeit wurden auch Versuche an einem solchen Aggregat, das in der Maschinenreparaturwerkstatt des Da Qing Ölfeldes, Provinz Hei Long Jiang, aufgestellt war, durchgeführt. Die Innenmaße des Raumes waren: 8 m × 5 m × 5 m hoch, darin waren aufgestellt: 1 Präzisions-Koordinatenlehr-bohrmaschine and 1 Klimagerät des Typs LHR-20 A. Für drei verschiedene Jahreszeiten, nämlich Übergangszeit, Sommer and Winter, sind die Maßwerte registriert worden, um zu sehen, wie weit die Temperatur and Feuchtigkeit konstant gehalten werden konnte. Gleichzeitig wurde auch der Strömungsverlauf der Luft festgestellt. Die aufgetretenen Werte für Temperatur-und Feuchtigkeitsschwankungen in den jeweiligen Jahreszeiten sind in Bild 3 and Bild 4 angegeben.

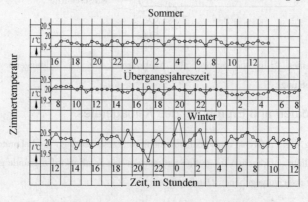

Bild 3   Temperaturverlauf in einer Präzisions-Maschinen-Werkstatt

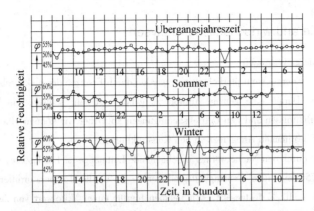

Bild 4　Verlauf der relativen Feuchtigkeit in einer Präzisions-Maschinen-Werkstatt

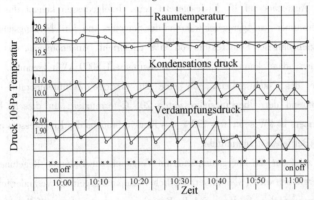

Bild 5　Schwankungsverhalten des Kondensatordruckes, des Veadamp-fungsdruckes and der Zimmertemperatur beim Ein- and Aus schalten des Elektromagnetventiis am Nachwärmer

Bild 5 zeigt das Schwankungsverhalten des Kondensationsdruckes, des Verdampfungsdruckes and der Zimmertemperatur, während das Elektromagnet-Ventil am Nachwarmer Ein "oder Aus" geschaltet ist. Aus dem Bild ist ersichtlich, daß nach Ausschalten der 1. Stufe des Nachwärmers sich die Zimmertemperatur in 1 bis 2 Minuten um 0,1 bis 0,2 ℃ erniedrigt.

Nach obigen Erörterungen ergibt sich die Schlußfolgerung: Außer im Winter kann das Aggregat in anderen Jahreszeiten mit Sicherheit die Temperatur innerhalb einem Bereich von ± 1 ℃ und die relative Feuchte innerhalb ± 5% konstant gehalten werden. Die Ursache für die Störung im Winter ist auf zusätzliche lokale Heizung zurückzuführen.

Im obigen Versuch wurde die einfachste Kontrollmethode benutzt, nämlich ein 2-Position-Relais für die Regelung der Temperatur. Mit anderen Worten: Im Sommer wurde zur Regelung des Aus- and Einschaltens des Nachwärmers ein trokkenes Thermometer benutzt, and zur Regelung des Ein-and Ausschaltens des Rippenrohrverdampfers ein feuchtes Thermometer. Im Winter dagegen wird ein trockenes Thermometer fur das Aus- and Einschalten des Kälteverdichters benutzt and das feuchte Thermometer zur Regelung des elektrischen Befeuchters.

Was das Problem der örtlichen Verteilung der Luftbewegung and der Temperatur betrifft, so besteht eigentlich mit dem Behandlungssystem keine direkte Beziehung, aber aus unserem Versuch war ersichtlich, daß durch Verstellen des Ablenk-brett-Winkels im Zimmer die Luftgeschwindigkeit leicht unter 0.57 m/sec and die maximale Temperaturdifferenz zwischen 0.2 ~ 0.7 ℃ geregelt wird (Meßhöhe 1.2 m and 2.0 m).

IV. Technische and wirtschaftliche Analysen

1. Ersparnis im Energieverbrauch

Wieviel elektrische Energie kann jährlich gespart werden durch Ersetzen des elektrischen Heizens mit dem oben erwahnten Nachwärmer? Darauf eine genaue Antwort zu geben, ist sehr schwer. Sie hängt natürlich von den verschiedenen Klimaverhäitnissen and den Betriebsbedingungen ab. Aber wir können einen ungefähren Überschlag machen, basierend auf bestimmten Annahmen in den Konstruktionen.

Angenommen, die durch den Nacherwärmer durchgehende Luftmenge ist 1,4 kg/sec, dann ist Taut Angabe der Staats-Normen TS 19-75 bei einem Genauigkeitsgrad von ± 1 ℃ die Temperaturdifferenz der Zuluft and der Zimmerluft auf $\Delta t = 4 \sim 10$ ℃ festgesetzt. Wir nehmen hierfür einen Mittelwert von $\Delta t = 7$ ℃ an. Bei einer anhaltenden Zimmertemperatur von 20 ℃ soil die Temperatur der Zuluft nicht unter 13 ℃ absinken and die Taupunkt-Temperatur des Aggregats auf 10 ℃ festgesetzt sein. Infolgedessen kommt die kleinste erforderliche Wärmemenge für den Nachwärmer des Aggregates während des Sommers and der Übergangsjahreszeiten auf ungefähr 4,2 kW, was einem Energiebedarf des Kompressors von 56% entspricht. Angenommen, das Aggregat arbeitet 200 Tage im Jahr je 10 Stunden, dann kann die jährliche Ersparnis auf 8000 kWh kommen. Dies betrifft nur die erforderfche Wärmemenge des Nachwärmers, um eine zu niedrige Zulufttemperatur zu vermeiden. Die Zulufttemperatur kann während der Übergangsjahreszeiten 20 ℃ erreichen. In diesem Fall wird der größte Warmebedarf des Nachwärmers 14 kW sein, was 190% des Kraftverbrauchs des Kompressors enispricht. Es ist aber sehr schwer, die konkrete Betriebszeit zuermitteln.

Das obige Verfahren zeigt nur die Energieersparnis im Vergleich zur Taupunkt-Regelung. Wenn sie aber mit anderen Regelverfahren verglichen wird (wie mit veränderlicher Taupunktregelung, veränderlicher Frischluftregelung and veränderlicher Luftmengenregelung), dann wird die Energieersparnis nicht so auffallend groß sein. Aber solche Methoden werden selten bei Klimageräten verwendet.

2. Ersparnis im Wasseruerbrauch

Da ein Teil der Kondensatorwärme von dem Nachwärmer abgeführt wird, kann die benötigte Wassermenge des Kondensators deshalb verringert werden. Basierend auf der obigen Wärmeersparnis wird angenommen, daß die Differenz in der Kühlwassertemperatur 4 ℃ beträgt. Dadurch können überschlägig jährlich mindestens 20 000 m³ Wasser erspart werden. Dieser geschätzte Wert enthält nicht die während der Übergangszeit durch die Zunahme der Nacherwärmung eingesparte Wassermenge.

3. Energieersparnis für den Betrieb des Verdichters

Bekanntlich führt bei Einhaltung einer konstanten Verdampfungstemperatur die Absenkung des Kondensatordruckes zur Verringerung des Energiebedarfs des Kälteverdichters. BeiVerwendung des Nachwärmers sinkt die Temperatur der behandelten Luft, somit auch der Kondensatordruck and als Folge davon die Antriebsleistung des Verdichters. Je größer die Heizleistung des Nachwärmers, desto geringer ist die Antriebsleistung. Dieser Zusammenhang ist aus Bild 6 leicht ersichtlich.

Es zeigt die Beziehung zwischen dem Energiebedarf für die zu behandelnde Luftmenge, wenn die 1. oder die 2. Stufe des Nachwärmers benutzt wird, wobei bei der Erwärmung der Luft in der 1. Stufe der Energiebedarf um durchschnittlich 2~3% höher liegt als bei der 2. Stufe.

Bei einem weiteren Versuch wurden alle beiden Stufen des Nachwärmers abgeschaltet, wobei nur der wassergekühlte Kondensator in Betrieb war. Dies führt zur Erhöhung des Energiebedarfs um weitere 2.5%, verglichen mit dem Energiebedarf beim Betrieb der 1. Stufe des Nachwärmers.

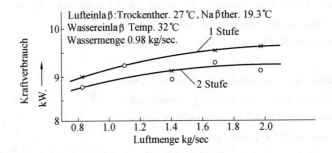

Bild 6　Beziehung zwischen dem Energiebedarf für die Kälteerzeugung and der Luftmenge

Dieser Vorteil kommt bei Verwendung eines luftgekühlten Kondensators noch mehr zum Vorschein, da sein Betriebsdruck im allgemeinen hoher liegt als bei einem wassergekühlten.

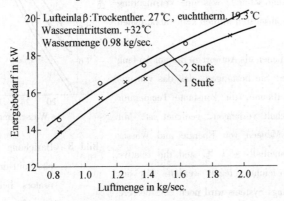

Bild 7　Beziehung zwischen der Kälteleistung and der Luftmenge

　　Lufteinlaß: Trockenes Thermometer: + 27 ℃ Feuchtes

　　　　　　Thermometer: + 19.3 ℃

　　Luftmenge: 1.38 kg/sec.

　　Wassermenge: 0.98 kg/sec.

　　Durchschnittsdruck:

　　　des einstufigen Nachwärmers 1

　　　des zwistufigen Nachwärmers 2 Eintrittskondensationsdruck:

　　　bet Einschalten der 1. Stufe 3

　　　bet Einschalten der 2. Stufe 4

4. Erhöhte Käheleistung des Aggregats

Unter Konstanthaltung der Verdampfungstemperatur führt eine Absenkung der Verflussigungstemperatur zur Erhöhung der Kälteleistung. Wie aus Bild 7 ersichtlich, steigert die Verwendung des Nachwarmers die Kalteleistung des Aggregats.

Weiterhin ist daraus zu ersehen, daß bet der Einschaltung der 1. and der 2. Nachwarmestufe die Kälteleistung mit zunehmender Luftmenge steigt. AuBerdem kann man feststellen, daß bet Verwendung der 2. Stufe eine weitere Kälteleistungssteigerung um $3.6 \div 5.0\%$ im Vergleich zur Verwendung der 1. Stufe auftritt. Ein anderer Versuch hat gezeigt, daß, wenn man die 1. and 2. Stufe abschaltet, die Kälteleistung um 2.5% absinkt, verglichen mit dem Fall, bet dem die 1. Stufe in Betriebist.

Wie oben erwähnt, kommt beim Gebrauch des luftgekühlten Kondensators dieser Vorteil noch mehr zum Vorschein, so daß die Erhöhung der Kälteleistung vielleicht noch größer wird.

5. Wechselbeziehung des Druckes zwischen den Nachwdrmern and dem Kondensator

Es sind Versuche mit verschiedenen Wassereintritts-- Temperaturen durchgeführt and die Zusammenhänge zwischen den Drücken in den Nachwärmern and im Kondensator ermittelt worden. Die Versuchsresultate sind im Bild 8 wiedergegeben.

Durch Rohrreibungsverluste sind die Drücke nicht überall gleich, aber sie stören sich gegenseitig überhaupt nicht; im Gegenteil, sie koordinieren miteinander im Betrieb. Nur wenn die Wassertemperatur einen verhältnismäßig hohen Wert erreicht hat, steigt der Kondensationsdruck sehr schnell, was eine Verringerung der Kälteleistung zur Folge hat. ansonsten wurden keine abnormalen Erscheinungen beobachtet.

Die obigen Erläuterungen dienen als Antwort zu der am An fang dieses Artikels erhobenen Frage. Sie bestätigen, daß das von uns vorgeschlagene Klimagerät für Räume, die konstante Temperatur and konstanten Feuchtigkeitsgehalt verlangen, geeignet ist. Mit diesem System können große Mengen von Energie and Wasser gespart and die Temperatur innerhalb ± 1 ℃ and die relative Feuchtigkeit innerhalb ± 5% leicht geregelt werden. Mit der Verbesserung des Automatisierungs Systems wird noch eine bessere Regelung zu erwarten sein.

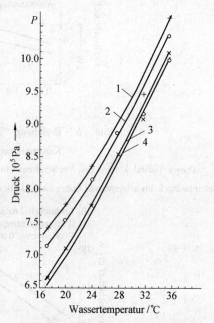

Bild 8 Beziehung zwischen dem Durchschnittsdruck des Kondensators beim Einschalten des einstufigen and zweistufigen Nachwärmers and der Temperatur des Kühlwassers

Obwohl dieses Gerät bei der Herstellung etwas komplizierter ist, Bind die dadurch entstandene Erhiöhung der Herstellungskosten nur unbedeutend and wird in sehr kurzer Betriebszeit ausgeglichen. Natiirlich kann ein solches Gerät bei Reparatur und Wartung einen etwas hoheren Arbeitsaufwand erfordern.

(参考文献略)

热卡计试验台——房间空调器性能测试装置*

徐邦裕 陆亚俊 马最良

提要 本文简要地叙述了房间空调器的各种试验方法。介绍了我国第一个热卡计试验台的主要特点和系统;初步探讨了热卡计试验台设计中的几个问题。最后给出了试验台的调试结果和评价了我院(哈尔滨建筑工程学院)试验台的误差。

一、前言

目前,标定房间空调器性能的直接试验方法大致有三种:焓差法、风管热平衡法和房间热平衡法。前二种试验方法在国内已经实现,而第三种试验方法则在一些工业发达的国家(美、英、日、法、意、苏等国)已被采用,并被国际标准化组织(ISO)列为推荐标准[1~6]。

焓差法是根据测定空调器进、出口空气的温、湿参数和风量来确定空调器的冷量。此法虽然比较简单,应用面广,并于1973年被第一机械工业部颁布的《立柜式空气调节机组试验方法》部标准(JB137—73)所采用,但从几年的实践看,其标准(JB1370—73)规定过于简单,不够严格,引起一定的误差。主要表现有两方面:一是试验装置只有一种,即空调机组不置于绝热外围内的试验装置;二是标准中规定的空调机组冷量计算中忽略了空气湿量的影响和未包括凝结水带走的焓[10]。同时焓差法因为风量和焓的测定,易于引起大的误差,不易保证足够的精度,据文献[8]介绍误差在10%以上,文献[13]介绍用此法测定的空调器制冷量与平均值的相对误差为 10.2% ~ 11.2%。

风管热平衡法是1969年日本介绍的一种简易测定方法[9]。1973年上海机械学院设计和建造了"风管热平衡法"试验装置[8]。此法的原理是基于湿空气的等焓过程就是近似的等湿球温度过程。借助于调整热平衡风管中电加热器的电功率值,来求得空调器的制冷量。这个方法虽然可靠性高(据文献[8]介绍它对空调器制冷量的测定误差不超过 10%),设备简单,投资少,但1979年日本标准[4]中仍未把它作为标准。其原因我们认为有四个问题:

(1) 测定有一定的局限性。它只能标定非热泵机组,而无法标定热泵机组,它只能做名义制冷工况,而不能做结霜、低温等工况试验。

(2) 它只能用一种测定手段进行测量,而无法同时用两种方法测冷量以便相互校核。

(3) 从试验原理上看有一定的近似性。

(4) 被试空调器接风管,与实际在房间中的使用情况有差异。

因此,风管热平衡法仅可作为一般工厂企业所采用的一种简易的试验方法。

房间空调器的热卡试验台又称量热器试验台,用热卡计试验台标定空调器性能的方法称为房间热平衡法。国际上公认,这种试验是空调器性能测定最精确的方法。1979年12月苏州会议上定为我国一机部标准,1980年5月正式实施。

然而,我国房间空调器的生产处在发展的初期,国内各研究单位和空调设备各生产厂家目前均无热卡计试验台。但是,为了提高房间空调器的产量和质量,保证其工作的可靠性,以满足四个现代化的需要;为了使我国房间空调器的试验方法与国际标准化组织(ISO)推荐的标准相统一起来,使国内产品便于与国外

---

* 本论文被收录在《空调文集(一)》(哈尔滨建筑工程学院,1980)中。

产品的性能相比较;为了充分利用低位热源,促进热泵机组的发展;以及为了实施一机部新编制的"房间空调器试验方法"部标准提供物质基础,有必要研究和建造热卡计试验台,填补我国房间空调器试验方法中的一项空白。同时,寻求减小试验装置误差的测试方法,也是空调制冷技术中一个很有研究价值的课题。

为此,我院于1978年开始着手房间空调器的试验方法的资料准备,1979年设计并开始建造"标定型室式热卡计",于1980年5月底基本完工,8月初调试完毕。1981年5月中旬通过了鉴定[14]。

二、我院热卡计试验台的主要特点

1. 我院热卡计试验台的组成和试验对象范围

我院热卡计试验台如图1所示。这个试验台可以做冷量小于7 500 kcal/h的风冷房间空调器和冷量小于20 000 kcal/h的水冷式立柜机组。可以做制冷量、凝露、除霜、最不利工况等的试验。

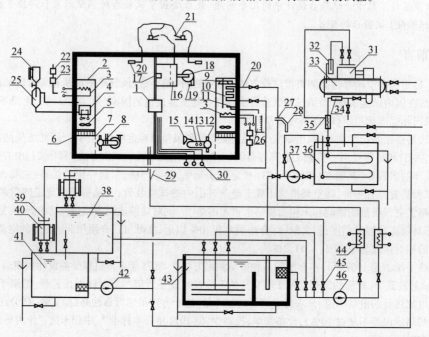

图1 我院热卡计试验台原理图

1—被试空调器;2—空气再处理机组进口;3—电加热器;4—电加湿器;5—风机;6—整流格栅;7—双层百叶风口;8—取样装置干湿球温度测量段;9—多叶调节阀;10—空气冷却器;11—滴水盘;12—采气管;13—干球温度测点;14—湿球温度测点;15—取样风机;16—静压箱;17—喷嘴;18—压力平衡装置的风机;19—调节阀;20—静压测量装置;21—微压计;22—稳压电源;23—调压器;24—量桶;25—压力平衡器;26—量桶;27—孔板;28—压差计;29—温度计;30—压力表;31—压缩式制冷机;32—油分离器;33—冷凝器;34—干燥器;35—热交换器;36—蒸发器;37—冷水泵;38、41—回水箱;39—转动漏斗;40—量桶;42—回水泵;43—混合水箱;44—电加热器;45—调节阀;46—给水泵

这个试验台是由两大部分组成,即热卡室以及一套可调温的水系统。

热卡室 它由中间隔墙分成两部分:室内侧和室外侧。其大小尺寸,我们参考ISO R895—68和英国标准BS2852—1970建议的最小尺寸,室内侧和室外侧热卡室尺寸均取为2.70 m×3.00 m×2.40 m(宽×深×高),室内侧和室外侧面积均为2.7 m×3.0 m = 8.1 m²。

为了保证当热卡室里、外温差为 11 ℃ 时,外围护结构的热损失不超过被试机组制冷能力的 5% 的要求,经传热计算取外围护结构的厚度为 120 mm,其结构:外表面为五合板,内表面为铝板,中间放散状珍珠岩保温材料(比重为 106.4 kg/m³,$\lambda = 0.038$ kcal/(m·℃·h)),内表面缝隙用铝板压条,外表面缝隙用环氧树脂糊死,以保证热卡室围护结构的不透气和不透湿性。

在中间隔墙的中间处距地面 0.9 米的地方预留放置被试空调器的孔(800 mm × 700 mm),同时,在中间隔墙上还设有压力平衡装置,可用它测出空调器的新风量、排风量、漏风量。

热卡室门为保温门,并用二道橡皮压条密封。墙壁上的各种预留孔都用保温材料修补好,以防漏热、漏湿和漏气。

在热卡室的室内侧和室外侧分别设置了空气再处理机组,创造出仿真的动态模型,以便在室内侧模拟室内气象条件,在室外侧模拟室外气象条件,创造所要求的各试验工况。

为此,室内侧空气再处理机组是由二台轴流风机(30k4—11—4*,配 $JO_2 31-4$,$N = 0.6$ kW 电动机)、管式空气电加热器、电加湿器、整流格栅、双层百叶风口等构件组成。这些构件均组装在一个整体柜中,其外形尺寸为 600 mm × 2 320 mm × 1 750 mm(高);而室外侧空气再处理机组是由多叶调节阀、空气冷却器、摘水盘、二台轴流风机、整流格栅、双层百叶风口等构件组成。室外侧空气再处理机组的外形尺寸为 800 × 2 320 × 2 000(高)。

为了真实地测得热卡室内的气象条件,在热卡室两侧分别设置了取样装置。

可调温的水系统　为了向室外侧空气再处理设备中冷却器或被试水冷式空调机的冷凝器提供符合要求的冷却水,设置了一套可调温的水系统(见图1),它由两部分组成:一部分是由 4F10 压缩冷凝机组组成的冷源,提供低温冷水;另一部分是由温水箱(800 × 1000 × 1000)、回水箱(800 × 1000 × 1000)、混合水箱(800 × 1000 × 2440)、给水泵、回水泵及电热水加热器等设备组成的调节控制冷水系统,为试验提供各种温度的水。

试验过程中,为了保证试验过程的稳定性,要求水温稳定不变,即要求混合好的水有一定的热惯性,而变工况过程中要求水温调节性能良好,即要求系统的热惯性要小,设计中如何处理好这个矛盾,是设计中一个值得探讨的问题。

为此,我们在可调温的水系统设计中采取两项技术措施:

第一,在调节控制水温系统中增设一个混合水箱,采用水箱混合法以代替管道混合法,混合水箱由二道隔板分为三部分,冷水和热水通过喷水管的小孔($\phi 6$)喷入水箱的第一部分进行混合,混合后的水经第一隔板的上边流入第二部分,然后,再经第二道隔板的底部流入第三部分,这样一来,避免了水温混合不均匀,冷热分层的现象。而水箱有一定的水容量,增加了系统的热惯性,以保证试验过程中水温的稳定性。

第二,在水系统中增设水温微调系统。即在混合水箱的出水管道上接 1/2″ 冷水管和 1/2″ 热水管,通过调节阀控制第二次混合比,以实现水温微调过程。这种调节方法,反应灵敏,调节速度快,可迅速提供所要求的各种水温。实际运行表明,水温的单次波动值小于 0.5 ℃,即可以不用电加热器进行精调而满足试验要求。

除上述的主要部分外,还有稳压电源和各种测量仪表。试验过程中,以目视测量为主。为了数据的可靠性和重复再现性,也采用一部分自动记录。测量仪表的精度符合 ASHRAE 标准 16—69 第四章的要求。

2. 有关设计中几个问题的探讨

(1) 温度场与气流组织

热卡计试验台测定原理是简单的。但是热卡室内的空气温度场与气流模型等对试验精度影响很大,是值得注意的一个问题。

热卡室内是由两股气流共同作用的气流模型。一种好的气流模型应该起到三个作用:

① 创造室内稳定的温湿度场。保证在整个试验过程中,室内各点的温度和湿度恒定不变。

② 避免造成被试空调器进、出风的回流现象。

③ 热卡室内气流的流动状态不影响被试空调器正常进、出风。

为此,我们认为图2所示的气流模型是一种混合较好的气流模型。经空气处理机组处理到符合试验工况要求的空气,一部分直接进入被试验空调器,另一部分直接流向再处理机组上部的进风口,在流动过程中,这股气流顶住被试空调器出口气流回流,并不断地与它混合,再次进入再处理机组,室内空气就是这样周而复始地循环。

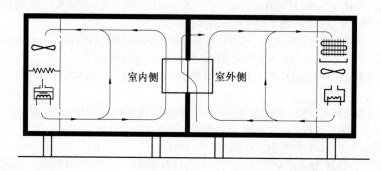

图 2　室卡室气流模型

创造这种混合较好的气流模型,取决于热卡室尺寸、布置和再处理机组的大小、空调器送风特点等。因此,我们采取了如下技术措施:

① 再处理机组的送风量足够大

再处理机组要有足够的风量,以减小送风温差和加强热卡室内的气流扰动,使热卡室内的两股气混合得均匀,减小温度梯度,提高试验的稳定性和试验的精度。按 ASHRAE 标准 16—69 中规定,再处理机组的风量不应小于每分钟一次换气,即换气次数 $n \geqslant 60$ 次/时,同时不小于 2 倍的房间空调器的风量;按水冷立柜空调机组计算时,风量应超过空调机风量的 10% ~ 40%[6]。在三者中取大值。

② 热卡室的尺寸大小要适宜

若房间过小时,再处理机组的送风将会影响被试空调器的正常进风;反之,若房间过大时,围护结构传热量过大,影响测定精度。但是,据国外现已建成的热卡计试验台来看,热卡室的大小与制冷能力测定范围没有统一的关系。表 1 给出日本各干公司现有的热卡计试验台制冷能力测定范围与热卡室的容积的关系;表 2 给出美、日、意、苏国家的几个典型热卡室的尺寸。

表 1　制冷能力测定范围与热卡室容量的关系

序　号	制冷能力测定范围/(kcal·h^{-1})	热卡室容积/m³	
		室内侧	室外侧
A	1 000 ~ 8 000	18.0	18.0
B	1 000 ~ 6 000	27.0	27.0
C	1 000 ~ 4 500	20.1	20.1
D	1 000 ~ 7 500	13.5	15.1
E	1 000 ~ 6 000	23.3	23.3
F	800 ~ 4 500	43.2	43.2
G	900 ~ 9 000	27.6	26.8
H	900 ~ 5 000	21.2	21.2
I	1 200 ~ 5 600	42.1	42.1
J	900 ~ 9 000	24.3	24.3
K	1 400 ~ 4 500	23.2	23.2
平均	1 009 ~ 6 327	25.8	25.9

表 2　几个典型热卡计试验的尺寸

国别	建台单位或名称	制冷能力测定范围/(kcal·h^{-1})	热卡室尺寸/m		
			宽	高	进深
美国	原型量热计	1 000～4 500	2.72	2.37	3.35
苏联	全苏冷藏工业科学研究所	20 000	2.17(室内侧) 2.57(室外侧)	3.00	3.17
意大利	国家研究院制冷工艺研究室	<8 600	2.88	2.40	3.70
日本	冷冻空调机性能检定所	900～4 500	3.50	2.70	3.00

我国目前尚未有热卡计试验台,在缺乏设计和试验经验情况下,我们采用了国际标准化组织标准 ISO R859—68 和英国标准 BS2852—1970 建议的最小尺寸。

③ 被试空调器和空气再处理机组的安装位置,宜面对面,占对称位置。

④ 空气再处理机组的送风口宜设在下边,进风口设在上面。以使被试空调器的回风口处于再处理机组的送风气流控制之下,同时,上送会使被试空调器回流。

⑤ 送风速度

ASHRAE 标准 16—69 规定再处理机组的气流速度,在距离被试空调器 1 m 之内不超过 0.5 m/s。

(2) 温、湿度测定取样装置与位置

热卡室中由于再处理机组和被试空调器互相影响,在室内侧和室外侧形成温度梯度和气流模型。因此,在一个位置上测定干、湿球温度不一定能全面地描述热卡计和被试空调器的组合特性。

鉴于此,常用的测定方法是空气温度取样法或者在足够多的位置用其他测量方法来确定平均温度。

无论是采用哪种方法,如何选取具有代表性的测点位置,也是热卡计试验台中的重要问题。

国际标准化组织标准 ISO R859—68 规定干、湿球温度的测量点,应满足下述条件:

(a) 测量的温度对机组周围温度应有代表性,并模拟室内、室外能遇到的工况。

(b) 在测点上,空气温度不应受被试空调器排风的影响。所以温度测量严格规定在被试机组产生的任何循环的上流。

据此规定,ISO 和 ASHRAE16—69 中都推荐两个位置:

① 如果热卡室里空气运动和气流模型的条件适宜,可选在再处理的出风口处。

② 如被试机组从排风口至进风口不产生回流时,可选在靠近风口上流处,此时应注意保证测量装置不以任何方式阻碍空调器的气流。

据本设计气流模型,采气点位置宜选在再处理机组的出口处。

但是,对于取样装置来说取样风量多少合适?在本设计中认为取样风量的确定应考虑下述因素,综合确定:

① 取样风量取决于测量段的风速和断面尺寸。而测量段的风速和断面尺寸应满足测定要求,以提高测量精度。其风速要满足测湿球温度的要求,一般来说,风速要在 3.5～10 m/s,最好取 5 m/s 左右。测量段的断面要使温度计保持一定的插入深度,以保证测量精度。同时,亦要考虑尽量减少风管壁对它的影响。据此二点确定测量断面的尺寸,从而确定其取样风量。

② 取样风量的确定还要考虑采气管的几何位置、采气点的多少和采气管径的大小等因素,即要以能测取断面平均温度为依据。

③ 取样风量要适当,如果过小的话易于受外界因素干扰,反之,又会影响主气流。据资料介绍取样风量以不超过总风量的 5% 为宜。

但是,目前对于取样风量的确定还缺乏系统的研究和经验数据,有待进一步地研究和总结。

三、我院热卡计试验合的调试

我院热卡计试验台能否达到预想的目的,还要经过长期的运行使用,才能检验出来,但是,在热卡计试验台正式使用之前,掌握热卡计试验台的性能对标定房间空调器是十分重要的问题。为此我们对热卡计试验台进行了调试,以达下述目的:

① 对我院热卡计试验台性能作出科学的评价。
② 可以熟悉和掌握热卡计试验台的性能和特点。
③ 可以发现在设计、施工和设备上存在的问题,从而提出进一步改进的意见,并吸取经验教训。

1. 标定热卡室围护结构的传热量

分成二种情况进行标定:第一种情况是把热卡室室内测和室外侧空气温度,同时加热比周围环境温度高 11 ℃ 以上进行标定;第二种情况是把热卡室某一侧加热到比周围环境温度高 11 ℃ 以上进行标定。

标定工作是热卡室达到稳定后记录试验数据。为了判断热卡室稳定时间,我们对热卡室连续测定一昼夜。将 7 月 19~20 日的实测值表示在图 3 上。由图可以看出:开始初次投入热运行的热卡室,要运行 8~10 小时后才能达到稳定状态,方可开始标定围护结构的传热量。

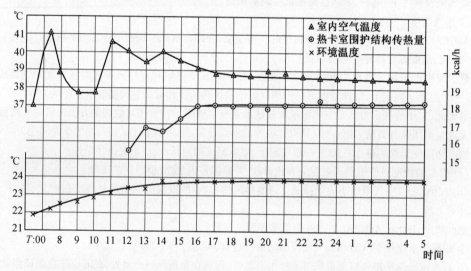

图 3 1980.7.19~20 热卡室室内侧围护结构(仅包括中间墙)传热量实测值

经标定,我院热卡计试验台,热卡室围护结构传热量为:

室内侧围护结构(不包括中间墙)传热量:18.79 kcal/(h·℃)。

室外侧围护结构(不包括中间墙)传热量:19.74 kcal/(h·℃)。

热卡室中间墙传热量:2.34 kcal/(h·℃)。

2. 热卡室的温度场和速度场

热卡室的温度场和速度场测点布置见图 4。

(1) 室内侧和室外侧温度场

在热卡室空气再处理机组、取样装置和被试空调器全部投入运行,热卡室达到稳定状态后,开始测定。测定结果示于图 5 和 6。可以看出:不能要求整个热卡室内各个不同点上,在某一瞬间温度值均匀,只能要求由空气再处理机组出风口至被试空调器的进风口之间的局部区域各个不同点上,在某一瞬间温度值均匀;同时,亦验证了室内侧和室外侧的组合气流模型迫使空调器出风冷射流往上弯曲。

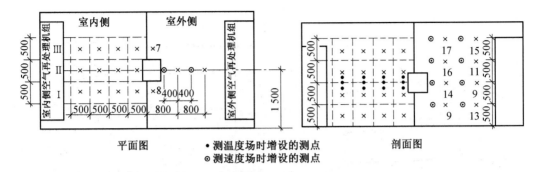

图 4　热卡室温度场、速度场测点布置图

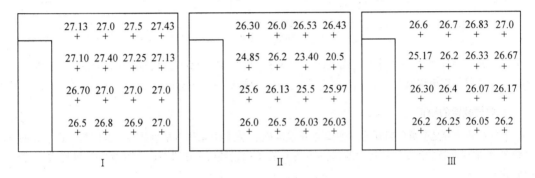

图 5　室内测温度场

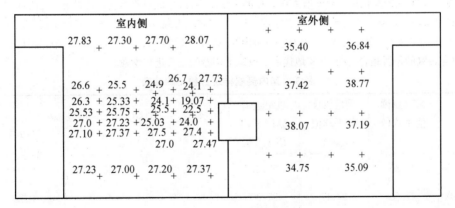

图 6　热卡室中心断面温度场

为了观察热卡室内温度场随时间波动的情况,在具有代表性的10个测点上测了温度波动曲线。测定结果示于图7和8。可以看出,每点温度波动的最大值均在 $\Delta t = 1$ ℃ 范围内,满足热卡计试验要求。

(2) 室内侧和室外侧速度场

从测定结果可以看出:通过调节室内侧空气再处理机组出风口百叶格的角度,在距被试空调器1 m以内的区域基本上能创造小于 0.5 m/s 的条件,保证了空调器正常运行对热卡室提出的速度要求。

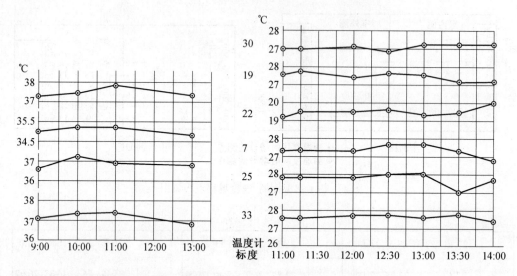

图7 热卡室室外侧稳定过程中代表性点处温度被动值

图8 热卡室室内侧在稳定过程中代表性点处温度波动值

3. 取样装置的校正

采气点的位置是个重要问题,它直接影响试验准确度。我们对采气点是否能代表被试机组进口处的空气状态,由取样装置的测量段测得的温、湿参数是否真正代表被试机组进口的空气数值等问题,进行了试验研究。

由室内侧温度场测定,已初步得出取样装置的采气点位置正确的结论。为进一步定量分析它,此次又在采气点设置20支经校正过的分度值为 0.1 ℃ 的水银温度计,被试空调器进口处设置4支同样的温度计,取样装置测量段上设置了3支同样的温度计,在同一时刻对三组温度计读值,然后进行比较。测定结果列入表3和4中。可以看出:室外侧 $\Delta t_1 = 0.07$ ℃;室内侧 $\Delta t_1 = -0.29$ ℃,$\Delta t_2 = -0.1$ ℃,$\Delta t_3 = 0.19$ ℃。由此可见,取样装置的位置是合适的,真实地代表了被试空调器的空气进口参数。

表3 室内侧取样装置校正综合表

时间	采气点读值平均值 t_{m1}/℃	测量段读值平均值 t_{m2}/℃	机组进口温度平均值 t_{m3}/℃	$\Delta t_1 = t_{m2} - t_{m1}$ /℃	$\Delta t_2 = t_{m2} - t_{m3}$ /℃	$\Delta t_3 = t_{m1} - t_{m3}$ /℃
11:00	27.36	27.17	27.27	-0.19	-0.1	0.09
12:00	27.56	27.17	27.30	-0.39	-0.13	0.26
13:00	27.76	27.37	27.60	-0.39	-0.23	0.16
14:00	27.49	27.17	27.45	-0.32	-0.28	0.04
15:00	27.87	26.67	27.57	-0.20	+0.1	0.30
16:00	28.03	27.77	27.75	-0.26	0.02	0.28
平均	27.68	27.39	27.49	-0.29	-0.1	0.19

表 4　室外侧取样装置校正综合表

时　间	采气点读值平均值 t_{m2}/℃	测量段读值平均值 t_{m2}/℃	$\Delta t_1 = t_{m1} - t_{m2}$ /℃
13:00	29.30	29.27	0.03
13:15	29.63	29.64	0.04
13:30	29.88	29.80	0.08
13:45	30.02	29.97	0.05
14:00	30.16	30.10	0.056
14:15	30.366	30.236	0.13
14:30	30.45	30.37	0.08
平均	29.98	29.91	0.07

4. 对可调温水系统的调试结果

经过改进后的可调温水系统在 HP-20 恒温恒湿机组试验过程中(仅调节水的混合比),水温单次测定波动范围在 ±0.2 ℃ 之间,水温平均值波动范围在 ±0.15 ℃ 之间。表明可调温水系统的改进措施是合理而有效的。

5. 标定 CTK-3A 型空调器

此次为了检查热卡试验台的性能,对实验室已用多年的 CTK-3A 型空调器进行了标定。
根据试验记录整理,CTK-3A 空调器实测性能值如下:
① 净总制冷能力:2 045.12 kcal/h;
② 除湿能力:0.372 kg/h;
③ 机组输入总功率:2.041 kW。

由表 6 可见,同时测得的室内侧净制冷能力和室外侧净制冷能力是相符的。二者最大热平衡误差为 3.43%(<4%),五次平均热平衡误差为 -1.13%。

湿平衡见表 5,室内侧的加湿量和室外侧除湿量的湿平衡误差为 5.36%。

表 5　湿平衡综合表

时　间			室内侧		室外侧		$W_{rt} - W_{to}$
试验开始时刻	试验终止时刻	试验时间 /h	试验期间供加湿用水量 /g	平均每小时供加湿用水量 /(g·h^{-1})	试验中排出室外水量 /g	平均每小时排出水量 /(g·h^{-1})	W_{rt}/%
8.00	16:30	8.5	3 170	372.94	3 000	352.94	5.39

从测定过程中参数的波动情况看,无论是单次最大波动,还是平均波动基本上均在允许范围之内。见表 6。

为了进一步探讨我院热卡试验台测定结果的准确度问题,我们用同样方法对 CTK-3A 名义制冷量测定多次。将合格的测定值列入表 9 中,并提出下述的评定方法。

表 6 测定参数的波值

		单次最大波值		平均值波值	
		允许值	实际值	允许值	实际值
室内侧	干球温度 /℃	± 0.5 27 ± 0.5	+ 0.2 27.2	± 0.3 27 ± 0.3	0.18 27.18
	湿球温度 /℃	± 0.3 19.5 ± 0.3	− 0.15 19.35	± 0.2 19.5 ± 0.2	− 0.1 19.4
室外侧	干球温度 /℃	± 0.5 35 ± 0.5	− 0.3 34.7	± 0.3 35 ± 0.3	− 0.26 34.74
	湿球温度 /℃	± 0.3 25 ± 0.3	− 0.35 24.65	± 0.2 25 ± 0.2	0.21 24.79
环境干球温度		± 1.0	0.05 23.325 ~ 32.375	± 0.5 23.35 ± 0.5	0.02 23.375

① 空调器制冷量真值的近似值 q_{rt}

$$q_{rt} = \frac{\Sigma(q_{rt})_i}{n}$$

式中 $(q_{rt})_i$ —— 该次测得的制冷量；
  n —— 测定次数。

② 标定空调器制冷量的均方根偏差值

$$\sigma_q = \sqrt{\frac{\Sigma[q_{rt} - (q_{rt})_i]^2}{n}}$$

③ 空调器制冷量测定结果不一致系数 K_q

$$K_q = \frac{\sigma_q}{q_{rt}}$$

④ 空调器制冷量测定结果在不同误差范围内的概率
据此，计算结果列入表 7 和表 8。

表 7 CTK − 3A 制冷量真值的近似值及误差值

	净制冷量真值的近似值 $q_{rt}/(\text{kcal} \cdot \text{h}^{-1})$	均方根差 σ_q	测定结果不一致系数 $K_q/\%$
室内侧	2 075.84	35.07	1.69
室外侧	2 084.72	52.04	2.49

表 8 CTK − 3A 制冷量范围值

		$q_{rt} \pm 0.1 q_{rt}$	$q_{rt} + 0.01 q_{rt}$ ~ $q_{rt} + 0.02 q_{rt}$ $q_{rt} − 0.01 q_{rt}$ ~ $q_{rt} − 0.02 q_{rt}$	$> q_{rt} + 0.02 q_{rt}$ $< q_{rt} − 0.02 q_{rt}$
室内侧	范围	2 055.08 ~ 2 096.6	2 034.32 ~ 2 055.08 2 096.6 ~ 2 117.36	< 2 034.32 > 2 117.36
	概率	52.78%	27.78%	19.44%
室外侧	范围	2 063.87 ~ 2 105.57	2 043.2 ~ 2 063.87 2 105.57 ~ 2 126.42	< 2 043.02 > 2 126.42
	概率	41.67%	25.0%	33.33%

由表9可见,我院热卡计试验测定结果具有较高的准确性。

表9 CTK-3A 空调器名义制冷量测定值

试验序号	时间	室内侧			室外侧			$\dfrac{q_{rt} - q_{to}}{q_{rt}}$/%
		干球温度/℃	湿球温度/℃	q_{rt}/(kcal·h^{-1})	干球温度/℃	湿球温度/℃	q_{to}/(kcal·h^{-1})	
1	21:00	27.1	19.3	2 070.3	35.5	28.0	1 966.15	5.03
	21:10	27.1	19.3	2 068.6	35.5	28.0	2 004.95	3.07
	21:20	27.2	19.4	2 070.1	35.5	28.0	1 999.45	3.41
	21:30	27.2	19.4	2 068.3	35.5	28.0	2 060.51	0.38
	21:40	27.2	19.35	2 061.3	35.4	28.0	2 102.21	-1.98
	21:50	27.2	19.30	2 066.0	35.3	27.95	2 089.0	-1.11
	22:00	27.2	19.30	2 067.9	35.3	27.95	2 093.0	-1.22
2	6:00	26.7	18.95	2 093.4	34.0	27.4	2 094.4	-0.004
	6:10	26.7	19.0	2 092.5	34.0	27.4	2 063.3	1.39
	6:20	26.7	19.0	2 093.5	34.0	27.45	2 042.5	2.44
	6:30	26.75	19.0	2 089.7	34.0	27.5	2 068.4	1.02
	6:40	26.75	19.0	2 083.0	34.0	27.5	2 065.8	1.06
	6:50	26.8	19.0	2 090.4	34.0	27.5	2 156.7	-3.17
	7:00	26.8	19.0	2 087.6	34.0	27.5	2 169.4	-3.92
3	15:10	27.1	19.4	2 090.5	35.2	25.5	2 201.18	5.29
	15:20	27.1	19.4	2 089.0	35.0	25.4	2 198.7	-5.25
	15:30	27.0	19.35	2 079.1	34.9	25.35	2 083.0	-0.18
	15:40	27.0	19.35	1 997.6	34.9	25.3	2 083.5	-4.29
	15:50	27.0	19.35	2 025.8	34.9	25.25	2 133.6	-5.82
	16:00	27.0	19.35	2 076.8	34.9	25.2	2 113.6	-1.77
	16:10	27.0	19.35	2 07871	34.9	25.2	2 015.2	3.02
4	16:15	27.4	19.65	2 144.03	34.7	24.9	2 062.31	3.81
	16:30	27.4	19.70	2 144.06	34.7	24.9	2 114.58	1.37
	16:45	27.4	19.70	2 146.39	34.8	24.9	2 050.3	4.47
	17:00	27.4	19.70	2 147.39	34.8	24.9	2 151.72	-0.2
	17:15	27.4	19.70	2 144.3	34.8	24.9	2 143.34	0.04

续表 9

试验序号	时间	室内侧			室外侧			$\dfrac{q_{rt} - q_{to}}{q_{rt}}/\%$
		干球温度 /℃	湿球温度 /℃	q_{rt} /(kcal·h^{-1})	干球温度 /℃	湿球温度 /℃	q_{to} /(kcal·h^{-1})	
5	14:30	27.1	19.30	2 047.88	34.6	24.65	2 090.61	−2.10
	14:45	27.1	19.30	2 054.92	34.6	24.65	2 074.87	−0.97
	15:00	27.2	19.40	2 042.18	34.6	24.65	2 092.39	−2.43
	15:15	27.2	19.40	2 042.72	34.7	24.65	2 095.81	−2.59
	15:30	27.1	19.35	2 047.49	34.7	24.65	2 029.05	0.90
6	15:30	27.1	19.35	2 047.49	34.7	24.65	2 029.05	0.90
	15:45	27.2	19.35	2 038.71	34.8	24.65	2 108.81	−3.43
	16:00	27.2	19.40	2 046.86	34.7	24.85	2 077.23	−1.48
	16:15	27.2	19.45	2 047.88	34.7	24.85	2 051.35	−0.17
	16:30	27.2	19.45	2 044.67	34.8	24.95	2 074.53	−1.46

四、结语

热卡试验台的设计和建造,对我们来说还是初次尝试。国内又没有现成的设计和制造资料可供借鉴,而且各种标准中关于热卡计的构造、性能等仅仅作了概要规定,同时,由于我们水平有限,对某些问题可能尚未预料到或考虑得不够全面,因此,肯定还存在不少问题。今后,还有必要进一步对热卡计试验方法进行深入的研究,以累积热卡计试验资料,并不断改进和完善。

(参考文献略)

空气-空气热泵室外侧换热器结构和性能的研究*

韩 英 徐邦裕

摘要 本文对空气-空气热泵室外侧换热器的性能和构造进行了研究。根据热泵使用地区气象特点,在原有KTQ-3RB热泵机组基础上主要对室外侧换热器的传热面积、空气流量以及制冷剂管路的走法,通路数进行探讨。提出改进方法。选择合理的室外侧换热器结构。利用ORNL程序预测室外侧换热器的改进对热泵机组性能的影响。对改进前后的室外侧换热器的直接蒸发式换热器性能实验台上进行对比实验。结果表明,改进后的室外侧换热器达到了延迟结霜的目的,以上海地区为例,供热季节性能系数提高了36%。

一、前言

在能源紧张的今天,热泵式空调机的节能已成为重要的研究课题。而空气源热泵空调机以其热源可处处无偿获取,机组安装、使用方便的独到特点已成为热泵空调机的主体。日本在1980年,热泵式空调机的国内生产台数为32万台左右,其中空气热源式热泵占51%。我国制造的热泵也基本上以空气-空气型热泵为主。然而,空气源热泵在使用过程中存在一些问题。其中的致命缺点是,当空气的温度较低时,室外侧换热器的表面有结霜的危险,结霜导致室外侧换热器传热性能下降,导致热泵供热季节性能系数下降。甚至在较高的室外空气温度下被迫停止使用热泵。为了解决这一问题,许多文献报道了一些除霜方式和除霜控制方式。但以最小能量进行有效地除霜始终没有解决。况且,目前国产热泵空调机大多数无除霜设备。所以不得不规定,当室外空气温度低于5℃时停止使用热泵。实际运行说明,结霜最严重的范围是3~5℃,而我国的气候特征是冬季长而无严寒,黄河流域低于5℃天数约为124天,低于-9℃天数只有10天左右,长江流域低于5℃天数约为60天,而低于-3.6℃天数仅有3天。由此气候分布特征可见,在我国的黄河流域和长江流域应大力开展空气源热泵的研究,并且着重应改善热泵在5℃以下的运行性能。使空气源热泵空调机除了有较高的供热系数外,还应有不易结霜的性能。为使机组具备这种性能,室外侧换热器所起的作用是重要的。

本文以国营江淮空调厂生产的热泵型空调器KTQ-3RB机组为例,选取上海的气象条件为代表,对室外侧换热器的性能和构造进行研究。使其达到避免和延缓结霜的目的。从而改善热泵在低气温时的运行性能,提高热泵的供热季节性能系数。

二、对选定机组室外侧换热器结构及性能分析

KTQ—3RB热泵机组室内、室外侧换热器是航空部134厂生产,片形是条缝型整片,二次翻边,室外侧换热器的迎风面积为0.193 m²,外表传热面积为13.4 m²。在直接蒸发器性能实验台上,对KTQ—3RB热泵机组的室外侧换热器进行性能实验,实验结果见表1。从表1可出,当进入室外侧换热器的干球温度低于6℃,相对湿度大于70%时,室外侧换热器壁面温度低于0℃且低于空气霜点温度,所以有结霜现象发生。图1是干球温度为5.2±1.5℃,湿球温度为3.1±1.5℃时,室外侧换热器性能参数随时间变化的曲线。由图可

---

* 本论文被收录在《第六届全国暖通空调制冷学术年会论文集》(大连,1988)中。

见,随运行时间的增大,结霜量越来越大,空气流量越来越小,传热系数越来越差。图2是当时运行时发生结霜现象的照片。上海地区室外气温低于5℃的年供热时数长达1 327[1],故应改善热泵在5℃以下运行性能,其积极地措施是防止室外侧换热器结霜。在相同的热交换量下,增大室外侧换热器面积,提高通过室外侧换热器风量都可提高蒸发温度,而使室外侧换热器表面温度升高,故可推迟结霜时间,且面积提高,风量增大,实现了小温差传热,使不可逆传热损失减少。故如何正确地选择室外侧换热器面积及通过的空气流量是本文研究问题之一。

表1 原室外侧换热器的测试结果 （风量630 m³/h）

干球温度 t_d/℃	湿球温度 t_w/℃	蒸发温度 t_o/℃	壁面温度 t_b/℃	换热量 Q/W	$t_d - t_b$	$t_d - t_p$
8.4	6.7	-0.25	1.25	1 595	7.15	4.43
7.1	5.05	-0.96	0.54	1 465	6.56	5.41
6.0	3.9	-1.58	-0.32	1 367	6.32	5.71
4.9	3.01	-2.22	-1.25	1 176	6.15	5.36

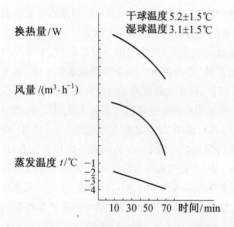

图1 KTQ-3RB室外侧换热器性能随时间的变化　　图2 结霜照片

观测机组实际运行,还发现换热器表面结霜不均匀。在制冷剂进入室外侧换热器的前几个回路不结霜,后几个回路结霜。而制冷剂通路数影响表面温度的均匀性,最佳的制冷剂通路数应由制冷剂侧的压力损失和传热性能两个方面决定。故合适的制冷剂通路数是本文研究问题之二。

各种因素对热泵稳态性能的影响是由热泵的供热系数COP值评价的;对改善热泵在易结霜气温范围内的工作性能,即避免或推迟结霜的效果是由换热器中蒸发温度评价的。

1.室外侧换热器传热面积及通过空气流量影响分析

上海地区的气象条件是干球温度为6～0℃的供热时数为1549[1],与之相对应的相对湿度从1975至1984年的统计平均值为70%。要想保证热泵在此段温度内运行不结霜,则室外侧换热器的设计应按照干工况计算。室外干球温度在0℃以下,对应的相对湿度低于60%,此时露点温度很低,不会发生结霜,故在选定室外侧换热器时,不予考虑此段工况。

根据计算,满足室外侧换热器不结霜要求的换热面积为原来的1.24倍,此时的计算结果见表2。

表2 室外侧换热器面积为原面积1.24倍时的计算结果

干球温度/℃	露点温度/℃	蒸发温度/℃	基管外表面温度/℃
6.0	0.2	−0.29	0.75
3.5	−1.5	−1.85	−0.85
1.5	−3.0	−3.30	−2.32

室外侧换热器对热泵性能影响又如何?利用ONRI程序[2]计算了面积因素对热泵机组性能的影响。计算结果见图3,从图3曲线变化趋势可见,当面积从原面积增加到1.24倍时,效果是显著的。换热器出口蒸发温度增加2.5℃,COP值由1.95增为2.015,但当换热面积从原面积的1.24倍增为1.52倍时,曲线较平坦,蒸发温度只升高0.5℃,对推迟结霜时间意义不大,且稳态时热泵的供热系数也几乎没变,反而造成换热器体积大,初投资高等不利后果。所以改进后的室外侧换热器面积定为原面积的1.24倍。

为了减少结霜的危险,通过室外侧换热器的风量应该大些,以减少有害的温差,减少结霜的危险。按照经验,一般是每1 000 kcal供热量需要1 000 m³ 空气。但风量增大,空气侧阻力增大。图4为换热面积增为原来的1.24倍后,风量400～2 000 m²/h的热泵性能情况。从图4可见,随着风机风量的增加,机组的供热量增加但趋于平坦,同时机组的动力消耗也在增加,且增加率超过了供热量的增加,所以供热系数COP随着风量的增加在急剧地减少。供热系数在风量为780 m²/h时达到最大,故风量选为780 m²/h。

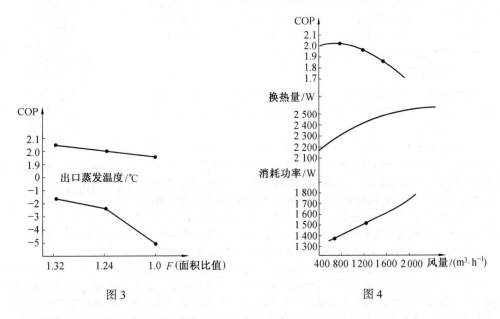

图3　　　　　　　　　图4

2. 室外侧换热器中制冷剂通路数的选择

在室外侧换热器面积一定的情况下,合适的制冷剂通路数就由压力损失和传热系数两方面决定。图5、图6是制冷剂通路数对机组性能影响计算结果。由图可见,制冷剂通路数由1变为2时,制冷剂侧压降剧减,换热器中平均蒸发温度升高,此时制冷剂侧换热系数虽减少,但仍较大于空气侧换热系数,影响传热系数的决定因素是空气侧换热系数,所以传热系数下降很小。但当通路数继续增加时,制冷剂侧压降ΔP曲线很平坦,平均蒸发温度的曲线也很平坦。此时不能忽略制冷剂侧换热系数的影响,引起传热系数下降,COP值也下降。通过上述分析,在此换热面积及风量下,室外侧换热器的通路数为2最佳。

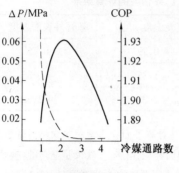
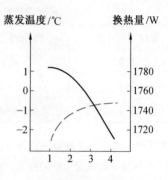

图 5 制冷剂通路数对压力降及 COP 的影响

图 6 制冷剂通路数对平均蒸发温度及换热量的影响

过热度也影响室外侧换热器的设计。文献[3]报道,为保证 5 ℃ 的过热度,过热区所需传热面积约占换热器总传热面积的 20%。可见,过热区面积占相当比例。其原因是过热蒸汽热交换系数小于两相沸腾热交换系数。所以要想充分利用换热器面积,就应设法提高过热区换热系数。进口为两条制冷剂管路的换热器在其出口处将制冷剂管路并为一条可提高过热区换热系数。而制冷剂侧压降不会因此而增加。改进后的换热器就是采取此种结构。经过计算为达到 5 ℃ 过热度,过热区所占面积仅为总传热面积的 5%。图 7 为改进后室外侧换热器的结构图。

三、实验验证

在哈建院直接蒸发式换热器性能试验台上,对原 KTQ—3RB 机组中的室外侧换热器,以及改进后的室外侧换热器分别作了实验。实验条件、实验结果及分析如下。

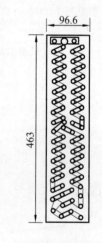

图 7 改进后室外侧换热器的结构图

当通过室外侧换热器的风量恒定时,改变进入实验段的空气干球温度、湿球温度,得出其与换热量、蒸发温度、壁面温度间的关系,以其验证改进后的热泵是否避免或延迟了结霜时间。实验结果列于表 1 和表 3。图 8 是根据表1和表3绘制的。从图8可见,当进入室外侧换热器空气参数基本一致时,在改进后换热器的换热量略高于原换热器换热量的情况下,平均蒸发温度仍高出 1.3 ℃ 左右,若换热量完全一致,则蒸发温度的提高值更大。对原机组室外侧换热器实验已表明,在进口空气干球温度为 6 ℃ 时,就要发生结霜现象。对改进后室外侧换热器,在进口空气干球温度为 3 ℃,湿球温度为 1.15 ℃ 情况下,仍没结霜现象发生。说明了延迟了结霜时间。从表 2 看出,当进口空气干球温度为 1.5 ℃ 时,也不会发生结霜现象。由于试验台预处理量不够,没有做出进口空气干球温度低于 2 ℃ 的试验。在对改后的室外侧换热器整个正常试验过程中,没有发生结霜现象。通过这一对比实验,说明室外侧换热器的改进是有效的。达到了推迟结霜时间的目的。室外侧换热面积为 16.8 m²,风量为 780 m²/h。

表 3 改进后热泵的实验结果

干球温度 t_d/℃	湿球温度 t_w/℃	蒸发温度 t_o/℃	基管外表面温度 t_b/℃	换热量 Q/W
7.15	5.05	0.42	1.44	1 498
5.90	3.75	−0.35	1.01	1 449
4.25	2.40	−1.269	−0.159	1 209
3.00	1.15	−2.46	−1.16	1 162

四、经济效益分析

热泵的供热季节性能系数反映的是整个供热季节热泵供热的经济性指标。对改进前后的热泵机组进行了此值比较,计算方法采用文献[4]推荐方法,结果表明在上海运行时,当供热设计负荷为 4 500 W 时,此值改前机组为 1.368,改后为 1.863,提高了 36%。可见,经济效益是显著的。根据航空部 134 厂提供的换热器销售价格及文献[4]制定的电费价格,只需 1 211 供热小时就可偿还完由于室外侧换热器面积的增加而引起的初投资增加值。

本文探讨了一定的机组在一定的气象条件下室外侧换热器的结构和性能,说明只有根据气象、地球、设备使用条件等因素,合理确定各种部件的容量和配比问题,才能使空气源热泵高效运行。

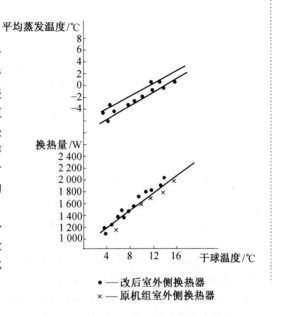

图 8 热泵机组改进前后的实验结果图

(参考文献略)

低位热能与热泵*

徐邦裕

摘要 本文回顾了热泵的发展史。分析了对低位热能的利用问题。详细地介绍了热泵式供热站、小型热泵机组及用于热泵上的制冷装置。并指出对作为节约生活用能的主要措施之一的热泵问题,应给予足够的重视。

一、概述

通常,以做功能力来描述能量的大小。在封闭系统中,不论发生什么变化过程,各种形式的能量可以互相转换,但其总和恒定不变。换言之,我们可根据需要把自然界中存在的各种形形色色的能转化为其他各种形式的能。所以,能量利用的过程实质就是能量的转化、传递过程。鉴于此,一般所谓"能量节约"之说,严格而言是不十分确切的。能量由某一状态转化或传递到另一状态时,因能源状态的不同,其转变效果亦不同。也就是说,能源因所处的状态不同,而其价值也不同。

例如,某城镇位于 100 m 水坝之下,而又高出某湖面 10 m 的地方。若欲每小时向该城供 1000 t 水,供水方法有二:一是由水坝直接供水,似乎未消耗任何能量;二是用水泵从湖中取水供给,若以坝中水作动力,则消耗坝中的水量仅为供水量的 1/11。即用 91 t 水就可供给该城 1 000 t 水(忽略了机械摩擦损失及管道阻力损失等)。这说明坝中水和湖水的价值是不同的。坝中水的价值随其位置的高低而变,若坝的位置降至 50 m,则它的价值亦降低一半,而大量的低位湖水反需要对它做功,方能取得,就某方面而言,其价值为负。

评价能源的价值既要看其数量,又要看其质量。吴仲华同志以"能流密度"**评价能量品质,当然也能概括一般能源的使用价值,某些能源若以它的地位高低势来表示,可能对人更直观些。

热能在转化过程中,分解为两部分,第一部分能的转换为可逆性的。即转换后的能具有做功的能力,又可通过做功仍转换为高位的能。例如在水力发电中,电能即有做功的能力,可以通过电动机和水泵将水提升到高水位,这类能在热力学中称为㶲(Exergy)。第二部分能的转换为不可逆性的,即转换后的能无做功的能力,不能再自动地转换为高位能。例如水力发电中已落下地面(水平面)的水和摩擦阻力等等,这类能在热力学上称为㶲(Aneigy)。在热能中,这两种能量之比称为㶲效率,㶲效率取决于热源温度和周围环境温度之差,而其最大的㶲效率为

$$\eta_{\text{ex}} = \left(1 - \frac{T_{\text{环境}}}{T_{\text{热源}}}\right)\varepsilon \tag{1}$$

由上式可知,热源温度越高,则㶲效率亦越高。反之亦然。显而易见,热源的价值随其温度的高低不同而异。更可见热能的转换、传递过程除了遵循热力学第一定律外,还要服从热力学第二定律。

图 1[3] 给出热能转换过程中,㶲最大效率同其温度之间的关系。

因此,合理使用高位值的热能的问题十分重要。例如我们直接用 300 ℃ 的蒸气作为供热用,则有效使用部分充其量不过是热源 50%。若采取类似上述的高坝取水法,先使高温蒸气推动一动力机,再令其带动一做功机(如上例中的水泵),以汲取周围环境中的热能,升高其温度以达采暖之用。这样,此过程中有两种

---

* 本论文发表在《哈尔滨建筑工程学院学报》1981 年第 3 期上。
** "能流密度"是在一定空间或面积内从某种能源实际所得出的能量或功率。

热源在起作用,即高位热源和低位热源(甚至无用的)。显然,这种以动力机和做功机联动组合机组作为供采暖用的热源,所供的热能远远大于高位热源所消耗的热能。

通常,制冷机可作为这种泵式做功机。因为制冷循环既从物体中吸取热量,致使它的温度低于周围环境的温度,又排出高于周围环境温度的热量,而形成热量泵的作用,称为热泵。美国西屋公司又称为温度升高器[4]。热泵虽然需要用一定量的高位热源,但供给的热量却是消耗的高位热量和吸取的低位热量的总和。因此,对于高位热能是有所节约,而其总的能量消耗并未减少。

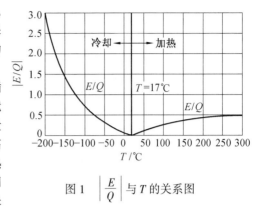

图 1　$\left|\dfrac{E}{Q}\right|$ 与 T 的关系图

一般高位热源系指温度较高而能直接应用的热源,如蒸汽、热水、燃气以及燃料化学能、生物能等等。而低位热源系指无价值、不能直接应用的热源,如取之不竭的贮存在周围空气、水、大地之中的热能;生活中所排出的废热,如排水和排气中的废热;生产的排除物(水或气等)中的含热量;能量密度较小的太阳能等等。这些都是俯拾皆是而一向被人认为不可利用的低位能源,都可以用热泵方式将它转化为可用的高位热源,以节约高位能。当然,利用热泵升高热源温度是有一定的限度,这取决于经济和技术的条件。一般供应采暖和热水的温度为 20～60 ℃。

目前,各工业国供采暖、空调及热水供应用的热量很大,如美国和日本均占总能量消耗的30%,瑞士占45%[5]。我国民用总能源耗费占能量总耗量的11.5%,而用于供热空调方面更少。但是这个比率显然太小,因为我国每人能源为0.6 t标准煤,只有世界平均值的1/4。所以随着我国人民生活水平的提高,供热空调用的能耗,必将飞速发展。对作为节约生活用能的主要措施之一的热泵问题,应给予足够的重视。

二、热泵式供热站

热泵式供热站是一种新生事物。正处于萌芽阶段,是一种有前途的事业。它是一种利用低位热能的热泵系统联合进行区域供热或供冷的系统。因此,它同时兼有热泵和热化之优点。既有调节负荷方便,对环境污染少,运行效率高的优点,又有利用电力非峰值期间进行贮存能量的优点。

区域供热在美国虽于1877年已有所开端,但发展缓慢,远不及西欧、苏联和日本等国。现在已感到热泵联合能量系统(HP－ICES)有强大的生命力。将于1984年作多项计划,以寻找该能量系统的发展、演示和评价[6,7]。挪威也于1977年拟定了热泵式供热站计划[8]。在OSLO附近建造一座供15 000万用户的热泵式供热站,该站峰值负荷为27 000 kW,以6 ℃的海水作为低位热源,在全采暖期间内,其平均能转换系数为3.5。苏联在供热和动力工程中使用气体和液体燃料时,一向认为采用热泵是无益的。但是,近年来由于煤和铀逐渐发展为主要燃料,就打破了昔日的看法,开始大力推广热泵式供热站[9],计划在莫斯科建一座大型热泵站,以曝气站净化后放入莫斯科河的污水作为低位热源[10],这股排水巨流在10月至2月期间内,其水温为16～22 ℃,流量每昼夜达 5×10^6 t。而且随着城市的发展和生态的要求,此曝气站将日益扩大。估计该热泵式热化站建完后,燃料与锅炉房相比可节约30%,而运行费用的节约将由9%逐渐增到22%,对大气的污染可下降10倍。在此方案实施之前,将在新古扬夫斯基曝气站内建造试验性热泵式热化站。为此进行了许多大型设备的试制。压缩机的单机容量近 10^8 kcal/h,轮径为1 m的10级轴向压缩机。

热泵式供热站的形式有两种。其一是用大型热泵将冷或热水直接供给用户。如图2(b)[11]。其二是将电站的冷凝水用管道送至各用户,作为低温热源,以供各用户单独小型热泵用的供热方式[11]。见图2(a)。该系统的缺点是输送中有热耗和剩余热量与发电往往不能一致。其优点是可远距离输送,费用较低,甚至可将管道敷设于道路之下,具有防止积雪和结冰之作用。

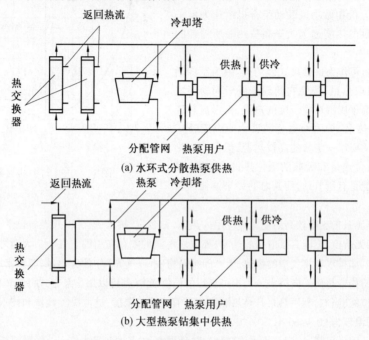

(a) 水环式分散热泵供热

(b) 大型热泵钻集中供热

图 2 热泵式供热站的形式

区域性热泵供冷热站的倡议虽然是新事物,但却已赢得各方面的重视。如世界能源会议的执行委员会于 1976 年通过关于创立热化和集中供热委员会的决定[12]。在我国热电站尚未大量发展的今天,应多考虑和研究此问题。创造条件建造试验性的基地,而不一定要遵循旧有发展途径。

三、小型热泵的发展

从 1973 年石油能源危机以来,美国各种空调产品的产量都急剧下降,唯独小型热泵机组仍急剧上升。由 1971 年生产 8.2 万套到 1976 年增到约 30 万套。在此 25 年中生产超过 180 万台小型热泵[13]。而日本日立公司生产的热泵机组占空调机组的总台数,从 1972 年的 12% 增到 1974 年的 27%[14]。图 3 给出各种空调系统所用设备在各年份的分配变更指数的变化情况[15]。由此可见,小型热泵空气调节机组即以高速度发展着。

最常用的小型热泵机组为窗式空调机组。它用在单元房间内,装于窗上。夏季按制冷工况运行。利用室外空气带去冷凝热,而利用室内侧的蒸发器冷却室内空气,以达制冷目的。冬季按制热工况运行,使原冷凝器变蒸发器,而原蒸发器变冷凝器,加热室内空气,以达到供热之目的。该机组产量较大,每个工厂年产几十万台。

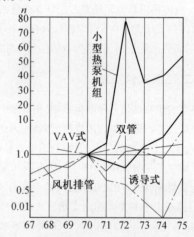

图 3 各种空调系统设备逐年变化指数

$$n = \frac{N_t}{N_{70}} \cdot \frac{NA_{70}}{NA_t}$$

n— 分配变更指数;

N_t— 该年产品出售台数;

N_{70}—70 年该产品出售台数;

NA_t— 该年空气处理设备出售台数;

NA_{70}—70 年空气处理设备出售台数。

立柜式空调机组也可用热泵形式。可以利用室外空气冷凝器作为蒸发器(以空气为热源),也可用水冷凝器作蒸发器(以水为热源)。

小型热泵机组的低位热源形式繁多。有的利用室内排气;有的利用同一建筑物内某些房间的余热,再向其余房间供热;有的利用房间的小型水源,或排水废热。家庭中利用排水或其他余热的热泵式热水器,现在已被较广泛地应用。节约能量达40%,有的甚至可达60%[16]。

四、用于热泵上的制冷装置

各种形式的制冷机都有作热泵的可能。因为它们都具有吸热和放热的双重作用。目前,热泵中广泛应用蒸汽压缩式制冷机。1932年,装置在瑞士苏黎世市府大厦中的世界第一台能够实际应用的大型热泵装置,以河水作为低位热源,用R-12的单片旋转压缩机[17]。

活塞式压缩机的热泵常是机组形式。如美国凯利公司供应 $7 \times 10^4 \sim 11.2 \times 10^4$ kcal/h成套系列的热泵机组,当室外温度为-10℃及7℃时,其相应的换热系数为2.1和2.8[18]。瑞士Sulz公司的1975年的成套产品,供热量达 50×10^4 kcal/h,并附有能量控制[19]。1976年在德国交易展览会上展出宁道公司之热泵机组,能用于游泳池或空气调节。当供热温度较低时,其换热系数为 $6 \sim 7$[20],以R-22为制冷剂。

近年来,将大型离心式冷水机组已改造为同时供应热水的热泵机组。其形式有两种:一是采用双管束冷凝器,即在同一冷凝器中装置二种管束(其中一管束通过冷却水而另一管束通过作为热泵用的热水)以便利于热的回收[21]。二是二级离心压缩机串联使用[22,23]。如在凯利公司专利中,第一级用R-11而另一级用R-13,这样不仅可以得到温度较高的热水,而又可减少离心压缩机运行中的喘动现象。1979年,美国西屋公司在来华技术座谈会中宣称他们生产高温热泵,又称为升温器[24~26],其供应热水的温度可由57℃至104℃,而以排水作为热源,制热系数可达4.4。

螺杆式制冷机于十多年前在制冷方面才开始普及应用。但由于它具有:压缩比高(单机压缩比可达1:25);余隙较小;液击危险比活塞压缩式制冷机小;能量调节简单而能进行无级调节;可靠性及耐久性较高等优点,能满足热泵的要求。因此它广泛地被用于热泵上。日本神户制钢所自称首创以室外空气为热源的KHP型螺杆压缩式热泵,其热量可达 1250×10^3 kcal/h。

丹麦Sabroc供应大型螺杆压缩式热泵[28],其中HPVMY-525型热泵每小时可加热1 415 t水,其温升为15℃。所用动力达5 088 kW。

上述各类热泵均用电动机或其他动力机驱动。实际上,也可直接用吸收式制冷机的高位热源。如日本荏原制作所生产16JR型以煤气为燃料的溴化锂吸收式冷温水供应机组[29]。由于采用二级效应,提高其热效率,才有可能与直接用煤气系统相竞争。这种吸收式热泵机组的问世,是一创举。使1976年该热泵机组的产量远远超过离心压缩式机组的台数[30]。最近,荏原制作所又对16JR型改型为节能的16JR-E型吸收式热泵机组,其耗能量比16JR型减少9%[31]。德国汉堡大学N.D.Baeher分析了再吸收式氨热泵的最大制热系数,说明了只有在优越的外部条件下,才能节省第一次能源[32,33]。估计所能节约的第一次能源量不超过通常的煤气或油炉采暖系统的25%。

蒸汽喷射制冷或供热的热效率很低。但是由于它的结构简单,造价低廉,运行中无噪声和振动,因此,仍有应用的价值和场合。如用于汽车空调上[34],或当冷凝和蒸发压力差较大时作为升压器用[35]。关于其性能系数,捷克Prage大学的Z.Dvorak曾在比利时Mons的国际制冷学会的学组会议上作了分析[36],说明了该系数取决于第一次及次能源工质的质量比及其两种能源焓之比。

热电制冷或供热虽然是早为人们所熟知的现象。但是目前仍然是因为效率值和转换系数太低,尚不能与蒸汽压缩式机组相匹敌[37]。此外,半导体Paetiu元件的运行要求高电流低电压,又要连接很多元件,其试验报告也表明了设备价高、效率较低、可靠性低[38]。

五、低位热源（次级能源）

空气是随地易取的低位热源。但是其参数随着地区和季节的不同而变化,这对热泵的容量和热变换系数影响很大。势必造成当室外温度越低时,即要求供热量越大时,热泵供热量和热变换系数反而越低的矛盾。为此,要增设辅助加热器。为了合理选择辅助加热器的使用时数及使用热泵,应该了解在整个采暖季节内各种温度出现的频率[39,40]。为此,建议用数理统计的方法对当年的有限气象资料进行整理从而归结出年的气象变化规律,以此来估计各年的热量[41]。美国凯利公司根据各地的气象条件,将美国划分为五个每年季节制热系数相似的区域。以便选用合适的空气－空气热泵。空气－空气热泵在寒冷地区行时,其经济性差。不仅要用许多供冲霜用的构件,而且还要消耗可观的能量。如在 2～7 ℃ 温度范围,每 1 000 m^3 空气量要消耗 1 000 kcal 的热量[43]。而美国爱迪生研究所根据全年记录,除霜消耗了全部能量的 5%[44]。热泵各构件的配合问题也是个重要问题。只有根据气象、地理、设备使用条件等诸因素,合理确定各种部件的容量和配比问题,才能使热泵高效运行。这种构件优化问题涉及因子很多,是个复杂问题,要借助于数学模型来计算[45,46]。利用室内排气来加热新鲜空气也是一种有效的空气热源热泵[47~49]。

土地也是一种低温热源。它像空气一样,处处皆有,而其温度变化不大,基本不需要除霜。其能源密度约 20～40 W/m^2,一般可取 25 $W/m^{2[50~53]}$,可不用泵和风机以减少噪声和节能,同时实践经验证明:土壤的温度下降率亦不是困难[54]。尽管如此,它的应用仍受到一定的限制,其原因是:占地面积大,排管用量大,按土地多维不稳定传热计算和选择其传热面积困难。但因电算技术的发展,建立了它的数学模型[55,56],为了解决此问题提供了条件,同时利用塑料排管及垂直埋管等等措施,尤其最近在美国 Oklahoma 大学召开的第五热泵技术会议上连续宣读了三篇有关太阳能结合土地热泵应用的论文[57~59],更加扩大了应用领域。

水是优良的热源。既有很高的热容量,又是良好的传热体。但是水量和水质都受一定的限制。地下水为良好的热源,其温度约等于该地区的全年平均温度,水温很稳定,粗略估算一般每平方米居住面积约需 1/10 kg/s 的深井水。但过多使用地下水会造成某些地区下沉,同时有些深井水水质不符合使用要求等等,故推广中受到限制[60]。近年来,我国采取地下水回灌法,起到了冬夏之热能相互贮存作用,是值得重视的课题[61]。一般来说,只要地表面水和河湖水不结冰,均可作为热源用。海水是丰富的低位热源。我国的不冻良港很多,都是优良的低位热源。国外应用海水的例子很多。例如:挪威 Tromsφ 海港,冬季海水约 5～6 ℃,但该城有 300 天平均温度在 -12 ℃ 以下,该城采用热泵供热站,可使它四季如春[62]。苏联黑海疗养区采用以海水为低位热源的热泵供热,这样每百万千卡热约需 115～120 kg 标准煤。而若用锅炉供热则需 210～270 kg 标准煤[63]。

太阳能为地球能的总来源,直接利用太阳能存在两个困难。一是太阳辐射热量随着时间、季节、日夜及天气等因素不同而作大幅度的波动。为此,要设有一大容量的辅助热源。二是当气温越低时,太阳集热器效率越低,而且容量显著增加[64]。以太阳能集热器作为热泵的低位热源,将会大大提高集热器的制热系数,此时,既可简化了集热器,而即使在阴天,太阳能热泵联合系统也会高效地运行。例如,比利时的 Liege 大学应用一套无盖板的集热器和一低温贮热器来贮存微弱的太阳能,通过热泵升温进行供热[70],获得良好的效果。我国所谓"天无三日晴"之地区也不少,亦可作参考。热泵不仅可以有效地利用低位太阳能,而又可以利用太阳能作辅助热源。一热泵和太阳能可以按不同情况串联和并联使用。这些装置的运行情况,已用数学模型来描述其综合运行的最优的各种条件[71,78]。结合太阳能的热泵其他形式很多。又如利用埋在地下的排管贮存太阳热能,再用于热泵供热[73,74]。

工业生产废热和生活废热,形式颇多,数量可观,大有利用的前途。有的温度较高,可再次作高位热源,直接使用。如冶金钢铁工业中的废热[75],可作驱动机—制冷机之动力,以供热,也可以利用吸收式或喷射式热泵间接使用。但有的温度较低不能直接利用者,可作次级热源使用。这些低位热能的形式很多,如:① 室内排气,② 物体干燥时排出的潮气（像木材干燥）③ 废水亦是量大面广的低位热能,如莫斯科曝气站排入莫斯科河的净化后污水[77]。电站的冷凝排水,即使家庭的排水也都是良好的热源,已有些家庭废热水回水器,其温水供应量为排水的2～3倍。其种类很多,潜力很大[78],但在应用时要注意带热体的有毒及腐蚀性等等。

贮存热能也是低位热能应用一种重要形式。太阳能是周期性地供到地球,不一定总能符合我们的需要,地球上的所有物质却起了一个贮存太阳能的作用,以使人类以生存。设备的容量是有一定限度的,又不能按需要峰值来选择、安装设备,以满足需要。要改善这种供求关系,就要借助于贮热和热泵的作用[79]。贮热一般利用质重而热容量大的物质,如水、卵石、铸铁等等,这些都是呆重之物。若能利用物质的相变的放热和吸热[80],可改善贮存热能的效果。常用冰,芒硝,磷酸钠($Na_2HOP_4 \cdot 2H_2O$)(它的熔点为35.2 ℃)及石蜡等作贮热物质,那么其体积和重量却可大为减小。除此而外,亦可利用吸附或吸收作用来贮能,如氨－氯化钙或氨水溶液等。美国有全年能量循环系统。以水－酒精熔液为载冷剂,而以冰作贮能用。冬季制冰供热,而夏季则熔冰供冷,能获很高的热能转换系数,每年平均为5～6(供热与制冷并用)[81]。

六、第一级热能

目前,热泵都常用电动机作为压缩机的原动机。只要电动机性能范围选择恰当,它就能低噪声地、可靠地和高效率地运转。对于大型电动机应设置启动装置,以纠正动力因数。用可变速的原动设备,可以减少启动电流,又可以控制转速[82],似乎价贵些,但启动电流不仅影响电机,而且也严重地影响各种构件的相互干涉[83]。各种家用热泵的电机最大容量可达7 kW,其启动电流可达正常运转电流的4～6倍,其时间虽短,但仍会为邻舍电机启动带来困难。故制造1 kW以上热泵电机时,应考虑到其附属风机及泵不能同时启动[84]。关于利用变更转速改善热泵的性能问题,Paui已作了各方面的探讨[85],并认为应该用两种或三种变极电机,其造价低廉较合宜。我国已于1971年将双速电机应用于热泵产品之上,并已作鉴定[86]。

用透平机驱动制冷压缩机的方式可用于太阳能上[87]。即利用太阳能集热器产生蒸汽驱动制冷机,一般来说,集热器中用R—113作工质,制冷剂而用R—12,其热效果比吸收式为佳。在第十五届国际制冷学会B—2学组报告会上,曾展出一种小型煤气透平机和离心式制冷机的联合机组[88],可供家庭采暖之用,十分轻巧,放在桌上即可运行,全机使用气浮动轴承,无油润滑,无振动,无污染,寿命长。目前,西德[89]、英国[90]、美国[91]均在研究和推广小型煤气引擎热泵。大型的煤气引擎热泵(0.5 MW空气热泵)已在西德Dortmund运转[92]。意大利国家中央研究所试制了一套以引擎驱动制冷机的热泵样机,以便对热泵所用工质、制冷剂、热交换器、流体机械的结构等等[93-95]的性能作全面深入地研究和探讨。

用柴油机驱动制冷机,一般认为可靠,寿命长,效率高。但是只有在良好的维修及经常的检查情况下,方能达到允许声响及污染的标准。此类供家庭用的14 kW柴油机组的小型热泵现在已投产[96]。实际上用柴油机来驱动制冷机,并利用柴油机之排热作为吸收式的第一级热源联合热泵机组早已问世。

近来,报告了有关自由活塞的煤气内燃机[98]。改用外部加热氦,以推动在汽缸中作往复运动的自由活塞,并用甘油水溶液冷却活塞排出的氦,当活塞做功时,就借此推动相邻的另一汽缸中(惰性压缩机)的活塞,作往复运动,以对制冷剂进行压缩和膨胀,来实现制冷或供热过程。在自由活塞的原动机中进行stirling循环,即由等温等容压缩和等温等容膨胀过程所构形的循环[99]。该机组除了利用原动机驱动制冷机所产生的热量外,还利用原动机所排出的废热。该样机的试验工作预计于80年内完成[100]。荷兰已用一台stirling引擎驱动一普通制冷机,并对其排气热进行回收,故使用燃料能量20 kWh,有能供应28 kWh加热的能力[101]。

高速蒸汽透平机直接与高速压缩机联动的装置将是高效率系统之一。但对轴间密封的维修问题要求较高。现研究一种全封闭的磁性连接器[99],使煤气机与压缩机联动。还有人研究在原动机和压缩机上使用同一种物质[93,108],以便易于解决密封问题,此种联动的热泵机组将可向大型发展。

以柴油机驱动压缩机的热泵,也可用柴油机直接发电,再通过电动机驱动热泵,这样,使用上灵活。若该热泵换热系数可达3,那么它的供热量就约相当于燃料的发热量,再结合其他引擎上废热的利用,则其总供热量可能约为燃料发热量的 1.3 倍[102]。

除此而外,尚有建议用射流式内燃机作热泵驱动力[103],但是尚未获圆满的成功;还有风力、水力可作为热泵直接的或间接的动力能源。

利用蒸汽直接喷射(用于喷射制冷机上)和利用废排汽于吸收式制冷机等作为热泵第一级热能。在此,不再复述。

七、热泵的发展

热泵在理论上已有 150 年的历史了。但是始终没有得到应有的发展。其原因有二,一是由于电价和燃料价之比相差很大,使热泵失掉了经济运转的优越性;二是对热泵构件及系统研究得不够[104]。近几年来,由于燃料短缺,促进了热泵的蓬勃发展,而有关热泵方面的研究课题的中心似乎是围绕三点:(1) 提高设备的换热系数和可靠性;(2) 循环系统的改进;(3) 制冷工质的研究等。

很多制造厂家在改进换热系数方面做了大量工作。如日立制作所 75 年的空气热源热泵机组产品较以前的同类型产品,在同样工作条件下,其换热系数均增加约 10%[105],据日本的估计,到 1985 年,将要把目前运行的换热系数仅有 2 左右的住宅空调机组的换热系数提高到 2.6~2.8[106]。其相应的热泵能量转换系数增到 3.2~3.5。而其改进的方面多集中在热交换器、系统及控制方法的改善上[86]。

合理地选用适当的制冷剂是使用热泵的重要手段之一。一般情况下仍可用普通空调机组所使用的制冷剂,如 R-11,R12,R22 及 R500[107]。当温度较高时,可使用制冷剂 R114,R11 及 R113。当温度非常高时要使用特殊的制冷剂,如 R-142 中加些 R-11 即可得 80 ℃ 的热水;使用制冷剂 R12B1 可得高达 10 ℃ 的供热温度;如再进一步往 R-114 中加一些特殊润滑剂(如 Fomblin)等,可使供热温度高达 110 ℃[108~110],但目前尚未能见到超过 120 ℃ 者。共沸点制冷剂 R-520,不仅是一种温度范围较广制冷剂,而由于它有较高压缩效率和降低过热温度,从而使热泵在某场合也很适宜[111]。

由于冷却剂(冷媒)在热交换器的出口和进口间有较大的温差,势必在逆卡诺循环中将造成较大的效率损失。若能寻求一种制冷剂,能在冷凝和蒸发的过程中,不是遵循逆卡诺循中等温冷凝过程和等温蒸发过程进行,而是沿着传热过程线进行工作,则将由两个传热过程线和其两个等熵过程线所构成的循环,称之为洛伦兹(Lorenz)循环[112],这种循环要比逆卡诺循环有更高的能量转换系数。洛伦兹首先分析几种混合剂在正常压力沸点和浓度的关系,从而找出:要实现洛伦兹循环,需要用非共沸点混合制冷剂,以便使其冷凝温度随着它的浓度的变化而改变。同时,进一步发展 R-11 及 R-12 的非共沸点混合物就有符合此要求的特点[113]。西德 Kruse 在过去研究 R-12/R-114 的混合制冷剂的基础上又报道了关于 R-22/R-114 非共沸点混合制冷剂在热泵上的试验结果,结果表明:当使用 50%R-22 的混合制冷剂时,其能量转换系数比使用纯 R-22 制冷剂时大 25%[114,115]。法国 A.Roiey 将 R-22/R-11 和丁烷/乙烷非共沸点制冷剂应用于家用和工业热泵上,试验表明:在某些情况下与普通的供热装置相比较,其节能效果最高可高出 50%[116]。芬兰 A.Aittomaki 以 R12/R13B1 和 R-22/R114 非共沸点混合制冷剂应用于大温升或大温降的热交换器中做实验,其结果与理论计算的热能转换系数相差很大[116]。可能由于温差大引起在换热器的制冷剂的温度分布不均匀所致。美国 Cloper 及 Borchardt 将非共沸点混合制冷剂 R13B1/R152 应用于同时可作热泵或制冷机的工作条件之中获得良好的结果。使用非共沸点工质,除了能改进热能转换系数外,若配合比恰当,尚可增加供应之能量,降低排气温度,若采用精馏塔还可以作为能量调节之用。

吸收式热泵系统就广义而言也是一种用混合制冷剂来进行工作的系统。西德 Baehr 试图用电算机进行氨水吸收式热泵的模拟计算[119],以求得在什么样的外界条件下,使一般简单的氨水吸收式热泵有较高的热能转换系数,而比常规的供热装置节约 25% 的一级能源,以便能在供热上有竞争能力。并提出在系统中增设精馏塔或采用双级吸收的系统来进一步提高其热能转换系数。法国 Salazan 由焓平衡出发,建立一热能转换系数的表达式,说明热交换器参数或溶液流动参数的函数,利用此式可以合理地选用各种制冷剂。

以空气为制冷剂,实现所谓无相变的空气循环,通过其放热和吸热来进行供热或制冷。原认为其能量转换系数是不高的,但是普渡大学的 Edward 认为作制冷剂的空气不是单纯的空气,对是含有少量水蒸气的混合物[121]。这种混合工质在压缩过程中,空气中的水蒸气凝结,需要的压缩功减少,而在膨胀过程中,空气内的水分蒸发就能回收一部分能量。因此,提高它的循环效率及能量系数。苏联在这方面也作了理论分析[122]。这种设备不仅在热效率方面有优越之处,而且,温度使用范围幅度大,体积小,又无公害,不需要设置特殊的空气处理设备,实为空调系统中一有前途的供热和供冷设备。将来这种设备不仅用在交通工具上,如飞机、汽车等,而且还要逐渐推广到居住建筑上。

改进热泵的能量转换系数尚有很多方法。

(1) 以过冷温度来控制节流阀。从而降低过热温度和排气温度,与一般系统比,它既可以增加容量和能量转换系数,又可提高其可靠性。美国 Westinghouse 按此原理首创了 Ai/Re/Li 系统的装置[113,124],并装有集液罐、回油管及过冷热交换器,以保证回油、液的分离,提高系统的安全可靠性。

(2) 用调节制冷量的方法提高运行性能。通过调节电机转速来控制制冷压缩机的制冷量或供热量,以便能在面积固定不变的蒸发器和冷凝器下,达到高效运行和增加其热能转换系数[125]。只要连续地调节其转速,每年就可以节省能量约达 20%[126]。

(3) 用延迟进气阀门开启时间的方法也可以调节热泵的能量,则每年可能节约能量最高达 30%[127]。不过当热泵压缩机带有能量调节时,也需要注意加大其热交换器的面积,才能获得更好的热泵经济性能[128]。

(4) 目前,关于热泵特性的目标函数很多,以此优选各种构件的配用[127,129,130] 或用以求得较佳的运转条件,尤其是解决了热泵与其他供热设备并联运行时的最佳工况问题[131]。

(5) 在很多情况下,用恒压膨胀阀代替毛细管或一般热力膨胀阀,也可改善其系统的能量转换系数[132]。并能自动补偿制冷剂充液或过少的作用。

可靠性问题曾经是热泵发展的最大障碍之一。50 年代,家用热泵的可靠性并不高,致使其维护修理费用占运行费用中一定的比例。而且大部分供热与制冷合并,全年使用,对其可靠性提出更高的要求,因此,多年来,在设计、加工和材料方面作了一系列的改进。如:加强装配时的清洁和干燥;加大试运转的幅度范围,以观察热泵在重负荷和恶劣环境下的工作特性;增设各种防止液击及高效的冲霜装置,增强阀片的疲劳强度;提高电机、电磁阀、继电器及各种控制设备的可靠性;增强润滑和密封等措施,现在热泵的可靠性有了明显的提高。美国曾将其 64 年前的产品作过改进,这样,一般运转 4~5 年后,每百台中每年的检修率为:用于居住建筑者为年平均 1.13 次,而用于公用建筑者为年平均 0.78 次,60% 的检修均在采暖季节,而每次检修所需劳动力平均为 3 小时[133]。在 1979 年的报道中[134],133 台热泵中有半数的检修率每年 0.25 次以下,而总平均检修率亦不过每年 0.63 次。美国电力服务公司的调查[135,136]证明热泵在 15 年中一般能高可靠地运行 40 000 小时,这就可与汽车引擎和其他大批生产的机械相比拟了。在 14 届国际制冷会议中一篇保加利亚的论文说明:通过从同类型机组中抽出一台,加速进行可靠性试验,然后按其结果用数字模拟方法,来预测相似结构机组的可靠性指标[137]。这大大有助于机组可靠性的确定了。

八、各国热泵工业发展情况

美国早在 1881 年就设想利用 Niagara 瀑布的动力供美和加拿大采暖之用。小型热泵的代表性装置的设计在 40 年代已经出现。到了 1952 年才只使用了 1 000 台小型热泵。这是因为美国电价持续下降,而热泵上某些关键部件尚存在问题,难与电加热器相竞争,所以在此以后一段时间内,虽有发展但并不迅速。60 年代初期,由于热泵可靠性低而价又高,声名狼藉,只得削价出售,甚至联邦政府强行禁止进一步采用热泵装置。在此十年中,热泵的产品几乎没有什么进展。到了 70 年代初期,由于能源危机和热泵本身可靠性的提高,使热泵得以飞跃的发展。由 1971 年的年产 8.2 万套增长到 1976 年的年产 30 万套,在短暂的五年之中,年产量增长四倍[138]。热泵应用范围日益扩大,美国的热泵应用区从只限于南部温度高于 6 ℃ 的地区而考虑扩展

到北部温度低到 $-50\,℃$ 的地区[139]。因此,需要生产适合于该地区气象条件的产品。估计 1985 年将有多于 30% 的热泵机组出售给采暖时日多于 5 000 度日的地区,这几乎包括美国北部的 29 省。又估计 1985 年美国将要提供 1 百万套热泵机组。上述提到的热泵先进技术,如高温热泵(温度升高器)、高可靠性热泵系统(Hi/Re/Li)、煤气自由活塞泵,以及以湿空气为工质的热泵等等,美国在这些方面都是先驱。

日本在 1930 年就作了热泵的试验性运行,大战前在大型建筑内曾装过热泵式的空调系统。但是,此后一直酣睡了十多年。直到 1955 年才开始发展以井水为热源的热泵。1960 年后,以空气为热源的热泵开始登场,而发展极迅速。据日立公司资料可知:由 1972 年至 1974 年,热泵机组占整个空调机组的比例由 12% 增到 27%,现在日本新生产的小型热泵机组在数量和品种上可与美国相媲美。但是日本的离心压缩机组较美国略逊一筹。然而日本却发展以空气为热源的螺杆式热泵(如神户制钢所供应的 KHP 型),其单机组供热量可达百余万千卡每小时。荏原制造所生产了高效率的双级溴化锂吸收式制冷机组,它可以兼作制冷和热泵机组之用,1976 年生产的台数高于离心压缩机组的台数。此外,日本的家庭废热回收式热泵普及率很高,已超过西德和瑞典[140~143]。

苏联的集中供热站比较普遍,加之大部分地区,夏季天气不很热,对空气调节要求不十分迫切,所以小型热泵机组在苏联未曾得到普遍发展。早在 50 年代里,他们曾详细讨论过热泵的使用问题。认为当在供热和动力工程上使用气体或液体燃料时,采用热泵是无益的,但是,近来由于煤和铀作为动力工程的主要能源,大型热泵工业又得着飞跃发展。他们又致力于热泵供热的研究。计划第一步在新古力扬诺夫斯基曝气站,利用到莫斯科河中每昼夜百万立方米的净化水为试验性热泵站的低温热源。这样就可以为城市每年降低燃料消耗量一百万吨标准煤。待莫斯科热泵站全部完成时,节约燃料更可观。苏联又在黑海海岸的疗养区建立以海水为热源的热电站,并指明了若采用一锅炉房方式供热,每 1 百万千卡需要 210~270 kg 标准燃料,若采用热泵方式,则仅需 115~120 kg 标准燃料[195]。此外,苏联在生产工艺上使用了较大型的热泵。如在茶叶干燥工艺上采用空气除湿机[146],该厂的热泵总功率为 1 550 kW。

热泵在英国早具有雏形,是以空气压缩机为理论依据,但始终未得到实际使用价值,直到德国 Lind 公司制成氨压缩机后,热泵开始采用蒸气压缩的方式,才逐渐地进入了实际使用的境地。而大型热泵也不断在欧洲建立起来。如世界大战期间,瑞士苏黎世市府大楼的采暖是利用河水为热源,借助于 R-12 单级离心式热泵[147]。1952 年在 Festival 展览会上英国出现一台当时世界上最大的热泵,其容量为 2.25 Mkcal/h,使用泰晤士河水为热源,用双级 R-12 压缩机[148]。欧洲报道了相当数量的以河水为热源的热泵装置。其中在西德已约有 5 000 套在运转,西德的 Esslingen 使用的两个系统较为现代化,其供热量分别为 1 100 kW 和 900 kW。对此的研究是西德和美国合作研究能源的一部分[149]。

以土地为热源的热泵装置,在欧洲应用较为广泛。在瑞典、西德、英国等均有较典型的示例。如:西德的 Krupp 利用约 600 m² 的土地为热源,建立了一独立房屋的试验性热泵装置。瑞典发展了一种地热系统,带小型热泵和塑料管子,这种使用例子在瑞典已有数百套,如奥地利一现代化装置也是使用地面塑料管和埋入的平板系统。英国第一台土地热泵用于 Norwich。法国上千户住宅采暖采用地热水,并计划将利用井水的热泵,以取更多的热量。即使在纬度很高的芬兰,亦建有土地热泵,热能较换系数亦可达 1.9[150~152]。

在欧洲以空气为热源的热泵被广泛使用。但远不及美国,仍然在迅速发展中。例如:1974 年在 stokholm 办公大楼装置二台容量为 5×10^5 kcal/h 的螺杆压缩机就是用空气热源;目前瑞典商店所用空气热泵系统,其最大供热量为 75×10^3 kcal/h[153]。法国已有利用排气废热的热泵系列产品出售[154]。

关于太阳能作为热源的热泵,一般认为西德某旅馆的装置较现代化,其特点是设有容量为 36 m³ 的贮水槽,具有较大的经济性能。欧洲热泵的新用途是:冰场和游泳池并用的制冷式热泵。例如:西德的 Trostberg 以一座人工冰场作为三座游泳池的热源,负荷约为 1 MKcal/h,其能量转换系数约在 5~6 之间。以内燃机作为热泵的驱动机的机组正在发展中,如欧洲第一座内燃机热泵联动装置已在西德 Dortmnnd 的游泳池运行,其输入功率达 500 kW[149]。stirling 发动机是一种正在实验的装置,荷兰的 philip 公司曾用它作为特别的广告宣传。其轴功率为 5 kW。热电制冷与供热装置的发展已徘徊多年了。目前已有突破的趋势。法国已生产千瓦规模的组件。

利用热泵作为区域性供热站在欧洲亦见萌芽。如最小国家列支敦士登设有供热站,以井水为热源,供应 40 户住宅[155]。又如挪威虽为水力丰富的国家,现在也计划多设热泵供热站。在 szlo 郊区某山城设有热泵供热站,供应 15 000 人,管网约 1~5 km,以海水作为热源[8]。西德现在计划设立以动力厂的废热作为热源的热泵供热站。由于在欧洲的电价尚高昂,阻碍了热泵的推广。因此,有些国家对热泵采取税务让步措施,拨款补助及鼓励手段等政策,以帮助热泵的推广,例如法国规定,使用热泵时可不收税,并提出 700 法郎作为自由连接热泵的津贴。欧洲各国对于热泵的研究亦非常注意。例如德国正在完成第二个三年(1977~1980)非核能研究计划,其中以热泵作为优先考虑的课题。荷兰的热泵研究重点放在包括 stirling 引擎在内的煤气驱动的压缩机和吸收式制冷机,并期望于 1990 年将大型煤气引擎热泵用于区域性供热站上。瑞典亦有 100 个有关热泵方面的课题在进行[156],等等。

其他地区有关热泵发展情况的报导就很少了。

我国自行制造的热泵以小型窗式空调器为主。其生产厂家虽多但产品规格和数量不多。其他稍具有一些特色的热泵机组,如带有利用冷凝废热的辅助加热器的恒温湿机组及冷风、干燥及加热三用机组等[157,158],但批量不大。我国地大人多,每人平均能源消耗量仅为 0.6 t 煤,为世界平均水平的 1/4,而为美国水平的 1/21。随着人民生活和生产水平的提高,耗能数字亦必在四个现代化的过程中突飞猛长。若仅依靠矿产第一次能源的开发甚难赶上需要。所以必须寻求新的能源。而其中低位热能利用,往往可待节约 1/2~1/3 的第一次能源,甚至更多。而且人口众多和幅员广阔都将直接或间接增加低位能的数值。因此,这个问题更加迫切需要加以研究。

或说:现在我国电力供应紧张,电费昂贵,奢谈热泵似不切实际。其不然。(1) 目前,尚有些场所直接用电热,应以热泵代之。(2) 某些工艺同时需要制冷和供热。(3) 作为热泵的第一次能源,不仅为电能,也可能为热能或其他能源。(4) 由于目前热泵的飞跃发展,改变了从前一些能源利用的观点。如热电站的设置等问题,应长远考虑。若现不开始研究,跟人家足迹前进,有时不是康庄大道。因此,热泵在我国虽不能大力推广,但却应加强研究,以求稳步前进。何况我们的水力资源居世界第一,而核能发电又是现在认为有前途的能源。这将促进热泵的发展,其前途是广阔壮丽的。但是,热泵并非是现在的新鲜事物,在它的发展过程中,曾历经了坎坷、曲拆、徘徊、剧升等里程。当我们起步研究热泵时,只有回顾热泵的发展史,了解各国热泵工业失败兴起的里程,并充分分析我国的具体国情,方能减少弯路,稳步前进。

(参考文献略)

结构参数对板式空气-空气热交换器性能影响的分析[*]

陈旸　徐邦裕　李宇明

一、引言

目前,人们已经对板式空气-空气热交换器进行了许多研究工作[1~4]。其中,多半集中在热交换器的强化传热、结霜特性和一些应用问题上,而在诸如板长和板间距等参数对板式空气-空气热交换器性能的影响方面所做的工作则较少。事实上,这些参数对板式空气-空气热交换器,特别是叉流板式空气-空气热交换器的性能有很大的影响。由于缺乏这方面的研究成果,国内一些厂家在产品设计的过程中只能参考一些国外的样本,并根据工程的实际需要来确定这些参数。从而导致出现了一些从热工性能角度分析很不合理的产品。为了提高产品质量,为国内各厂家的产品设计提供一些合理的设计参数,本文对干工况下叉流光滑平板空气-空气热交换器的性能进行了计算模拟。并以换热效率、热交换器阻力和体积指标作为目标函数,对这些参数进行了优化分析,给出了比较合理的参数范围,供工程和产品设计参考。

二、数学模型的建立

1. 基本假设

由于换热器内实际换热过程的复杂性,在对于工况下叉流光滑平板空气-空气热交换器的性能进行计算机模拟之前,首先作如下基本假设:

(1) 换热器内的换热过程是在恒热流边界条件下,常物性、不可压缩流体在扁平通道内所进行的稳定的层流对流换热过程;

(2) 忽略沿垂直于气流方向所进行的能量传递过程;

(3) 空气以均匀的速度流入热交换器,入口空气温度均匀一致。

2. 目标函数的确定

作为热回收设备的板式空气-空气热交换器,换热效率是反映其性能的一个重要指标之一。换热效率越高,热回收效果越好。但是,换热效率的提高必然伴随着热交换器阻力的增加,即热回收所付出的代价增加。为了反映板式空气-空气热交换器的热回收量和阻力损失这两个互相矛盾的因素,可取单位功率消耗所能回收的热量(即COP值)作为评价板式空气-空气热交换器性能的一个指标。计算和分析表明:在一般的范围内,热交换器功率消耗随其几何参数和风速的变化率大于换热效率随这些参数的变化率。COP值主要受热交换器功耗的影响。热交换器的功率消耗增加,COP值下降。在一定的流量下,热交换器的功耗是其阻力损失的单值函数,阻力增加,功耗加大。如果仅以COP值作为评价板式空气-空气热交换器热工性能的指标,必将得出只有在热交换器阻力和热效率都很低的情况下,热交换器性能才能达到最佳值这种错误的结论。为了更全面地分析问题,可选取COP值和换热效率两项指标来评价板式空气-空气热交换器的热

---

[*] 本论文被收录在《第六届全国暖通空调制冷学术年会论文集》(大连,1988)中。

工性能。

在从热工性能角度评价板式空气 – 空气热交换器的同时,还应考虑热交换器的体积、重量和金属耗量。为此,又引入了单位热交换器体积所能处理的风量作为板式空气 – 空气热交换器的体积指标来综合反映其体积、重量和金属耗量等诸方面的性能。最后,共取热交换器的换热效率、COP 值和体积指标三项性能参数作为目标函数,对板式空气 – 空气热交换器的结构参数进行优化分析。

3. 热交换器阻力的计算

随着雷诺数和板间距的不同,空气在热交换器内的流动区域可能全部处于入口段或同时处于入口段和充分发展区。文献[5] 的研究结果表明,扁平通道层流入口段长度可按下式计算

$$Le = 0.0118\, h\, R_{ef} \tag{1}$$

式中　Le—— 入口段长度,m;

　　　h—— 板间距;

　　　R_{ef}—— 以流道当量直径为定性尺寸,流体平均温度为定性温度的雷诺数。

文献[5] 通过大量的实验研究,将扁平通道入口段内的流动阻力综合成关系式

$$E_u = 110\left(\frac{x}{d_e R_{ef}}\right)^{0.9} \tag{2}$$

式中　d_e—— 当量直径,$d_e = 2h$,m。

上式适用于 $x/(d_e R_{ef})$ 在 9×10^{-4} 至 3×10^{-2} 范围内。

在充分发展区内,空气阻力可按达西公式进行计算,即

$$\Delta P_d = \xi \frac{L_d}{d_e} \frac{\rho v_0^2}{2} \tag{3}$$

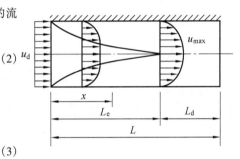

图 1　流动边界层在热交换器内的发展

式中　ΔP_d—— 充分发展区内的空气阻力,Pa;

　　　L_d—— 空气在分发展区内的流动距离,m;

　　　ρ—— 空气密度,kg/m³;

　　　v_0—— 热交换器入口空气流速,m/s;

　　　ζ—— 摩擦阻力系数。

$$\zeta = 96/R_{ef} \tag{4}$$

当板式空气 – 空气热交换器的板长 L 大于入口段长度 Le 时,空气同时流经入口段和充分发展区。这时,热交换器的阻力

$$\Delta P = \Delta P_{le} + \Delta P_d = \frac{\rho}{2}(v_{\max}^2 - v_0^2) + \zeta \frac{L - Le}{d_e}\frac{\rho v_0^2}{2} \tag{5}$$

式中　ΔP—— 热交换器的总阻力,Pa;

　　　ΔP_{le}—— 空气在入口段内的总阻力损失,Pa;

　　　$v_{\max}$—— 流道内空气的最大主流速度,m/s。

$$v_{\max} = 2/3 \cdot v_0 \tag{6}$$

将式(6) 代入式(5) 得:

$$\Delta P = \left(1.25 + \frac{48}{R_{ef}}\frac{L - Le}{h}\right)\frac{\rho v_0^2}{2} \tag{7}$$

由式(7) 可以看出,光滑平板空气 – 空气热交换器的阻力与其板长、板间距和入口空气流速均有关。

4. 热交换器的传热计算

理论上讲,当冷热空气交叉流过板式空气 – 空气热交换器换热面的两侧时,任意一侧气流的温度场均

呈三维分布,换热是在任意边界条件下进行的。但是,实际计算结果表明,应用前述三个假设进行简化计算得出的换热效率值与实验[2]的结果基本吻合。说明这种简化是合理的。因此,本文采用这种方法进行热交换器的传热计算。

(1) 对流换热系数的计算

文献[5]综合了大量的实验数据,得出的扁平通道入口段内恒热流边界条件下对流换热系数的准则公式为

$$N_{ufx} = 0.98 R_{efx}^{0.9} P_{rf}^{0.33} \left(\frac{x}{h} \frac{1}{R_{efh}}\right)^{0.1} \left(\frac{P_{rf}}{P_{rw}}\right)^{0.29} \tag{8}$$

以上各准则均取入口空气温度作为定性温度。由式(8)可计算出入口段内任意一点的局部对流换热系数 α_x。入口段内任一距离 x 范围内的平均对流换热系数的准则方程式为

$$N_{uf} = 1.35 \left(\frac{L}{h} \frac{1}{R_{eh}}\right)^{0.1} R_{ef}^{0.9} P_{rf}^{0.33} \left(\frac{P_{rf}}{P_{rw}}\right)^{0.29} \tag{9}$$

扁平通道充分发展区层流对流换热系数可采用文献[6]提供的计算数据

$$N_{ud} = 8.235$$

当热交换器板长 $L > Le$ 时,换热同时在入口段和充分发展区内进行,即

$$\alpha = \frac{1}{L}\int_0^L \alpha_d \mathrm{d}x = \alpha_d + (\alpha_{le} - \alpha_d) Le/L \tag{10}$$

式中 α_{le} —— 入口段内平均对流换热系数,W/m² · ℃。

将式(1)代入式(9)可求得

$$\alpha_{le} = 5.36 \frac{\lambda}{h} \tag{11}$$

(2) 平均温差的计算

在假设(2)的前提下,可应用有限差分法计算出热交换器的平均温差。差分网格的分法如图2所示,对任一微元控制体,应用能量方程和传热方程,可求得 $t_{ei,j}$ 和 $t_{fi,j}$,从而求得

$$\Delta t_m = \frac{1}{n^2} \sum_{\substack{i=1 \\ j=1}}^{n} \left(\frac{t_{ei,j} + t_{ei-1,j}}{2} - \frac{t_{fi,j} + t_{fi,j-1}}{2}\right) \tag{12}$$

式中 $t_{i,j}$ —— 节点 (i,j) 的温度,℃;

n —— 沿气流方向的网格数;

Δt_m —— 平均温差,℃;

e, f —— 表示排风侧和新风侧参数的角标。

(3) 换热量及热效率的计算

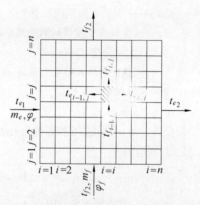

图 2 计算平均温差的差分网格

由公式(11)求出热交换器单侧对流换热系数后,即可求得其总传热系数 K_t,从而求出平均温差 Δt_m 和热交换器的换热量

$$Q = K_t F \Delta t_m \tag{13}$$

求出 Q 后,即可根据能量平衡方程求得热交换器出口的新风温度和换热效率

$$\varepsilon = \frac{t_{f_1} - t_{f_2}}{t_{e_2} - t_{f_2}} \tag{14}$$

式中,角标1和2分别表示热交换器进出口的空气参数。

5. 体积指标

设热交换器的换热面板长为 L，厚度为 δ，板间距为 h，则单位体积热交换器的厚度应为 $1/L^2$。其处理风量为

$$V = v_0 \frac{h}{(h+\delta)L} \tag{15}$$

可见，热交换器的体积指标也与 L、h 和 v_0 有关。

三、结果分析及结论

根据以上数学模型，我们在 IBM-PC 计算机上对叉流光滑平板空气-空气热交换器的性能进行了计算机模拟，程序框图如图 3 所示。以下，我们将根据计算结果，分别讨论各参数对热交换器性能的影响。

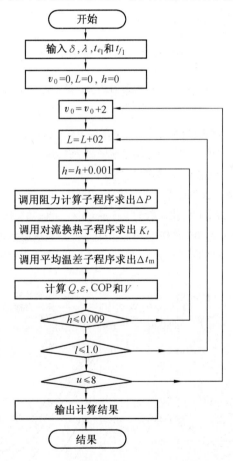

图 3　程序框图

1. 入口空气流速的影响

由图 4 可以看出，当换热面尺寸一定时，换热效率和 COP 值随热交换器入口空气流速 v_0 的增加而急剧下降。当 v_0 大于 4 m/s 以后，曲线下降速度趋于稳定。因此，从热工性能考虑，热交换器入口空气流速 v_0 应尽可能低些，但此时热交换器的体积指标下降。根据本文的计算结果并考虑国外同类产品的体积指标值（一般为 5 000~10 000 m³/(h·m³))，建议取 $v_0 = 2$ ~ 4 m/s。

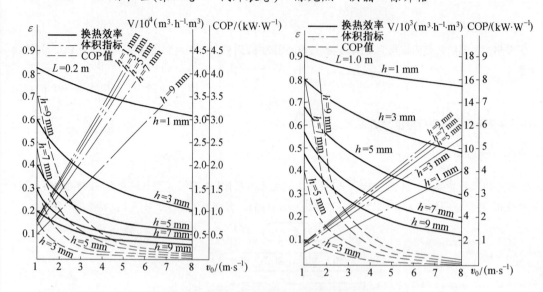

图4 空气入口流速对热交换器性能的影响

2. 板间距的影响

图5给出了在入口空气流速和换热面尺寸一定的条件下,热交换器性能随板间距 h 的变化规律。从图中可以看出,随着 h 的增大,COP值和体积指标均逐渐增加,而换热效率则急剧下降。当 h 大于 4 mm 后,随着 h 的增加,体积指标渐近于其最大值。而换热效率则仍急剧下降。由于换热效率是评价热交换器性能的一个重要指标,它的高低直接影响热回收系统的经济性,因此 h 值不应取得太大。若 h 值太小,COP值和体积指标又将很低,综合考虑以上各因素,建议取 $h = 3$ mm 左右。此时热交换器的体积指标可达其最大值的 80% ~ 95%;换热效率可达 45% ~ 70%;COP值虽然较低,但一般也可达到 100 ~ 200;相应的单侧阻力损失为 20 ~ 100 Pa。目前国外同类产品的阻力一般为 125 ~ 375 Pa,热效率为 65% ~ 80%。可见,本文所推荐的值是比较合理的。

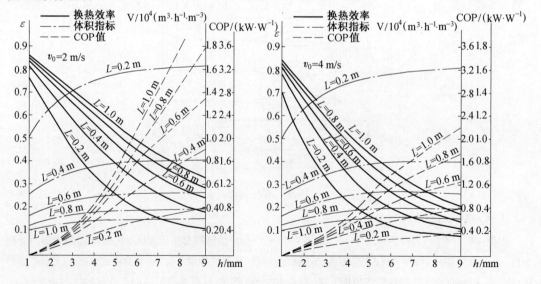

图5 板间距对热交换器性能的影响

3. 板长的影响

在推荐的板间距和入口空气流速的条件下,热交换器性能换热面板长 L 的变化规律如图 6 所示。由图中可以看出,换热效率COP值均随 L 的增加而提高。而体积指标则随 L 的增加而降低。当 L 大于 0.5 m 以后,如果入口空气流速为 2 m/s,则换热器的体积指标将下降到 5 000 m³/(h·m³) 以下,低于目前国外同类产品体积指标的下限。因此,板长 L 不应大于 0.5 m。考虑到 L 在 0.2 ~ 0.5 m 范围内换热效率和 COP 值随 L 的增加而显著提高。建议取 L = 0.5 m 左右为宜。当入口空气流速升高到 4 m/s 时,热交换器的体积指标相应增加。L 值,在这种情况下,建议取 L = 1 m 左右。

综上所述,可得出如下结论:

(1) 结构参数和入口空气流速对板式空气–空气热交换器的各种性能都有很大的影响,而且这种影响是很复杂的。在产品设计过程中应予以重视,并根据实际情况进行综合分析。

(2) 根据本文的计算结果和结果分析看出,干工况下叉流光滑平板空气–空气热交换器的入口空气流速可取 2 ~ 4 m/s。板间距可取 3 mm 左右,板长可取 0.5 ~ 1.0 m。入口空气流速取其下限值时,板长也相应取其下限值。在这种情况下,热交换器的效率可达 60% ~ 70%。阻力为 20 ~ 100 Pa。体积指标可达 5 000 m³/(h·m³) 以上。

(3) 实验[1][2] 表明,采用粗糙表面代替光滑平板作换热面,可大大提高热交换器的传热系数,但阻力系数也相应增加。在这种情况下,板长 L 可小于光滑平板的推荐值,以降低热交换器的阻力。虽然减小了 L 值,但由于传热系数的提高,仍可维持较高的换热效率。

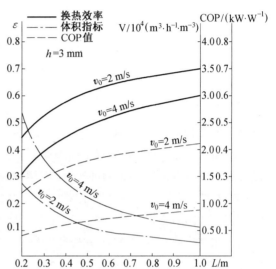

图 6　板长对热交换器性能的影响

(参考文献略)

在北方地区应用板式空气-空气热交换器解决冬季潮湿车间去雾除湿问题的分析

陈旸　徐邦裕　庞志庆

一、前言

解决潮湿车间的去雾除湿问题对改善工人的劳动条件、提高设备的使用寿命都有着重要的实际意义和经济效益。由于这些车间对湿度的控制精度要求不高，因此在夏季可以用自然通风的方法降低车间内的湿度。在冬季由于我国北方地区室外气温较低，若仅采用通风除湿的方法而不解决新风的加热问题，必将导致车间内的气象条件变得更加恶劣。采用新风预热的办法，将需要大量的新风负荷，如果用人工冷源的除湿机组，不仅初投资大，而且运行费用也很高。因此必须寻求新的办法解决这个问题。

哈尔滨建筑工程学院等单位首次研制出 QW-B 系列去雾除湿机组用于潮湿车间内的去雾除湿，达到了较好的除湿效果[2]。图1为该机组的系统示意图。该机组的主要问题是单位除湿量的能耗较大，系统运行管理不大方便。

板式空气-空气热交换器不仅换热效率较高，而且进排气间互不接触，结构也比较紧凑（如图2所示）。它可以冬季室外的低温空气作为冷源进行冷却除湿。还可以通过回收车间高湿度排气的全热量热室外新风，实现热回收型通风除湿的目的。因此，本文提出了应用板式空气-空气热交换器解决北方地区潮湿车间去雾除湿问题的设想。

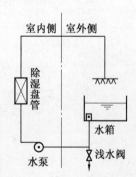

图1　QW-B型去雾除湿机组系统图

图2　板式空气-空气热交换器结构示意图

---

* 本论文被收录在《第六届全国暖通空调制冷学术年会论文集》(大连，1988) 中。

二、基本原理和流程

1. 空气－空气冷却除湿

空气－空气冷却除湿的原理是利用室外空气作为冷媒冷却换热面,使其温度低于车间排气的露点温度,将一部分水蒸气从排气中凝结下来,经凝水盘排掉,冷却后的空气再经二次加热器加热送回车间。这种除湿方式的系统图和车间排气的状态变化过程如图3和图4所示。由图中可以看出,车间排气流经板式空气－空气热交换器时,被冷却干燥,由状态 N 为状态 B。实验[1]表明,状态点 B 接近饱和状态。被冷却干燥后的车间排气经过二次加热器后被加热到送风状态 O 送入车间。

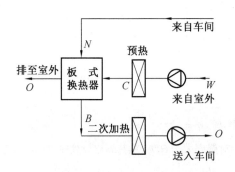

图 3　空气－空气冷却除湿系统图

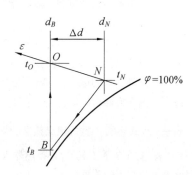

图 4　车间排气的状态变化过程

2. 热回收型通风除湿

在我国北方大部分地区,冬季室外空气的含湿量较低。若将室外空气等湿加热后直接送入车间内可以达到理想的除湿效果。但由于这些地区冬季室外气温较低,新风负荷很大,使这种除湿方式在应用上受到了很大的限制。

采用板式空气－空气热交换器以后,可以通过回收车间高湿度排气的全热量预热室外新风,从而大大降低了新风负荷,为应用这种理想的除湿系统提供了条件。图5和图6是该系统的系统图和空气状态变化过程图。

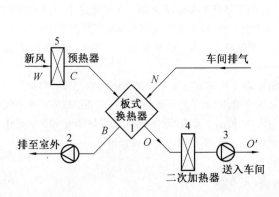

图 5　热回收型通风除湿系统图

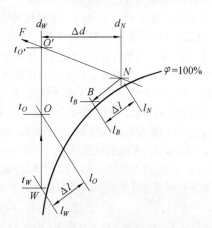

图 6　湿空气状态变化过程图

三、性能分析

1. 除湿量

空气－空气冷却除湿系统的除湿量可表示为

$$G = m_n(d_n - d_b) \tag{1}$$

式中 G——系统的除湿量，kg/s；

m_n——被冷却的车间排气的质量流量，kg 干空气/s；

d_b——被冷却后车间排气的含湿量；

d_n——车间排气的含湿量，kg/kg 干空气。

根据能量守恒原理

$$m_n(i_n - i_b) = m_w(i_o - i_w) = m_w c_p \eta (t_n - t_w) \tag{2}$$

式中 m_w——新风流经热交换器的质量流量，kg 干空气/s；

i_w——室外空气的焓值，kJ/kg 干空气；

i_0——热交换器出口处新风焓值，kJ/kg 干空气；

η——板式空气－空气热交换器的新风温度效率，%，$\eta = \dfrac{t_0 - t_w}{t_n - t_w}$。

实验[1]表明，在冬季工况下，若换热器入口排气的相对湿度大于60%，换热器出口处排气的状态接近饱和，因此可近似有下列关系：

$$d_b \approx \varphi_b d_{b,s} \tag{3}$$

式中 φ_b——排气在板式空气－空气热交换器出口处的相对湿度，%。

冬季工况下，$\varphi = 95\%$。饱和湿空气的含量 $d_{b,s}$ 可按文献[4]提供的公式计算，即

$$d_{b,s} = A + B t_b \tag{4}$$

式中 $A = 369 \times 10^{-3}$；$B = 0.385 \times 10^{-3}$；$0 \,℃ < t_b \leqslant 10 \,℃$。将式(3)、(4)代入(2)中，得

$$C_1 t_b^2 + C_2 t_b + C_3 - i_n + R C_p \eta (t_n - t_w) = 0 \tag{5}$$

式中 $C_1 = 1.34 \varphi_b B$；$C_3 = C_p + 1.84 i_b A + 2500 B \varphi_b$；$C_2 = 2500 A \varphi_b$；$R = \dfrac{m_w}{m_n}$。

由式(5)求出 t_b 后，即可求出 d_b，从而求得系统的除湿量 G。

分析式(5)可以发现，当车间排气的状态一定时，系统的除湿量与室外空气温度 t_w，热交换器效率 η，流量比 R 和排气量 m_n 均有关。对于一定结构的板式空气－空气热交换器和一定的排气量，η 仅与 t_w 和 R 有关。因此系统的除湿量 G 也只是 t_w 和 R 的函数。图7给出了系统除湿量随 R 和 t_w 的变化规律。为了便于同文献[2]的实验结果进行比较，在计算时车间排气的相对湿度取90%（相当于局部排风的情况）。文献[1]的实验结果表明：湿工况下 $R = 1$ 时，实验用板式空气－空气热交换器的效率为55%～70%，国外同类产品的效率一般也在80%左右，为了简化计算，取 $\eta = 60\%$。

由图中可以看出，系统的除湿量随室外空气温度 t_w 的下降和流量比 R 的增大而增加。但是，当室外空气温度过低时，热交换器内将发生结霜现象。图8所示为文献[3]提供的导致热交换器结霜的临界室外空气温度 t_c 随流量比 R 的变化规律。根据 t_c 和 R 的关系，图7中给出了实线所示的最大除湿量随 t_w 和 R 的变化规律，可以看出，适当调节 R 值，可以使系统的除湿量在 $t_w < 5\,℃$ 范围内基本维持恒定。

对于热回收型除湿系统，其除湿量可简单地表示为

$$G = m_w(d_n - d_w) \tag{6}$$

式中 d_w——室外空气的含湿量，kg/kg 干空气。

由上式可以看出，当车间排气的状态和排气量一定时，系统的除湿量仅仅与室外空气的含湿量有关。

在冬季,由于室外空气相对湿度变化所引起的含湿量的变化较小,因此可近似地认为 d_w 是 t_w 的单值函数。图 7 中给出了式(6) 的部分计算结果。在计算过程中室外空气相对湿度取 60%。

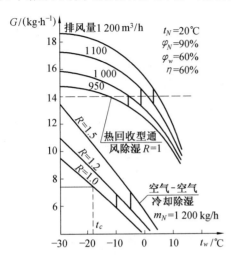

图 7　系统除湿量随 R 和 t_w 的变化规律

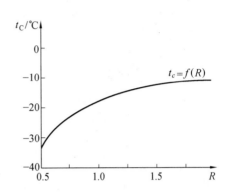

图 8　临界室外空气温度 t_c 随流量比 R 的变化规律

2. 空气加热量

空气 – 空气冷却除湿的空气加热量可按下式计算

$$Q = m_n C_p (t_0 - t_b) + m_w C_p (t_c - t_w) = m_n C_p [(t_0 - t_b) + R(t_c - t_w)] \tag{7}$$

当车间排风状态和排风量一定时,t_b 与 R、t_w、η 都有关,而对于一定结构形式的板式空气 – 空气热交换器,η 仅与 R 和 t_w 有关,因此空气 – 空气冷却除湿系统的空气加热量也只是 t_w 和 R 的函数。图 9 中给出了公式(7) 的部分计算结果,计算过程中送风温度 t_0 取 30 ℃,且当 $t_c < t_w$,式(7) 在端第二项取零。

对于热回收型除湿系统,所需的空气加热量

$$Q = m_w C_p [(t'_0 - t_0) + (t_c - t_w)] \tag{8}$$

同样,当 $t_c < t_w$ 时,取 $t_c - t_w = 0$。当热交换器结构以及排气状态和排气量一定时,t_0 仅与 t_w 和 m_w 有关,图 9 中给出了上式的部分计算结果。

3. 功率消耗

在以上两种除湿系统中,其功率消耗包括排风风机和新风风机功率消耗两部分(设采用蒸汽或热水作为空气加热器的热煤)。风机所耗功率用于克服板式空气 – 空气热交换器、空气加热器、过滤器和管路阻力损失上。板式空气 – 空气热交换器的阻力按文献[1]中提供的数据计算,空气加热器的空气侧阻力按下式计算[5]:

$$\Delta P = C(\rho v)^n \text{ Pa} \tag{9}$$

式中,$C = 1.47$,$n = 1.98$,$v\rho = 8$ kg/(m²·s)。

为了便于比较不同除湿方式单位除湿量的功率消耗,在计算中假设过滤器阻力和风道阻力共为 100 Pa。

风机的耗功量与系统风量的阻力有关。而它们都随 t_w 的变化而变化,因此风机的功率消耗也随 t_w 变化。

图 10 为两种除湿系统的轴功率消耗随 t_w 的变化规律。

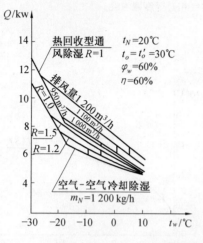

图 9　空气加热量随 R 和 t_w 的变化规律　　图 10　轴功率消耗随 t_w 的变化规律

四、在北方地区应用板式空气 – 空气热交换器解决潮湿车间冬季去雾除湿问题的可行性

通过以上计算和分析可以看出,适当调节系统风量,无论是空气 – 空气冷却除湿系统还是热回收型通风除湿系统都可在一定的室外温度范围内维持比较恒定的除湿量,特别是热回收型通风除湿系统,其余湿量可在 $t_w < 10\ \text{℃}$ 范围内基本保持一定。当 $t_w > 10\ \text{℃}$ 时,也可借助于一部分自然通风的方法弥补系统除湿量的降低,维持室内的相对湿度。因此,这种除湿系统可以使车间内的相对湿度在整个冬季保持在允许的范围内。

为了进一论证应用热回收型通风除湿系统解决冬季北方地区地区潮湿车间内去雾除湿问题的可行性,我们从系统的能耗和设备容量角度出发,将前述四种除湿方式进行了比较。比较结果如表 1 所示。为了便于比较,进、排风初始状态参数均取 QW – B60 型去雾除湿机组实验工况的状态参数,即 $t_n = 20\ \text{℃}$,$\varphi_n = 90\%$,$t_w = -5\ \text{℃}$,$\varphi_w = 50\%$,$t_o = t_o' = 20\ \text{℃}$,表中 QW – B60 型除湿机组的各项指示均系根据文献[2]提供的资料计算得出的。

表 1　各种除湿系统的性能比较(除湿量 $G = 18.5\ \text{kg/h}$)

除湿系统	排风量 /(m³·s⁻¹)	轴功率 /kW	空气加热量 /kW
空气 – 空气冷却除湿系统	1.186	0.857	6.95
热回收型通风除湿系统	0.440	0.318	4.44
QW – B60 除湿机系统	1.667	0.616	8.20
直流系统	0.440	0.216	13.33

从表 1 的计算结果可以看出,在相同除湿量的条件下,热回收型通风除湿系统的风量比 QW – B60 型除湿机组的风量减少了 74%,轴功率和空气加热量分别减少了 48% 和 46%。与空气 – 空气冷却除湿系统相比,风量和轴功率分别减少了 60.6% 和 63%。空气加热量减少了 36%。与直流系统相比,虽然轴功率增加了 1.25 倍,但空气加热量却减少了 67%,这一数字在北方地区对降低新风负荷节约能源有重要的意义。

在表 1 的计算过程中,$t_w = -5\ \text{℃}$,$\varphi_w = 50\%$,由图 9 可以看出,此时热回收型通风除湿系统和直流系统的空气加热量尚未达到最大值。若取 $t_w = -29\ \text{℃}$ 作为计算温度,该两系统的空气加热量将分别增加 1.1 倍和 1.2 倍。

通过比较可以看出,在相同除湿量的条件下,无论是能量消耗还是系统和设备的容量,热回收型通风除湿系统均小于其他三种系统,充分显示了该系统的优越性。该系统之所以能以较少的能耗和较小的设备实现与其他几个系统相同的除湿效果,就在于热回收型通风除湿系统充分利用了冬季室内外空气的自然含湿量差和排气的余热。在我国北方地区,特别是西北和华北地区冬季室内外空气含湿量差较大。而室外气温又不是很低(因此可避免结霜问题),应用热回收型通风除湿系统解决潮湿车间的冬季除湿问题不仅在技术上可行,而且在经济上也是合理的。

(参考文献略)

附

徐邦裕教授大事年表

1917年3月22日	出生于江西省九江市
1924年	九江县立小学
1929年	就读于九江同文中学
1932年	转学到九江光华中学
1935年	高中毕业
1936年	到柏林,进入德文补习班学习德文
1937年4月	进入德国慕尼黑明兴工业大学学习
1939年6月	完成了德国慕尼黑明兴工业大学初期工程师考试
1941年6月	完成了德国慕尼黑明兴工业大学特许工程师考试
1942年5月	回国
1942年6月	进入重庆工业实验所动力试验室,任工程师兼该室试验组长
1943年7月	进入江西企业公司泰和铁工厂任工程师兼任设计股股长
1944年	到江西省林业专科学校任教授,后兼农业工程学系主任
1946年7月	被同济大学聘为教授,主讲热力学、内燃机和汽轮机等课程
1947年5月	被聘为东北农林处农耕曳引机营理所主任
1947年秋	进入上海大江电业公司任工程师
1948年9月	上海人人企业公司任工程师,江苏省兴业公司总工程师
1950年10月	担任华生电机厂机械工程师
1953年	国家一机部上海第二设计院
1957年	到哈工大,由此开始了一段为我国暖通空调事业的建设、发展做出巨大贡献的历史
1960年	主持研制我国第一个人工冰场,调动了除尘研究室的大部分教师和两个班的学生,在他的指导下群策群力,总结出了12册实验数据,提出了在室内温、湿度条件下,修建人工冰场、冰球场的设计方案和资料。后来,在北京首都体育馆冰球场的设计施工中,他又把这些用心血提炼的数据和资料无代价、无保留地献了出来
1965年	领导的科研小组,根据热泵理论首次提出应用辅助冷凝器作为恒温恒湿空调机组的二次加热器的新流程,这是世界首创的新流程
1966年	哈尔滨建筑工程学院与哈尔滨空调机厂共同开始研制利用制冷系统的冷凝废热作为空调二次加热,井水作为冬季热源的新型立柜式恒温恒湿热泵式空调机
1966至1969年期间	完成了 LHR20 热泵机组的研究收尾工作
1980年	领导研究团队建成了国内第一个房间空调器的标定型房间量热计试验台
1983年	率先开"热泵研究生进修课"
1985年	形成校内教材
1986年	加入中国共产党
1988年	出版国内第一本由中国学者编写的热泵教材。该书被引用200余次,并作为教材使用了近20年,足见其在学术界的权威性
1991年	徐邦裕教授逝世,享年74岁

学术团体任职情况：

1978 年	中国建筑学会暖通空调分会第一届委员会	委员
1984 年	中国建筑学会暖通空调分会第二届委员会	委员
1977 年	中国制冷学会空调热泵专业委员会第一届委员会	委员
1984 年	中国制冷学会空调热泵专业委员会第二届委员会	委员
1977～1984 年	中国制冷学会第一届委员会	理事
1984～1990 年	中国制冷学会第二届委员会	理事
1963 年～	供热供煤气及通风专业教材编审委员会(后改为专业指导委员会)	主任委员

后 记

本书由哈工大党委宣传部和计算机科学与技术学院、理学院、市政环境与工程学院联合编撰。在编撰过程中，本书得到了学校领导及有关学院领导的关心与支持，得到了陈光熙教授、洪晶教授、徐邦裕教授当年的同事、学生及亲属的积极帮助与密切配合，尤其是得到陈光熙教授的学生胡铭曾教授、洪晶教授的学生吕跃广研究员的资助得以出版。在此特向所有支持和帮助本书编撰、出版的师生，尤其是胡铭曾教授、吕跃广研究员等的鼎力支持与协助出版表示衷心的感谢。

编　者
2011 年 4 月

胡铭曾，1935 年 1 月 14 日生，江苏省江阴县人。哈工大教授、博士生导师。曾任哈工大计算机教研室主任、计算机系主任。曾任学位办第三届学科评议组成员。1951 年入哈工大预科学习，1952 年 9 月至 1953 年 10 月在哈工大土木系学习，1953 年 10 月至 1956 年 10 月在哈工大电机系学习，1956 年 10 月调出到陀螺专业读研究生，1957 年 4 月转入计算机专业，作为陈光熙教授的研究生，1958 年 7 月毕业。1958 年毕业后留校在计算机教研室任教直到退休。1978 年在西德慕尼黑西门子公司接机培训，1984 年 ~ 1985 年在日本千叶工业大学进修，1989 年 ~ 1995 年在加拿大约克大学做客座研究员。1965 年参与陈光熙教授研制的小磁芯获国家新工艺二等奖，20 世纪 80 年代获航天部二等奖（数据库机）一项、三等奖（知识库机）一项，2000 年以来参与信息安全工程获国家科技进步一等奖一项（排名第二）及国防科工委二等奖一项。多年来协助指导或指导博士生 30 余名。

吕跃广，男，1964 年 5 月出生，现任中国北方电子设备研究所副所长兼总工程师。1986 年考入哈尔滨工业大学应用物理系攻读研究生，师从洪晶教授，1990 年毕业并获博士学位，2001 年 ~ 2002 年在英国伦敦大学做高级访问学者。是中国科学院光电技术研究所客座研究员，哈尔滨工业大学、国防科技大学兼职教授、博士生导师，中国电子学会理事，国际光学工程学会（SPIE）会员、美国光学学会（OSA）会员。多年来一直从事电子信息技术研究工作，曾先后获国家科技进步二等奖 4 项，部级科技进步一、二等奖 10 项，出版专著 4 部。1999 年获国务院政府特殊津贴，2008 年获中国科协"求是"杰出青年实用工程奖，2010 年被授予全国优秀科技工作者称号。